조선 왕비열전 王妃列傳

조선 왕비열전

王妃列傳

임 중 웅 지음

도서출판 **선영사**

머리말

　태조 이성계太祖 李成桂가 고려를 무너뜨리고 1392년에 건국한 조선 왕조, 1910년 멸망하기까지 27대 518년 동안 이 나라를 다스리면서 27명의 왕과 41명의 왕비, 그리고 수많은 후궁들을 배출하였다.

　제왕이란 이름으로 종묘 사직의 보전을 위한 명분을 내세워 수많은 여인들을 거느렸던 역대 조선의 임금들과 그에 따른 왕비·후궁 들이 빚어내는 숱한 이야기는 예나 지금이나 우리들에게 시사하는 바가 크다.

　구중 궁궐 그 깊숙한 속에서 국모로서 왕을 섬기고, 아래로는 왕의 후궁인 귀인·소의·숙원, 그리고 수많은 궁녀들을 거느렸던 왕비들의 삶은 우리들의 상상을 뛰어넘는 파란 만장한 것이었다.

　겉보기에는 그 무엇 하나 부러울 것이 없는 자리이건만, 그 이면을 들여다보면 왕비들의 삶은 형극의 길을 걷는 외롭고 눈물로 점철된 자리였으며, 자신으로 인해 친정 가문이 하루아침에 쑥대밭이 되는 참극을 목격하면서도 아무런 힘을 쓸 수 없었고, 후사를 잉태하지 못하면 오히려 후궁들의 눈치를 살피면서 살아야 했고, 남편이 요절하면 평생 동안 청상 과부로 생을 마쳐야 했던 비극의 자리였다.

　숭유배불崇儒排佛 정책에 중점을 두었던 조선 왕조의 개국 이념과 남성 우위의 사회 풍속에 맞물려 여자로서 시기와 질투, 그리고 아이를 생산하지 못하면 쫓겨났고, 목숨 또한 보전하기 어려웠다. 그러나 한편으로는 자신의 친정 가문을 위해 제물이 되는가 하면, 외척 세력의 발호를 위한 발판이 되기도 했다.

이러한 분위기에 편승하여 마침내 왕비들은 친정 세력을 끌어들여 그들이 세도 정치를 통해 왕권을 무력하게 만들었고, 백성들을 도탄에 빠지게 했으며, 군주로 하여금 망국으로의 길을 걷게 했던 간악한 왕비들도 있었다.

왕비 자리를 놓고 치열한 싸움을 벌였던 조선 왕조의 대신들, 자신들의 세력을 영구히 확보하기 위해 온갖 방법을 동원하여 왕을 위협하고, 정적들을 수없이 죽음으로 내몰았던 그들은 왕비마저도 폐출을 서슴지 않았다.

이러한 와중에서 간사한 무리들은 왕비와 후궁을 등에 업고 온갖 권모술수를 동원하여 피비린내나는 싸움을 벌였으며, 마침내 조정은 당파 싸움으로 조용한 날이 없었고, 왕족과 왕비들은 그들의 희생양이 되었던 때도 있었다.

· 추악한 권력 투쟁의 수치스런 역사를 탓하고자 함이 아니라, 지난 역사를 조명하여 내일을 경계하자는 뜻에서 조선 왕조 500여 년 동안 명멸했던 역대의 임금과 왕비, 그리고 후궁들의 삶을 파헤쳐 보았다.

요즈음 TV에서 사극이 방영되고 있는데, 우리들은 그 방영되고 있는 사실史實들을 잘 알면서도 극중에서 펼쳐지는 역사의 장면들은 손에 땀을 쥐게 하고, 눈물과 한숨·증오·분노로 시청자들을 사로잡고 있다.

오늘과 내일의 거울인 역사는 언제 다시 보아도 마치 오늘날의 현실 속에서 일어나고 있는 일들과 같은 이상야릇한 감정들을 우리들에게 던져주고 있다.

독자들의 이해를 돕기 위해 역대의 왕과 왕비, 그리고 후궁들의 능을 모두 수록하려고 했으나 문화재청의 사정으로 몇 곳의 능을 촬영하지 못해 누락된 점 깊이 사과 드린다. 그리고 각 왕마다 가계도를 실어 왕과 왕비·후궁 들의 일생을 한눈에 들어오도록 새롭게 꾸몄으며, 조선 역대 왕 계보 및 조선 왕조 왕비 일람표, 조선 왕조 왕릉 일람표 등을 실음으로써 왕비 열전이면서도 아울러 조선 왕조의 역사를 올바르게 이해하는 데 큰 도움이 되리라 믿는다.

이 책은 석천미디어에서 처녀 출판하였으나 사정에 의해 부분 수정 증보하여 도서출판 선영사에서 새롭게 태어났다.

이 책이 나오기까지 애써주신 도서출판 선영사 사장님과 편집 디자인에 애써주신 편집부 직원들께 진심으로 감사를 드린다.

저 자

차 례

참고 문헌

내명부 품계
內命婦 品階

| 1품 | 정일품正一品 : 빈嬪 |
| | 종일품從一品 : 귀인貴人 |

| 2품 | 정이품正二品 : 소의昭儀 |
| | 종이품從二品 : 숙의淑儀 |

| 3품 | 정삼품正三品 : 소용昭容 |
| | 종삼품從三品 : 숙용淑容 |

| 4품 | 정사품正四品 : 소원昭媛 |
| | 종사품從四品 : 숙원淑媛 |

* 내명부內命婦란 궁중에서 품계를 가진 여자를 일컫는 말.
빈嬪·귀인貴人·소의昭儀 등과 같이 직무가 없는 여관女官과
상궁尙宮처럼 직무가 있는 여관으로 나누어진다.

제1대 태조太祖

재위 : 1392년 7월~1398년 9월

후비 신의왕후 한씨
神懿王后 韓氏
(1337~1391)

후비 신덕왕후 강씨
神德王后 康氏
(1356~1396)

고려 말, 왕족과 사대부, 그리고 일반 부유층에서는 아내를 여러 명 두거나 또는 첩을 두는 관습의 성행으로 한 남자가 여러 명의 정실 부인을 두었는데, 두 명의 부인을 둔 태조 이성계李成桂 또한 본처 한씨韓氏와 둘째 부인 강씨康氏를 두었다첩 포함 여섯 명.

조선 건국 과정에서 절대적 주역이었던 강씨는 이성계가 고려의 수도 송도지금의 개성로 진출한 후 맞아들인 둘째 부인으로, 미모와 지략이 출중하여 이성계가 곤경에 처할 때마다 조언해 준 안방 책사였으며, 조선 건국 후에는 전처 소생의 장성한 아들들인 방과芳果·방원芳遠 등 6명을 내치고 자신이 낳은 어린 차남 방석芳碩, 11세이 왕세자로 책봉되게 할 정도로 탁월한 지략가였다.

고생과 희생으로 점철된 첫째 부인 한씨

이성계의 첫째 부인 신의왕후神懿王后 한씨는 고려 말 동북 지방에서 밀

조선 왕조를 건국한 태조 이성계
전주 경기전에 있는 태조의 어진으로 1442년에
그린 것을 1871년에 다시 고쳐 그렸다.

직사부사증령문하부사密直司副使贈領門下府事였던 안변安邊 한씨 안천부원
군 한경韓卿과 어머니 평산 신씨의 딸로 1337년에 태어났다. 한씨가 태어
난 안변 남쪽에서 몇 리 떨어진 상서로운 곳에 풍류산風流山이 있고, 그곳
에 조상 3대가 묻혀 있다고 한다. 본래 풍류산은 청학산靑鶴山이었는데, 한
씨가 태어날 때 3년 동안 풍류지음風流之音이 끊이지 않았다 하여 풍류산
이라고 불리게 되었다는 이 설화는 1392년 조선을 개국한 이성계에게 한
씨가 어울리는 배필감이라는 신성성神聖性을 부각시키기 위한 것으로 보여
진다.

그러나 이러한 신성성과는 달리 실제로 안변 한씨가韓氏家는 중앙 정계
권력과는 무관하였고, 다만 안변 일대의 변변치 못한 한 가문에 불과했다.
훗날 한씨의 아버지 한경이 3~4품 정도의 밀직부사라는 감투를 쓰게 되
었던 것도 사위 이성계의 덕분이었다.

신의왕후는 열다섯 살 때 신분이 엇비슷했던 당시 열일곱 살이었던 이
성계와 가례를 올린 뒤 함흥 운전리雲田里에서 살았으며, 1364년 이성계가

동북면 병마사로 삼선三善·삼개三介의 난을 토평하여 화주 이북 땅을 회복시킨 공로로 봉익대부밀직부사奉翊大夫密直副使에 오르고, 단성양절익대공신端誠亮節翊戴功臣의 호를 받아 원신택주元信宅主에 봉해지는 등 전쟁터를 누비며 정계의 1인자로 부상하는 과정에서 이성계에게 큰 힘이 되었던 것은 고향에서 집안의 대소사를 도맡아 처리한 한씨의 내조가 지대했었기 때문이다.

이성계가 아직 벼슬길에 진출하지 못했던 함흥 운전리에 살 때 한씨와의 사이에서 방우芳雨·방과芳果:정종·방의芳毅·방간芳幹·방원芳遠:태종·방연芳衍 6남과 경신慶愼·경선慶善 공주를 낳았는데, 아마도 부부 금실은 좋았던 모양이다.

고려 말, 우왕禑王 14년1388 지금의 만주 땅인 요동遼東 일대, 철령鐵嶺 이북 땅을 정벌하기 위해 최영崔瑩 장군:우왕의 장인은 10만 대군을 동원함에 있어 조민수曹敏修를 좌군도통사左軍都統使, 이성계를 우군도통사右軍都統使로 삼아 원정을 떠났다. 이때 이성계는 압록강 하류 중지도인 위화도威化島에서 우왕과 최영의 무리한 행군 어명御命으로 인해 10만 대군이 몰살당할 위기에 처하자, 평양성에서 호의호식하는 최영과 주지육림 속에 미희美姬들과 방탕을 일삼는 우왕에 대한 적개심이 극도에 달해, 위화도에서 5월 회군回軍을 단행하게 되었다.

이때, 만일의 변고에 대비하여 이성계의 5남 방원은 포천의 재벽동 전장田莊에 살던 어머니와 철현鐵峴 전장에 살던 둘째 부인 강씨를 함께 모시고 동북면으로 피난 도중 철원을 지날 무렵, 조정에서 자신들을 체포하려 한다는 전갈을 듣고 인가가 없는 외진 숲 속으로 피신, 노숙하는 등의 고초를 겪었었다.

이성계의 첫째 부인 한씨는 이처럼 숱한 고초 끝에 위장병의 악화로 조선 개국 1년 전인 1391년 55세로 세상을 떠났다.

한씨가 처음 묻힌 곳은 해풍군 치속촌海豊郡治粟村이었으며, 1392년 7월 17일 조선 개국 다음날 고려의 관제官制에 따라 한씨의 시호를 절비節妃로 추존하고, 능호는 제릉齊陵이라 하였다.

한씨가 묻힌 제릉은 개풍군 상도면 풍천리현 북한 행정구:개성시 판문군 상도리에 좌향座向을 갑좌경향甲座庚向:동좌서향으로 봉릉封陵했는데, 능을 개성에 봉릉한 것은 한씨가 조선 개국 이전에 승하했기 때문이다.

이성계 재위 말기태조 7년 강씨 소생인 세자 방석이 방원에 의해 죽자 한씨 소생의 차남인 방과가 정종으로 즉위한 1398년 11월 이미 세상을 떠난 한씨는 신의태왕후로 추존되고, 1408년태종 8에는 승인순성신의왕태후承仁順聖神懿王太后라 시호를 높였으나 300년을 바라보는 1683년숙종 9에는 신의왕후로 격하되기도 했다.

슬하에 8남매를 거두며 고생과 희생으로 점철된 이성계의 첫째 부인 한씨는 끝내 왕후로서 영화는 없었다. 한씨가 향처鄕妻로서 내조한 공로는 경처京妻 강씨의 몫이 되었고, 다만 아들 방원태종이 훗날 한씨의 시호를 높였을 뿐이다.

정략혼으로 맺은 둘째 부인 강씨

이성계의 둘째 부인 신덕왕후神德王后 강씨는 고려 충혜왕忠惠王·공민왕恭愍王 때 세도를 떨친 권문 세족 판삼사사判三司事 강윤성康允成의 딸로 1356년에 태어났다. 강씨의 본관은 곡산또는 신천:信川이다.

이성계가 1361년에 홍건적紅巾賊의 무리를 무찌르고, 1362년 원나라가 침입하자 동북면 병마사東北面兵馬使가 되어 덕산동에서 대파했으며, 1370년에는 원나라 동녕부東寧府를 원정하여 군공을 세웠을 뿐만 아니라, 남해 일대에 출몰하는 왜구를 여러 차례 토벌하는 등 그간의 혁혁한 군공을 바탕으로 고려의 수도인 송도松都:지금의 개성로 진출하게 되는데, 이때에 맞이한 부인이 강씨였다.

이성계는 아버지인 환조 이자춘桓祖 李子春으로부터 동북면 만호 벼슬을 물려받고 뛰어난 무예와 지략으로 숱한 군공을 세웠기에, 비록 변방에서나마 송도의 권문 세족과 어깨를 겨룰 정도로 성장했음에도 불구하고 지방 토호土豪라는 출신의 한계를 느껴 권문 세족 출신인 강씨와 혼인하게 된 것이다. 이때는 이미 첫째 부인 한씨가 있었지만, 당시의 관습에는 둘째 부인을 맞이하는 것은 당연시되었었다.

그때 강씨는 이성계보다 21세 연하였고, 권문 세족의 규수로 손색 없었던 강씨가 이성계의 둘째 부인이 된 것은 정략적인 혼인이었다. 개성의 권문 세족 배경이 필요했던 이성계에 못지않게 강윤성도 고려 말 혼란기의 세력가로 부상된 이성계가 장래 강씨 문중의 세력 신장에 도움이 될 것을 믿었기 때문이다.

이성계가 젊은 시절 강씨를 처음 만났던 일화가 있다. 어느 날 호랑이를 사냥하던 이성계가 목이 말라 물을 찾았는데 때마침 저 아래 우물이 보여 급히 내달렸다.

마침 우물가에 한 여인이 있어,

"낭자, 내 목이 매우 마르니, 물 한 바가지 좀 떠주구려."

하고 청하니, 여인은 바가지에 물을 뜨고 나서 버들잎 한 줌을 물에 띄워 주었다.

화가 난 이성계가 여인을 나무랐다.

"아니, 물을 떠주려거든 그냥 줄 일이지, 이게 무슨 고약한 짓인가!"

"제가 뵈옵기에 갈증으로 급히 달려오신바, 냉수를 급히 드시면 탈이 날 것 같아 버들잎을 불며 천천히 드시라고 일부러 그리하였나이다."

여인은 수줍어하며 답했다.

이 말을 듣고 내심 감탄한 이성계가 여인을 유심히 살펴보았다. 여인의

제1대 태조 가계도

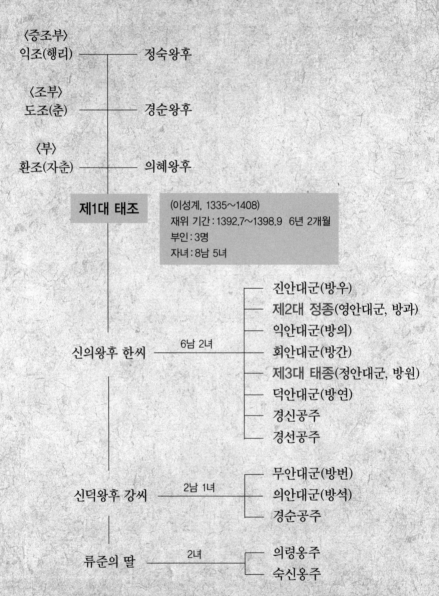

〈증조부〉
익조(행리) ─────── 정숙왕후

〈조부〉
도조(춘) ─────── 경순왕후

〈부〉
환조(자춘) ─────── 의혜왕후

제1대 태조 (이성계, 1335~1408)
재위 기간 : 1392.7~1398.9 6년 2개월
부인 : 3명
자녀 : 8남 5녀

신의왕후 한씨 ───── 6남 2녀 ─────
- 진안대군(방우)
- 제2대 정종(영안대군, 방과)
- 익안대군(방의)
- 회안대군(방간)
- 제3대 태종(정안대군, 방원)
- 덕안대군(방연)
- 경신공주
- 경선공주

신덕왕후 강씨 ───── 2남 1녀 ─────
- 무안대군(방번)
- 의안대군(방석)
- 경순공주

류준의 딸 ───── 2녀 ─────
- 의령옹주
- 숙신옹주

빼어난 미색은 대단한 화용월태花容月態였다. 여인의 지혜와 미모에 도취된 이성계는 한동안 넋을 잃었다고 한다.

바로 그 우물가의 여인이었던 강씨는 이성계와의 사이에서 방번芳蕃·방석芳碩 등 2남과 경순공주敬順公主를 두었는데, 그녀의 뛰어난 지략은 조선 건국에 큰 영향력을 발휘하게 되었고, 1396년 8월 세상을 떠나자 신덕왕후라는 존호를 받게 되었다.

개국 공신 강씨

1388년우왕 14 우군도통사 이성계가 요동을 정벌하러 갔다가 위화도威化島에서 회군하여 반대파를 제거하고 우왕禑王을 폐한 뒤 그 아들 창왕昌王을 옹립, 정치적 실권 입지를 굳힌 다음, 이듬해1389년에 다시 창왕을 폐하고 공양왕恭讓王을 옹립한 뒤 전국의 병권을 장악하면서 1391년공양왕 3에 새 왕조 건국 기반을 다지는 삼군도총제사三軍都摠制使가 되었다.

새 왕조 건설 의지를 품은 이성계와 고려 왕조 존속을 주장하는 정몽주鄭夢周의 대립은 불가피했고, 이런 와중에 왕명을 거역하고 회군한 이성계에게 새로운 왕조의 개국은 선택의 여지가 없음을 둘째 부인 강씨는 잘 알고 있었다.

1392년 3월 이성계가 황해도 봉산鳳山에서 사냥 중 낙마하여 중상을 입은 것을 기화로 정몽주가 그를 제거하려 했을 때, 강씨는 지기와 결단력으로 긴박한 위기에 처한 이성계를 구하기 위해 지난해 세상을 떠난 생모 한씨의 묘에서 시묘侍墓살이를 하던 방원을 급히 해주海州로 보내 이성계를 송도로 불러내어 위기를 모면케 했던 것이다.

같은 해 4월 방원이 조영규趙英珪 등을 보내 선죽교善竹橋에서 정적인 정몽주를 살해했을 때에 이성계를 무마시킨 강씨 또한 개국이 한 발 다가섬을 느꼈기에 개국 기여에 일조를 한 셈이며, 고려 말 이성계의 권력 형성과 조선 개국 과정에서 중요한 임무를 수행했던 것이 권문 세족 강씨의 친가親家였던 것이다.

정몽주를 제거한 이성계가 전제개혁田制改革을 단행하여 구舊 세력의 경제적 기반을 박탈한 뒤 공양왕恭讓王을 폐위하고, 드디어 1392년 7월 수창궁壽昌宮에서 조선 왕조 태조로 왕위에 올랐다.

이렇게 조선 개국 과정에서 가장 큰 도움이 되었던 것이 바로 강씨의 예리한 상황 판단과 대담한 지략 덕분이었다.

자식을 죽게 한 왕비 강씨

이성계의 즉위로 조선의 첫 왕비가 된 강씨는 자신의 소생에게 왕위를 물려주는 것이 지상 목표였는데, 가장 큰 장애는 한씨 소생의 장성한 왕자들이었다. 왕자들 중에서도 다섯째 방원은 이미 이성계와 함께 전쟁터를 누볐던 무예와 더불어 과거 급제까지 한 출중한 학식을 겸비한 만만찮은

주) * 정몽주의 〈단심가丹心歌〉:위화도 회군으로 일약 정권을 쥔 이성계를 도와 조선 건국에 결정적 역할을 한 핵심 인물들은 정도전·배극렴·조준·권남·남은·조영규·하륜·심효생 등이다. 이들은 권문 세족을 몰아낸 이후, 정몽주를 대표로 하는 온건파 사대부들의 반대를 무릅쓰고 역성혁명易姓革命:고려 왕조의 문물 제도는 그대로 답습하면서 새로운 왕조를 개창하는 것을 주장했다.
  * 1392년공양왕 4 4월 4일 선죽교에서 역성혁명에 반대하던 정몽주는 이성계의 아들 방원후일 태종에 의해 죽임을 당했다. 이보다 앞서 창왕 즉위년 1388년 12월 최영도 형장의 이슬로 사라졌다. 최영이 죽자 개경의 사람들은 남녀노소 모두 눈물을 흘리며 애도했다고 한다.
    최영의 충절과 정몽주의 절개는 고려가 멸망한 뒤에도 6백여 년이 지난 오늘날까지 세인의 기억에서 지워지지 않고 칭송받고 있다. 특히 정몽주는 〈단심가〉를 지어 자신의 절개를 나타냈다.

    이 몸이 죽고 죽어 일백 번 고쳐 죽어
    백골이 진토되어 넋이라도 있고 없고
    임 향한 일편단심이야 가실 줄이 있으랴

    그러나 고려 말 부패한 정국을 옹호했던 정몽주와 쿠데타로 정권을 쥐고 조선을 건국했던 이성계의 역사적 평가는 후손들의 몫이리라.

22

적수였으므로, 강씨가 이런 왕자를 제치고 자신의 어린 아들을 세자로 책봉하려는 시도는 위험 천만한 모험이었다.

무엇보다도 방원의 세력이 막강하였고, 명분으로도 한씨 소생의 적장자嫡長子, 정실이 낳은 큰아들 우선 순위에서 한참 후순위로 밀리는 국면에서 강씨는 이들 장애물을 제압할 수 있는 정치 세력과의 연합이 필요했다.

아직도 고려를 지지하는 잔존 세력이 있는 상황에서 속히 세자를 책봉하여 불안한 정국의 안정을 꾀해야 했던 이성계는 개국 공신 정도전鄭道傳·배극렴裵克廉·조준趙浚 등을 불러 세자 책봉에 관해서 의논했다. 그러나 적장자 우선에 따라 당연히 후계자가 되어야 할 방우는 일찍이 고려 관직의 예의판서를 거쳐 밀직부사를 역임하여 고려의 녹을 먹은 관리로서 이성계의 역성혁명易姓革命: 덕이 없는 임금을 쓰러뜨리고 새로이 왕조를 세우는 일. 즉, 백성의 마음을 얻지 못한 통치자는 새로운 통치자에게 통치권을 이양해야 함을 부정하였으므로 세자 후보에서 제외되었고, 방원의 지지 세력인 배극렴과 조준은 혼란한 시국에는 나라를 세우는 데 공이 있는 자, 즉 방원이 세자에 책봉되어야 한다고 주청했다.

이 소식을 듣고 강씨가 울음을 터뜨리며 방원의 세자 책봉에 눈물 공세로 항의하니, 강씨에게 약한 이성계는 방원의 세자 책봉을 무산시키고 말았다. 첫째 부인 한씨가 이미 세상을 떠났기에 왕비가 된 강씨는 자신의 첫아들 방번을 세자로 주청했으나, 정도전·배극렴·조준 등이 "성격이 광망하고 경솔하다"고 반대해 이 또한 세자 책봉이 무산되자, 그래도 자신을 지지하는 정계의 실력자 정도전과 연합할 가치가 있다고 판단하였다.

정도전이 이성계를 왕위에 추대했던 이유도 사대부 중심 사회를 만들기 위해 성리학 사상을 통치 이념으로 실현하려는 것이었는 데 반해, 뛰어난 무예와 사병私兵까지 거느린 방원이 왕위에 오른다면 강력한 왕권을 휘두를 수 있다는 우려가 있었던 것이다. 그래서 방석이 세자가 된다면 정도전 자신이 주도권을 잡고 신권臣權 중심의 사회 건설이 가능하리라 예상할 수 있었다.

따라서 정도전과 강씨의 연합은 자연스러웠고, 강씨의 둘째 아들인 열한 살의 방석을 왕세자로 책봉하게 되었다.

하지만 왕위를 노렸던 방원이 얌전히 있을 리 만무했다. 적장자도 아니요 개국의 공도 없는 강씨 소생의 둘째 아들인 방석이 왕세자가 된다는 것은 도저히 수용할 수가 없었다.

태조 7년1398 무인년 8월 25일 방원을 비롯한 한씨 소생의 왕자들이 사병을 동원하여 세자 방석은 물론 강씨의 첫아들 방번과 사위 이제李濟와 반대파 세력인 정도전·남은南誾·심효생沈孝生 등을 불의에 습격, 살해하였다.

이 사건이 '제1차 왕자의 난', '방원의 난', '무인정사戊寅靖社', 또는 '정도전의 난'이다. 비록 강씨는 자신의 소생 방석을 왕세자로 책봉하는 데는 성공했으나 결국엔 자기 자식들을 죽음의 길로 몰아간 셈이 되고 말았다. 강씨는 이때, 이미 2년 전1396 태조 5 세상을 떠난 상태였다. 비명에 간 자식들을 못 본 것은 오히려 다행이었다.

300년간 첩으로 수모당한 강씨

1396년 강씨가 세상을 떠나게 된 것은 방원의 소란으로 인한 화병 때문인 것으로 전해지고 있다. "어른스럽지 못하다"는 강씨의 힐책을 들은 어린 세자 방석이 어른 행세를 과시하기 위해 궁궐 밖의 기생을 불러들여 희롱하였다는 소식을 전해 들은 방원이 기회를 놓칠 리가 없었다. 대궐이 놀이터가 되었으니 굿을 한다는 뜻에서 방원은 북장구를 치며 부왕을 찾아갔는데, 태조가 사건의 진상을 추궁하자 강씨는 몹시 분개하여 쓰러진 후 화병을 앓다가 세상을 떠났다는 것이다.

태조 이성계의 충실한 내조자이며 정치적 동지이자 정신적 지주였던 강씨, 그토록 사랑하던 강씨가 죽자 태조는 한동안 비통에 잠겨 있었다.

강씨의 시호는 신덕왕후, 능호는 정릉貞陵이라 했다.

강씨가 처음 묻힌 곳은 도성 안 황화방 북원皇華坊 北原：현 貞洞, 영국 대사관 자리으로 태조는 직접 묘소를 찾아다녔고, 강씨의 명복을 빌기 위해 능 옆에 작은 암자를 짓고 조석으로 향차香茶를 바치다가, 1397년 1년 간의 공사로 170여 간의 흥천사興天寺를 세우기도 했다. 태조는 대궐에서 정릉의 아침 재齋 올리는 불경 소리를 들은 후에야 수라를 들었고, 저녁에도 상식上食을 알리는 종소리를 듣고서야 잠자리에 들었다 한다.

이 흥천사의 대종은, 1504년연산군 10 12월 화재로 절이 불탔고, 1510년중종 5 사리각까지 불타 없어졌으며, 세조 7년에 대종만이 동대문흥인문을 거쳐 광화문光化門 종루로 옮겨졌다가 일제하에는 창경궁昌慶宮으로 옮겨졌으나 그 후 다시 덕수궁德壽宮으로 옮겨 지금까지 남아 있다.

강씨가 죽은 후 류준의 딸을 후궁으로 삼기도 했던 태조는 너무나 그리웠던 강씨를 잊을 수 없어 흥천사와 능을 돌아보는 것이 일상사가 되었고, 절과 능을 돌아본 뒤 저녁에는 강씨가 낳은 아들들과 보내곤 했다.

그 후 태조는 1398년태조 7 제1차 왕자의 난으로 방원태종이 강씨 소생들을 무참히 죽이자 정사에 뜻을 잃고 곧 방과정종에게 왕위를 물려주었고, 1400년 제2차 왕자의 난으로 방원이 동복형同腹兄 방간을 토산兎山으로 귀양 보냈다. 그 해 11월 정종이 왕위를 방원에게 물려주자 태조는 태상왕으로 물러나 자주 정릉에 들러 불공에 정성을 기울이며 허전하고 쓸쓸한 마음을 달래곤 했다.

하지만 1405년태종 5 정릉이 도성 안에 있고 그 능역이 광대하다는 점을 문제삼는 의정부의 논의가 있은 뒤, 태종은 능역 100보 밖까지 주택지로 허락했으며, 하륜河崙 등의 세력가들이 다투어 정릉의 숲을 베어내고 집을 짓자 태조는 남몰래 눈물을 흘렸다고 한다.

방원이 왕위에 오르고 태조가 승하한 다음해인 1409년부터 죽은 강씨에 대한 대우는 더욱 악화됐다. 방원태종은, 아버지태조의 부인은 자신의 생모인 한씨뿐이며, 강씨는 서모에 불과하다고 여겼던 것이다. 뿐만 아니라 그 강씨가 아버지를 회유하여 자신의 형제들을 내치고 소생인 방석을 세자로 책봉하게 했다는 데 감정을 품고 1409년 2월 23일 강씨의 묘를 도성 밖 양주楊洲 사을한록沙乙閑麓:지금의 정릉으로 이장했다.

태종방원은 능을 옮긴 뒤에도 정자각을 헐고 목재와 석재는 각각 태평관太平館을 짓는 데 썼으며, "석인은 묻고 봉분은 깎아 버려 무덤의 흔적을 남기지 말라"고 명을 내려 완전히 파괴하고 말았다.

이듬해 1410년, 태종은 자신의 생모인 신의왕후 한씨를 태조의 유일한 정비正妃로 하여 태조와 함께 그 신주를 종묘에 받들고 신덕왕후 강씨를 후궁의 지위로 격하시킨 다음, 그 해 광통교廣通橋:오늘의 광교가 홍수에 무

태조 이성계의 건원릉

너지자 구舊 정릉의 석물 중 병풍석을 광통교 복구에 사용케 했다. 뿐만 아니라 강씨에 대해 왕비의 제례를 폐지하고 봄·가을 중월제로 격하시켰으며, 1412년에는 강씨의 제사를 서모나 형수의 기신제忌辰祭 예에 의해 3품관으로 대행케 했다.

종묘에 부묘되지 않았던 강씨의 정릉은 현종顯宗 때 복구될 때까지 수백 년간 방치되어 왕후의 능이라기보다 주인 없는 무덤으로 버려져 있었다.

그러던 중 강씨가 죽은 지 200년이 가까운 1581년선조 14 11월 삼사三司에서 태조의 건원릉健元陵의 비에 신의·신덕이 열거되어 있고, 강씨가 차비次妃로 기술되어 있으며, 태조가 정한 강비의 시책諡册이 엄연한데 후대인들이 그 뜻에 반하여 부묘를 폐하고 능을 옮김으로써 중대한 원寃을 남게 한 것은 천리에 어긋난다고 주장했다. 그래서 신덕왕후의 시호와 존호를 복귀하고 정릉을 회복하자는 논의가 있었으나, 강씨의 부묘 문제는 6개월 만에 무산되고, '예禮에 두 적처嫡妻가 있을 수 없다'는 이유로 정자각도 세우지 않고 겨우 한식절 제사만 지내도록 소홀히 했다.

그 후 100여 년, 18대 현종 때에 이르러 정통 명분주의에 입각한 유교 이념이 중시되고 예론禮論:17대 효종 승하 후, 16대 인조의 계비인 자의대비 조씨의 복상服喪 문제로 논의가 크게 일어나자 강비를 종묘에 배향配享해야 한다는 부묘 문제가 다시 대두되었다.

즉, 1669년현종 10 2월 판중추부사 송시열宋時烈 등은 정릉과 흥천사 기문記文이 갖추어 있음을 들어 신덕왕후 강씨를 종묘에 배향해야 한다는 상소를 올린 것이다.

그 해 11월 1일, 몇 달에 걸쳐 정릉의 정자각이 완공되고 신덕왕후 강씨가 태묘太廟에 배향되던 날 유독 정릉 일대에만 계절에 맞지 않게 아침부터 비가 많이 내렸는데 이를 두고 사람들이 수군거리기를,

"오늘은 신덕왕후가 맺힌 한을 푸는 날이야. 그러기에 이렇게 비가 많

이 내리지."

이때의 비를 사람들은 신덕왕후의 원冤을 씻어주는 비라 하여 '세원지우
洗冤之雨'라 불렀다.

이로써 정릉은 300년이 다 되어서야 복구되었고, 서모로 강등되었던 강
씨가 왕비로 복권된 것이다.

고려 권문 세족의 딸로 태어나 본인의 의지와 관계 없이 이성계와 정략
혼인하였지만 적극적인 의지와 지략으로 자신의 영역을 확보해 가며 조선
개국 일등 공신이 될 수 있었고, 정도전과 연합하여 자신의 소생을 왕세자
로 책봉시켰던 것이다.

그러나 강비 사후 2년, 조선 개국 이후 왕위 계승권을 둘러싸고 서로
죽고 죽이는 골육 상쟁이 벌어졌으니, 태종방원 등의 한씨 소생 형제들이
단합하여 강씨 소생의 방번과 세자뿐 아니라 자신들의 반대 세력을 참살
한 '제1차 왕자의 난'은 역사를 피로 얼룩지게 만든 첫번째 사건으로 강
씨는 모든 자식을 잃게 된 것이다.

태조의 첫째 부인 신의왕후 한씨가 세상을 떠난 후에 조선이 건국됐으
니 강비가 첫 왕비임에도 불구하고 국모 대우를 받지 못함은 단지 첫째 부
인이 아닌 둘째 부인은 '첩'이라는 이유였다.

조선 사회의 남본주의男本主義적 왕권과 유교 이념 속에서 격하된 그녀
의 지위는 '첩실'로까지 강등되어 왕비로 복권되기까지 사후 거의 300년간
수모를 당했던 것이다.

제1대 태조 때의 세계

티무르Timur:몽골 제국 왕가의 후예로 아시아의 대정복자. 1336~1405는 흠찰한국欽察汗

國을 정벌하고 사마르칸트Samar Kand에 도읍하여 인도·터키를 정복한 뒤 세계의 통일을 꿈꾸어 명明나라를 치러 가는 중도에 병사하였음. 중국에서는 원이 밀려나고 명이 세력을 확대하기 시작했으며, 일본에서는 남북이 황통을 합일하고 황위는 북조北朝 계통으로만 세습하도록 했음.

후비 정안왕후 김씨
定安王后　金氏
(1355~1412)

 남편의 목숨을 건진 정비 김씨

조선 개국 과정에서 역성혁명론을 주장했던 개국 공신 정도전은 신권臣權 중심의 사회 건설을 구상하고 태조의 후비인 신덕왕후 강씨와 세자 방석을 끼고 있었다.

정계 복귀에 뜻을 둔 태조 이성계의 5남 방원에게는 신덕왕후는 여간 거슬리는 정적이 아니었는데, 1396년 강비가 죽자 방원과 정도전의 대립은 불가피해졌다.

1398년 정도전 일파는 "왕족들이 거느린 사병私兵을 해체해야 한다"고 주장하자 방원은 사병을 잃을 경우 자신의 힘을 완전히 빼앗길 처지였다.

태조의 첫째 부인 한씨 소생의 왕자들은, 강씨가 낳은 방석의 세자 책봉 문제로 불만이 팽배해진 상태에다가 계모 강씨도 이미 세상을 떠난 상황이었으므로, 방원은 셋째 형 방의와 넷째 형 방간 등 형제들과 함께 정도전 일파를 살해하기로 결정하고 '밀모설密謀說'을 꾸몄다.

즉, 정도전·남은·심효생 등이 밀모하여, 태조의 병세가 위독하다는 핑계로 속여 한씨 소생의 왕자들을 불러들인 후 일거에 살육할 계획이 있다는 내용이었다. 이것을 미연에 방지한다는 구실로 방원은 사병을 동원, 정도전 일파를 습격하여 살해하고, 세자 방석은 귀양 보냈다가 방석의 동복형 방번과 함께 죽여 버렸다.

이때 병을 앓고 있던 태조가 뒤늦게 이 사실을 알고는 무척 상심한 나머지 정사에 뜻을 잃고 왕위를 내놓고 말았다.

거사에 성공한 방원은 그의 심복인 하륜·이거이李巨昜 등이 세자 책봉을 추대했으나 극구 사양했다. 이때 태조의 큰아들 방우는 1393년에 이미 병사하였기에 방원의 뜻에 따라 둘째 방과가 세자에 책봉되고 곧 왕으로 등극했지만, 정치적인 실권은 방원에게 있었다.

원래 왕위에 뜻이 없었던 영안군 방과는 방원의 양보와 권유로 1398년 9월 어부지리로 왕으로 등극한 셈이었다.

제2대 왕으로 등극한 정종은 즉위 2년 만인 1400년 11월에 동생 방원太宗에게 왕좌를 양위하고 상왕으로 물러났다.

상왕으로 물러난 것은 그의 정비 정안왕후 김씨定安王后 金氏의 간절한 바람이었고, 그것은 곧 목숨을 부지하는 유일한 길이었다.

정종의 목숨을 건져주는 데 결정적인 역할을 한 것이 정안왕후 김씨였다.

정종과 방원의 우애를 다지게 한 김씨

정종의 후비 정안왕후定安王后 김씨는 고려 말공민왕 4년 문하좌시중월성부원군門下左侍中月城府院君 김천서金天瑞의 딸로 1355년에 태어났다. 본관은 경주慶州이다.

정안왕후는 본래 아름답고 부드러운 성품에, 검소하고 공손한 심덕을 지녔고 덕행으로서 아랫사람을 다스렸으며, 진심으로 우러나오는 우애로써 친족들과 친교를 두텁게 다졌다고 한다.

바로 이러한 성품이 후일 정종이 천명을 다하는 데에 크게 기여한 내조였다.

정종 또한 성품이 순박·정직하고 단엄·방정했다. 다만 정비 김씨 외에 9명의 여인을 거느린 호색 기질은 예외였다.

정종은 정안왕후보다 두 살 아래로 1357년^{공민왕 6} 함흥의 귀주동^{歸州洞}에서 태조와 그의 첫째 부인 안변 한씨의 둘째 아들로 태어났다. 그의 이름은 방과^{芳果}로 일찍이 관계^{官界}로 진출했는데, 1377년 5월 20세 때 아버지 이성계를 도와 지리산에서 왜구를 토벌했고, 1390년 창왕을 폐하고 공양왕을 옹립한 공로로 밀직부사^{密直副使}에 올랐으며, 양광도^{楊廣道}에 침입한 왜구를 영주^{寧州} 도고산 아래에서 격파, 판밀직사사^{判密直司事}·삼사우사^{三司右使} 등을 역임했다.

조선이 건국하자 정종은 영안군^{永安君}에 봉해지고, 이듬해 의흥삼군부 중군절제사^{義興三軍府中軍節制使}로서 병권에 관여했다.

1398년 8월 동생인 정안군^{靖安君} 방원이 일으킨 '제1차 왕자의 난'이 성공하자 세자 책봉 문제가 제기되었는데, 이때 영안군 방과는 "당초부터 대의를 주창하고 개국하여 오늘에 이르기까지 업적은 모두 정안군^{방원}의 공로인데 내가 어찌 세자가 될 수 있느냐?"며 세자가 되기를 극구 사양했으나 방원의 양보와 권유로 세자로 책봉되었고, 태조가 물러나면서 9월 5일 조선 제2대 왕에 올랐다.

조선 개국 당시 태조는 민심의 동요를 염려하여 국호를 그대로 '고려'로 했으나, 차차 새 왕조의 기틀이 잡히자 1393년^{태조 2} 3월 25일 국호를 '조선^{朝鮮}'이라 고치고 이듬해 수도를 한양^{漢陽 : 오늘의 서울}으로 옮겼지만, 1399년^{정종 1} 다시 개경^{開京}으로 천도, 그 해 8월 분경금지법^{奔競禁止法 : 벼슬을 얻기} 위해 권력자를 분주히 찾아다니는 것을 금지하여 권력과 귀족의 힘을 약화시킴을 제정

제2대 정종 가계도

태조 ─────── 신의왕후 한씨
    차남
제2대 정종　(연안대군, 방과 1357~1419)
　　　　　　　　재위 기간 : 1398.9~1400.11 2년 2개월
　　　　　　　　부인 : 8명 자녀 : 15남 8녀

정안왕후 김씨(자식 없음)

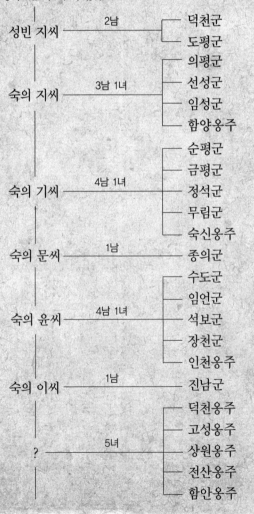

성빈 지씨 ──── 2남 ┬─ 덕천군
　　　　　　　　　　└─ 도평군

숙의 지씨 ──── 3남 1녀 ┬─ 의평군
　　　　　　　　　　　　├─ 선성군
　　　　　　　　　　　　├─ 임성군
　　　　　　　　　　　　└─ 함양옹주

숙의 기씨 ──── 4남 1녀 ┬─ 순평군
　　　　　　　　　　　　├─ 금평군
　　　　　　　　　　　　├─ 정석군
　　　　　　　　　　　　├─ 무림군
　　　　　　　　　　　　└─ 숙신옹주

숙의 문씨 ──── 1남 ─── 종의군

숙의 윤씨 ──── 4남 1녀 ┬─ 수도군
　　　　　　　　　　　　├─ 임언군
　　　　　　　　　　　　├─ 석보군
　　　　　　　　　　　　├─ 장천군
　　　　　　　　　　　　└─ 인천옹주

숙의 이씨 ──── 1남 ─── 진남군

? ──── 5녀 ┬─ 덕천옹주
　　　　　　├─ 고성옹주
　　　　　　├─ 상원옹주
　　　　　　├─ 전산옹주
　　　　　　└─ 함안옹주

하고, 그 후 1400년 2월 '제2차 왕자의 난'을 계기로 방원을 세제世弟:왕위 계승자로 결정된 동생 책봉하며, 4월 왕족과 권력가들의 사병私兵을 혁파하여 병권을 의흥삼군부義興三軍府로 귀속시켰다.

또한 도평의사사를 의정부議政府로, 중추원을 삼군부로 고치면서 군·정 軍·政 분리 체제 형성을 통해 왕권의 강화를 위한 개혁을 단행하였는데, 이 모든 것이 방원의 영향력 아래에서 이루어졌다.

이러한 정세에서 정종은 정무政務보다는 격구 등의 오락에 탐닉했는데, 이는 그 나름의 보신지책保身之策이었다.

보신지책 덕분에 정종은 방원과의 우애를 유지할 수 있었고, 바로 그 형제간의 우애를 돈독히 한 배경에는 정안왕후 김씨의 헌신적인 내조가 뒷받침했다.

권력을 버릴 줄 알았던 김씨

정안왕후가 여느 왕비들처럼 심상치 않은 정국의 상황을 파악치 못하고 욕심을 부렸더라면 정종과 동생 방원 간의 우애가 파탄될 것은 뻔한 이치였고, 정종이 천수를 누리지 못할 것은 자명한 일이었다.

권력 집착에 안달하는 남성 소인배족小人輩族에 비하면, 정안왕후는 아마도 권력의 무상함을 깨달았던 후덕厚德한 인생 달관자達觀者였던 것이다.

정종과 정안왕후 김씨와의 사이에서는 후사後嗣:대를 잇는 아들가 없었으나 정종은 김씨 외에 아홉 여인을 거느렸는데, 성빈 지씨·숙의 지씨·기씨·문씨·윤씨·이씨·가의궁주 유씨·시비기매·성명 미상의 모씨 등 사이에서 17명의 군君과 8명의 옹주翁主를 낳았다.

정안왕후 김씨에게 후사가 없음은 그녀 스스로 생리적 이상으로 회임을 못 했을 수도 있지만, 의도적으로 생산을 기피하였을 수도 있다.

어쨌든 9명의 후궁에게서 있을 수 있는 권력 욕심을 단속하였고, 정종에게 후환이 없도록 처신한 정안왕후의 하해 같은 덕망은 위대하였다. 더구나 아홉 여인을 거느리며 '열 계집 마다 하지 않는다'는 남성 본위의 화려한 애정 행각을 즐긴 정종의 외도에 대해서도 지혜와 인내로써 평정히 다독거린 능력자였다.

실권도 없는 왕위에서 정종은 1400년 11월 동생 방원태종에게 왕위를 넘기고 상왕으로 물러났다. 그는 태종의 예우를 받으며 개성 백룡산 기슭의 인덕궁에 거주하면서 주로 격구·사냥·온천·연회 등의 유유자적悠悠自適한 생활을 누리다가 선위禪位 후 20년, 세종 원년 1419년 9월에 보령 63세로 세상을 떠났다.

1400년 11월 즉위한 태종은 그 해 12월 1일 백관을 거느리고 상왕전上王殿에 나아가 옥책문玉冊文을 지어 정안왕후에게 순덕왕대비順德王大妃라는 존호를 올렸다.

정안왕후는 정종보다 7년 앞선 1412년태종 12 6월 인덕궁에서 춘추 58세로 승하하였다.

정종과 정안왕후의 능은 경기도 개풍군 흥교면 흥교리현 북한 행정구역:경기도 판문군 령정리이며, 정종과 나란히 누워 있는 능호는 후릉厚陵이다.

능의 좌향은 계좌정향癸坐丁向:북좌남향으로 백룡산을 위로 업고 탁 트인 평지 멀리 안산이 바라보이는 배산임수背山臨水의 명당 자리에 자리잡고 있다.

재위在位시 실권이 없었던 정종은 사후에도 오랫동안 묘호廟號도 없이 공정대왕으로 불리다가 1681년숙종 7 '정종'이라는 묘호를 받았는데, 조선 중기까지 왕으로 대우를 받지 못했던 모양이다.

그러나 왕위가 뭐 그리 대단하랴 하고 즐기다가 편안히 세상을 떠난 정종. 그의 배후에는 정안왕후 김씨가 있었고, '인간만사 새옹지마' 권력의 허무와 무상을 깨달은 그녀의 권고가 있었다.

즉, 김씨는 정종이 왕위를 더 오래 유지하다가는 방원에게 죽임을 당할 수도 있다는 판단에 잠자리에서 정종에게 그만 왕좌를 내주라고 권고했고, 정종도 같은 생각에 권고받은 바로 다음날 왕위에서 물러났다는 것이다.

권력이라는 속된 욕심을 버릴 줄 알았던 정안왕후 김씨. 과연 드넓은 심덕과 지혜를 갖춘 대인 내조자였다.

제2대 정종 때의 세계

명明 태조朱元璋 사망. 티무르 인도에 침입함. 명의 나관중羅貫中:《三國志通俗演義》저자 사망. 영국의 초서《켄터베리 이야기》의 저자. 1340~1400 사망.

후비 원경왕후 민씨
元敬王后 閔氏
(1365~1420)

태종을 내조한 명문가 출신 민씨

태종의 후비 원경왕후 민씨元敬王后 閔氏는 송도 철동에서 여흥驪興 민씨가閔氏家 민제閔霽의 딸로 1365년 7월고려 공민왕 14년에 태어났다.

고려 말 유교적 명문가였던 아버지 민제는 당시 권문 세족의 후예이면서 신흥 사대부新興士大夫의 사상인 주자학朱子學을 받아들여 실천하였고, 청렴하기로 소문난 학자 관료였다.

조선 개국 이후에도 성리학 예법에 조예가 깊었던 민제는 국가 전례典禮를 정하기도 하는 등 주로 관직을 두루 거치다가 사위 이방원李芳遠：태종이 왕위에 등극한 후에 여흥부원군驪興府院君에 책봉되었는데, 그의 부인 송씨도 온건한 인품이었다.

이러한 가풍을 이어받은 민씨는 1382년고려 우왕 8 18세 되던 해 두 살 아래인 16세의 이방원에게 출가했다.

당시 이방원의 아버지 이성계도 지방 토호土豪에서 송도로 진출한 신흥 명문가였기에 권문 세족 민씨가와 사돈을 맺는 것이 가능했는데, 이성계는 그의 4남 방간도 여흥 민씨가 민선의 사위가 됨으로써 겹사돈을 맺어 정계의 기반을 다져 나갔다.

민씨보다 두 살 아래인 이방원은 태조 이성계와 그의 첫째 부인 신의왕후 한씨의 다섯째 아들로 1367년공민왕 16 5월에 태어났다.

조선 개국 4개월 전인 1392년 3월 이성계가 해주에서 사냥 중 낙마하여 중상을 입자 정몽주는 공양왕에게 상소하여 정도전·이성계 일파를 제거하려 했을 때 이방원은 아버지를 위기에서 모면케 했다. 이어 4월에 조영규趙英珪 등의 자객을 보내 정몽주를 격살케 하여 대세를 만회하고, 왕대비공민왕비 안씨를 강압하여 공양왕을 폐위케 한 뒤 이성계를 왕으로 등극하게 하는 등 아버지의 오른팔 역할을 톡톡히 했다. 이처럼 숨가쁜 개국 과정에서 자칫 가문이 멸망하는 화를 당할 수도 있는 긴박한 상황에 처해 있던 이방원을 부인 민씨도 전력으로 돕지 않을 수 없었다.

민씨가 이방원과 혼인한 지 10년, 1392년 조선 개국 후에 정녕옹주로 책봉을 받았으나 그것으로 만족할 수 없었고, 남편인 방원이 세자가 되면 자신도 왕비가 될 꿈을 꾸었을 것이다.

그러나 민씨와 방원은, 이성계의 둘째 부인 강씨 소생의 둘째 아들 방석이 세자로 책봉된 것은 적장자의 원칙도 아니고 공훈 우선도 아니라는 점에 대해 불만이었다.

이성계의 둘째 부인이자 민씨에게는 시어머니가 되는 강씨도 첫째 부인 소생의 왕자들을 경계했는데, 그 중에서도 방원을 가장 경계하고 있음을 민씨도 잘 알고 있었다.

민씨는 왕위에 야심을 품은 남편 방원을 위기 때마다 구해 주었는데, 야사에서는 이렇게 전해지고 있다.

방원이 강씨 측의 정보를 입수하기 위해 강씨의 몸종을 유혹했었지만 그 비밀이 탄로나고 말았다. 강씨는 이 절호의 기회를 태조 이성계에게 고하고 방원의 비리를 탄핵하여 그의 제거를 요구하게 되었다. 그래서 신덕왕후 강씨는 "환관 이만李萬과 통정했던 세자빈 유씨도 사가로 쫓겨났는데 어찌 방원의 죄는 묻지 않을 수 있느냐?"고 따졌던 것이다. 중간에 놓인 이성계는 평소 마음을 터놓고 지내던 이지란李之蘭에게 고민을 털어놨다.

본명 '토우란티무르'인 이지란은 이씨 성을 받은 여진족이자, 그의 아내는 강씨의 조카딸이었다. 이때 이지란은 방원을 명나라로 보내자는 의견을 내놓았는데, 당시 명나라에서는 왕자를 보내야만 조선의 건국을 인정할 수 있다며 사신을 계속 거절하던 처지였다. 그렇게만 된다면 강씨에게도 입장이 설 뿐만 아니라, 아들 방원도 살릴 수 있는 묘책일 수 있었다.

이성계는 이 의견을 따르기로 하고 방원의 아기, 즉 왕손을 잉태한 강씨의 몸종을 궁궐 밖으로 내쫓기로 결정했다. 그러나 강씨는 몸종을 끌어내 죽이기로 하자, 이 사실을 알게 된 방원은 부인 민씨에게 자초지종을 털어놓고 도움을 청했고, 몸종을 살리기 위해 민씨는 즉각 궁궐로 달려갔다. 기지를 발휘한 민씨는 강씨가 보는 앞에서 몸종에게 침을 뱉으며 자신이 더 분한 것처럼 연극을 벌였던 것이다. 즉, '지아비를 유혹한 여자를 가만둘 수 없다'는 듯이 펄펄 날뛰자 강씨는 안심하고 민씨에게 몸종을 내주게 되었다. 후일 이렇게 민씨의 은덕을 입은 몸종은 방원이 왕위에 올랐을 때 '효빈孝嬪'의 시호를 받았다.

이처럼 위기에 몰릴 때마다 방원을 구해 준 민씨는 신뢰받을 수밖에 없었다. 이 무렵 첫아들 양녕讓寧과 둘째 아들 효령孝寧이 태어났고, 모두 4남 4녀의 자녀를 두었는데, 민씨와 부부간의 금실이 좋았던 모양이다.

혁명 주체 세력 민씨

조선이 개국되었을 때 방원은 세자의 자리를 이복 동생인 방석芳碩에게 빼앗기고 개국 공신 책록에서도 제외되었는데, 그것은 신덕왕후 강씨와 정도전 등의 배척 때문이었다.

1396년태조 5 신덕왕후 강씨가 세상을 떠나자 방원과 민씨에게 기회가 다가왔다. 신덕왕후와 연합 세력이었던 정도전만 제거하면 방원은 왕위에 오를 수 있고 민씨 집안도 정권을 잡을 수 있는 꿈이 실현되는 것이었다.

하지만 태조의 막강한 신임하에 정도전의 권력은 대단했다. 이에 방원의 동복 형제들뿐만 아니라, 개국 공신 조준과 하륜·이숙번李叔蕃 등 정도전에게 불만을 품은 인물들이 방원의 주위에 모여들었다. 정도전 일파에 의한 요동 정벌 계획이 적극 추진되면서 태조 이성계의 강력한 지시로 왕자 소유의 사병私兵 혁파 작업이 시행될 때, 민씨의 기지奇智가 바로 방원의 무력을 지켜주었다. 즉, 민씨는 동생 민무구閔無咎·민무질閔無疾과 함께 사병과 무기를 친정집으로 빼돌려 무력의 상당 부분을 보전할 수 있었는데, 친정 식구까지 동원하면서 모험을 감행했던 것이다.

1398년 8월, 결전의 날이 다가왔다. 바로 '제1차 왕자의 난'이다. 방원과 민씨 측은 정도전과 남은 등이 태조의 와병을 핑계로 왕자들을 궁궐로 불러들인 후 일거에 살육할 계획이 있다는 밀모설密謀說을 꾸미며, 살육 계획 예방을 위해 정도전 일파의 제거가 불가피한 조치였다고 주장했다.

이때도 민씨는 결정적인 역할을 했다. 왕자들이 경복궁 근정전에 모여 숙직하고 있을 때, 하인으로 하여금 민씨의 복통이 심하다는 핑계로 방원을 불러냈고, 곧바로 방원은 아내의 동생인 민무구·민무질 등 사병들을 동원, 정도전과 남은을 기습했다. 당시 정도전과 남은은 애첩 집에서 술을 마시다 저항 한 번 못 한 채 전격적으로 살해당했다.

역시 정도전의 밀모설은 민씨와 방원 측에 의해 조작되었던 것이다. 반대 세력을 죽인 방원은 이성계가 머물고 있던 청량전으로 가서 강씨 소생의 세자 방석과 방번, 경순공주의 남편인 부마 흥안군 이제李濟 등도 제거하여 기습 작전 '제1차 왕자의 난'은 성공을 거둔 것이다.

간신히 목숨을 건진 세자빈 심씨는 비구니가 되어 고려 공민왕의 후궁이었던 혜비惠妃와 같이 승방僧房인 정업원에서 여생을 보냈고, 경순공주도 흥천사의 여승女僧이 되었다고 전해진다.

준비력과 결단력이 태종 못지않은 민씨가 민첩한 판단력으로 정변을 성공으로 이끌 수 있었던 것은 그녀가 정치적 역학力學 관계를 잘 알고 있었기 때문이다. 즉, 정적을 죽이지 않으면 내가 죽는다는 정치 생리와 힘의 함수 관계 논리를 잘 간파하고 있었던 것이다.

정변이 성공을 거두자 주변 심복들은 방원을 세자로 추대했으나, 그때의 정황을 의식한 방원은 이를 거절하고 둘째 형인 방과를 세자로 내세웠다. 세자 방석을 살해한 연후에 자신이 서둘러 세자가 된다는 것은 모양새가 좋지 않다고 여겼기 때문이다. 자신은 얼마든지 형의 뒤에서 막후 실력자로 행사할 자신감도 있었다.

태조 이성계는 울었다. 그토록 사랑했던 아내 신덕왕후도 이미 세상을 떠났고, 그녀와의 사이에서 낳은 방석·방번마저 죽자 정치의 허무와 무상을 느끼고, '제1차 왕자의 난' 직후 9월에 방과정종에게 왕위를 물려주고 슬픔에 빠져 있다가 후일 고향 함흥咸興으로 떠났다.

이렇게 이성계를 밀어낸 왕자의 난에서 아무런 공로가 없었던 정종은 그야말로 허수아비 왕이었다. 모든 실권은 제1차 왕자의 난을 주도한 동생 방원에게 있었고, 이러한 정세의 흐름은 왕위가 방원에게 한 발 다가오고 있는 조짐임을 방원과 민씨는 예감하고 있었다.

그러나 이것이 민씨가의 멸문지화滅門之禍의 계기가 될 줄 민씨는 모르고 있었다.

철저히 배신당한 민씨

이복 형제 간의 골육 상쟁이었던 '제1차 왕자의 난'에 이어 2년 만인 1400년 1월 동복 형제 간의 골육 상쟁인 '제2차 왕자의 난'이 일어났다.

'제1차 왕자의 난' 당시 정도전이 방원을 제거하려 한다고 밀고한 장본 인이 박포朴苞인데, 그도 조선 개국 과정에서 공을 세운 인물이었으나 논 공 행상論功行賞 과정에서 일등 공신에 피봉되지 못했음을 불평하다가 도 리어 죽주영동에서 귀양살이를 하는 처지였던 중, 방원의 넷째 형인 방간芳 幹이 동생에게 불만을 품고 있음을 알고 평소 방원에 대한 원망을 이 기회 에 풀어보려고 마음먹었다.

이때 방원의 형제들은 여전히 사병을 거느리고 있었는데, 이 세력이 방 원에게는 만만치 않은 위협이었다. 더구나 넷째 형 방간은 노골적으로 왕 위 계승의 야심을 드러내고 있었기 때문에 방원은 왕자들의 사병을 혁파 할 제도적 장치를 마련하고 있었다.

정국의 중론이 방원 쪽으로 흐르자 방간은 더욱 시기심과 불만이 쌓이 게 되던 중, 방원이 자신방간을 죽이려 한다고 박포가 거짓 밀고를 하자 이 밀고를 믿고 방간이 사병을 동원하니, 방원도 이에 맞서 병력을 동원하여 개경 한복판에서 형제 간에 치열한 싸움을 벌였지만 결과는 방원의 승리 였다. 방간은 체포되어 토산兔山으로 유배당하고, 박포는 사형당했다.

이 싸움에서 방원의 부인 민씨는 대단한 결단력과 투지를 보였는데, 전 투에 나섰던 방원의 소식은 없고 군관의 말이 화살을 맞은 채 집으로 돌 아오자 민씨는 방원이 죽은 줄로 판단해 싸움터로 나가려 한 적이 있었다. 바로 그때 근처에 사는 노파가 방원의 군대가 승리했다는 소식을 알려주 어 출전을 중단했다. 이처럼 방원의 뒤에서 단순히 승리만을 기원하는 연 약한 부인이 아니라 때론 목숨을 걸 만한 용기 있는 여장부였다.

그러나 민씨의 이런 투쟁적 남성 기질은 권력 투쟁을 즐기는 남성 소인배들의 말로와 똑같은 비운悲運을 맞는 동기가 되었다.

'제2차 왕자의 난'은 결국 방원의 왕위 계승을 촉진하는 계기가 되었고, 방원에 대한 반대 세력은 거의 소멸되어 방원의 정치적인 입지는 더욱 견고해졌다.

난이 평정된 뒤 방원의 심복인 하륜의 주청으로 정종은 상왕 태조의 허락을 얻어 1400년 2월 방원을 정종의 세제로 책봉하고 민씨도 세제빈으로 정빈에 봉해졌다. 실질적 권력의 실세實勢였던 방원과 민씨는 사실상의 국왕과 왕비였다.

권력 싸움의 진흙탕과 그 난장판에서도 옥은 있었다. 하찮은 권력에 연연하지 않았던 정종의 후비 정안왕후 김씨는 방원에게 왕위를 물려주고 여생을 편히 지내자고 권하자, 정종도 이를 수락하여 11월 방원에게 왕위를 선위하고 상왕으로 물러앉았다.

명실 상부한 국왕과 왕비가 된 방원과 민씨는 동상이몽, 각자의 계산대로 스스로 쟁취한 영광이라고 여겼다. 특히 민씨의 입장에서는 자신과 민무구·민무질 등 동생들이 없었으면 두 차례의 왕자의 난에서 방원이 패했을 수도 있다고 생각했다. 누가 뭐래도 방원을 왕위에 올린 일등 공신은 민씨의 친정과 자신이라고 자부했다.

그러나 보상 심리가 발동했던 민씨의 계산과 태종의 계산은 완전히 어긋나고 있었다. 이때부터 민씨가에 불행의 먹구름이 감돌기 시작했다.

민씨의 입장에서는 당연히 방원의 권력을 친정과 나누어야 한다고 여겼으나 태종의 생각은 달랐던 것이다. 물론 아내와 처남들의 공을 모르는 바는 아니었지만, 태종이 국왕이 된 이상 당연히 권력은 국왕의 것이라 여겼고, 다른 신하들은 물론 왕비까지도 권력 행사는 용납할 수 없다고 확신했다.

만일 권력을 분배해 주면 이 세력이 점점 커져 후에 태종 자신에게 위협

제3대 태종 가계도

태 조 ——————— 신의왕후 한씨

5남

제3대 태종 | (정안대군, 방원 1367~1422)
재위 기간 : 1400.11~1418.8 17년 10개월
부인 : 12명 자녀 : 12남 17녀

원경왕후 민씨 —————— 4남 4녀
- 양녕대군
- 효령대군
- **제4대 세종** 도(충녕대군)
- 성녕대군
- 정순공주
- 경정공주
- 경안공주
- 정선공주

효빈 김씨 —————— 1남
- 경녕군

신빈 신씨 —————— 3남 6녀
- 함녕군
- 온녕군
- 근녕군
- 정신옹주
- 정정옹주
- 숙정옹주
- 숙녕옹주
- 숙경옹주
- 숙근옹주

선빈 안씨 —————— 1남
- 익녕군

의빈 권씨 —————— 1녀
- 정혜옹주

소빈 노씨 —————— 1녀
- 숙혜옹주

숙의 최씨 —————— 1남
- 회령군

안씨 —————— 1남 2녀
- 혜령군
- 소숙옹주
- 경신옹주

최씨 —————— 1남
- 후령군

김씨 —————— 1녀
- 숙안옹주

이씨 —————— 1녀
- 숙순옹주

? —————— 1녀
- 소선옹주

요소가 되리라 예감했던 것이다. 따라서 민씨가의 정계 진출은 원천 봉쇄해야 한다고 믿었다.

또 태종은 종묘 사직宗廟社稷:왕실과 나라의 안정을 도모하기 위해서라는 그럴싸한 명분을 내세워 후궁을 많이 들이기로 했는데, 그것은 외척 세력의 분산에도 기여할 수 있다고 여겼다. 어쨌든 권력층의 축첩蓄妾은 외도外道가 아니라 왕권을 위한 지당한 처사였던 모양이다.

누구의 간섭도 받을 리 없는 태종의 후궁 정책에 대해 민씨의 어머니 송씨는 '후궁이 점점 많아지니 두렵다'며 우려했는데, 민씨 또한 얌전히 함구할 리 없었다.

"주상께서는 어찌 옛일을 잊으십니까? 제가 주상과 더불어 함께 환난을 이기고 비로소 나라를 얻게 되지 않았습니까? 오늘날 저를 잊음이 이렇게 심할 수 있습니까?"

그러나 민씨와 그 집안의 권력을 인정하지 않는 태종이 민씨의 말을 들을 리 없었다. 민씨의 거센 반발에도 불구하고 예조禮曹와 춘추관春秋館에게 자문을 구해 중국 고사와 여러 법전에 근거하여 법을 수립하여 아예 민씨가 더 이상 간섭 못 하게 했다. 이렇게 들인 후궁이 확인된 여인만 해도 자그마치 9명이나 되었다.

사태가 이 지경에 이르자 민씨는 단식 투쟁 등 강력한 항의를 벌였으나 태종은 요지부동이었다. 오히려 태종의 아이를 수태했던 민씨 친정의 여종과 그 소생을 제거하려다가 들켜 민씨가 폐위될 위기에 처하게 되기도 했다. 부권夫權 본위인 유교 도덕상 여인의 칠거지악에 속하는 '투기죄妬忌罪'였다. 그러나 세자와 왕자들의 생모라는 연고로 위기를 모면했다. 왕후가 된 기쁨은 순간일 뿐 태종에게 외면을 당한 민씨는 배신감 속에 치를 떨고 있어야만 했다.

"……그래 기다려 보자. 그리고 두고보자. 세자와 왕자들의 세상이 올

것이니라."

민씨는 독심을 품으며 권력의 세상을 학수 고대하고 있었다.

1404년 세자로 책봉된 민씨의 큰아들 양녕은 어릴 적 외가에서 자랐기에 친정 식구들과 각별한 정이 있었으니 양녕의 세상은 바로 친정의 세상으로 도래될 것이라고 믿었던 것이다.

한편, 세자 양녕도 아버지 태종이 국왕에 오르기까지 갖은 고초와 긴박한 날들을 얼마나 많이 겪어왔는지 이해 못 하는지라, 매사 자신을 억누르고 어머니를 따돌리는 부왕에게 반감이 점차 고조되고 있었다. 더욱이 외삼촌들이 양녕의 이런 불만들을 부추기고 있었는데, 문제를 일으킨 것은 양녕의 불만 표출 방식이 궐 밖 여염집 여인들과 문란한 비행을 저지르는 것이었다.

이를 좌시할 수 없었던 태종에게 그의 심기를 더욱 자극하는 일이 터지게 되었다. 그것은 바로 민씨가에 대한 분노로서 자신 몰래 진행되었던 양녕의 정혼 문제였다.

이미 태종은 명나라 사신에게 "귀국 황제 폐하의 공주님과 우리 세자를 맺어주면 어떠하겠소?"라고 전했으나 명나라 측에서 일언 반구도 없어 몹시 불쾌한 적이 있었고, 양녕도 그때 이미 김한로金漢老의 딸과 정혼한 사이였으므로 신하들에게 명나라 공주 얘기는 두 번 다시 언급하지 못하게 했다.

하지만 사태의 추이를 느끼지 못한 신하들은 명나라와 사돈 관계를 맺으면 주변의 오랑캐들이 조선을 건드리지 못할 것이라고 판단하여 태종 몰래 민씨의 아버지 여흥부원군 민제閔霽를 찾아가 의논했던 것이다.

태종이 이 사실을 알고는 크게 분노했다.

"짐을 두고 세자빈 책봉 문제를 부원군과 밀담하다니, 그대들이 살아남기를 바라는가?!"

마침내 민씨가에 불똥이 떨어졌다. 1407년 민무구와 민무질 형제에게 옥사가 벌어졌다. 태종이 선위할 경우 민씨 형제들은 왕위가 조카 양녕에게 넘어갈 것이라 여겨 희희낙락했다는 것이고, 이들이 세자를 끼고 권력을 잡으려 했다는 것이 '협군의 혐의'가 적용되었던 것이다. 민무구와 민무질은 귀양 가고 말았다.

원경왕후 민씨의 온갖 노력도 소용 없었다.

이 사건으로 충격을 받은 부원군 민제는 시름시름 앓다가 세상을 떠났고, 역시 민무구·민무질 형제도 3년 후 태종의 자진 어명을 받아 죽고 말았다.

아버지와 두 동생을 잃게 된 민씨는 배신감에 치를 떨며 몸져누웠다. 그러나 이것으로 끝이 난 게 아니었다. 또 다른 동생 민무회閔無悔와 민무휼閔無恤이 세자 양녕에게 형들의 죽음에 대해 울분을 토로하면서 "저하께서는 예전에 우리 집에서 자라지 않았습니까?"라고 한 말이 빌미가 되어 태종은 이들마저도 귀양을 보낸 후 자진시켰던 것이다.

원경왕후 민씨가는 완전히 쑥대밭이 되어 폐가가 되고 말았다.

이 지경에 이르자 조정에서는 민씨의 폐위 논의까지 일게 되었으나 태종은 본래 목적이 외척 세력의 발호를 뿌리 뽑는 것이었으므로 세자의 생모인 왕비를 폐할 수 없다고 거부했다.

민씨는 거듭 후회했다, 자신이 태종과 혼인하지 않았더라면, 또 친정 쪽에서 태종을 임금으로 밀지 않았더라면 이 같은 비극은 없었을지도 모른다고.

태종이 세자로 책봉되지 않았던 시절부터, 태종과 동지적 입장에서 갖은 위험과 긴박한 순간들을 넘겨온 민씨가 친정이 풍비박산, 멸문을 당한 참극과 그 비분을 무엇으로 다스리리.

민씨는 시아버지 이성계의 건국 과정을 지켜보았고, 또 세자도 아니었고 다섯째 아들에 불과했던 남편 방원을 임금으로 만드는 데 온갖 정성을 다 바쳤지만 결국엔 자신의 친정으로 비수가 꽂혀 멸문의 화를 당하고 말았다.

유학자 명문가에서 태어난 민씨는 자신으로 인해 친정의 몰락을 겪게 되었고, 따라서 자신의 권력욕이 얼마나 부질없고 허망한 것이었는지를 깨달았을 것이다.

"더러운 욕심을 부리지 않았더라면 화는 당하지 않았을 것을……."

그녀는 막내아들 성녕대군誠寧大君이 14세 때 홍역으로 죽은 것을 계기로 말년에 불교에 귀의했고, 모든 것을 체념하고 성녕대군 묘 옆에 대자암을 지어 아들의 명복을 빌며 하루하루 살아가다 1420년세종 2 7월 학질에 걸려 끝내 수강궁壽康宮의 별전에서 춘추 56세로 승하했다. 치욕의 중전 자리 21년이었다.

능호는 헌릉獻陵이며, 현재 서울 강남구 내곡동에 있다. 묘호는 원경태왕후로 추존되었다가 숙종 때 원경왕후로 수정되었다.

태종과 원경왕후의 헌릉

원경왕후가 승하한 지 2년 뒤 1422년세종 4 5월 태종이 승하하자 원경왕후의 능 옆 좌측에 나란히 쌍릉으로 태종이 누워 있다.

태종은 이미 1418년태종 18 방탕한 세자 양녕대군을 폐하고, 셋째 아들 충녕대군세종을 세자로 삼아 2개월 뒤 8월에 선위했었다.

제3대 태종 때의 세계

1393년 티무르, 오스만 터키를 대파앙고라의 싸움. 1402년 보헤미아의 프라하 대학의 총장이 된 요한 후스는 이듬해부터 로마 교회의 부패상을 고발, 종교 개혁을 기도하다 신성 로마제국에 의해 추방되고, 이후 보헤미아 공화국에서도 파문破門됨. 그리고 그는 1412년 면죄부를 판매하는 로마 교회를 비판하여 파문당하고, 1414년 콘스탄티노플 종교 회의에서 이단으로 선고받아 1415년 화형당함. 이후 1417년 교황 베네딕트 13세가 폐위되고 마르틴 5세가 즉위하여 개혁 조령을 발표함에 따라 종교 개혁의 새로운 기운이 펼쳐졌다.

후비 소헌왕후 심씨
昭憲王后 沈氏
(1395~1446)

 왕비를 바라지도 않았던 심씨

　세종의 후비 소헌왕후 심씨昭憲王后 沈氏는 양주의 명문 청송靑松 심씨가
沈氏家 심온沈溫의 딸로 1395년태조 4 9월에 태어났다.

　고려 말 할아버지 심덕부沈德符와 아버지 심온은 조선 건국에 참여했던
개국 공신으로 세종 즉위 초기 영의정에 오르게 되며, 이미 심씨의 숙부
도 태조의 딸 경선공주慶善公主와 혼인한 부마駙馬:임금의 사위로서 왕실과
심씨가는 밀접한 관계였었다.

　이러한 배경으로 심씨는 1408년태종 8 당시 태종의 3남 충녕군忠寧君이던
세종과 가례를 올려 빈嬪이 되었고, 경숙옹주敬淑翁主에 봉해졌다. 혼례 때
심씨의 나이 열네 살이었고 충녕군은 열두 살이었다.

　충녕군 세종은, 태종과 원경왕후 민씨의 셋째 아들로 1397년태조 6 4월
에 태어났고, 1408년태종 8 충녕군에 봉해졌으며, 1412년태종 12에 충녕대군
으로 진봉되었다.

원래 태종의 뒤를 이을 왕세자는 맏아들 양녕대군이었으나 그는 자유분방한 성격 탓으로 엄격한 궁중 생활에 잘 적응하지 못해 몰래 궁중을 벗어나 기생 또는 남의 첩실과 놀아났고, 사냥·풍류 생활 등을 즐겨 자주 태종의 화를 돋우었다. 그의 이러한 행동은 부왕인 태종의 걱정은 물론, 엄격한 유학자들에게도 비판의 대상이 되었는데, 태종의 수차례에 걸친 훈계와 심한 벌도 소용 없었다.

태종은 자신이 애써 이룩해 놓은 강력한 왕권을 이어받아 안정된 정치를 펼치기에는 양녕대군이 부적하다고 느끼고 있었다. 이때만 해도 태종의 3남 충녕군과 혼인한 심씨는 왕비가 될 것은 꿈도 꾸지 않았다. 더욱이 심씨는 개국 공신인 시어머니 원경왕후 민씨의 비극을 잘 알고 있었다. 권력에 연루되어 민씨의 동생 4형제가 비참하게 죽은 것을 잘 알고 있었기에 왕비의 자리도 결코 행복한 자리가 아니라는 것을 마음 속에 깊이 새기고 있었다.

1418년 4월, 마침내 태종의 마음이 양녕대군에게서 떠났음을 간파한 신하들이 주청했다.

"전하, 세자를 폐하시고 충녕대군을 세자로 책봉하옵소서. 충녕대군은 천성이 총민하고 학문 또한 독실하므로 장차 이 나라의 성군이 되실 것이옵니다."

태종 18년 6월, 충녕대군이 왕세자에 책봉되자 심씨 또한 경빈敬嬪으로 승격되면서 심씨와 친정의 운명은 어둠의 국면에 접어들고 있었다.

친정의 멸문을 바라보기만 한 심씨

심씨는 불안했다. 시아버지 태종의 강경한 외척 견제와 아버지 심온의 권력욕이 두려웠다. 이미 시어머니 민씨 집안의 비참한 몰락을 지켜보았던 심씨였는지라 제발 아버지가 신중히 처신해 주기를 바랐다.

1418년 8월, 충녕대군이 제4대 왕으로 즉위하고 심씨가 왕비에 오르면서 아버지 심온이 영의정에 오르자 그는 갑자기 커진 권력을 추스리지 못했다. 결정적으로 상왕 태종의 비위를 거슬리게 한 것은 심온이 명나라에 사은사로 가게 되었을 때 서울 장안이 떠들썩할 정도로 위세를 당당히 과시하고 떠난 일이었다.

상왕 태종은 역시 그의 부인 민씨 가문에 꽂았던 외척 제거의 비수를 며느리 심씨 가문으로 겨냥했다. 게다가 상왕 태종은, 세종이 경복궁을 지키는 금위군禁衛軍의 군사를 나누어 상왕의 거처인 수강궁과 경복궁을 지키게 했는데, 심온의 동생 심정이 나라의 군국 대사軍國大事를 상왕인 태종이 처리한다고 불평한 것을 빌미로 심씨 가문을 공격하게 되었고, 심온이 이 사건의 수괴로 지목된 것이다.

상왕 태종의 의도를 알아차린 신하들에 의해 사은사로 갔다가 명나라에서 귀환하던 심씨의 아버지 심온은 명나라 국경을 넘어오자마자 압송되어 수원에서 폄출貶黜되고, 자진 어명을 받아 사사賜死되었다. 물론 심온의 동생 심정도 이미 숨졌고, 심씨의 어머니 안씨는 관노비官奴婢로 전락했다.

세종의 후비 소헌왕후 심씨는 친정의 몰락 과정에 속수 무책이었다. 세종 또한 상왕 태종의 그늘에서 벗어나지 못한 국왕으로 힘을 못 쓰는 판국이었다. 심씨의 아버지 심온이 억울하게 죽었지만 그 자신도 실책이 컸었다. 태종은 부인 민씨의 친정을 멸문시키면서까지 외척의 발호를 막았었다. 심온의 죽음은, 태종의 외척에 대한 강경 대응의 의지를 망각한 대가로서, 심온 자신도 자제할 줄 모르는 권력은 자멸임을 알았어야 했다.

폐비의 위기에서 살아난 심씨

한편, 심온을 제거했던 신하들은 심씨를 향해 공세를 폈다. 이들의 두려움은 상왕 태종이 세상을 떠나면 자신들에게 심씨의 복수가 실행될지 모른다는 것이었다. 그들은 심씨의 폐출을 강력히 주장했으나 상왕 태종은 이를 거부했다. 그 이유는 내조의 공을 인정받은 심씨가 많은 자손을 생산했고, 세종과도 금실이 좋다는 것이었다.

이미 태종은 그의 후비 원경왕후 민씨의 동생 네 명을 죽였지만 막상 민씨만은 왕비에서 폐출하지 않았듯이, 세종비 소헌왕후 심씨도 그녀의 아버지와 숙부는 죽였지만 왕비 지위만은 박탈하지 않았던 것이다. 태종은 그 대신 왕권 강화의 필요상 외척 세력의 견제를 위한 제도적 장치의 일환으로 후궁 제도를 법제화했다.

바로 절대 부권주의의 합법적인 일부다처 제도였다.

태종 자신도 그러했듯이 왕에게는 왕비 이외의 여러 여인들과 또 자손들이 필요하다고 여겼다. 그래서 아들 세종의 후궁으로 상호군 조뇌의 딸을 의정궁주로, 이운로의 딸을 혜순궁주로, 최사의의 딸을 명의궁주로, 박의동의 누이를 장의궁주로 봉하였다. 이 궁주들은 세종 10년 내명부內命婦: 궁중에서 품계를 가진 女官으로 빈·귀인·소의·숙의·소용·숙용·소원·숙원 등 후궁의 품계의 정비에 따라 모두 귀인으로 바뀌었다.

품계는 왕의 총애, 즉 승은承恩:임금의 총애를 받아 밤에 모시는 것을 어느 정도 받았는지, 자녀를 생산했는지, 자녀 중에 왕자가 있는지, 그 왕자가 세자가 되었는지의 여부에 의해 결정되었다.

자녀를 총 22명을 둔 세종은 8남 2녀를 둔 후비 심씨 외 5명의 후궁에게서 10남 2녀를 두었는데, 후궁 중에는 내자시內資寺:대궐에서 쓰는 식품·직조·내연에 관한 일을 맡아보는 관아의 여종이었던 신빈 김씨처럼 궁녀 출신도 있었다.

태종의 후궁 제도의 법제화에 따르면, 후궁은 양반 가문에서만 간택하도록 하였으나 셋째 후궁부터는 출신 여부와 상관 없도록 하였는데, 이는 국왕의 선택권을 확대시켜 주는 한편 궁녀들에게도 적게나마 희망을 주려는 정치적 의도도 내포하고 있었다.

세종이 많은 후궁을 거느렸음에도 세종의 후비 심씨는 투기妬忌:강샘하지 않았다. 후덕했던 심씨가 후궁이나 그 소생들을 박대하지 않고 한 동기처럼 후대해 줌에, 그 어느 임금보다 호색가였던 세종의 치세治世에 있어 내명부에 따른 분란은 없었다.

그렇지만 후궁들의 동향에 무감각한 심씨는 아니었다. 심씨는 궁중 곳곳에 사람을 심어 그 후궁들의 동태와 왕자들의 일거수일투족을 파악하고 있었다. 심씨는 자신이 낳은 4남 임영대군臨瀛大君이 여자 문제가 복잡하다는 사실을 유모를 통해 듣고 세종에게 전하여 다스렸으며, 다른 후궁들과 왕자들도 이런 식으로 관리했다.

이처럼 궐내의 일을 깔끔하게 주관한 심씨는 왕의 배우자로서 대통을 잇는 자식을 많이 생산했고, 궁궐의 마님 역할을 완벽하게 수행해 나갔던 것이다.

아버지와 숙부가 죽고 어머니는 관노비가 되어 버린 참담한 비통을 가슴에 묻은 채 폐비의 위기까지 이르렀던 심씨가 살아남을 수 있었던 것은 슬픔을 인자한 미소로 베푼 후덕한 처신이 있었기 때문이다.

말썽 많은 자손들을 잘 다스린 심씨

후궁들에게 투기하지 않고 모든 자녀들에게도 인자하였던 심씨는 후덕한 성품에도 불구하고 자손들에게는 연이어 우환이 터졌다.

세자빈을 두 차례나 폐출시켜 내쫓게 된 아픔을 겪은 데다가, 셋째 세자빈은 귀한 손자를 생산한 다음날 세상을 떠나 버렸고, 넷째 임영대군과 여덟째 영응대군永膺大君의 부인도 병 때문에 내쫓아야 했다. 이때는 병에 걸리는 것도 칠거지악에 해당되었던 것이다.

1427년 첫째 세자 향珦이 열네 살 되던 해, 세자보다 네 살 많은 김오문金五文의 딸을 세자빈으로 간택하였는데, 세자빈 김씨는 태종의 후궁인 명빈의 조카로서 왕가와도 인연이 있는 집안 출신이었으므로 심씨는 내심 무난하다고 안심했다.

그러나 세자 향훗날 문종은 학문은 좋아했으나 여색은 그다지 즐기지 않았는지 부인 김씨와 잘 어울리지 않았고, 오히려 어릴 때부터 함께 지낸 중전 심씨의 시비 효동·덕금을 더 가까이했다.

결국 세자빈 휘빈 김씨는 혼인 3년 만에 남편의 사랑을 되돌리겠다고 비방을 쓰게 되는데, 예컨대 좋아하는 여자의 신발 뒷굽을 잘라다가 불태워 술에 타 마시게 한다든지, 봄에 교접하는 뱀을 잡아 가루를 내어 먹게 한다든지, 미초라는 풀을 먹고 자란 나비를 말려서 차고 다니기도 해 보고, 붉은 박쥐 가루를 써보기도 하는 등 세자빈의 체면도 망각한 채 세자 몰래 별별 민간 비방을 다 써보았지만 소용 없었다.

오히려 세자의 사랑을 얻기 위한 이런 해괴한 짓들이 시어머니 심씨의 귀에 들어가, 세자빈 김씨는 국모의 자질이 없다는 이유로 폐출되었는데, 그녀가 색을 왕성히 밝혔다는 소문도 있었다.

김씨를 축출한 지 이틀 만에 세종과 소헌왕후는 금혼령禁婚令:세자·세손의 비를 간택하는 동안에 서민의 혼인을 금하던 일을 내리고 3개월 만에 세자 향과 동갑이었던 봉여奉礪의 딸을 세자빈으로 맞아들였다. 세자 향은 휘빈 김씨가 축출된 것에 대해 자신도 책임이 있다는 양심의 가책 때문에 봉씨에게는 애정을 가지려고 하였는데, 세자가 봉씨에게 미처 애정을 쏟기도 전에 예조禮曹에서 "세자도 후궁을 들여야 한다"고 주장하고 나섰다. 제도적으로 두 사람 사이에 다른 여자들이 끼여들게 된 것이다.

1430년세종 12 세자의 후궁을 정2품 양제, 정3품 양원, 정4품 승휘, 정5품 소훈 등으로 법제화했다. 세종과 소헌왕후는 며느리 김씨를 폐출시킨 바도 있고, 세자의 나이가 장성함에도 제대로 후사後嗣:대를 잇는 아들를 두지 못하게 되자, 동궁東宮:왕세자도 후궁을 들일 수 있도록 법제화했던 것이다.

제4대 세종 가계도

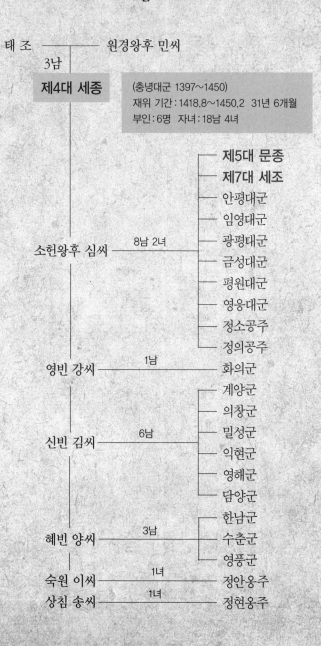

태조 ——————— 원경왕후 민씨

3남

제4대 세종 (충녕대군 1397~1450)
재위 기간 : 1418.8~1450.2 31년 6개월
부인 : 6명 자녀 : 18남 4녀

소헌왕후 심씨 ———8남 2녀———
- **제5대 문종**
- **제7대 세조**
- 안평대군
- 임영대군
- 광평대군
- 금성대군
- 평원대군
- 영응대군
- 정소공주
- 정의공주

영빈 강씨 ———1남——— 화의군

신빈 김씨 ———6남———
- 계양군
- 의창군
- 밀성군
- 익현군
- 영해군
- 담양군

혜빈 양씨 ———3남———
- 한남군
- 수춘군
- 영풍군

숙원 이씨 ———1녀——— 정안옹주

상침 송씨 ———1녀——— 정현옹주

그리하여 세종은 권전權專의 딸훗날 단종의 어머니, 현덕왕후, 정갑손의 딸, 홍심의 딸을 세자의 후궁으로 봉했다.

세자는 새로 맞아들인 후궁들에게 마음이 쏠렸고, 반면 세자빈 봉씨는 졸지에 과부 아닌 독수 공방 신세가 되었다. 그래도 혹시나 세자가 밤늦게라도 찾아올지 모른다고 고대하며 긴긴 밤을 시비와 함께 뜬눈으로 지새웠다. 봉씨는 내심 외쳤다.

"여인을 맞이해 놓고 남자 역할을 못다함은 여인에 대한 학대요, 고문이다!"

봉씨는 당당하고 당돌했다. 슬픔을 감추며 해괴한 비방을 썼다가 폐출당한 김씨와는 달랐다. 봉씨가 세자와 냉전 상태에 돌입했을 때 세종과 소헌왕후는 몇 차례 불러서 타일러 보았지만, 자부심이 대단했던 봉씨는 만만치 않았다.

그러던 차 봉씨는 시비와 묘한 사랑에 눈을 뜨게 된다. 조선 왕실 최초의 레스비언lesbian:여성 간의 동성애 스캔들, 즉 새로운 삶의 즐거움을 알게 된 봉씨는 저녁마다 시비들을 불러들여 주연을 베풀고 취흥에 따라 가무까지 즐기며 시름을 달랬다.

하지만 세자의 사랑을 두고 후궁들과 실력 대결을 하는 상황에서 봉씨의 이런 행동은 자기 무덤을 파는 짓이었다.

봉씨의 유희 소문은 마침내 세종과 소헌왕후에게까지 알려졌고, 한동안 망설이던 세종은 1437년세종 19 마침내 두 번째 세자빈 봉씨를 폐출시켰다. 결국 봉씨는 동성 연애자로 낙인이 찍혀 축출됐지만, 더 큰 축출 이유는 후손을 생산치 못한 탓일 것이다. 이른바 유교적 칠거지악인 자녀를 생산 못 한 죄목이었다.

봉씨의 동성 연애가 발각됨에 따라서 다른 궁녀들의 동성 연애도 탄로가 났다. 그러나 굶주린 자에게는 대신 먹을 거리가 필요했다. 꿩 대신 닭이라고 했던가. 당시 궁녀들 사이에는 '대식對食'이라 하여 동성 연애가 성행했다. 궁녀들은 통상 한 방에 소속이 다른 두 여인들이 함께 거처하였는데, 이들은 서로 '방동무'라 부르며 엉덩이에 '붕朋:벗'이라는 글자나 남근상男根像을 문신하고는 동성 연애를 즐겼다고 전해진다.

특히 임금에게 승은承恩:임금의 총애를 받아 밤에 모시는 것을 입지 못한 궁녀들은 '희망이 절벽'인 궁궐 생활에서 이런 식으로라도 원초적 본능을 달랠 수밖에 없었던 것이다. 세종은 동성 연애 궁녀들에게 70대 또는 100대의 곤장을 치는 벌을 내리기도 했지만 근절되지 않자 《삼강행실도》를 배포하기도 했다.

그러나 궁녀들의 갇힌 생활 양식이 마구 분출하는 본능을 정상적으로는 해결할 수 없다는 점에서 이 또한 미봉책일 수밖에 없었다. '인간의 본능'을 인위적으로 강압할 수는 없는 노릇이었다. 어쩌면 권력 계층은 자기들 맘대로 여자를 즐기면서 궁녀들의 본능을 단속하는 것은 공평치 못한 횡포요, 아이러니인 셈이었다.

세종과 소헌왕후가 맞아들인 세자 향珦의 후궁들 중에 세자빈으로 승격된 권씨는 두 명의 공주를 낳은 뒤 1441년세종 23 7월 드디어 왕세손을 생산했다.

폐출시킨 첫 세자빈 김씨와 혼인한 지 14여 년, 역시 폐출된 둘째 부인 봉씨를 거친 후, 권씨와의 사이에서 늦게나마 세자가 아들을 얻게 되자 세종은 왕세손의 탄생을 축하하기 위해 대사면령大赦免令을 즉시 내렸다. 그러나 교지敎旨를 다 읽자마자 공교롭게도 전상殿上을 밝히던 촉대燭臺가 땅에 떨어져 버렸다.

"이 무슨 해괴한 징조인고?"

그 다음날 세자빈 권씨는 산후 조리를 잘못하여 세상을 떠나고 말았다. 이때 태어난 아이가 '비운의 임금 단종端宗'이며, 죽은 권씨는 9년 후인

1450년 세자 향 문종이 즉위한 뒤 현덕왕후顯德王后로 추존되었다.

호색가 아버지 세종과는 달리 문종은 그다지 여색을 좋아하지 않아 어린 외아들 단종만 바라보며 혼자 지냈다.

세종이 비록 여색을 좋아하긴 했으나 찬란한 업적들을 남기게 된 배경에는 부인 심씨의 내조가 컸음을 세종도 잘 알고 있었다. 1436년세종 18 10월, 세종은 사정전思政殿으로 나아가 부인 심씨에 대해 칭송했다.

"우리 조종 이래로 가법이 지극히 바로잡혔고, 내 몸에 미처서도 중궁의 내조에 힘입었다. 중궁은 성품이 매우 유순하고 언행이 훌륭하여 투기하는 마음이 없었으므로 태종께서 매양 나뭇가지가 늘어져 아래에까지 미치는 덕이 있다고 칭찬하셨었다."

자신을 희생하여 부덕婦德을 갖추었던 심씨에 대해 세종은 진심으로 고마워하고 있었다.

눈물로 평생을 보낸 심씨

세종의 후비 심씨의 나이 열네 살에 태종의 셋째 아들 충녕군 세종과 혼인하여 마음에도 없던 왕비가 됨으로써 아버지와 숙부를 잃게 되었고, 어머니는 관노비로 전락되는 비극을 겪었던 심씨, 그녀의 생은 아들의 후궁들 문제까지 속을 끓였던 한평생이었다.

그야말로 눈물과 한숨의 파란 많은 일생을 보낸 소헌왕후 심씨는 1444년세종 26 다섯째 아들 광평대군廣平大君을 저세상으로 보내고 이듬해 일곱째 아들 평원대군平原大君마저 스무 살 안팎의 나이로 요절하는 것을 지켜봐야 했다.

1422년 시아버지 태종이 세상을 떠난 후에야 어머니 안씨를 관노비에서 해방시켜 준 것이 심씨로서는 그나마 친정에 속죄하는 유일한 길이었다.

심씨는 두 아들마저 잇따라 세상을 버리자 몸져 누워 있다가 결국 1년

만인 1446년세종 28 3월 둘째 아들 수양대군세조의 잠저潛邸에서 춘추 52세
로 승하하였다.

세종도 심씨 별세 4년 후인 1450년 2월 여덟째 아들 영응대군의 별궁에
서 보령 54세로 승하하였다.

이들은 현재 경기도 여주군 능서면 왕대리에 위치한 영릉英陵에 합장되
어 누워 있다.

평생의 한을 불교를 통해 씻어보려 했던 심씨, 그녀의 명복을 빌어주기
위해 세종은 궁궐 안에 내불당內佛堂을 세웠다.

첫아들 문종도 임금이 된 후 평생을 눈물 속에서 살았던 어머니 심씨의

세종과 소헌왕후의 영릉

영혼을 위로하기 위해 외할아버지 심온을 신원伸冤:원통한 일을 푸는 것하여 드렸다.

심씨가 아무런 정치적 의지를 보이지 않았음에도 불행을 당했던 것은, 조선이 족벌 왕조 국가 구축 과정에서 권력 무게의 핵核:중심은 분산 또는 분배되어질 수 없다는 태종의 확고한 의지의 산물이었던 것이다.

세종 즉위 이전부터 태종은 외척 세력을 잔혹하게 제거하고 공신들도 대대적으로 숙청하여 안정된 통치 기반을 세종에게 넘겨주었다.

왕권을 계승한 세종은 많은 여성을 편력하였다는 설이 있는데, 공식적으로만 여섯 명의 후궁들을 거느리고 무려 22명의 자녀를 두었던 대단한 호색가였다.

조선의 역대 왕 중 가장 찬란한 업적을 남긴 성군 세종대왕이 있기까지 이면에는 한과 눈물로 한 세상을 보낸 왕비 소헌왕후 심씨의 내조가 있었던 것이다.

세종이 받았던 화려한 조명spot light 뒤에는 한 여인의 슬픔과 인내와 희생이 받쳐주고 있었던 것이다.

제4대 세종 때의 세계

1421년 중국의 명, 남경에서 북경으로 천도. 1419년 유럽에서는 종교개혁과 관련하여 신성 로마제국에서 후스당의 보헤미안 전쟁~1436년 발발. 영·불 백년전쟁 1339~1453. 1429년 프랑스의 잔 다르크, 영국군 격파. 1431년 잔 다르크, 루앙에서 19세에 형사刑死. 1445년 포르투갈 탐험대, 희망봉과 아프리카 서안의 베르데 곶을 발견. 독일 구텐베르크, 최초의 활판 인쇄본 간행. 1449년 오이라트군, 명에 침입 영종英宗의 포로가 되었다가 이듬해 명이 오이라트를 격파, 화친하고 영종 돌아옴. 1453년제6대 단종 때 비잔틴 제국로마제국 멸망.

후비 현덕왕후 권씨
顯德王后 權氏
(1418~1441)

 색녀 봉씨의 폐출로 왕후가 된 권씨

문종의 후비 현덕왕후 권씨顯德王后 權氏는 충청도 홍주洪州에서 안동 권씨 집안인 화산부원군花山府院君 권전權專의 딸로 1418년태종 18에 태어났다.

권씨는 집안이 궁색하여 열두 살 때부터 1430년세종 12년 세자궁 시비侍婢:시중 드는 계집종로 들어와 세자 향문종:당시 16세과 남 모르게 밀회를 가지게 되었다.

원래 세자 향은 1421년세종 3 8세의 어린 나이에 세자로 책봉되어 일찍 혼인했었다. 세자 향은 1427년세종 9 14세 때 김오문의 딸 김씨18세와 혼인하였으나 세자가 관심을 갖지 않자 3년 만에 김씨가 사랑을 되돌린다고 해괴한 비방을 써 국모의 자질이 없다 하여 폐출되었고, 넉 달 만인 1431년세종 13 두 번째로 세자와 동갑인 봉여奉礪의 딸 순빈純嬪 봉씨를 세자빈으로 맞아들였으나 세종 14년 세자 향이 무관심하여 동성 연애에 빠지게 되었다. 그녀는 일견 다소곳하고 얌전해 보이는 요조 숙녀였다.

당시 예조禮曹에서 '세자도 후궁을 들여야 한다'고 법제화했는데, 이때 이미 열아홉 살의 세자와 밀회 중이었던 열다섯 살의 권씨도 임신을 계기로 승휘承徽가 되어 후궁으로 봉해졌다.

그 무렵 19세였던 순빈 봉씨는 그녀의 총애를 받는 시비 '소쌍'이와 매일 뜨거운 날을 보내고 있었다. 소쌍이의 능란한 안마 솜씨는 마치 순빈의 몸을 예술품 다루듯이 기막힌 묘기로 주무르는 것이었다.

소쌍이의 손놀림이 속도를 더해 가자 순빈은 더욱 뜨거워지며 호흡이 거칠어진다. 소쌍이가 이른다.

"마마, 그렇게도 시원하셔요?"

"응, 홍, 거기, 더 더…… 더 세게, 그래 더 세게 눌러다오."

"네에, 마마……."

소쌍이의 한 손은 이미 순빈의 가슴에서 놀고 있었으나 또 한 손은 배꼽 아래 뜨거운 샘에서 율동적으로 놀고 있었다. 열도가 더해 가자 알몸의 두 몸뚱이는 하나가 되어 격렬하게 '맷돌질'을 하게 되는데, 대개 소쌍이가 남자 역할이었고 순빈 봉씨는 여자 역할이었다.

누가 보아도 얌전한 새색시로 보이는 순빈 봉씨였으나 그녀의 주체할 수 없이 넘쳐 흐르는 색정을 세자 향은 도저히 감당할 수 없었다.

그러기에 세자는 점점 봉씨의 침소에 드는 것을 부담스럽게 여겼고, 따라서 시비 권씨를 더 가까이하게 되는데, 이때 권씨는 이미 아이를 가졌었다. 세자 향은 마음을 단단히 각오하고 모비母妃인 소헌왕후 앞에 나아가 고하였다. 전화위복인가. 소헌왕후는 세종과 상의하여 한낱 시비인 권씨를 정4품 승휘承徽로 진봉하기에 이른다.

이에 자극을 받은 순빈 봉씨는 더욱 분노하여 세자 향과 살벌한 냉전에 돌입하였고, 앙칼진 행동은 물론 주야를 가리지 않고 시간만 나면 소쌍이와 핥고 빨고 기괴한 짓으로 정사情事에 전념했다. 어쩌면 그것은 영어圄圉

제5대 문종 가계도

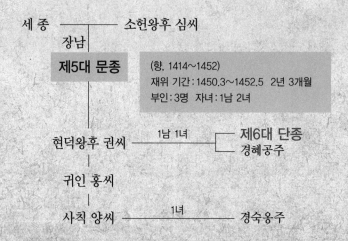

세종 ──────── 소헌왕후 심씨
　　　장남
제5대 문종　　(향, 1414~1452)
　　　　　　　　재위 기간 : 1450.3~1452.5　2년 3개월
　　　　　　　　부인 : 3명　자녀 : 1남 2녀

현덕왕후 권씨 ──── 1남 1녀 ──┬─ **제6대 단종**
　　│　　　　　　　　　　　　└─ 경혜공주
　　│
귀인 홍씨
　　│
사칙 양씨 ──── 1녀 ──── 경숙옹주

생활 같은 궁중 안에서 당연한 본능 발산 방법이었을 것이다.

세종 15년 3월, 승휘 권씨가 세종의 첫 손녀를 출산하게 되었는데, 하루를 넘기지 못하고 죽자 세종과 소헌왕후는 몹시 서운해 마지아니하였다.

세종과 소헌왕후와 세자의 사랑을 받는 승휘 권씨를 생각하면 순빈 봉씨는 더욱 울화가 터지고 심통과 신경질을 점점 더 부렸다.

승휘 권씨가 다시 임신을 했을 때였다. 마침내 세자빈 봉씨는 승휘 권씨에게 생트집을 잡아 유혈이 낭자하게 회초리를 휘둘러대니, 그 소식을 전해 들은 소헌왕후의 노여움이 몹시 컸다.

"질투는 여자가 하여서는 아니 될 칠거지악 중 하나이니라. 너는 만백성의 사표가 되어야 할 몸으로서……. 더군다나 장차의 지존인 세자의 정기를 몸에 받아 기르고 있는 승휘에게 감히 매질을? ……개도 새끼를 배면 때리지 않는 법이어늘……."

"어마마마, 다시는 안 그러겠습니다 용서하소서. 흐흐흑……."

내심과 다른 용서를 빌고 끝났으나 세자빈 봉씨는 이를 갈았다.

"나야말로 명색이 높은 정일품 세자빈이 아닌가. 그래 종4품 승휘 하나 불러다 종아리를 쳤기로서니……. 참으로 분하구나. 애야 소쌍아! 술상을 차려 오너라."

여러 잔의 술이 들어가 몽롱하게 취하자 '맷돌 남편' 격인 소쌍이에게도 술을 권하고 시비 석가이도 불러 술을 먹여 놓고 노래까지 부르게 하였다. 하늘이 손바닥만하게 보이는 세자빈 봉씨는,

"취흥이 그럴 듯하구나. 애야 석가이야, 그 취흥 돋우는 노래 좀 부르려무나. 거 배꼽 밑에 째진 구멍에 감씨는 왜 묻었느냐는 노래 있지 않느냐. 호호호……."

이렇게 타락 일로를 걷는 세자빈의 처소에 세자가 발걸음을 하지 않던 중, 세종 18년 봄 승휘 권씨의 몸에서 세종의 첫 손녀 경혜옹주敬惠翁主가 태어났다.

그 해 가을, 동궁인 창덕궁에서 세자빈 봉씨의 총애를 차지하려는 소쌍이와 석가이가 서로 치열한 언쟁을 벌였는데, 하필 세자의 침전 뒤꼍에서 벌어졌다. 소쌍이가 석가이에게 퍼부어 댔다.

"네가 개이지 사람이냐? 사람이면 그 추잡한 흉내를 목소리로 내면서 배꼽 밑에 감씨 묻은 노래를 하느냐?"

"흥, 개야말로 네년이다. 네년이 밤마다 세자빈 사타구니에 고개 처박고 핥고 빨아주는 것 모를 줄 알아? 그게 사람이 할 짓이냐?"

공교롭게도 두 궁녀의 싸움 소리를 들은 스물네 살의 세자 향은 눈이 휘둥그레졌다.

세자가 두 궁녀를 불러다 놓고 다그쳐 물으니 그녀들이 뱉은 말은 사실이었다. 세자는 이 일을 그냥 넘길 수 없었다. 부끄럽고 창피 막심하였지만 모비인 소헌왕후에게 그대로 품고하였다. 소헌왕후는 세자빈 봉씨를 불러 조용히 물었다.

"그래 시비들이 다툰 말이 사실이냐? 세자가 내전을 비운 동안 내내 시비를 데리고 잤다면서?"

이미 각오를 한 듯 담담한 어조로 세자빈 봉씨가 대답한다.

"그러하옵니다. 하오나 어찌 그 일이 소빈 혼자만의 일이겠습니까?"

"아니 뭐, 뭐라고?"

"이는 궁중에서 처음 일이 아니오라 말씀이 난 김에 여쭙지만 궁중의 여인네들도 사람인 것은 마찬가지이니 어찌 사내 그리운 정을 잊고만 살겠습니까?"

세자빈 봉씨는 할 말을 속 시원히 한다는 격으로 누구와 누구는 어떤 짝이라고 쫘악 늘어놓았다. 그러고는 자신도 7년 세월 참을 만큼 참았고 고통스러웠다며, 계속 맺혔던 한을 풀어놓는다.

"하옵지만 궁중에서는 예로부터 그러한 일이……. 추야 장장 긴긴 밤이나, 춘삼월 꽃 피는 호시절에 초부와 필부도 다 제짝이 있는 것을 소빈은 무슨 죄로 밤마다 전전반측, 잠을 못 자라는 법이 있사옵니까? 그렇다고 소빈이 사내를 불러들인 바도 아니었고요."

"허어!"

소헌왕후는 억장이 막혔다. 그리고 소헌왕후에게 그 일을 전해 들은 세종은 더욱 경악했다.

"뭐, 맷돌 부부라고요?!"

세종은 난감했다. 조정 대신들과 의논해야 할 일이 여간 괴로운 일이 아니었다. 세자빈을 폐출하는 일은 조정의 대신들과 의논하여 결정해야 하니 그 창피한 내막을 어찌할꼬. 세종은 창피를 무릅쓰고 대신들을 불러 의견을 물으니 그들은 모두 아연 실색하였다.

사형으로 다스리라는 의견들이었다.

세종은 그래도 한때 자신의 자식이었던 며느리에게 극형만은 피하려고 신하들에게 사정조로 말하였으나 대신들은 대다수 강경한 입장이었다.

이 날 논의된 세자빈 봉씨의 죄상은 첫째 궁녀와 동성애한 죄요, 둘째는 궁녀로 하여금 남자들의 음탕한 노래를 부르게 한 죄요, 셋째 궁중에서 술을 마신 죄요, 넷째는 중전인 소헌왕후가 내렸던 《효경孝經》·《열녀전烈女傳》 등을 내팽개쳐 버려둔 죄요, 다섯째는 시기·질투를 해서 내명부內命婦에게 매질을 한 죄였다. 이 사건으로 날벼락을 맞은 것은 맷돌부부 궁녀들이었다.

세자빈 봉씨는 극형은 면하였지만 마침내 폐출이 결정되고, 봉씨가 친정집에 당도하니 잘못이 없다고 주장하는 딸을 본 아버지 봉여가 "다시 태어날 때는 사내가 되어라"고 애통을 삼키며 자신의 허리띠로 딸을 목졸라 죽이고 자신도 자결했다.

비록 세자빈 봉씨가 음탕한 색녀로 낙인 찍혔지만 점잖은 유교 법도의 너무나 가혹한 형벌이었다.

이때가 1437년세종 19으로 승휘 권씨는 양원良媛:종3품에서 세자빈이 되었다. 세자빈 권씨는 왕후의 자리에 오르기 전인 1441년 원손元孫:단종을 출산하고 3일 만에 산후병으로 승하하였으며, 처음 묻힌 곳은 경기도 안산군에 예장되었다가 9년 후인 1450년 문종의 즉위와 함께 현덕왕후顯德王后로 추존되면서 능호는 소릉昭陵이라 명명되었다.

1452년단종 즉위년 문종이 승하함에 따라 현재 경기도 구리시 인창동 동구릉에 합장되면서 현릉顯陵으로 개호되었으며, 그 해 문종의 신주와 함께 종묘에 봉안되었으나, 1457년세조 3 현덕왕후 권씨의 어머니 아지阿只와 동생 자진自盡이 단종의 복위復位를 도모하다가 발각되어 현덕왕후는 추폐追廢되어 종묘에서 신주가 철거되고 능은 파헤쳐져 물가로 옮겨지는 수난을 당했다.

그 후 성종成宗·연산군燕山君·중종中宗 때 몇 차례 추복追復에 관한 건의가 있었으나, 1513년중종 8 종묘에 문종 신위만이 홀로 제사를 받는 것이 민망하다는 명분으로 복위되어 현릉 동쪽 언덕에 천장遷葬되고, 신주는 종묘에 다시 봉안되었다.

세종의 큰아들인 문종은 한양의 사저에서 어머니 소헌왕후의 아들로 1414년태종 14 10월에 태어났다.

문종은 1421년세종 3 10월 왕세자로 책봉되어 1450년 2월 37세로 왕위에 올랐으나, 세종 재위 후반기인 1442년부터 세종이 승하할 때까지 섭정을 해 왔었다.

문종이 즉위하면서 왕권은 세종 때에 비해 약간 위축되었고, 수양대군首陽大君·안평대군安平大君 등 종친 세력의 심상치 않은 움직임도 이때부터 나타나고 있었으며, 이를 견제하기 위한 언관言官의 종친에 대한 탄핵 언론으로 상호 긴장된 분위기가 조성되기도 했다.

몸이 허약했던 문종은 재위 2년 3개월 만인 1452년 5월 보령 39세로 경복궁 정침正寢에서 승하하고 어린 세자 단종12세이 즉위함으로써 계유정난癸酉靖難, 세조의 찬위簒位:임금의 자리를 빼앗는 것, 사육신死六臣 사건 등 정치적 불안 사건을 초래하는 계기가 되었다.

문종 즉위시 이미 세상을 떠난 현덕왕후였으나 그녀의 영혼은 후일 문종에게 왕위를 물려받은 어린 단종을 지켜보고 있었다. 즉, 단종의 숙부 수양대군이 왕권을 찬탈한 후, 그녀의 원혼이 궁중에 나타나 세조의 가족들을 괴롭혔다는 얘기가 전한다.

세조의 큰아들 덕종德宗도 그녀의 원혼에 시달려 죽었으며, 세조 역시 꿈에서 뱉은 그녀의 침 때문에 피부병에 걸려 몹시 고생했다고 전해진다.

세종 시절 세자빈으로서 단아한 성품과 효행으로 세종과 소헌왕후의 총애를 받았으나 단종을 낳고 단명했던 비운의 왕비 현덕왕후 권씨, 그녀의 원혼은 추악하게 탐욕스런 종친 세력의 무리들을 지켜보고 있었던 것이다.

조선 왕조의 족벌 세습 체제도 문제이었거니와, 악을 쓰며 굳이 권력을 장악하려는 속물들의 구역질나는 권력 투쟁의 꼬락서니는 한심하고 유치하기 이를 데 없는 광란 그 자체였다.

제6대
단종 端宗
재위: 1452년 5월~1455년 6월

후비 정순왕후 송씨
定順王后 宋氏
(1440~1521)

왕권 탐욕 광기의 희생자 송씨

단종의 후비 정순왕후 송씨定順王后 宋氏는 여산廬山 송씨인 판돈녕부사 判敦寧府事 송현수宋玹壽의 딸로 1440년세종 22에 태어났다.

단종보다 한 살 많은 정순왕후 송씨는 성품이 공손·검소해 가히 종묘를 영구히 보존할 만한 인물로 알려져 1453년단종 1에 간택되어, 이듬해 열다섯 살의 나이단종 2에 왕비로 책봉되었다.

단종은 문종과 현덕왕후 권씨 사이에서 1441년세종 23 7월에 태어났으나 3일 만에 모후母后를 여의었고, 이름이 홍위弘暐인 단종은 세종의 후궁이자 자신의 서조모인 혜빈 양씨惠嬪 楊氏의 손에서 양육되다 여덟 살이 되던 1448년세종 30에 왕세손에 책봉되었다.

1450년 2월 세종이 죽고 문종이 즉위하자 10세인 홍위는 세손에서 세자로 책봉되었다가 부왕 문종이 재위 2년 만에 승하하자, 1452년 5월 12세 어린 나이로 왕위에 올랐다.

제6대 단종 가계도

문 종 ─────── 현덕왕후 권씨
　　　장남
　　제6대 단종　　(1441~1457)
　　　　　　　　　　재위 기간 : 1452.5~1455.윤6 3년 2개월
　　　　　　　　　　부인 : 1명 자녀 : 없음

정순왕후 송씨

　　정순왕후 송씨가 단종을 만난 때는 나이 14세였고, 단종이 13세였던 1453년단종 1인 셈이다.

　　세자가 나이 어림을 염려했던 문종은 황보인皇甫仁·김종서金宗瑞 등에게 보필을 명하는 유언을 남겼다. 문종의 유명遺命을 받든 황보인·김종서 등 고명대신顧命大臣:임금의 유언으로 뒷일을 부탁받은 대신들은 어린 왕 단종을 보좌하고, 일찍이 단종의 세손 시절 집현전集賢殿에서 세종의 부탁을 받았던 집현전 학자 성삼문成三問·박팽년朴彭年·하위지河緯地·신숙주申叔舟·이개李塏·유성원柳誠源 등이 측근에서 도왔다.

　　이렇듯 왕권이 유명 무실해지고 신권臣權이 절대적 위치에 이르자 세종의 아들들인 왕족의 세력이 팽창하기 시작했다. 세종에게는 위세가 당당한 18명의 왕자들이 있었는데, 그 중에서도 후일 세조世祖가 되는 수양대군首陽大君은 야망과 수완이 비범하였다.

당시 대부분 대군大君들은 다투어 세력 확장을 도모하고 있었는데, 특히 동생 안평대군安平大君과 세력 경쟁을 벌이던 수양대군에게는 무인들이 모여들었다. 급기야 왕족간의 세력 다툼은 엄청난 피바람을 일으키고 만다.

수양대군은 모신謀臣 권람權擥을 통해 한명회韓明澮를 얻고, 다시 홍달손洪達孫·양정楊汀 등의 유능한 무인 30여 명을 포섭하여 1453년단종 1 10월 한명회·권람 등의 계책에 따라 김종서를 습격 피살한 뒤 황보인·조극관·이양 등 반대파 조정 대신들을 대궐로 불러들여 한명회가 미리 작성한 생살부生殺簿에 의해 죽였다. 이들의 죄명은 안평대군을 추대하여 종사를 위태롭게 했다는 것이었다. 이 사건이 이른바 '계유정난癸酉靖難'으로 고명대신들이 거의 참살당하자, 조정은 수양대군의 수중에 들어갔고, 왕권과 신권을 동시에 장악한 수양대군은 동생 안평대군을 강화도로 유배시켰다가 사사賜死했다.

정치적 실권이 수양대군에 의해 장악된 가운데 14세의 단종은 1454년 정월에 송현수의 딸을 후비로 맞아들이니 이가 곧 15세의 정순왕후 송씨이다.

1455년 윤6월, 수양대군은 단종의 측근인 동생 금성대군錦城大君 이하 여러 종친과 궁인 및 신하들을 모두 죄인으로 몰아 각지에 유배시키자 위험을 느낀 단종은 숙부인 수양대군에게 왕위를 내놓고 상왕으로 물러나 수강궁으로 옮겨 살았다.

1456년세조 2 6월, 상왕 단종을 복위시키려는 계획이 사전에 동모자同謀者 김질金礩의 배신 밀고로 실패하자, 이 복위 사건의 주동 인물 성삼문·박팽년 등 집현전 학사와 성승成勝·유응부兪應孚 등 무신들이 사형당했으며, 세조는 1457년 6월 단종을 노산군魯山君으로 강봉하여 500명의 군사 호송 아래 영월의 청령포淸伶浦로 귀양 보냈다. 그 해 9월 경상도 순흥에 유배되었던 금성대군이 다시 단종 복위를 꾀하다 발각되는 사건이 발생하

성삼문(1418~56)의 글씨
사육신의 한 사람으로 호는 매죽헌,
세종의 훈민정음 창제에 공이 큼.

자, 10월에는 단종 복위 모의에 자극받은 세조가 후환을 없애고자 금성대
군도 죽이고 단종비 정순왕후의 아버지 송현수도 연루자로 교수형에 처했
으며 단종에게도 사약을 내렸다.

　세조의 왕명을 받들고 온 금부도사 왕방연王邦衍은 사약을 가지고 단종
이 머물고 있는 관풍헌觀風軒에 당도했으나 차마 입이 떨어지지 않았는데,
이때 공생貢生 복득이란 자가 단종의 뒤에서 활시위로 목을 졸라 비참하게
죽였다.

　어쨌든 비운의 어린 왕 단종은 성삼문·박팽년·하위지·이개·유성원·
유응부 등 사육신死六臣의 단종 복위 운동이 문제되어 서인으로 강봉되어
영월에 유배되면서 정순왕후도 부인으로 강봉되었다. 단종과 정순왕후의
나이 열일곱, 열여덟 살 때였다. 이 젊은 부부는 그렇게 헤어진 후 영영 다
시는 만나지 못했다.

기구한 운명, 한많은 여인 송씨

부인으로 강봉되어 궁궐에서 추방당한 정순왕후는 동대문 밖 숭인동 청룡사 앞 동망봉東望峰 기슭에 초막을 짓고 시녀들과 함께 살았다. 단종의 억울한 죽음을 알고 난 뒤로는 소복을 하고 아침저녁마다 이 산봉우리의 거북바위에 올라 단종의 유배지인 동쪽을 향해 슬피 통곡을 하였는데, 곡성이 산 아랫마을까지 들리면 마을의 온 여인네들이 가슴 한 번 치고 땅 한 번 치며 따라 우는 동정곡同情哭을 했다고 전한다. 청룡사 앞 산봉우리는 원래 이름조차 없었는데, 정순왕후가 동쪽을 향해 통곡했다 하여 동망봉이라는 지명이 유래되었다.

동망봉 아래 청계천에 영도교永渡橋의 애절한 사연이 있는데, 단종과 정순왕후는 그 다리에서 이별한 뒤 다시는 만나지 못했다 하여 사람들이 '영이별 다리'로 불렀다가 후세에 와서 '영원히 건너가신 다리'라는 뜻으로 영도교라 불리어졌다.

단종의 장릉

열여덟 살에 과부가 된 정순왕후는 초막집에서 함께 사는 시녀들과 구걸 동냥으로 끼니를 이었는데, 이 소문을 들은 세조가 식량을 내렸으나 정순왕후는 이를 끝내 거절했고, 후일 자줏물 들이는 염색업으로 여생을 살았다 하여 사람들은 그 골짜기를 '자줏골'이라 불렀다.

어린 나이에 비참하게 죽은 단종을 그리며 한많은 인생을 살았던 정순왕후 송씨는 1521년중종 16 6월 춘추 82세로 승하하였다. 정순왕후 송씨는 대군부인의 예우로 양주 군장리群場里:현 경기도 남양주시 진건면 사릉리에 모셔졌다.

단종이 비참하게 피살되던 날 저녁 그 지역만 폭우와 천둥이 극심했는데 빗속에 단종의 시신은 동강東江변에 버려졌었다. 후환이 두려워 아무도 손을 대는 사람이 없었지만 충성심이 강했던 영월 호장戶長 엄흥도嚴興道가 단종의 시신을 거두어 동을지산 기슭에 암매장했다.

그 후 59년이 지난 1516년중종 11에 노산묘魯山墓를 찾으라는 왕명이 내렸으나 엄흥도 일가족은 자취를 감춘 뒤라 묘를 찾기가 막연했다. 이때 신임 군수 박충원朴忠元의 현몽과 고로故老 호장인 엄주嚴籌·신귀손申貴孫·엄속嚴續·양인 지무작智無作·관노 이말산李末山 등의 증언에 따라 묘를 찾아 봉분을 갖추게 되었으니 이때가 중종 11년 12월이었다.

그 뒤 1580년선조 13에 강원감사 정철鄭澈의 장계狀啓로 묘역을 수축하고, 1681년숙종 7 7월에 노산대군으로 추봉, 다시 1698년숙종 24에 추복追復하여 묘호를 '단종端宗'이라 하여 종묘에 부묘하고 능호를 '장릉莊陵'이라 했다.

한편, 1521년에 승하했던 정순왕후 송씨는 177년이 지난 1698년숙종 24 단종 복위와 더불어 대군부인에서 정순왕후로 추복되어, 신위가 모셔지고 능호를 '사릉思陵'이라 했다.

기구한 운명으로 한을 머금고 살다가 죽은 정순왕후의 비극은, 계유정난을 일으킨 수양대군과 주변 무리들의 왕권과 권력 탐욕이 저지른 피바

단종의 후비 정순왕후의 사릉

람 광기의 소산이었다.

　원래 성삼문과 신숙주는 집현전의 죽마고우竹馬故友로서 병중病中의 문종이 이들에게 어린 세자 단종을 돌보아달라고 고명顧命을 한 바 있었으나, 문종의 뜻과는 달리 단종이 숙부인 수양대군세조에 의해 죽게 되자 이들의 우정도 깨져, 성삼문은 박팽년·하위지·이개 등과 더불어 단종 복위운동 연루죄로 죽음을 맞이하고, 신숙주는 한명회와 함께 세조를 보필하는 최측근 재상宰相으로 변신하게 된다.

　돈독했던 우정도 권력 앞에서는 분열되어 영원한 동지가 아닌 적이 된 셈이었다. 더러운 탐욕 본색을 드러낸 변절變節 정치인의 전형典型이었다.

제7대
세조世祖

재위: 1455년 6월~1468년 9월

후비 정희왕후 윤씨
定熹王后 尹氏
(1418~1483)

 권력 야욕에 눈뜨는 윤씨

세조의 후비 정희왕후 윤씨貞熹王后 尹氏는 홍주군강원도 홍천에서 파평 윤씨 판중추부사 윤번尹璠의 딸로 1418년태종 18에 태어났다.

윤씨는 1428년세종 10에 수양대군과 가례를 올려 처음에는 낙랑부대부인樂浪府大夫人에 봉해졌다가, 1455년 수양대군이 단종의 왕위를 찬탈하고 왕위에 오르자 왕비에 책봉되었다.

이때 수양대군은 39세였고 윤씨는 38세였다.

《송와잡설松窩雜說》에 의하면 윤씨가 수양대군의 부인이 된 사연인즉, 궁궐의 감찰상궁과 보모상궁이 윤씨 집안에 수양대군에게 적합한 배우자가 있다 하여 찾아갔을 때, 실제 후보자는 윤씨의 언니였다는 것이다. 궁중에서 사람이 나왔다는 말에 윤씨는 어머니 이씨 뒤에 숨어서 어른들의 이야기를 엿듣다가 감찰상궁의 눈에 띄게 되었다. 언니보다 윤씨의 자태가 더 비범하다고 대궐에 알려지면서 언니 대신 왕실로 시집가게 되었는데,

이때 나이 열한 살이었다.

당시만 해도 윤씨는 세종의 후비인 소헌왕후 심씨처럼 국모가 될 생각은 꿈도 꾸지 않았다. 그러나 윤씨의 시아주버니인 문종이 어린 단종을 남긴 채 승하하자 야심 많은 남편 수양대군이 조정의 실력자로 마각을 드러내면서 윤씨의 운명도 모습이 달라지고 있었다.

1453년단종 1 10월 마침내 수양대군은 측근 심복인 권람權擥·한명회韓明澮 등과 결탁하여 이른바 계유정난癸酉靖亂을 일으켰다.

수양대군은 이미 작성된 생살부生殺簿에 따라 그의 친동생인 안평대군과 함께 역모했다 하여 영의정 황보인皇甫仁·좌의정 김종서金宗瑞를 비롯한 조정 대신들을 죽이고 정권을 장악함에 따라 사실상 왕위에 오를 기반을 확보했으며, 이를 계기로 1455년단종 3 윤6월에는 또 다른 친동생 금성대군 역시 반란을 꾀했다 하여 삭녕朔寧으로 귀양 보내고 단종을 강압하여 왕위를 찬탈하였다.

세조의 쿠데타 공범 윤씨

수양대군이 1453년단종 1 10월 10일을 기해 계유정난을 일으키려고 했을 때, 사전에 정보가 누설이 되면서 수양대군과 동조자들이 주저하자, 이때 윤씨는 수양대군에게 손수 갑옷을 입혀주며 그에게 거사를 결행하라고 격려했다고 한다.

원래 윤씨는 수양대군의 거사 계획을 말리는 입장이었지만, 이렇게 긴박한 상황이 되자 밀어붙이는 수밖에는 별다른 방법이 없다고 판단, 거사를 부추기는 공범자로서 결단력을 보였다.

쿠데타에 성공한 수양대군은 조카 단종을 상왕으로 내쫓고, 1455년 6월 왕위에 오르자 윤씨도 왕비로 책봉되었다.

그러나 합법적으로 차지한 왕위가 아니었기에 윤씨의 심경도 떳떳하지

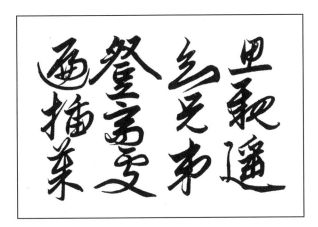

세종의 셋째 아들 안평대군(1418~1453)의 글씨
시문 서화를 잘 하였으며 수양대군에 의해 강화도에서 죽었다.

못했다. 더욱이 궁궐 안에는 단종의 어머니 현덕왕후 권씨의 원혼冤魂이 떠돌아다닌다는 소문이 나돌아 때로는 윤씨를 두렵게 하였고, 사람들도 죽은 현덕왕후의 저주가 궁궐에 영향을 끼친다고 믿었었다. 심지어 현덕왕후가 세조의 꿈에 나타나 "네가 내 아들을 죽였으니 나도 네 아들을 죽이겠다"고 저주하자, 세조는 현덕왕후의 능을 파헤쳐 물가로 이장하기도 했다.

어느 날 갑자기 윤씨의 어머니 이씨가 세상을 떠나자 궁궐에서는 현덕왕후의 저주 때문이라는 소문이 떠돌기까지 했다. 당시에 정희왕후 윤씨는 슬하에 덕종·예종睿宗과 의숙공주義淑公主 등 2남 1녀를 두었었는데, 맏아들 의경세자덕종가 20세에 요절하자 사람들은 더욱 원혼을 확신하게 되었다.

어머니와 아들이 연거푸 죽게 되자 윤씨는 더욱 충격을 받았다. 그뿐인가. 세조의 꿈에 나타난 권씨가 침을 뱉은 후 생긴 세조의 피부병도 좀처럼 낮지 않았다. 이렇게 궁궐의 분위기가 어수선해지자 사기邪氣:나쁜 기운를 쫓아내기 위해 윤씨는 사정전思政殿에서 양로 잔치를 열기도 했고, 죽은 세자의 묘 근처에 정인사를 짓고 불공을 드리기도 했다. 하지만 어린 조카 단종을 죽이고 시동생 안평대군 등을 죽인 죄책감은 벗어날 수 없었다.

윤씨가 세조의 후궁 근빈 박씨를 박해하지 않은 것도, 박씨가 사육신 박팽년의 누이였기 때문이다. 근빈 박씨는 동생이 세조에 의해 원혼이 되었지만 세조를 끝까지 섬겼으며, 슬하에 덕원군德源君과 창원군昌源君 등 2남을 두었다.

세조는 1468년 9월 고생하던 피부병이 악화되어 열여덟 살의 세자 예종에게 왕위를 물려주고 수강궁에서 52세로 세상을 떠났다.

차남 예종의 단명을 지켜본 윤씨

세조가 세상을 떠나자 열여덟 살에 왕위에 오른 예종은 이미 여덟 살 때 세자로 책봉되어 그 동안 세조에게 국왕의 수업을 받아왔기에 나이는 어렸으나 수렴 청정垂簾聽政:임금이 어린 나이로 즉위했을 때 왕대비나 대왕대비가 정사를 돌봄을 받을 필요가 없었다.

예종은 신하들의 의견을 존중하는 등 원만한 인물로 두 명의 부인과 2남 1녀의 자녀를 두었다. 첫 후비인 장순왕후章順王后 한씨는 당대의 실권자 한명회 모신謀臣의 첫딸로 열여섯 살이던 1460년세조 6 예종과 혼인하여 세자빈으로 책봉되었으나, 이듬해 첫아들 인성대군仁城大君을 낳고 곧 세상을 떠났고, 인성대군도 역시 어린 나이에 죽고 말았다.

첫 후비 한씨가 죽고 예종이 두 번째 맞이한 안순왕후安順王后 한씨는 우의정 한백륜韓伯倫의 딸로서 처음부터 간택된 정비가 아니라 예종이 세자일 때 맞이한 후궁이었다. 안순왕후는 예종과의 사이에서 제안대군齊安大君과 현숙공주를 두었으나 예종의 죽음으로 젊은 나이에 청상 과부가

제7대 세조 가계도

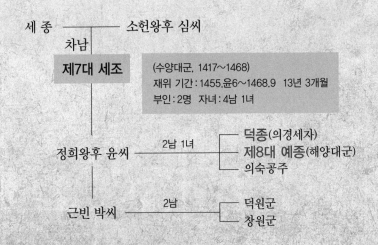

세 종 ──────── 소헌왕후 심씨

　차남
제7대 세조　　(수양대군, 1417~1468)
　　　　　　　재위 기간 : 1455.윤6~1468.9 13년 3개월
　　　　　　　부인 : 2명 자녀 : 4남 1녀

정희왕후 윤씨 ────── 2남 1녀 ──── 덕종(의경세자)
　　　　　　　　　　　　　　　제8대 예종(해양대군)
　　　　　　　　　　　　　　　의숙공주

근빈 박씨 ────── 2남 ──── 덕원군
　　　　　　　　　　　　창원군

되고 말았다.

　몸이 허약했던 예종은 재위 1년 3개월 만에 별다른 치적을 남기지 못한 채 1469년 11월 경복궁 사정전에서 세상을 떠났다.

왕위 계승권에 개입한 윤씨

　형 문종의 죽음으로 힘 없는 조카의 틈에 뛰어들어 권력을 잡은 수양대군이듯이 예종의 죽음으로 생긴 틈을 이용한 것은 정희왕후 윤씨였다. 예종 다음 왕위는 세습 군주제 원칙에 따라 당연히 예종의 계비인 안순왕후 한씨의 아들인 제안군에게 돌아가야 했으나, 윤씨는 제안대군이 당시 네 살로 너무 어리다는 이유로 앞장 서서 반대했다. 그리고는 요절한 장남 덕종의 맏아들, 즉 세조의 장손 월산군月山君을 제치고, 덕종의 둘째 아들로 열세 살이 된 자을산군者乙山君:성종에게 왕위를 넘겨주었다. 윤씨는 월산군이 건강이 좋지 않고 세조의 유언도 있었다는 것이었다.

윤씨가 세조의 유언 운운함은 핑계였고, 사실은 모신謀臣 한명회와의 정치적 결탁의 결과였다. 이미 성종의 숙부였던 예종에게 첫딸장순왕후을 혼인시켰던 한명회는 예종의 조카인 성종에게 둘째딸공혜왕후을 결혼시킨 바도 있기에, 병조판서 박중선의 딸과 혼인한 월산대군이 왕위에 오르면 한명회의 입지가 약화될 수도 있다는 우려 때문에 한명회는 원상院相:임금이 죽은 뒤 26일 동안 국정을 맡는 벼슬들을 동원하여 윤씨와 대타협을 벌였던 것이다. 정통성이 부족한 자을산군 성종이 즉위할 경우, 원상들도 자신들의 권력 강화를 도모할 수 있다는 계산이 있어 한명회의 제의에 찬성했던 것이다.

이미 세조와 사돈을 맺은 정치 수완꾼 한명회는 1460년세조 6 첫딸을 예종의 후비로 만들었고, 이어 1467년세조 13 둘째딸을 성종의 후비로 만들었으니, 두 딸은 자매이자 시숙모와 조카며느리가 되는 기묘한 관계를 맺고 있었다. 이렇게 해서 조선의 제9대 임금으로 자을산군 성종이 13세의 어린 나이로 1469년 11월에 즉위하게 되나, 수렴 청정은 대왕대비 윤씨의 몫이 되었다.

1468년 세조는 죽기 직전 신하들의 반대에도 불구하고 왕이 지명한 3중신한명회·신숙주·구치관을 주축으로 왕권 강화책인 원상제院相制를 도입하여 왕세자인 예종에게 넘겼던바, 국왕이 어린 나이에 등극할 경우일지라도 안정된 상태에서 국정을 이끌 수 있도록 하는 제도 중의 하나인 수렴 청정이었다.

즉, 왕실의 어른격인 왕대비나 대왕대비가 왕이 앉아 있는 용상龍床 뒤에 수렴垂簾:발을 드리우는 것을 드리우고 섭정을 하는 것으로서 왕비에게 부여된 공식적인 정치 활동의 특권이었다.

대왕대비 윤씨가 섭정을 시작하면서 제일 먼저 주력한 것은 종친 세력의 정리 작업이었는데, 당시 종친 중에서도 가장 강력했던 시동생세종의 넷째 아들 임영대군의 아들인 구성군龜城君을 귀양 보내고, 왕실 종친의 관리 등용을 법으로 금지시켰다.

28세의 나이로 영의정에 오른 구성군을 제거한 배경의 의도는 종친들에게 강력한 경고의 메시지였으며, 이로써 어린 국왕을 위협하는 요소를 제거하자는 것이었다.

그러나 요주의 인물이었던 왕실 종친들을 경계하면서도 윤씨는 한편으로 요절한 장남 덕종의 맏아들 월산군과 예종의 계비 안순왕후 한씨의 소생 제안군을 대군으로 승격시켜 왕위 계승권에서 제외된 왕자들의 불만을 무마하고자 했다.

당시에는 어느 왕자가 왕으로 추대될지 변수가 많은 상황이었고, 따라서 왕권에 연루되면 살아 남기 힘들 때였다.

예종의 아들 제안대군과 덕종의 아들 월산대군은 다 같은 세조의 손자들이었지만, 그들은 가급적 정치에 관심이 없는 듯이 자신들을 낮추고 살았다. 성종의 형 월산대군은 스스로 풍류가를 자처하며 지냈고, 성종의 사촌 동생 제안대군은 노래도 잘 하였지만 악기도 잘 다루는 예술가였는데, 이들은 이러한 처신 덕분에 천수를 누릴 수 있었다.

용상을 지킬 뿐인 소년기의 성종에게는 정치적 실권은 없는 셈이었다. 손자의 왕권을 섭정한 윤씨는 개인적으로 불교를 숭봉하였으나 정책적으로는 유교를 숭상한 정치가였으므로, 도성 내의 염불소를 폐지하고 승려들의 도성 출입을 금지시켰으며, 불교의 화장火葬 풍습을 없앴다. 그리고 사대부와 평민 간의 제사祭祀 예절에 차별을 두게 하여 계급 사회를 조장케 하고 6촌 이내에는 결혼을 금지하였다.

신숙주(1417~1475)
집현전 학사로 훈민정음 제정 때
성삼문과 함께 공이 컸다.

　또 백성들의 생활에도 관심을 두어 고리 대금업을 하던 내수사內需司의
장리소長利所 560개를 235개로 줄이고, 각 도道마다 잠실을 설치하여 농잠
업을 육성시켰다. 또한 황해도·평안도·영안도함경도에 목화밭을 대대적으
로 조성하고, 전라도·경상도에는 뽕나무 종자를 재배하게 하였다.

　이러한 대민 정책들은 세조의 심복들인 한명회·신숙주 등이 주축이 되
어 시행되었고, 정희왕후 윤씨는 관리자 역할이었다.

　이처럼 윤씨가 수렴 청정하는 동안 한명회·신숙주 등의 세력은 점차 확
대되어 막강한 정치적 영향력을 행사했고, 경제적 이익까지 독점함으로써
거대한 특권 집단을 구축하게 되었다.

　이후 유림儒林의 일파인 이들 훈구파勳舊派:정인지·신숙주·서거정 등 공 있는
신하 또는 어용학자로 구성된 벼슬 높은 귀족·지배 계급를 비판하는 사림파士林派:

김종직·김굉필·조광조 등와의 대결 양상이 점차 드러나게 되었다.

7년 섭정에서 퇴진하는 윤씨

윤씨의 섭정 7년, 어느덧 성종도 스무 살의 어엿한 장부가 되었다. 그러나 섭정에서 퇴진할 때가 된 윤씨가 결단을 내리지 못하고 있을 때인 어느 날, 살인죄를 저지른 한 상인이 끌려왔는데, 이 상인은 예전에 세조를 도와 공을 세운 일이 있었다.

당시 세조는 고마운 마음에 소원을 묻자 그는 자기가 나중에 죽을 죄를 지었을 때 살려달라고 했다면서 당시 세조가 써준 약속의 글을 내놓고 선처를 부탁했다.

세조의 어필御筆을 본 윤씨는 상인을 살려주기로 했으나 성종은 "살인을 했으면 당연히 사형시키는 것이 만세의 법"이라며 반박하고 나섰다. 때마침 윤씨의 섭정을 비난하는 익명의 글이 정원政院에 나붙게 되었다.

이 사건이 계기가 되어 윤씨는 섭정을 거두겠다는 뜻을 성종에게 전했을 때 성종은 할머니에 대한 예의상 더 보살펴달라고 형식적인 만류를 했다. 이때 기고 만장하게 한명회가 들고 나섰다. 이미 어른이 된 임금 성종에게 계속 섭정을 받으라는 무엄한 태도에 다른 대신들이 들고 일어났다.

자신이 밀려나는 듯한 분위기에 불쾌하였으나 윤씨는 더 이상 다른 방법이 없음을 감지하고 정치 일선에서 퇴진했다. 7년 동안의 섭정이 끝난 이때가 1476년, 성종의 친정親政이 시작된 것이다.

정치 일선에서 물러난 윤씨는 대비전에서 기거하다가 때로는 세조와 지내던 온양의 온궁에서 휴식을 취하기도 했는데, 그로부터 7년 후 1483년성종 14 온양행궁行宮에서 66세로 승하했다.

세조와 정희왕후 윤씨의 능호는 광릉光陵이며, 위치는 경기도 남양주시 진전읍 부평리에 있다. 왼쪽에는 세조의 능이, 오른쪽에는 정희왕후의 능이 각각 단릉의 형태로 조성되어 있다.

정희왕후, 그녀는 과단성 있는 정치 실력자였으나, 권력 탐욕에 눈이 뒤집힌 물건 달린 속물들이나 진배없다는 점에서 역겨운 뒷맛을 남겼다.

최고의 권좌에서 마음껏 누렸던 부귀 영화도 많은 사람들을 죽인 피의 대가로서, 세조와 더불어 권력 장악 과정에서부터 저지른 살육 범죄의 보상(?)이었다.

제7대 세조 때의 세계

1455년 영국, 장미전쟁 발발~1485. 1456년 독일, 프라이부르크 대학 창립. 1467년 일본, '응인의 난'이 일어나 본격적인 전국시대 시작~1477. 1467년 이태리, 최초의 인쇄소 로마에 설치. 1468년제8대 예종 즉위년 독일, 서양 최초로 인쇄본을 간행한 구텐베르크 사망1400년경~. 1469년예종 승하년 티무르 조朝, 문화의 최성기.

제8대

예종睿宗

재위 : 1468년 9월~1469년 11월

후비 장순왕후 한씨
章順王后 韓氏
(1445~1461)

계비 안순왕후 한씨
安順王后 韓氏
(?~1498)

 책사 한명회의 큰딸 한씨

예종의 후비 장순왕후 한씨章順王后 韓氏는 책사策士 한명회와 그 부인 민씨閔氏의 첫딸로 1445년세종 27 1월에 태어났다.

당대의 명문 가문에서 태어난 장순왕후 한씨는 아름답고 정숙하여 1460년세조 6 4월 세자빈으로 책봉되었는데 그 책문册文에 보면,

"아! 그대 한씨는 훌륭한 집안에서 태어나 온유하고 아름답고 정숙하여 종묘의 제사를 도울 만하므로 이제 효령대군孝寧大君 보補와 우의정 잉령치사仍令致仕:나이 많아 벼슬을 사양함한 이인손李仁孫 등을 보내 그대에게 책보册寶를 주어서 왕세자빈으로 삼는다. 그대는 지아비를 경계하고 서로 도와서 궁중의 법도를 어기지 말고 더욱 큰 왕업을 융성하게 하라."

세자빈으로 책봉된 지 1년 7개월, 1461년세조 7 11월 30일 원손元孫:仁城大君을 낳고 5일 만에 산후병으로 세상을 떠나니, 이때 열일곱 살이었고 예종은 열두 살이었다.

이듬해 1462년 2월 세조는 왕세자빈 한씨에게 장순章順이라는 시호를 내렸는데, 온순하고 너그러우며 아름답다고 장章, 어질며 자애롭다고 순順이라 명명한 것이다.

한씨의 묘는 파주坡州의 보시동普施洞:현 경기도 파주시 조리면 봉일천리이며, 1470년성종 1 능호를 공릉恭陵이라 했고, 예종 사망 후 3년 만인 1472년에 장순왕후로 추존되었다.

공릉은 조성 당시 왕후릉이 아닌 세자빈묘로 조영되었기 때문에 봉분의 난간석과 병풍석이 생략되었다.

장순왕후 한씨가 사망한 지 8년 만인 1469년예종 1 11월에 20세로 승하한 예종은 계비繼妃 안순왕후安順王后 한씨와 함께 서오릉의 창릉昌陵에 따로 누워 있다.

장순왕후 한씨는 남편 예종의 조카인 성종의 후비 공혜왕후恭惠王后의 친언니로, 이들 자매는 '시숙모와 조카며느리'라는 기묘한 관계인데, 두 왕후의 배경에는 이들의 아버지 한명회가 도사리고 있었다.

조선 전기 최대의 권력과 부富를 누렸던 한명회는 1415년태종 15 예문관 제학提學:고려 시대 정3품 벼슬 한상질韓尙質의 손자이며, 한기韓起의 아들로 태어났다.

조부 한상질은 조선 개국 당시 명나라에 파견되어 '조선'이라는 국호를 확정 짓고 돌아온 바 있으나, 한명회는 일찍 부모를 여읜 탓에 불우한 소년 시절을 보내야 했다.

글공부를 게을리하지 않았으나 과거에 번번이 실패했던 그는 38세가 되던 1452년문종 2 공신의 자손을 과거에 의하지 않고 관리로 채용했던 문음門蔭제도에 의해 겨우 경덕궁직敬德宮直으로 관직에 들어섰다.

하지만 그는 모사謀事에 능했고, 책략策略에 뛰어난 과단성이 있어 과거로는 관직에 진출할 수 없다고 판단하던 차에 문종이 승하하고 어린 단종

제8대 예종 가계도

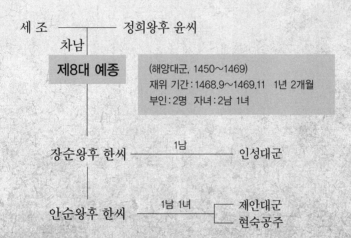

세조 ──────── 정희왕후 윤씨
　　　차남
　　제8대 예종　　(해양대군, 1450~1469)
　　　　　　　　　　　재위 기간 : 1468.9~1469.11　1년 2개월
　　　　　　　　　　　부인 : 2명　자녀 : 2남 1녀

장순왕후 한씨 ──── 1남 ──── 인성대군

안순왕후 한씨 ──── 1남 1녀 ┬─ 제안대군
　　　　　　　　　　　　　　　└─ 현숙공주

이 즉위하여 김종서 등이 집권하자 친구 권람의 주선으로 수양대군에게 접근하여 거사를 논의했고, 무사 홍달손 등 30여 명을 추천하여 심복을 삼게 하는 등 수양대군의 책사로 천거되면서 정치적 야망을 키워 갔다.

그는 1453년단종 1 10월 계유정난 때 자신이 끌어들인 무사 홍달손 등으로 하여금 김종서·황보인 등을 살해케 했고, 그가 작성한 '생살부生殺簿'에 의해 조정 대신들의 생과 사를 갈라놓기도 했다. 만일 그가 없었다면 계유정난은 성공하지 못했을 것이라고 했을 정도로 큰 역할을 했다.

계유정난 성공 후 그는 1등 공신에 올랐으며, 1455년 세조의 즉위와 함께 본격적인 한명회의 시대가 열렸다. 좌부승지에 이어 1456년세조 2 성삼문 등 사육신의 단종 복위復位 사건을 좌절시킨 공으로 좌승지를 거쳐 승정원承政院:왕명의 출납을 맡아보던 관아의 수장인 도승지에 올랐다.

이듬해 1457년세조 3에는 이조판서, 이어 병조판서에 올랐고, 1459년세조 5에는 황해·평안·함길함경·강원 4도의 병권과 관할권을 가진 4도 체찰사 體察使:내란·외적 침입 등 비상시에 왕명을 받아 왕을 대신하던 총사령관직를 지내며 권력의 수직 상승이 계속되었다.

이렇게 권력이 막강해질 무렵, 이미 세조의 큰아들 덕종이 병약하여 1457년세조 3에 20세로 요절했고, 세조의 둘째 아들 황晄:예종이 왕세자에 책봉되자 한명회는 1460년세조 6 열여섯 살인 그의 큰딸을 세자빈장순왕후의 자리에 앉혀 자신의 권력을 더욱 공고히 했다. 하지만 세조의 총애를 받던 그의 딸 세자빈은 이듬해 원손인성대군을 낳고 5일 만에 요절하고 만다.

한명회는 당시 승정원과 육조六曹:주요 국무 처리 여섯 관부 곧 吏·戶·禮·兵·刑·工曹·변방 등에서 왕명 출납권·인사권·병권·감찰권 등을 장악한 뒤 1463년세조 9 좌의정을 거쳐 1466년세조 12 영의정에 올랐다. 한낱 경덕궁의 궁지기였던 그가 불과 13년 만에 52세의 나이로 조정을 완전히 장악한 것이다.

그는 자신과 함께 계유정난에 가담했던 인물들과 친인척 관계를 맺음으로써 권력 기반을 더욱 탄탄히 다져나갔는데, 우선 큰딸을 예종의 후비로 만들어 세조와 사돈을 맺었고, 그 딸이 죽은 지 6년 뒤 1467년세조 13 또 딸을 예종의 조카 자을산군성종에게 시집 보내 성종의 후비로 만들어 딸들을 2대에 걸쳐 왕후로 만들었다. 또한 세조의 총애를 받던 집현전 학사 출신 신숙주申叔舟와 사돈 관계를 맺었으며, 친구 권람과도 사돈 관계를 맺어 세조의 정치에 막강한 영향력을 행사했다.

그러나 그에게도 시련이 있었다. 1467년 영의정에 제수除授:임금이 직접 관리를 임명되었을 때, 수양대군에게 죽임을 당한 김종서의 옛 부하인 이시애李施愛가 함길도에서 반란을 일으키자, 이시애의 계략에 말려 신숙주와 함께 하옥되어 신문을 당하게 되었다. 이시애는 조정을 혼란시키려는 목적으로 반란을 일으킬 때 "한명회·신숙주 등이 함길도 절제사 강효문康孝門과 짜고 반란을 도모하려 하기에 이들을 응징하기 위해 일어났다"고 그럴싸한 명분을 만들었던 것이다.

이시애의 난은 세조 때 가장 큰 변란으로, 세조는 즉위 이후 줄곧 불안감에 휩싸여 있었고, 자신이 쿠데타로 장악한 권력인지라 '자라 보고 놀란 가슴 솥뚜껑 보고 놀란다'는 격으로, 일단 이시애의 말을 믿고 한명회와 신숙주를 옥에 가두어 사건의 진상을 파악하기 시작했던 것이다. 그러나 이 과정에서 세조가 가장 신임했던 한명회와 신숙주는 혐의가 없음이 밝혀져 석방되었다.

이러한 여파로 정치적 위협을 느꼈던 한명회는 그의 딸을, 1467년세조 13 세조의 장남 덕종의 둘째 아들이자 세조의 손자인 자을산군과 결혼시켜 세조와 겹사돈을 맺었다.

잠시 주춤했던 한명회의 권력 상승은 1468년 세조가 죽자 세조의 유지諭旨에 따라 다시 신숙주와 함께 원상院相으로서 정사를 돌보게 되었다. 비록 큰딸 장순왕후는 이미 세상을 떠났지만, 자신의 사위인 예종이 1468년 9월에 즉위하자 그 이듬해 1469년예종 1에 다시 영의정에 복귀하였으며, 그 해 11월 예종이 죽고 성종이 즉위하자 병조판서를 겸임하였다.

예종이 재위 14개월 만에 요절했으나 그의 권력운은 끝나지 않아 이후 좌리공신 1등에 책록되었고, 노년에도 부원군 자격으로 정사에 참여하였다.

성종이 즉위하게 된 배경은, 예종의 아들이 아직 어리고, 덕종의 큰아들 월산대군은 병약했으므로 결국 세조의 후비인 정희대비定熹大妃 윤씨는 한명회·신숙주 등과 결탁하여 대신들의 동의하에 덕종의 둘째 아들인 자을산군이 왕위를 계승토록 했다. 이러한 일들은 한명회의 뜻대로 이루어졌다.

1469년 성종이 즉위하고 자신의 둘째 딸이 왕비에 책봉되자 한명회의 권세는 이른바 '나는 새도 떨어뜨리는 세도'였다. 하지만 성종의 후비 공혜왕후도 1474년성종 5 19세에 소생 없이 요절했다.

세조·예종·성종에 이르기까지 3대의 왕을 거치며 절대 권력을 행사하던 한명회, 그는 네 번이나 1등 공신으로 추대되어 많은 토지와 노비奴婢를 상으로 받아 막강한 권력자로 백성 위에 군림했고, 엄청난 권력과 부를 누리다가 1487년성종 18 73세를 일기로 세상을 떠났다.

세조는 그에게 "나의 장량張良:중국 前漢의 건국 공신. ?~168 BC"이라고 할 정도로 몹시 총애했으며, 그가 엄청난 부를 축적한 배경이 되었다.

세속의 욕심이 대단했던 그는 막대한 권력과 부를 움켜쥐면서도 겉으로는 낭만파인 척 위선僞善적 쇼맨십showmanship에도 능했다. 교활의 극치였던 그는 노년에 권좌에서 물러나게 되면 한가로이 갈매기와 벗하며 지내고 싶다 하여 정자를 짓고 자신의 호를 붙여 '압구정'이라 불렀다고 한다. 그러나 속된 야망의 노예였던 그는 노년에도 부원군의 벼슬아치로 여전히 정사에 참여하여 권좌를 지킨 위인이었다. 권력의 상징물이었던 압구정은 당시 백성들에게 자연과 벗하는 곳이 아닌 권력과 벗하는 곳으로 인식되었다.

숱한 살인죄를 저지른 권력 장악 과정에서 구역질나는 그의 정치 행각은 두 딸을 '시숙모와 조카며느리' 관계로 만들었으며, 그 딸들은 한결같이 20세 전에 요절했고, 끝내 정치 모사꾼 자신도 막대한 부를 관棺에 넣어 가지 못했다.

'권력은 재물을 수반한다'는 정치 생리를 통달했던 그가 죽은 지 17년, 1504년연산 10 갑자사화甲子士禍 때 그는 연산군燕山君의 생모 윤씨尹氏의 폐비 사건에 관여했다 하여 부관참시剖棺斬屍:큰 죄가 드러난 자의 관을 파내고 시체를 다시 죽이는 형벌를 당했다. 위민爲民보다 군림君臨을 즐겼던 권력자, '세상이 제 손 안에 있다'며 오만 방자했던 정치 실력자 한명회는 두 번 죽은 것이다. 추악한 정치 싸움과 정치 쇼show가 빚은 보복 쇼였다.

예종과 함께 눕게 된 계비 한씨

예종의 계비 안순왕후 한씨安順王后 韓氏는 우의정 한백륜韓伯倫의 딸로 처음에는 동궁東宮에 들어와서 소훈昭訓에 봉해졌다가 1460년세조 6 한명회의 큰딸이 세자빈에 책봉되어 가례를 행했으나 이듬해 1461년에 죽었으므로 1462년세조 8에 세자빈으로 간택되어 1468년 예종이 즉위하자 왕비에 책봉되었다.

그러나 이듬해 1469년 11월 예종이 병사하자, 1471년성종 2에 인혜대비에 봉해지고, 1497년연산군 3에는 명의대비로 개봉되었다.

예종의 재위 기간이 14개월에 불과했기 때문에 따라서 계비 한씨의 왕후 생활도 짧았다.

그녀의 소생으로는 제안대군齊安大君과 현숙공주顯肅公主가 있었으며, 제안대군은 효성이 매우 지극했던 것으로 전해지고, 특히 노래를 좋아하고 악기를 잘 다루는 예술가로 자신을 낮추며 정치 야욕을 버렸기에 천수를 누렸다고 전해진다.

안순왕후는 1498년연산군 4 12월에 승하하여 이듬해 2월 창릉昌陵:현 경기도 고양시 용두동, 서오릉에 예종과 함께 안장되었다.

예종은 세조와 정희왕후 윤씨의 둘째 아들로 1450년세종 32 1월에 태어났으며, 1455년세조 1에 해양대군海陽大君에 봉해졌으나, 1457년 9월 세조의 첫째 아들 의경세자덕종가 20세 나이로 요절하자 이 해 12월 세자로 책봉되었다가 1468년 9월 세조가 승하함에 따라 왕위에 올랐었다.

서오릉西五陵에 묻힌 왕과 왕비들

예종과 계비 안순왕후가 묻힌 창릉昌陵이 있는 서오릉은 원래 세조의 맏아들인 왕세자였던 의경세자가 요절하자, 풍수지리설에 의해 길지吉地로 추천되어 능지陵地로 정하면서부터 비롯되었다.

의경세자 덕종은 1438년세종 20 9월 수양대군세조의 맏아들로 태어났다. 덕종의 어머니 정희왕후 윤씨는 세종과 소헌왕후 심씨의 사랑을 받았기 때문에 덕종을 궁중에서 낳았다고 한다.

세종의 지극한 사랑을 받았던 덕종은 1455년세조 1 세자로 책봉되었으며, 서원부원군西原府院君 한확韓確의 딸 소혜왕후 한씨昭惠王后 韓氏를 맞아 월산대군月山大君과 성종을 낳았다.

덕종은 어려서부터 예절 바르고 글 읽기를 즐겨 해서楷書에도 능했지만 병약하여 1457년세조 3 9월, 성종을 낳은 지 한 달 만에 20세로 요절했으며, 1471년성종 2에 의경왕懿敬王으로 추존되고, 1476년성종 7에 묘호를 덕종德宗이라 했다.

덕종의 부인 소혜왕후는 1437년세종 19에 태어났으며, 1455년세조 1 세자빈에 간택되어 수빈粹嬪에 책봉되었고, 1470년성종 1에는 둘째 아들 성종이 즉위하여 병으로 요절한 아버지 의경세자를 왕으로 추존하자 왕후에 책봉되었다.

소혜왕후는 총명한 성품에 학식도 깊어 정치에도 많은 자문을 했다 하며, 불심이 깊어 불경을 언해諺解:한문을 한글로 번역하는 것하기도 했고, 부녀자가 지켜야 할 도리인 《여훈女訓》을 간행하기도 했다.

또한 아들 교육이 엄격하여 시아버지 세조가 우스개로 폭비暴妃라고 했다는 일화도 전한다. 후에 손자 연산군이 생모 윤씨가 모함에 의해 폐위된 뒤 사사되었다는 사실을 알고 관련자들을 박해하려 했을 때 이를 꾸짖었다고 한다. 이때 연산군이 머리로 받아 얼마 후 1504년연산군 10 4월 창경궁 경춘전에서 춘추 68세로 승하했다.

소혜왕후는 남편 덕종이 승하한 후 47년을 더 살았으니 세조대를 거쳐 예종·성종·연산군대까지 살다가 승하한 것이다. 그녀는 이미 47년 전에 요절한 덕종의 옆에 묻히게 됨에, 이 능이 바로 경릉敬陵으로서 서오릉의

덕종(의경세자)과 소혜왕후가 묻힌 경릉

시초였다.

서오릉은 1457년세조 3 덕종이 요절하자 최초로 경릉이 조성된 후, 두 번째로 예종과 계비 안순왕후의 능인 창릉昌陵이 조성되었고, 숙종의 후비인 인경왕후仁敬王后의 익릉翼陵이 세 번째로 조성되었으며, 숙종과 계비 인현왕후仁顯王后의 쌍릉과 제2계비 인원왕후仁元王后의 단릉의 합칭인 명릉明陵이 네 번째로, 다섯 번째는 영조의 후비인 정성왕후貞聖王后의 홍릉弘陵이 조성되면서 왕릉과 왕비들의 능이 무리를 이루게 되어 '서오릉'이라 명칭을 붙이게 되었다. 그 외에도 희빈장씨의 대빈묘大嬪墓, 영조의 후궁이자 장조莊祖:사도세자의 사친私親:빈으로서 임금의 생모인 영빈 이씨의 수경원綏慶園, 정조와 후궁 선빈 성씨 사이에서 태어난 장남 문효세자의 효창원孝昌園 등이 있다.

덕종의 요절로 일찍이 과부가 되어 유교를 신봉하고 불교에 심취했던 소혜왕후, 엄격하기만 하고 자비 성불慈悲成佛하지 못한 채 말년의 손자 연산 군의 불효 이야기는 다음 장으로 넘겨야겠다.

정치적 야심을 드러내지 않는 덕종의 후비 한씨

앞장에서 잠시 소개한 덕종의 후비 소혜왕후 한씨는 서원부원군 한확의 딸로 1437년세종 19 9월에 태어났다.

한확은 그의 누이가 명나라 태종의 후궁이기도 하며, 명나라 인종이 부 마駙馬:임금의 사위에게 주던 칭호로 삼으려고 할 정도로 조선의 대명對明 외교 를 도맡아 처리했으며, 세조가 조카 단종의 왕위를 찬탈했음에도 불구하 고 무난히 명나라로부터 세조의 왕위 책봉이 인정된 것은 한확의 외교술 덕분이었다.

수양대군세조의 맏아들 의경세자덕종와 혼인한 소혜왕후 한씨는 시아버 지인 세조가 1455년세조 1에 즉위하자 세자빈으로 책봉되었는데, 2년 후 1457년세조 3 남편 의경세자가 20세로 요절하고, 그 후 1468년세조 14 세조 가 승하하면서 시동생 해양대군예종이 왕위를 계승함에, 한씨는 한때 희망 했던 국모의 꿈이 사라지는가 했지만 희망은 있었다. 남편이 죽었으니 왕 비는 될 수 없다 해도 아들들이 임금이 된다면 대비는 될 수 있다고 생각 하여 요절한 남편 의경세자가 남기고 간 두 아들에게 희망을 걸었었다.

한씨는 남편이 죽은 후에도 시아버지 세조와 시어머니 정희왕후 윤씨에 게 효성을 다했고, 큰아들 월산군月山君과 둘째 자을산군耆乙山君:성종을 엄 하게 교육시켰다.

한편으로는 자신의 학문 정진에도 게을리하지 않았다. 이러한 행동은 한씨 자신에게 다가올 미래에 대한 철저한 준비였다.

예종이 즉위한 지 14개월 만에 요절하자 당시 수렴청정하던 시어머니인 세조의 후비 정희왕후 윤씨는 자신의 큰아들이자 한씨의 남편이었던 의경세자의 둘째 아들 자을산군을 왕으로 등극시켰다.

자을산군성종의 등극 배경에는 복잡한 정치 계산이 깔려 있기도 했다. 우선 시어머니 대왕대비가 요절한 예종의 소생인 네 살 된 제안군을 제치고, 또 장손인 열여섯 살의 월산대군마저 제쳐 놓고 열세 살의 자을산군을 등극시킨 것은, 당시 왕위 세습 관례에 비추어 볼 때 정치적인 거래가 결부되었음은 자명했던 일이다.

대왕대비와 정치적 결탁을 한 사람은 자을산군의 장인이기도 한 한명회였다.

대왕대비는 의경세자의 장남이 되는 월산대군에게 왕위를 계승시키려 했지만 모사꾼 한명회의 책략으로 그의 사위인 자을산군으로 낙착을 본 것이었다. 아들 성종의 등극으로 한씨는 자신의 정치적 야심이 실현되었다.

유교서《내훈內訓》을 편찬한 덕종의 후비 인수대비

1469년 11월 마침내 아들 자을산군이 성종으로 즉위함에 따라 소혜왕후 한씨는 인수대비仁粹大妃로 책봉되고 남편 의경세자도 덕종德宗으로 추존되었다. 한씨는 자신이 그토록 원하던 대비는 되었으나 정치에는 참여할 수 없었는데, 그것은 그간 수렴 청정을 해 온 시어머니 대왕대비 윤씨가 있었기 때문이었다.

정치 활동을 할 수 없게 된 한씨는 그 대신 궁중사를 관할하여 많은 독서와 저술 활동에 심혈을 기울였다. 《사서四書》를 이해할 정도로 높은 학문을 지닌 유학자 한씨가 불교에도 심취했으나 21세에 청상 과부가 되어 남편 없이 허전한 공백을 메우는 유일한 방법은 학문과 교육에 전념하는 것뿐이었다.

그러나 그녀의 학문은 전통주의 답습 한계를 넘어서지는 못했다. 즉, 사대부士大夫들이 만들어 놓은 '여필종부女必從夫'의 한계 법도를 조선 여인들이 지켜야 할 덕목이라고 강변하고 반포하는 일에 평생을 바쳤다. 이는 바르게 산다는 자신의 입지와 수절을 드높이 부각시켜 스스로 고매한 인격자임을 널리 드러내는 수단이기도 했다. 역시 비상하게 명석했던 그녀가 후일의 기반을 다지는 계산된 작업이었다.

1475년성종 6 마침내 한씨는 《열여전烈女傳》·《여교女敎》·《소학小學》·《명감明鑑》 등에서 내용을 발췌하여 《내훈內訓》을 편찬, 완성하였다. 《내훈》은 말과 행동言行, 어버이에게 효도孝親, 혼사의 예절婚禮, 남편과 아내夫婦, 어머니의 행실母儀, 친척과 화목敦睦, 청렴과 검소廉儉 등 총 7장 3권으로 구성되었다. 이 책은 처음 한문으로 되었으나 이후 한글로 번역·간행되었는데, 1736년영조 12에 활자본으로 개간되어 오늘날까지 전해지고 있다.

《내훈》은 세종 때 발간된 《삼강행실도충신·효자·열녀의 덕행을 찬양한 책》와 함께 당시 여성의 교육 기본서가 되었다. 이 책의 내용은 '무릇 여자는, 어려서는 아버지를, 시집가서는 남편을, 남편의 사후에는 아들을 따라야 한다'는 '삼종지도三從之道'의 요약이라고 할 수 있다.

이처럼 철저히 남성 본위 유교적 여성관을 종교처럼 신봉한 한씨는, 자신이 편찬한 책의 내용대로 실생활에서도 한 치의 오차도 없는 너무 정확하고 엄격한 여인이었다.

불교에 심취한 덕종의 후비 인수대비

비록 한씨가 '궁중의 비빈妃嬪과 시중의 부녀자들을 훈육하기 위해서'라는 명분이 있고, 또 내심 여인들을 확실히 통치하기 위해 유교적 '내훈'의 틀 안에 가두어 통제하였으나, 막상 자신의 외로운 마음을 달래준 것은 유교가 아니라 불교였다.

불교 경전에도 조예가 깊어 범·한·국梵·漢·國 3자체의 불서를 남기기도 했던 한씨가 공자의 가르침에서 벗어나지 않는 유학자로서 자신을 채찍질

했지만 청상 과부의 허전한 마음은 불교를 통해 위안받았던 것이다.

먼저 세상을 떠난 남편 의경세자의 그리움과 불교의 독실한 신앙이 복합적으로 작용한 결과로 한씨는 1471년성종 2에 정인사를 재건축하게 된다. 정인사는 원래 한씨의 시어머니 정희왕후 윤씨가 맏아들 의경세자의 명복을 빌기 위해 검소하게 지었던 절로서, 당시는 세조가 단종을 죽이고 왕위를 찬탈했던 때라 민심이 좋지 않았기 때문이다.

정인사가 완공되었을 때 한씨는 절 운영 자금으로 쓸 수 있게 경작지 5백 석을 하사하였고, 1473년성종 4 사월 초파일 석가탄신일을 맞이하여 낙성식을 거행하였다.

이 날 각지에서 승려만 해도 1만여 명이 넘게 모여들었으며, 한양 각처에서 몰려온 부녀자들로 인산인해를 이루었다는 것이다. 절에 소속된 경작지에 대해서는 성종도 세금을 면제해 주었던 것이다.

한씨로 인해 장엄한 자태를 드러낸 정인사는 많은 시인·묵객 들이 찾는 명소이자, 한양 부녀자들의 놀이터가 되기도 했다. 또 세조의 숭불 정책에 반대하여 부여로 쫓겨났던 정인지鄭麟趾도 정인사를 찾아와 한가롭고 평온한 풍경에 감탄, 시를 읊었다고 한다.

조선 초기 왕비나 사대부 부인들 대부분은 불교 신자였는데, 왕실 여인과 신하들의 다툼이나 남성과 여성 간에 갈등의 원천이 불교였다. 한결같이 여성들은 자신들의 거세된 권력이 아니라 먼저 타계한 가족의 명복과 이승에 현존하는 가족의 복락을 위해 부처에 귀의하는 것이라고 남성들을 설득하였다. 먼저 간 가족의 명복이란 명분에는 성리학자들도 수긍하지 않을 수 없었다.

성리학자들은 정인사 재건축의 계기로 불교가 번성해지는 기미가 보이자 어김없이 거센 반발이 일어났다. 성종도 역시 불교를 성리학에서 벗어나는 미신으로 여겼지만, 이런 불교 열풍의 중심에는 어머니 한씨가 있음도 잘 알고 있는 터였다.

한씨는 남편과 아들의 복락福樂을 위해 간경도감刊經都監:불경 번역 기관을 통해 불경 간행에 적극적으로 나섰으며, 자신이 직접《금강경金剛經》등을 필사筆寫하기도 하였으나 시어머니 정희왕후 윤씨가 간경도감을 폐쇄시키자 그 후부터 직접 흩어진 불경 목판을 수집해 인쇄했고, 아들 성종이 세상을 떠나자 며느리인 정현왕후와 함께 만들기도 하였다. 이렇게 해서 발간된 불경이 총 29편 2,805권에 이르렀다.

그러나 조선에서의 불교는 공개적으로 신봉할 대상이 아니라 은밀히 찾아야 할 대상이었다. 1492년성종 23, 신하들이 도첩度牒:신분증 없는 승려들은 모두 환속시키고 엄중 단속할 것을 청하였다. 이러한 조치로 날로 승려의 수가 줄어들자 불교에 의지해 여생을 보내고 있던 인수대비 한씨는 성종이 젊은 학자들의 압력에 밀려 불교를 배척한다며 일침을 놓았지만, 계속되는 신하들의 강경한 반발과 자신의 의사를 교시敎示로 내린 한씨와의 틈바구니에서 성종은 차마 어머니를 거역할 수 없어 도첩제를 완화하게 되었다.

신하들의 억불책抑佛策에 맞서 교지敎旨를 직접 내릴 정도로 불교에 심취했던 인수대비 한씨, 자신의 외로움을 불교로 위안받으면서 막상 궁중 여인들과 조선의 부녀자들은 유교 성리학으로 엄격하게 통치했던 인수대비 한씨, 아들 성종이 죽고 손자 연산군이 즉위하자 대왕대비가 되었고, 성리학 규범을 어긴 며느리 폐비 윤씨를 끝내 사사시킨 결과 자신은 손자의 손에 죽었다.

완벽주의자였던 한씨가 믿었던 불교의 '업業의 응보應報'였다. 1504년연산 10 4월 68세로 승하한 한씨는 47년 전에 요절한 남편 덕종의 옆에 누웠으니 곧 경릉敬陵이다.

성리학자이자 독실한 불도佛徒였던 한씨가 평생 불도佛道를 수행하였으나 부처Buddha: 진정으로 아는 사람가 되지는 못했다. 비록 학문은 넓고 깊었으나 정작 불교의 '자비慈悲'는 체득도 행行함도 없었던 것이다. 가소롭게도 겉으로는 엄숙하고 인자한 미소를 흘리면서, 오히려 더 비정하고 더 잔인한 '배운 자'의 실제 모습에서 '지식과 심성은 별개'임을 보여주는 실례實例라 하겠다.

후비 공혜왕후 한씨
恭惠王后 韓氏
(1456~1474)

1계비 제헌왕후 윤씨
齊獻王后 尹氏
(1455~1482)

2계비 정현왕후 윤씨
貞顯王后 尹氏
(1462~1530)

 책사 한명회의 둘째 딸 한씨

성종의 정비 공혜왕후 한씨는 책사 한명회와 민씨의 둘째 딸로 1456년세조 2 10월에 태어났다.

1467년세조 13 1월, 자을산군성종에게 시집가서 1469년 11월 성종이 즉위하자 왕비로 책봉되었으며, 왕비가 된 지 불과 5년 만인 1474년성종 5 4월 19세 나이로 소생 없이 승하하여 공순영릉恭順永陵 : 현 경기도 파주시 조리면 봉일천리의 순릉順陵에 묻혔다.

성종의 숙부 예종의 후비인 장순왕후와 마찬가지로 스무 살을 넘기지 못하고 어린 나이에 요절하여 자매가 한 울타리 안에 같이 묻혀 있는 것이다. 즉, 공릉에 묻힌 큰언니 장순왕후의 조카며느리 격인 공혜왕후도 한명회의 딸로서, 두 자매는 공릉과 순릉에 마주 보고 누워 있는 것이다.

이들 자매는 '시숙모와 조카며느리'라는 기기묘묘한 관계이다. 조선 역사상 자매지간이 나란히 왕후가 된 예는 전무 후무한 일로서 '하늘을 나

제9대 성종 가계도

덕종 ──────── 소혜왕후 한씨
　　　차남

제9대 성종　　(자을산군 1457~1494)
　　　　　　　　재위 기간 : 1469.11~1494.12　25년 1개월
　　　　　　　　부인 : 12명　자녀 : 16남 12녀

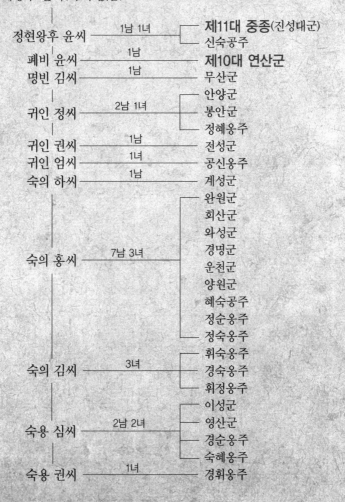

공혜왕후 한씨(자식 없음)

정현왕후 윤씨 ──1남 1녀── ┬─ **제11대 중종**(진성대군)
　　　　　　　　　　　　　　└─ 신숙공주

폐비 윤씨 ──────1남──── **제10대 연산군**

명빈 김씨 ──────1남──── 무산군

귀인 정씨 ──2남 1녀── ┬─ 안양군
　　　　　　　　　　　├─ 봉안군
　　　　　　　　　　　└─ 정혜옹주

귀인 권씨 ──────1남──── 전성군

귀인 엄씨 ──────1녀──── 공신옹주

숙의 하씨 ──────1남──── 계성군

숙의 홍씨 ──7남 3녀── ┬─ 완원군
　　　　　　　　　　　├─ 회산군
　　　　　　　　　　　├─ 와성군
　　　　　　　　　　　├─ 경명군
　　　　　　　　　　　├─ 운천군
　　　　　　　　　　　├─ 양원군
　　　　　　　　　　　├─ 혜숙공주
　　　　　　　　　　　├─ 정순옹주
　　　　　　　　　　　└─ 정숙옹주

숙의 김씨 ──3녀── ┬─ 휘숙옹주
　　　　　　　　　├─ 경숙옹주
　　　　　　　　　└─ 휘정옹주

숙용 심씨 ──2남 2녀── ┬─ 이성군
　　　　　　　　　　　├─ 영산군
　　　　　　　　　　　├─ 경순옹주
　　　　　　　　　　　└─ 숙혜옹주

숙용 권씨 ──1녀── 경휘옹주

는 새도 떨어뜨린다'는 당시 한명회의 권세와 술책이 있었기에 가능했다.

1460년세조 6 한명회는 먼저 왕세자였던 해양대군예종에게 큰딸장순왕후를 시집 보냈으나 세자빈으로 봉해진 지 1년 만인 1461년세조 7 원손元孫을 낳다가 17세에 요절하고 말았다.

6년 후 1467년세조 13, 한명회는 둘째 딸공혜왕후을 예종의 조카 자을산군者乙山君·성종에게 시집 보냈다. 예종에게도 계비 안순왕후의 소생 제안군이 있고, 자을산군성종에게도 형인 월산군이 있어 자을산군이 왕위에 오를 가능성은 희박했다.

그러나 2년 후 1469년예종 1 11월, 예종이 20세로 요절하자 당시 그 아들 제안군안순왕후 소생은 너무 어렸고, 세조의 장남이자 성종의 아버지인 추존왕 덕종의 장남 월산군, 즉 자을산군의 형은 늘 병약하게 지냈다.

제반 조건이 어우러져 한명회의 계책이 맞아떨어짐에 세조의 후비 정희대비의 명에 따라 자연히 왕위는 덕종의 차남 자을산군 성종에게 계승되었다. 1469년 11월 성종이 즉위함에 따라 열네 살에 왕비가 된 공혜왕후, 그녀의 아버지 한명회의 세도는 하늘을 찔렀다.

그러나 후손을 늘린답시고 많은 후궁을 맞아들여 여성 편력에 빠진 성종의 외도 행각으로 늘 독수 공방 신세가 된 공혜왕후 한씨는 질투심을 누르며 마음의 병을 얻어 왕비가 된 지 불과 5년 1474년성종 5 4월 열아홉 살로 소생 없이 요절하여 순릉順陵에 묻히게 되었다. 13년 전에 먼저 간 언니 예종비 장순왕후와 마주 보고 누워 있다.

제9대

성종成宗

재위 : 1469년 11월~1494년 12월

후비 공혜왕후 한씨
恭惠王后 韓氏
(1456~1474)

1계비 제헌왕후 윤씨
齊獻王后 尹氏
(1455~1482)

2계비 정현왕후 윤씨
貞顯王后 尹氏
(1462~1530)

 폐비가 될 줄 몰랐던 윤씨

성종의 계비繼妃로서 폐비가 된 제헌왕후 윤씨齊獻王后 尹氏는 판봉상시사
判奉常寺事 윤기견과 그의 둘째 부인 신씨의 딸로 1455년세조 1에 태어났다.

아버지 윤기견은 경서經書:성현들의 유교사상 교리책와 문학에 밝아 집현전
에 출입하였고, 판봉상시사의 벼슬까지 이르렀으나 일찍 세상을 떠났다.

윤씨는 1473년성종 4 성종의 후궁으로 간택되면서 숙의淑儀에 봉해졌고,
세조의 후비인 정희대왕대비와 성종의 총애를 받다가 1474년성종 5 공혜왕
후 한씨가 죽자 1476년성종 7 8월에 왕비로 책봉되었다.

이때만 해도 윤씨에게 다가올 비극은 그 누구도 예상하지 못했으나, 많
은 후궁들 속에서 외도에 빠진 성종의 호색 기질은 이미 윤씨의 비극을
잉태하고 있었다.

성종의 첫째 부인 공혜왕후 한씨의 죽음도 일부다처제에 따른 성종의
바람기가 원인을 제공했던 것이다. 공혜왕후 한씨는 한명회의 둘째 딸로

성종의 선릉

1467년세조 13 열두 살 때 성종과 혼인하여 성종의 숙부 예종의 부인 장순왕후와 자매지간이었으므로 왕실에서는 시숙모와 조카며느리 관계였다. 언니 장순왕후는 세자빈 시절 원손元孫을 낳다가 1461년세조 7 17세에 이미 요절했다.

성종보다 두 살 많은 공혜왕후 한씨는 성종이 후궁을 들일 때이면 후궁들에게 줄 의복을 손수 장만하여 하사하기도 했는데, 당연히 마음이 좋을 리 없는 이런 처신은 내명부의 어른으로서 질투심을 누르며 도리를 다했을 것이다.

그러나 후궁 윤씨가 성종의 총애를 독차지하자 독수 공방 신세가 된 한씨는 더욱 마음의 병을 얻어 1474년성종 5 4월 19세에 소생 없이 세상을 떠나고 말았다. 한씨가 죽은 뒤 1476년 8월 제헌왕후 윤씨가 왕비의 자리에 오른 것이다. 3개월 후 아들 연산군이 태어났다.

성종의 바람기에 폐비가 된 윤씨

정작 윤씨가 왕비가 되고 보니 바람둥이 성종은 윤씨의 처소에 발길이 뜸해지면서 소용昭容:내명부의 정3품 정씨鄭氏와 엄씨嚴氏의 처소 출입이 잦아졌고, 두 후궁은 자신들도 윤씨처럼 성종의 총애를 받기만 한다면 왕비가 될 수 있다는 꿈을 키워갔다. 따라서 이 꿈을 실현시키기 위해 당시 제헌왕후 윤씨를 별로 탐탁치 않게 여기고 있던 성종의 어머니인 인수대비에게 접근했다.

성종뿐만 아니라 유교 성리학의 신봉자인 인수대비까지 합세하여 홀대함으로써 제헌왕후 윤씨의 입지는 점차 줄어들기만 했다. 칠거지악七去之惡: 아내를 내쫓는 이유 일곱 가지 중 '질투하는 죄'를 범하지 않기는 여간 힘들지 않았겠으나 그래도 침 한 번 삼키고 죽은 듯이 참았으면 원자인 연산군이 있었기에 장래를 보장받을 수 있었을 터인데, 역시 사랑받고 싶은 본능을 억누르기는 힘들었던 모양이다. 윤씨는 성종의 총애를 되찾기로 했다.

우선 연적戀敵들을 제거하기 위해 어머니 신씨가 일러준 민간 비방을 동원하기로 했다. '소장방자'라는 처방으로 성종이 자주 출입하는 후궁의 처소 길목에 시신屍身의 뼈를 묻어두면 그 길을 밟고 다니는 후궁들이 죽는다는 것이었다. 그러나 그런 처방은 아무런 효과가 없었다.

이어서 윤씨는 소용 정씨와 엄씨가 내통하여 자신과 원자를 죽이려 한다는 내용의 투서를 작성하여 감찰상궁 명의로 숙의 권씨에게 보내어 공개되자 궁궐은 벌컥 뒤집혔다.

중종을 낳은 숙의 윤씨淑儀 尹氏 정현왕후를 비롯하여 내명부로 봉작된 23명의 후궁들을 중전 뜨락에 모아놓고 문초를 했던 것이다. 효자이며 어질고 글 잘하고 글씨 또한 당대 명필인 성종이 유흥에 빠지고 여색女色을 좋아하다가 첫 시련을 겪었던 것이다. 아무리 문초하여도 투서의 범인은 오리무중일 수밖에 없었다.

이 사건이 있은 며칠 뒤 성종이 윤씨의 처소에서 투서와 동종同種의 종이를 발견함과 아울러 비상砒霜:맹독성 약과 방양비첩方禳秘帖:푸닥거리 비방책까지 나와 윤씨는 궁지에 몰리게 되었다. 그러잖아도 성종은 윤씨의 폐위 문제를 여러 차례 거론했으나, 매번 원자의 생모라는 이유로 신하들이 반대했다.

이렇듯 논의가 분분한 가운데 결론을 얻지 못하자 윤씨에게 비상을 바친 시녀 삼월이를 처형하고, 그녀의 어머니 신씨의 직첩職牒:조정에서 내린 벼슬아치의 임명서을 회수하여 궁궐 출입을 금지시키는 것으로 사건을 일단락 지었다.

성종은 늘 그랬듯이 많은 후궁 속에 묻혀 슬하에 16남 12녀, 도합 28남 매를 두고서도 후손 생산을 빙자하여 외도를 일삼았는데, 특히 요염하고 미색을 갖춘 정소용의 처소 출입이 잦은 데 반발한 윤씨가 성종의 용안龍顔:임금의 얼굴에 손톱 자국을 냄으로써 사태는 돌이킬 수 없게 확대되었다.

누구보다도 인수대비 한씨가 성종에게 윤씨를 폐비시키라고 강경히 요구했고, 성종도 그러기로 결심했다. 원로 대신들과 승지들의 찬반론이 분분하였으나 소용 없는 일이었다.

1479년성종 10 6월, 마침내 성종은 윤씨를 폐서인하여 윤씨의 어머니 신씨가 사는 사가로 쫓아냈고, 친정으로 쫓겨난 윤씨는 바깥 세상과 접촉이 금지되었을 뿐만 아니라, 어머니 신씨와 빈곤하기 짝이 없는 살림을 꾸려나갔다.

폐비의 자리에 앉은 정현왕후

폐비 윤씨를 쫓아낸 시어머니 인수대비는 중전의 빈 자리를 메울 새 며느리를 당신 손으로 고르고 싶어했다. 그러나 간택의 결정적 권한은 인수대비의 시어머니인 대왕대비가 쥐고 있었다. 인수대비가 당신 의중의 인물

정소용을 먼저 적고 후궁 몇 사람을 적은 간택 단자를 들고 대왕대비전에 들어갔다. 그러나 인수대비의 뜻대로는 되지 않았다. 정작 왕비로 승격된 후궁은 폐비 윤씨의 연적이자 인수대비가 의중에 둔 정씨도 권씨도 아닌 19세의 숙의 윤씨였다.

대왕대비 정희왕후는 사려 깊은 결정을 내렸다. 폐비 윤씨를 몰아내는 데 일조했던 후궁을 왕비로 삼을 경우 윤씨의 폐비에 반대했던 신하들이 들고 일어날 것은 빤히 예상할 수 있었기에 말썽이 없었던 숙의 윤씨를 찍었던 것이다.

이때가 1480년성종 11 11월이고, 그때 성종이 25세, 새로 왕비가 된 윤비는 19세로 중종을 낳은 정현왕후貞顯王后 윤씨였다.

피를 토하며 죽은 폐비 윤씨

친정으로 쫓겨난 연산군의 생모 폐비 윤씨는 너무나 비참한 생활을 꾸려 가고 있을 무렵, 1482년성종 13 정월 연산군 나이 일곱 살 때 세자 책봉 논의와 함께 폐비 윤씨의 동정론이 있었으나, 윤씨의 폐비에 앞장 섰던 소용 엄씨·정씨와 비정한 인수대비 한씨 등의 거센 반발로 무산되고, 오히려 소용 정씨와 엄씨는 성종에게 윤씨가 궁궐에서 10년 먹을 보화를 가지고 나갔다고 거짓을 고하기까지 했다.

그 해 8월 성종은 은밀히 내시 안중경安重慶을 시켜 폐비 윤씨의 동정을 살피게 하였다. 3년 동안 회한의 눈물로 지새며 근신해 온 폐비 윤씨와 어머니 신씨는 오랜만에 찾아온 안중경을 반갑게 맞으며 감사의 눈물을 흘렸다.

"상감께 황은이 망극하다고 전하오. 부디 성수 만세 하시랍시고 폐서인은 늘 상감의 만수를 기원할 뿐이오."

윤씨의 눈물에 감동한 안중경에게 엉뚱한 일이 벌어지고 말았다. 성종이 폐비 윤씨에게 내시를 보냈다는 정보를 입수한 인수대비가 서슬이 시퍼렇게 설쳤다.

"내 눈에 흙이 들어가기 전에는 어림도 없는 일이로다. 폐비를 다시 복위시켜?"

독실篤實한 불도이며 유교 신봉자였던 인수대비는 안중경을 은밀히 불러들여 성종에게 허위 보고를 하도록 강압했다.

"폐비는 아직도 뉘우치는 빛은 조금도 없이 분바르고 단장하며, 온갖 교만을 부리며 악착스럽게 발악하더라고 상주하라."

냉혹한 대비의 위엄 앞에 오금을 못 쓰는 안중경은 인수대비가 시킨 대로 성종에게 허위 품고하게 되었다.

"폐비 윤씨는 아직도 뉘우치는 빛이 없사오며 유두분면으로 곱게 꾸미고 교만을 부리면서……. 원자 아기가 장성하면 궁중에 호된 바람이 불 것이라며 복수하겠다고 했습니다."

안중경의 충격적인 보고에, 성종은 1482년성종 13 8월 조정 대신들과 상의하여 폐비 윤씨에게 사약을 내리기로 결정하였다. 8월 16일, 낙산駱山 폐비의 사저에 내관과 좌승지 이세좌李世佐·이극균李克均이 사약을 들고 찾아왔다.

제헌왕후 폐비 윤씨와 어머니 신씨는 이제야 원자 아기를 만날 소환령이 내리셨구나 하고 그들을 반갑게 영접하였다. 그러나 뜻밖에도 이세좌가 떨리는 목소리로 전지를 읽자 폐비는 망연자실 눈에서 눈물이 흘러내렸다. 어머니 신씨는 물론 사약을 들고 온 승지도 내관들도 울었다. 잠시 후 윤씨는 침착하게 약사발을 들었다. 입 속의 피가 금삼 소매에 뿌려졌다. 아직 의식이 있었다.

"어머니, …… 이 피 묻은 소매 …… 간수하셨다가 원, 원자에게……원통한 내 사연과 함께 전해주십시……오."

폐비의 사사는 훗날 벌어진 갑자사화의 씨앗이 되었다.

폐비 윤씨는 동대문 밖에 묻혔다.

성종은 폐비 윤씨의 묘에 묘비도 세우지 않았다. 하지만 세자의 앞날을 고려해 '윤씨지묘'라는 묘비명을 7년 만에 내렸다.

1494년성종 25 12월, 성종은 자신이 죽은 뒤 100년까지는 폐비 윤씨 문제에 관해 거론하지 말라는 유명遺命을 남기고 승하했다. 어머니 윤씨의 비극을 모른 채 자란 19세의 연산군이 즉위했다.

피 묻은 금삼錦衫을 알게 된 연산군

비참하게 죽은 폐비, 그의 아들 연산군이 즉위한 지 몇 달 되지 않아 어머니의 폐비 사건의 참극을 알게 된 연산군, 그의 슬픔과 분노는 점차 통한의 칼날을 갈기 시작했다.

선친 성종의 유명 따위는 아무 의미가 없었다. 뿐만 아니라 성리학자 할머니 인수대비가 신봉하는 유교는 증오의 대상으로 부각되었다.

권력 야망을 지닌 척신 세력 임사홍任士洪은 '피 묻은 금삼'을 최대한 이용했는데, 정현왕후를 친모로 알고 자란 연산군에게 외조모 신씨를 상봉시켰던 것이다. 폐비의 슬픈 사연을 고하는 외조모, 북받치는 설움을 참지 못하여 통곡하는 연산군.

"외, 외할머니. 그, 그러니까 이 천이 그때에 어머니께서…… 피 묻은 금삼이라 그 말씀이군요?"

통분하며 이를 가는 연산군의 눈에서 시퍼런 불이 번쩍였다.

"괘씸한 이 역적놈들! 두고봐라!"

피는 피를 부르는 것이 천리天理의 이치요, 인과응보因果應報일까. 연산군이 처음부터 폭군은 아니었다. 원래가 총명한 자질에 어릴 때부터 학문을 익혀 왕도의 식견이 넓었고, 강론講論 때에는 큰 학자도 따를 수 없을 정도였다. 그랬던 그가 '피 묻은 금삼'을 보고 나서부터 차츰 달라지고 있었다.

1497년연산왕 3 4월 초파일, 사약을 받고 세상을 떠난 지 16년이 되는 폐비 윤씨의 황폐한 무덤 앞에 꿇어앉은 연산의 눈에서는 비분과 감개가 눈물되어 걷잡을 수 없이 흐르고 있었다.

"그리도 보고 싶어하시다가 세상을 뜨시옵고, 그리도 못 잊어하시다가 끝내는 보지도 못하고 가신 어머니. 불초 소자가 어머니 곁에 와서 울고 있습니다. 구천 지하九泉地下에서나마 우는 소리를 듣고 계십니까? 원수는 꼭 갚아 드릴 터이니 왕생 극락하시사 편안히 눈을 감으시옵소서."

연산은 슬픔을 되씹고 땅을 치며 땅거미가 깔릴 때까지 울고 또 울었다.

1504년연산 10 3월 20일, 마침내 연산의 광기가 폭발했으니 어머니 윤씨를 참소讒訴:남을 헐뜯어 죄 있는 것처럼 고해 바치는 것했던 정귀인소용·엄귀인을 직접 쇠방망이로 격살시키고, 이를 말리는 할머니 인수대비를 머리로 받아 팽개쳤다.

또한 정귀인의 소생인 안양군安陽君과 봉안군鳳安君은 각각 곤장 80대를 쳐서 항쇄족쇄項鎖足鎖:목에 씌우는 칼과 발에 채우는 차꼬를 채워 변방으로 귀양 보내고 정귀인과 엄귀인에 관계되는 일족은 모조리 연좌連坐되었다.

뿐만 아니라 윤씨 사사에 관련되었던 대신들 10여 명을 처형시키고, 한명회 등 이미 죽은 사람들은 관을 파헤쳐 시신을 다시 죽이는 부관 참시剖棺斬屍를 행하였으니 이 참화가 연산 10년에 일어난 '갑자사화'였다.

손자 연산에게 받쳐 몸져누었다가 한 달 만에 눈을 감은 인수대비의 위엄도 영원히 사라졌다. 며느리를 죽음으로 내몰았던 냉혹한 시어머니 인수대비, 유교 성리학자로 높은 학문을 지니고 독실篤實:인정이 두텁고 정성스럽다한 불도佛徒였던 그녀가 끝내 '자비慈悲'를 베풂에 인색한 채 '배운 자가 더 잔인하다'는 씁쓸한 선례를 남기고 떠났다. 세속 욕심에 옭매인 속물 식자가 어찌 '해탈解脫'을 알랴.

피를 토하며 비참하게 죽은 폐비 윤씨는 1504년^{연산 10} 사후 22년 만에 아들 연산군에 의해 제헌왕후로 시호를 올려 복위되고, 묘호는 회릉懷陵으로 개칭되었으나 중종반정中宗反正 이후 윤씨는 다시 서인으로 강등되고 회릉은 회묘로 격하되어 현재 경기도 고양시 원당동 서삼릉 능역에 있다.

서삼릉은 삼릉이라기보다 서사릉西四陵으로 보아야 옳을 것이다.

10대 왕 연산군의 생모이자 바람둥이 9대 왕 성종의 1계비였던 제헌왕후 윤씨는 왕비되길 꿈꾸던 후궁들과 유교 성리학자이자 불도佛徒였던 시어머니 인수대비德宗비의 간악한 모략에 의해 폐비가 되었던 것이다. 게다가 권력에 미친 간신배들까지 합세해서 사약을 내려 비참하게 생을 마쳤던 것이다. 사후 22년 만인 갑자사화 때 인수대비가 손자 연산왕에게 받혀 죽고, 폐비 윤씨는 연산에 의해 제헌왕후로 시호를 올려 복위되면서 묘호는 회릉懷陵으로 개칭되었으나, 중종반정 이후 반정 세력에 의해 다시 서인庶人으로 강등, 회묘로 되었다.

따라서 투기죄 이상의 더 악질적인 왕비들도 사후 '능'의 묘호를 갖는 판국에 서삼릉의 첫째 능은 당연히 폐비 윤씨로서 회묘가 아닌 회릉이라 칭함이 옳을 것이고, 두 번째가 11대 중종의 1계비 장경왕후의 희릉禧陵, 세 번째가 12대 인종과 인성왕후 박씨의 쌍묘 효릉孝陵, 네 번째가 25대 철종과 철인왕후 김씨의 예릉睿陵으로 보아야 할 것이다. 그 외 16대 인조와 인열왕후 한씨 사이의 장남인 소현세자의 소경원昭慶園 등이 있다.

폐비 윤씨의 비극은 결정적으로 악법 제도惡法制度에 기인했다. 그 첫째는 유교 법도라는 '일부다처제'요, 둘째는 '칠거지악'이었다. 성종이 이삼십 명의 후궁을 거느리고 바람을 피워도 질투를 하면 투기妬忌: 질투죄로 쫓겨나야 했다.

투기는 조선의 지배 계급인 사대부士大夫: 벼슬·문벌이 높은 집안의 사람들이 부인을 내쫓을 수 있는 칠거지악 중의 하나인데, 후손을 늘린다는 명분으로 남자들의 외도를 합리화시키면서 여성의 투기는 이를 방해하는 장애물로 규정 지었던 것이다.

투기는 당연한 본능인 것을 고매하시다는 지배 계급 양반들은 불합리한 남성 본위 악법으로 여성들을 옭아맸다. 그 희생자가 폐비 윤씨 제헌 왕후였다.

어떤 자가 '악법도 법'이라고 했던가.

후비 공혜왕후 한씨
恭惠王后 韓氏
(1456~1474)

1계비 제헌왕후 윤씨
齊獻王后 尹氏
(1455~1482)

2계비 정현왕후 윤씨
貞顯王后 尹氏
(1462~1530)

인고의 세월을 보낸 셋째 왕비 윤씨

성종의 셋째 부인 정현왕후 윤씨貞顯王后 尹氏는 영원부원군鈴原府院君 파평坡平 윤씨 윤호尹壕와 그 부인 전씨의 딸로 1462년세조 8 6월에 태어났다.

1473년성종 4 6월에 성종의 후궁으로 간택되면서 숙의淑儀에 봉해졌다가 성종의 둘째 부인 제헌왕후 윤씨가 폐비가 되자 1년 후 1480년성종 11 11월 19세로 왕비로 책봉되었다. 이때 성종은 24세였다.

폐비 윤씨와 같은 윤씨인 정현왕후는 이미 제헌왕후가 투기 때문에 쫓겨났다는 사실을 잘 알고 있었기에 자신의 처신이 여간 조심스러운 일이 아니었다. 윤씨가 새 왕비가 되자 왕비의 꿈을 놓친 정소용이 얌전히 있을 리 없었고, 자그마치 2, 30명의 후궁들이 연적인 이상 이 속에서 살아 남으려면 쓸개를 빼놓고 살아야 한다고 윤씨는 다짐했다.

조선의 여인들이 그랬듯이 참고 또 참아야 살 수 있다고 여겼기에 윤씨는 성종이 폐비 윤씨에 관심을 가지고 복위시킬 듯한 분위기였을 때 전혀 싫은 내색을 보이지 않았으며, 정소용을 비롯하여 후궁들의 처소를 자주 찾는 성종의 엽색 행각에도 투기하지 않았던 것이다. 투기를 참음이 얼마나 고통스럽고 어려운지 잘 알지 못하는 성종은 그녀를 칭찬했다.

"부녀는 질투하고 시기하지 않는 사람이 드문 법인데, 현명한 왕비를 맞아들인 후부터 내 마음이 편해졌다."

여성 편력을 못 본 체하는 심기가 얼마나 괴로운지 미처 헤아리지 못하는 성종의 이기적인 발언이었다.

칠거지악을 범하지 않으려고 꾹꾹 누르며 살아온 대가로 윤씨는 진성대군晋城大君 중종과 신숙공주를 낳았는데, 훗날 진성대군은 반정군에 의해 연산군을 내쫓고 왕위에 오른다.

이로써 정현왕후 윤씨는 폐비 윤씨 제헌왕후의 자리를 뺏은 셈이고, 그녀의 아들 진성대군 중종은 제헌왕후 폐비 윤씨의 아들 연산의 왕위를 뺏

성종의 계비 정현왕후가 묻힌 선릉

은 셈이 되었다.

'인내의 여인' 정현왕후 윤씨는 69세까지 천수를 누리고 1530년^{중종 25} 8월 경복궁에서 승하했다. 윤씨는 이미 1494년^{성종 25} 38세로 승하하여 묻힌 성종의 묘 옆에 묻혔다. 능호는 선릉宣陵으로 현재 서울 강남구 삼성동에 위치하며 이들의 아들 중종中宗의 묘 정릉靖陵을 합하여 선정릉宣靖陵이라 부른다.

성군聖君:仁德이 뛰어난 임금으로 알려진 성종도 '여인통치악법女人統治惡法'은 끝내 고수固守하였으니 숱한 후궁들과 엽색 행각 과정에서 첫째 왕비 공혜왕후 한씨는 독수 공방 신세로 마음의 병을 얻어 열아홉에 요절하였고, 둘째 왕비 제헌왕후 윤씨는 '투기죄'로 폐비가 되어 비참하게 사사되었으며, 셋째 왕비 정현왕후는 천수를 다하였으나 인고忍苦:괴로움을 참고 견디는 것의 나날을 보내야 했다.

제9대 성종 때의 세계

1479년 에스파냐 왕국 성립. 1480년 모스크바 대공국大公國, 킵차크 칸국汗國으로부터 독립. 영英, 스코틀랜드와 전쟁. 1485년 영, 장미전쟁 끝남1455~. 영, 헨리 7세 즉위~1509. 튜더 왕조王朝 시작~1603. 1486년 포르투갈 디아즈, 희망봉에 도착. 1492년 콜럼버스 서인도제도의 자메이카 섬을 발견.

후비 거창 신씨
居昌 愼氏
(1472~1537)

 패륜 폭정에 노심 초사한 신씨

　　연산군의 후비后妃 신씨는 거창부원군居昌府院君 신승선愼承善의 딸로 1472년성종 3에 태어났다.

　　연산군보다 네 살 위인 신씨는 성종이 승하하고 연산군이 19세로 즉위하자 세자빈에서 왕비로 책봉되었다. 1494년성종 25 12월, 23세로 왕비가 된 신씨는 연산군을 잘 보살펴 왔는데, 원래 성품이 온순하고 착하며 어질고 얌전하기로 소문난 여인이었다. 그러나 남편 연산군의 폭정과 엽색·패륜·살생·독재로 말미암아 비극적인 일생을 겪게 되는데, 그녀의 소생들의 죽음은 물론 친정의 멸문까지 초래하기에 이른다.

　　연산군은 1476년성종 7 11월 성종과 폐비 윤씨 사이에서 태어났고, 1479년성종 10 윤씨가 폐출된 후 1483년성종 14 8세 때 세자로 책봉되었다가 1494년 12월 성종이 세상을 떠나자 19세에 조선 제10대 왕으로 등극했다.

　　그는 19세에 등극하였으나 며칠만 지나면 성인이 되는 나이였으므로 섭

정을 받지 않았고, 적어도 1498년연산 4 무오사화戊午史禍 때까지는 폭군이
아니었다.

즉위 초에는 아직 사림士林이 성한 덕분으로 어느 정도 질서가 유지되어
있었다.

연산왕의 초기 4년 동안은 오히려 성종 말기 때부터 시작된 퇴폐 풍조
와 부패상을 일소하는 치세治世 기간이었다. 그래서 등극 6개월 후 전국
각처에 암행어사를 파견하여 백성들의 동정을 살피고 부패 관료의 기강을
바로잡기도 했으며, 문화 정책에서도 문신文臣의 사가독서賜暇讀書:유능한 문
신들에게 휴가를 주어 독서에 전념케 하는 제도를 다시 실시하여 학문의 질을 높
이고 조정의 학문 풍토를 쇄신하였으며, 세조 이래 3조의《국조보감國朝寶
鑑》을 편찬해 후대 왕들의 제왕 수업에 귀감이 되도록 하였다.

하지만 즉위 초기 4년 동안 연산왕은 사림파 관료들과 누차 신경전을
벌이게 되었는데, 명분과 도의를 중시하는 사림파는 사사건건 간언諫言:옳
지 못하거나 잘못된 일을 고치도록 말하는 것을 하고 연산왕에게 학문을 강요했다.
학문에 뜻이 없고 문인과 학자들을 경원시하던 연산왕으로서는 사림파는
아주 귀찮은 존재였다.

때마침 즉위 4년이 되던 1498년 무오년, 6년 전에 죽은 사림파의 거두
김종직金宗直에 대한 사적 원한이 있던 유자광柳子光과 이극돈李克墩 등 훈
구파勳舊派가 단종의 왕위를 찬탈했던 세조를 비판한 조의제문弔義帝文이
사초史草:사관이 기록해 둔 시기에 실린 깃을 드집 잡아 상소를 올리자 연산

주) * 훈구파勳舊派 : 세조 때 유림 네 파 중의 하나로, 대개 공이 있는 신하, 임금이 아끼는 신하, 또는
    어용학자로 구성되었으며, 벼슬이 높은 귀족 계급으로 대표적 지배 계급. 정인지·신숙주·서거
    정 등.
  * 사림파士林派 : 세조 때 갈리기 시작한 유림의 한 파로서, 김종직·김굉필·조광조로 이어져, 이들
    을 중심으로 모인 학자들. 성종 때부터 관계에 진출하여 훈구파를 비판함.

왕은 눈에 가시 같은 사림 세력을 제거할 절호의 기회를 얻었다.

이때 이미 죽은 김종직은 부관 참시하고 사초를 작성한 김일손金馹孫·권오복權五福·권경유權景裕 등을 능지 처참의 극형에 처하는가 하면, 성종 때부터 성장해 온 수십 명의 사림파를 귀양을 보내는 등의 대규모 옥사獄事로 핍박했다. 이것이 무오년에 사림들이 대대적인 화를 입은 무오사화戊午史禍이다.

이 사건으로 대부분의 신진 사림이 죽거나 유배당하고 훈구파 이극돈까지 파면되었으나, 유자광은 연산왕의 신임을 얻어 조정의 대세를 장악하여 노사신盧思愼 등의 훈척 계열이 정국을 주도하게 되었고, 연산왕은 왕권을 강화하는 계기가 되어 급속도로 조정을 독점하게 되었다.

무오사화로 언론 기관의 기능이 완전히 상실되자 연산왕의 국정은 방만하게 운영되었고, 사림이 제거된 마당에 왕에게 학문을 권하거나 간언하는 사람도 없었다. 대신들은 한결같이 연산왕의 비위에 맞는 아첨배들로 구성되었다.

아첨배들에 힘입어 연산왕은 향락과 패륜 행위를 일삼았는데, 어느날 미색이 뛰어난 숙원淑媛:내명부의 종4품. 왕의 당숙 제안대군의 애첩 장녹수張綠水와 사냥을 즐기고 돌아오던 길에 봉원사 주지 스님에게 곡차穀茶:술를 대접받고사냥한 고기를 굽고 지진 일은 없었던 것으로 하고 취기에 창덕궁 금호문金虎門 앞에 있는 정업원淨業院의 비구니 8명을 겁탈하여 밤새 울던 여승들은 모두 목을 매어 자결했다.

패륜아 연산왕의 이런 행패를 말릴 사람은 아무도 없었다. 왕비 신씨도 속만 태울 뿐 속수 무책이었다. 연산왕은 매일같이 궁궐에서 연회를 벌였고, 전국 각지에서 뽑아 올린 수백 명의 기생들이 동원되었는데, 그 중에서도 연산왕의 총애를 받던 장녹수에게는 엄청난 하사품이 내려지기도 했다.

그 날 판부사 임사홍이 '장녹수와 쌍벽이라는 미인'을 아뢰는데 바로 연

제10대 연산군 가계도

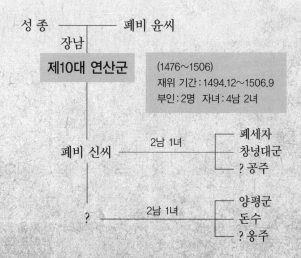

성종 ──────── 폐비 윤씨

장남

제10대 연산군 (1476~1506)
재위 기간 : 1494.12~1506.9
부인 : 2명 자녀 : 4남 2녀

폐비 신씨 ──── 2남 1녀 ── 폐세자
창녕대군
? 공주

? ──── 2남 1녀 ── 양평군
돈수
? 옹주

산왕의 큰아버지 월산대군의 미망인 박씨였다. 연산왕이 많은 예물과 주안상을 준비하여 백모의 사저로 향했다는 소식을 들은 왕비 신씨는 하늘이 무너지는 듯한 슬픔에 잠겼다. 안절부절못했다.

"아니, 저런 변이 있나? 상감께서 백모님께 납시셨다고?"

왕비가 나서겠다고 서두르자 김상궁이 가로막았다.

"중전마마, 윤씨처럼 혹 사약이라도 받자오시면 어찌하시렵니까?"

"장녹수의 일이며, 무희 60명의 일이며, 정업원 여승들의 일이거늘 가만히 보고만 있을 수 없는 일…… 시가 급하구나."

이 날 왕비 신씨의 지혜로운 대처로 위기를 넘겼으나 그 후 연산왕은 백모 박씨를 궁으로 불러 주연을 베풀고 기어이 겁탈하고 말았다. 그것도 여러 차례. 박씨의 괴로움은 더욱 커졌고, 어느덧 불륜 관계 소식은 궁중에서 모르는 사람이 없게 되었으며, 강원관찰사로 있던 박원종朴元宗이 누님 박씨의 소식을 전해 듣고 복수심에 불타고 있었다.

마침내 흥분한 후궁들이 떼를 지어 중전 신씨에게 몰려갔다.

"정업원 여승, 당숙의 애첩 장녹수, 거기다가 백모인 부대부인 박씨까지……. 부대부인에게 사약을……."

내명부의 후궁들이 몰려와서 왕비 신씨에게 말했다.

"뭣이? 이럴 수가……."

이러한 사실을 모르고 있던 왕비 신씨는 하늘이 무너지는 것 같았다. 피를 쏟는 듯한 슬픔이었다. 기막힌 꼴을 수없이 당하고도 이를 깨물며 참아 왔던 왕비의 두 눈에는 이슬이 맺히고 있었다. 질투심에 불타는 후궁들이 더 성화같이 성토했다.

마침내 화살은 능욕당해 오열하고 있는 박씨에게 향했다. 부대부인 박씨는 욕스러운 세상을 더 살고 싶지 않았다. 이미 저세상으로 떠난 지 15여 년이 넘은 월산대군 곁으로 가는 길뿐이었다. 그녀는 아우 박원종에게 통한의 유서를 남기고 세상을 떠났다.

"……이 억울하고 통분한 일을 다만 죽음으로써 청산하는 바이다. 네가 혹시 기회가 있으면 이 한을 풀어다오. 못난 죄인은 간다."

유서를 다 읽은 박원종의 눈에서는 굵은 눈물이 주르르 흘러내렸고, 굳게 다문 입가에는 복수의 결의가 서려 있었다.

연산왕의 방탕은 이것으로 끝난 것이 아니었다. 간악한 판부사 임사홍의 잔꾀는 연산왕을 충분히 만족하게 했다.

"전하의 나라 안에 전하께서 찾으시는 미인이 어찌 없으며, 전하께서 차지 못하실 미인이 어디 있겠습니까?"

사대부집 아낙네들뿐만 아니라 벼슬아치의 소실들이며, 노래와 거문고·

춤·북·장고에 능한 여자들도 속속 불려와 경복궁 대궐 안 넓은 뜰은 이들로 가득 차 족히 천여 명은 되었다.

희색 만면한 연산왕에게 간신 임사홍이,

"이제부터는 저 여인들을 하나하나 고르시와 어의御意:임금님 뜻에 드시는 여인을 부르시옵소서."

연일 풍악을 울리며 연산왕의 유연遊宴은 날이 갈수록 더해 갔다. 채청채홍사採靑採紅使를 보내 전국에서 뽑혀 온 운평運平이라는 미녀들 중 300명은 '흥청興淸'이라 하여 궁중에서 기거하게 했는데, 이때 연산왕이 마음껏 놀아났다 하여 '흥청거리다'라는 말이 유래되었다고 전하며, 연산왕의 놀이터로 원각사圓覺寺를 기녀妓女 집합소로 만들기도 했다.

연산왕의 패륜은 극에 달해 여염집 아낙까지 궐내로 불러들여 농락했고, 사치와 향락이 심해지자 점차 국가 재정이 거덜나기 시작했다. 그러나 대신들은 아무도 연산왕의 행동을 비판하지 못했고, 오히려 연산왕의 폭정을 기화로 자신들의 이익을 챙기기에 여념이 없었다.

연산왕이 국고가 빈 것을 알고 이를 충당하고자 공신들에게 지급했던 공신전功臣田:공신에게 주던 토지로 자손이 세습했음의 환납還納:도로 바치는 것을 요구하고 노비까지 몰수하려 하자 대신들의 태도는 급변했다.

하사받은 재물이지만, 임금이 향락과 사치에 빠져 자신들의 이해 관계와 연루되자, 임금의 처사가 부당함을 지적하면서 그간 못마땅하게 여겨 왔던 임금의 지나친 향락을 자제해 주기를 간청하기 시작했다.

그러나 신하들 모두가 연산왕에게 반발했던 것은 아니었다. 무오사화 이후 공신전功臣田을 소유하고 있던 의정부·육조 중심의 부중파 관료들은 연산왕의 공신전 몰수 의지에 반발하였지만, 외척 중심의 궁중파는 왕의 의도에 일단 부합하자는 논리를 폈다.

이런 대립을 최대한 이용하면 정권을 거머쥘 수 있다고 계산한 자가 바로 임사홍이었다. 그는 성종 시대에 사림과 신관들에 의해 탄핵을 받아 귀양 간 적이 있었기에 내심 사림들을 싫어했던 차에 왕과 대립하는 훈구 세력과 잔여 사림 세력을 동시에 제거하려는 음모를 꾸미게 되었다.

우선 임사홍은 왕비 신씨의 오빠인 신수근慎守勤과 결탁하여 음모를 꾸몄는데, 연산왕의 생모였던 윤씨의 폐비 사건을 들추어낸 것이다. 폐비 윤씨 사건은 100년간 거론하지 말라는 성종의 유명遺命으로 아무도 그 사건을 발설하지 않고 있던 중이었다. 그러나 정치적 계산에 밝은 임사홍은 이 사건의 내막이 연산왕에게 알려질 경우 윤씨의 폐출을 주도했던 훈구 세력뿐 아니라, 잔여 사림 세력도 동시에 화를 입힐 수 있다는 계산을 했다. 마침내 생모 윤씨의 폐출 경위를 알게 된 연산왕은 그 사건의 관련자에 대한 엄청난 살인극이 자행되었다.

연산왕은 우선 윤씨 폐출에 직접 간여한 성종의 후궁 엄귀인과 정귀인을 직접 참살하고, 정씨의 소생 안양군·봉안군을 귀양 보내 사사賜死시켰으며, 윤씨 폐출을 주도한 인수대비를 머리로 받아 한 달 후 절명케 했다. 이 무렵 폐비 윤씨의 묘를 '회릉'으로 고치고, 시호를 '제헌왕후'로 추숭했다.

연산왕의 행동을 저지하는 사람은 거의 없었기에 연산왕은 계속하여 윤씨 폐비와 사사에 찬성·가담했던 윤필상尹弼商·이극균李克均·김굉필金宏弼·성준成俊·정성근·이세좌李世佐 등 10여 명을 사형시켰고, 이미 죽은 한명회·정창손鄭昌孫·정여창鄭汝昌·남효온南孝溫 등 8~9명을 부관 참시에 처했다.

그 외에도 권달수權達手·홍귀달洪貴達·박한주朴漢柱·조지서趙之瑞·박은朴誾·김처선金處善 등 30여 명이 참혹한 화를 당했으며, 이들의 가족 자녀에 이르기까지 연좌죄를 적용시켰다.

이처럼 1504년연산 10 3월부터 벌어진 '갑자사화'는 희생자의 규모나 형벌의 잔인함이 '무오사화'에 비할 바가 아니었는데, 무오사화는 신진 사림과 훈구 세력 간의 정치 투쟁이었다면, 갑자사화는 왕을 중심으로 한 궁중파 세력과 훈구·사림으로 형성된 부중파 세력 간의 힘의 대결이었기에 엄청난 피바람이 일게 되었던 것이다.

날이 갈수록 연산왕의 폭정과 패륜적 비행은 더해 갔는데, 이를 부추기는 요부妖婦 장녹수의 요염한 색기色氣는 연산왕을 완전히 사로잡았고, 방사房事에 능한 장녹수는 왕의 총애로 친정 식구들의 벼슬이 상승세뿐만 아니라, 재물도 엄청 쌓아 막강한 세력을 행사하였다. 신분 상승을 꾀하는 사대부들과 관료들이 파리떼처럼 얽혀 청탁성 뇌물을 상납받은 장녹수의 기세는 하늘을 찌를 듯했다.

왕비 신씨가 향락에 빠진 연산왕을 상봉하기란 하늘의 별 따기였다. 어쩌다 진언進言할 때 잠시 대면할 뿐이고, 그때마다 왕비 신씨의 진언은 늘 묵살되곤 했다.

어느 날, 연산왕은 2천 명의 흥청과 운평運平을 거느리고 풍악을 울리며 성대한 잔치를 벌였는데, 풍악 소리와 노랫소리는 야음을 타고 궁궐 5리 밖까지 요란했고, 참다 못 한 경연관經筵官 박은朴誾이 연산왕에게 자제自制를 진언했다가 그 즉시 목이 잘려 비명에 갔다.

성균관 유생이었던 박은뿐만 아니라 평소에도 유생들을 못마땅하게 여겼던 연산왕은 마침내 1504년연산 10 7월 성균관을 혁파하여 유연소遊宴所: 놀이터로 만들고, 그곳에서도 연일 주지육림酒池肉林과 방탕을 일삼았다.

폭정과 황음荒淫에 빠진 연산왕에 대해 항상 근심이 되었던 왕비 신씨는 반란이 염려되어 옥새玉璽: 임금의 도장를 감춘 일이 있었는데 이 일로 연산왕은 신씨에게 폭행과 욕질을 해댔다. 겉으로는 영화로우나 속으로는 피맺힌 왕비 신씨는 나날을 탄식과 눈물로 지새었다.

연산왕의 폭정과 방탕이 이어지면서 급기야 1506년연산 12 9월 박원종 등이 군사를 일으켜 연산왕을 폐하고 성종의 둘째 아들이자 정현왕후 윤씨 소생인 진성대군中宗을 왕으로 옹립하니 이것이 '중종반정中宗反正'이다.

이때 맨처음 혁명군에 의해 참살당한 자들은 모신謀臣 임사홍과 신수근·신수영愼守英·신수겸愼守謙 연산왕비 신씨의 오라버니들, 그리고 요부妖婦 장녹수 등이다. 임사홍과 신수근 등은 갑자사화의 주동 인물이며, 왕비 신씨의 큰오빠인 좌의정 신수근은 이제 새 왕비가 될 중종의 후비의 아버지이기도 했다.

혁명이 성공하자 박원종 등은 연산왕을 '연산군'으로 강등시켜 강화도 교동도喬桐島로 유배시켰는데, 두 달 후 1506년 11월 연산군은 역질에 걸려 몹시 괴로워하며 물도 마실 수 없고 눈도 뜨지 못하다가 31세로 생을 마감했다.

어질고 착한 왕비 신씨와의 사이에서 2남 1녀를 두었고, 후궁 조씨(?)에게서도 2남 1녀를 낳았으나, 네 아들 모두 유배지에서 사사賜死되었다.

폐왕비 신씨는 친정 오빠들과 자식들을 잃고 후일 죽동궁竹洞宮을 떠나 친정으로 거처를 옮겼는데, 거기에는 중종이 왕위에 오르면서 왕비에서 폐비된 조카딸 신씨도 같이 있었다.

두 폐비는 고모와 조카 사이였다.

말이 왕비였지 여염집 아낙네보다 더 고달프고 슬픈 통한의 일생을 보낸 폐왕비 신씨는 외쳐본다.

"다시 태어나면 왕비가 되지 말 것이며, 여자로 태어나지 말 것이니라."

패륜 폭군 연산군이 저지른 범죄는 부지기수不知其數였고, 학정으로 수탈당한 백성들은 굶주려 아사자餓死者가 속출하였었다.

인륜과 민심을 배반한 독재자 연산군은 처음 유배지에 묻혔다가 1512년 중종 7 12월 연산군 부인 폐비 신씨가 상언上言함에 중종이 윤허하면서 개장改葬에 필요한 물품을 하사하여 오늘날의 서울 도봉구 방학동으로 이장했다.

이 묘역은 사위의 선영으로서 연산군의 딸과 사위도 묻혀 있으며, 폐비 신씨도 1537년중종 32 66세로 연산군묘 옆에 묻혔다.

연산군의 묘비 전면에 '燕山君之墓', 후면에는 '正德 八年 二月 二十二日 葬'이라 씌어 있고, 신씨의 묘비 전면은 '居昌愼氏之墓', 후면에는 '嘉靖 十 六年 八月 二十六日葬'이라 씌어져 있다.

조선의 여인들이 자신의 것이었고 조선의 재물 또한 자신의 것이었던 연산군, 패륜과 학정을 일삼았던 절대 권력자 연산군, 권세 무상權勢無常이 었다.

폭군 연산이 이렇게 된 것은 순전히 '절대 권력'에서 기인했다. 권력의 속성은 원래 이성理性을 잃게 하고 사람을 돌게 만드는 것으로서 신분 상 승과 권력 집착에 혈안이 된 자 치고 미치지 않은 자 없는 법이거늘, 누가 감히 연산군만 미쳤다고 떳떳이 나서서 탄핵할 자격이 있었겠는가.

교활한 참모 임사홍의 농간이 연산군의 광기에 부채질을 한 배경에는 속된 정치적 욕심이 작용했던 것이다. 권력 투쟁, 정적 음해, 온갖 부정 비 리, 계층 간의 갈등, 계급 투쟁을 조장했던 썩은 대신들과 사대부 양반들 의 만행과 추태는 권위주의 조선의 패망을 가속시켰던 것이다.

권력의 생리는 욕심을 부르고 욕심이 과하면 화를 자초하는 광중狂症이 드러나는바, 미친 권력자 연산군에게 희생당한 숱한 사람들 중에는 억울 한 죽음도 많았지만 권력 야심으로 인한 자들도 많았다.

이들은 이해 관계에 의해 수시로 야합하고 이합 집산하며, 패거리 작당 作黨을 일삼다 죽어 갔던 것이다. 연산군의 폭거를 조장했던 공신 세력의 농간은 중종 때에도 계속되었다.

제10대 연산군 때의 세계

1497년 이태리의 아메리고 베스푸치의 항해, 남미 발견. 1498년 바스코 다 가마, 인도 항로 발견. 1498년 레오나르도 다빈치, 〈최후의 만찬〉 제작. 1498년 이태리, 피렌체의 종교개혁자 사보나롤라 처형1451~. 1500년 인도, 티무르제국 망함. 1503년 가장 타락했던 교황 알렉산드르 6세 사망1431~하고 율리우스 2세 즉위하여 학예學藝를 보호. 종교 개혁의 목소리 높아짐. 1505년 포르투갈, 인도 경영. 1506년 이태리, 콜럼버스 사망1446~. 이태리, 문예부흥르네상스 운동 개화기.

제11대

중종 中宗

재위 : 1506년 9월~1544년 11월

후비 단경왕후 신씨
端敬王后 愼氏
(1487~1557)

1계비 장경왕후 윤씨
章敬王后 尹氏
(1491~1515)

2계비 문정왕후 윤씨
文定王后 尹氏
(1501~1565)

 ## 중종 즉위로 남편과 생이별한 신씨

중종의 후비 단경왕후 신씨端敬王后愼氏는 연산군 재위시에 좌의정이었던 거창 신씨居昌愼氏 신수근愼守勤의 딸로 1487년성종 18 1월에 태어났다.

성종 때 우의정과 좌의정을 지낸 신승선愼承善의 손녀이며, 연산군의 후비 신씨가 고모이기도 하다.

중종의 후비 신씨는 1499년연산군 5 13세 때 한 살 아래인 진성대군晉城大君:중종과 가례를 올렸고, 1506년연산 12 9월 중종반정에 의해 진성대군이 왕으로 추대되자 왕비에 올랐다. 그러나 고모가 연산군의 후비이고, 아버지 신수근이 연산군의 처남으로서 반정 혁명에 반대한 이유로 왕비에 오른 지 7일 만에 폐위되었다.

신수근이 비록 새로 왕이 된 중종의 장인일지라도 반정 세력의 힘에 밀린 중종은 어쩔 도리가 없었고, 오히려 신수근의 딸이라는 이유로 신씨는 폐위되고 말았던 것이다.

제11대 중종 가계도

성 종 ———————— 정현왕후 윤씨

차남

제11대 중종　　(진성대군 1488~1544)
　　　　　　　　　재위 기간 : 1506.9~1544.11　38년 2개월
　　　　　　　　　부인 : 10명　자녀 : 9남 11녀

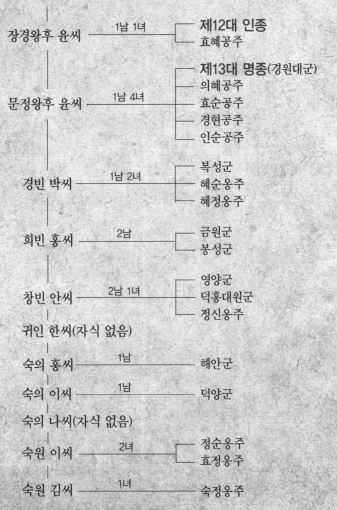

단경왕후 신씨(자식 없음)

장경왕후 윤씨 —— 1남 1녀 —┬ **제12대 인종**
　　　　　　　　　　　　　　└ 효혜공주

문정왕후 윤씨 —— 1남 4녀 —┬ **제13대 명종**(경원대군)
　　　　　　　　　　　　　　├ 의혜공주
　　　　　　　　　　　　　　├ 효순공주
　　　　　　　　　　　　　　├ 경현공주
　　　　　　　　　　　　　　└ 인순공주

경빈 박씨 —— 1남 2녀 —┬ 복성군
　　　　　　　　　　　　├ 혜순옹주
　　　　　　　　　　　　└ 혜정옹주

희빈 홍씨 —— 2남 —┬ 금원군
　　　　　　　　　　└ 봉성군

창빈 안씨 —— 2남 1녀 —┬ 영양군
　　　　　　　　　　　　├ 덕흥대원군
　　　　　　　　　　　　└ 정신옹주

귀인 한씨(자식 없음)

숙의 홍씨 —— 1남 —— 해안군

숙의 이씨 —— 1남 —— 덕양군

숙의 나씨(자식 없음)

숙원 이씨 —— 2녀 —┬ 정순옹주
　　　　　　　　　　└ 효정옹주

숙원 김씨 —— 1녀 —— 숙정옹주

연산군 재위시 경복궁 궁궐을 화류장花柳場으로 만들어 놓고 유흥과 황음荒淫에 빠졌던 폭군 연산왕의 행패를 말리는 신하는 아무도 없었다. 오히려 기회주의적 간신배들은 연산왕의 방탕을 부추기고 이를 기화로 자신들의 이권을 챙기기에 혈안이었다.

혹 자신의 잘못을 지적하는 신하는 죽이거나 유배를 보냈던 연산왕은 채청채홍사를 보내어 전국 8도에서 미녀들運平이라 이름을 선발하고 그 중에서 뽑힌 기녀興淸이라 이름들과 밤낮 없이 흥청거렸으며 민생과 국정은 뒷전으로 폭정을 일삼자 각처에서 그를 축출하려는 움직임이 일기 시작했다.

마침내 거사 계획을 품고 있던 성희안成希顔이 박원종朴元宗에게 접근했다. 이들은 다같이 연산군에게 복수를 다짐하는 처지였다.

성희안은 이조참판직에 오르기도 했으나 연산군이 망원정에서 연회를 즐기고 있을 때 그를 풍자하는 시를 지었다가 연산군의 미움을 받아 사직된 상태이고, 박원종은 그의 누님이자 월산대군의 부인 박씨가 조카 연산군에게 겁탈당한 후 목숨을 끊자 자나깨나 복수심이 끓고 있는 상태였다.

이들은 이조판서 유순정柳順汀을 포섭했으며, 그 외 신윤무, 무장 출신 장정·박문영 등의 호응을 얻어 거사일을 정하고, 거사 직전에 좌의정 신수근의 의중을 떠보았다. 연산군의 처남이자 반정에 의해 왕으로 추대될 진성대군의 장인인 신수근은 "매부를 폐하고 사위를 세우는 일을 할 수 없다"고 단호하였는데, 그로 인해 혁명군은 먼저 신수근·신수영 형제와 임사홍을 제거했으며, 거사가 성공함에 따라 정치 주도권은 훈구 세력에게 다시 돌아가고 진성대군이 왕으로 추대된 것이다. 이때가 1506년 9월 2일, 이른바 '중종반정中宗反正'이다.

반정 성공에 따라 중종의 후비 신씨가 왕비가 되긴 했으나 반정 세력들은 그녀가 아버지 신수근의 원수 갚음을 염려하여 "왕비가 죄인의 딸이므로 왕비로 부당하다"고 주장하자, 중종은 처음에 "조강지처를 어찌 내친단 말인가"라며 대신들에게 간청했지만, 결국 반정 공신들의 압력에 밀려 신씨는 7일 만에 폐위되고 말았다.

치마바위에서 그리움을 삭인 신씨

1488년성종 19 3월 성종과 계비 정현왕후 윤씨 사이에서 태어난 중종은 1494년성종 25 4월 진성대군晋城大君에 봉해졌다가 1506년 9월 반정 공신들에 의해 19세에 왕으로 추대되었으나, 반정 당일 아버지 신수근이 죽었다는 소식을 들은 신씨는 남편이 임금이 된 것을 기뻐할 겨를도 없었다.

반정 세력들의 계속되는 왕비 폐위 종용에 시달리던 중종은 신씨에게 자신의 난처한 사정을 이야기하자,

"상감의 자리만 확고하다면 신첩이야 어디 간들 무슨 대수이겠습니까?"

라며 신씨는 오히려 중종을 위로했다.

결국 그녀는 남편이 왕위에 오른 지 7일 만에 폐서인이 되어 궁궐을 떠나야 했는데, 그녀가 폐위된 데는 후사後嗣:대를 잇는 아들가 없다는 것도 복합적으로 작용했다. 만일 그녀에게 세자로 책봉할 아들이 있었다면 아무리 반정 공신이라 할지라도 폐위까지는 주장하지 않았을 것이다.

스무 살에 생과부가 된 신씨는 처음에 인왕산 아래 하성위河城尉·정현조鄭顯祖의 집으로 쫓겨났다가 후일 친정 본가할아버지 신승선의 집로 옮겼는데, 1515년중종 10 중종의 계비 장경왕후 윤씨가 원자후일의 인종를 낳고 죽자 한때 신씨를 복위시켜야 한다는 여론이 있었으나 이행李荇·권민수權敏手 등의 반대로 성사되지 못했다.

신씨가 폐위되었을 때 '치마바위' 전설이 전해지고 있는데, 공신들의 압력에 밀려 신씨를 폐위하긴 했지만 중종과 신씨의 애정은 각별한 사이였던 모양이다.

신씨가 떠난 후 중종은 그녀가 보고 싶으면 자주 높은 누각에 올라 그

녀가 기거하고 있는 쪽을 바라보며 눈물을 삼키곤 했다. 그 사실을 전해 들은 신씨도 그리움을 달래기 위해 경복궁이 바라다보이는 인왕산에 올라 즐겨 입던 분홍색 치마를 바위에 넓게 펼쳐 놓고 하염없이 눈물만 흘리다 산을 내려오곤 하였으며, 중종도 바위에 펼쳐진 그 치마를 바라보며 애틋한 마음을 삭이곤 하였다는 것이다.

신씨가 경복궁을 바라보는 것도 얼마 가지 못해 처소가 죽동궁으로 옮겨지고 다시 친정으로 옮기니, 그곳에는 고모인 연산군의 부인 폐비 신씨도 살고 있었다. 왕비에서 폐위된 두 여인이 기묘한 운명으로 한 집에서 지내게 된 것이다.

연산군 부인 신씨 입장에서는 남편의 지위를 뺏은 조카사위 중종이 미웠겠으나, 조카 신씨도 자신과 같이 상처받은 피해자인지라 동병상련同病相憐하여 서로를 위로하며 지냈다. 폐위 초기에는 내관이 궁궐 동정을 전해 주기도 했으나, 신씨의 복위 가능성이 희박해지자 비복婢僕:계집종과 사내종도 돌려보내니 점차 궁궐과는 멀어지게 되었다. 중종도 궁생활에 익숙해지면서 차츰 신씨를 잊어가고 있었다.

끝내 남편을 만나지 못한 신씨

중종 즉위 초기에는 중종반정에 성공한 공신 세력이 막강하여 왕의 입지가 위축된 상황에서 공신들 대부분이 기득권을 누리려는 훈신勳臣:공을 세운 신하 세력이었고, 이에 맞서 척신戚臣:임금과 척분이 있는 신하 세력이 힘을 겨루고 있었다.

중종은 이들 양대 세력의 팽창을 견제하려는 의도를 품고 있던 중 1510년중종 5 영의정 박원종이 죽은 후 1515년중종 10 급진 개혁파 사림의 대표적인 인물 조광조趙光祖를 정치 일선으로 끌어들였다.

중종은 조광조를 내세워 도학 사상에 근거한 철인군주정치哲人君主政治

를 표방, 훈구파 및 공신 세력을 견제하는 동시에, 중종 13~14년에는 천거 등용제인 현량과賢良科가 실시되어 신진 사류 28명이 요직에 배치되었다. 사림파는 이미 1512년중종 7 하늘·땅·별에 제사 지내는 관아인 소격서昭格署를 혁파했었다.

또한 1515년 2월에는 중종의 계비 장경왕후가 원자후일 인종를 낳고 6일 만에 죽자, 사림파들은 새 왕비를 간택하지 말고 도의론을 내세워 폐위되어 친정에 머물고 있는 신씨를 복위시켜야 한다고 상소를 올렸으나 한바탕 파란만 일으켰다.

폐위된 신씨를 복위시킬 경우 장경왕후 윤씨가 낳은 원자인종의 지위가 흔들린다는 결론에 이르자 상소를 올렸던 박상朴祥·김정金淨 등이 삭탈 관직당하고 신씨의 복위 문제는 무산되고 말았다.

지나치게 급진적인 조광조 일파의 개혁 정책은 훈구 세력의 엄청난 반발을 불러일으켰다. 더구나 도학적 정치 이념을 내세워 임금에게까지 압박을 가하기 시작함에 따라 중종도 조광조의 급진 경향에 염증을 느끼기 시작했고, 이런 심중을 헤아린 훈구파 남곤南袞·심정沈貞·홍경주洪景舟 등은 76명의 반정 공신 훈작勳爵 삭탈 사건을 계기로 사림파 조광조 일파를 몰아낼 계획을 세웠다.

우선 홍경주는 그의 딸이자 중종의 후궁인 희빈 홍씨를 사주使嗾하여 조광조가 임금이 된다는 소문이 있다며 '주초위왕走肖爲王', 즉 走와 肖를 합친 '趙조'씨 성을 가진 사람이 왕이 된다는 나뭇잎을 조작해서 중종에게 보여주고 심기가 동요되도록 복선伏線을 깐 후, 훈구파들은 조광조가 붕당을 조직하여 임금을 속이고 나라를 뒤집어 놓았으니 여죄를 밝히라고 상소하고 '역모逆謀 가능성'을 날조하자, 중종은 이를 받아들여 조광조·김정金淨·김식金湜 등을 삭탈 관직 또는 유배지에서 사사시켰다.

이 사건이 훈구 세력의 정치 공작으로 신진 사림 세력이 숙청된 이른바

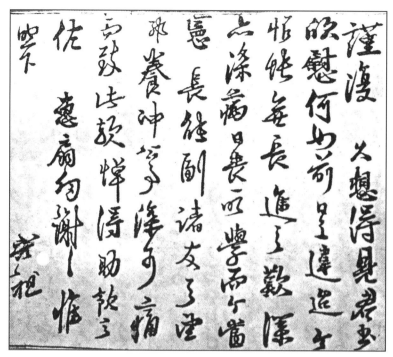

조광조(1482~1519)의 필적

친위 쿠데타 '기묘사화己卯士禍'로서 1519년중종 14의 일이었다.

이렇게 조광조의 개혁 정치 기운이 꺾이고 심정沈貞 등의 훈구파가 실권을 장악함에 따라 훈구파의 전횡專橫이 자행되면서 중종 중반기 이후에는 훈구파 간의 내부 싸움으로 정치적 혼란이 거듭돼 각종 옥사들이 연이어 발생했다. 사림파의 몰락에 따라 폐위된 신씨의 복위 희망은 완전히 좌절되고 말았다.

중종 후반기에도 훈신과 척신의 대립이 격심하여 정국은 혼란으로 치달았으며, 이러한 정치 불안은 국방 정책에까지 영향을 미쳐 각종 외침에 시달리다가 1544년중종 39 11월 중종은 57세를 일기로 창경궁에서 승하했다.

중종마저 세상을 떠나자 폐왕비 신씨의 존재는 세인들 간에 점차 잊혀져 갔고 신씨는 남편 중종과 생이별한 후 인왕산 치마바위 전설을 남기고 한 번도 재회하지 못한 채 홀로 자식도 없이 외롭게 한평생을 보내다가 1557년명종 12 12월 사저에서 71세로 세상을 떠났다.

7일간 왕비로 있었던 신씨는 본가 선영인 아버지 신수근의 묘 옆에 묻혔다. 신씨가 궁궐에서 쫓겨나 폐비가 된 지 231년, 1739년영조 15에 비로소 복위되어 단경왕후端敬王后로 추존되고 능호는 온릉溫陵이라 했으며, 현재 경기도 양주군 장흥면 일영리에 있다.

중종의 능은 그의 부모인 성종과 계비 정현왕후가 묻힌 선릉이 있는 정릉靖陵으로 현재 서울 강남구 삼성동이며, 죽어서도 신씨는 중종과 따로 떨어져 그리워해야 했다.

스무 살에 생과부가 되어 그리움과 통한의 일생을 보낸 신씨, 그녀는 정치적 희생물이었다.

중종의 정릉

후비 단경왕후 신씨
端敬王后 愼氏
(1487~1557)

1계비 장경왕후 윤씨
章敬王后 尹氏
(1491~1515)

2계비 문정왕후 윤씨
文定王后 尹氏
(1501~1565)

 왕의 엽색 행각에 속을 끓인 윤씨

중종의 계비 장경왕후 윤씨章敬王后 尹氏는 영돈녕부사領敦寧府使 파평 윤씨坡平 尹氏 윤여필尹汝弼의 딸로 호현방好賢坊 사제私第에서 1491년성종 22에 태어났다.

그녀는 8세 때 어머니를 여의고 외종모外從母:고모인 월산대군月山大君의 부인 박씨에 의해 양육되었고, 1506년중종 원년 16세 때 궁중에 들어가 숙의淑儀에 봉해진 후, 중종中宗의 후비 단경왕후 신씨가 왕비에 오른 지 7일 만에 폐위되어 쫓겨나자 다음해 1507년중종 2에 왕비에 책봉되었다.

'중종반정' 이후 정권을 장악한 공신 세력인 박원종에 의해 천거된 윤여필의 딸이자 윤임尹任의 누이동생 윤씨가 궁에 들어왔을 때에는 윤씨를 위시하여 이미 훈신勳臣 세력들의 소실의 딸이나 양녀들 8명이 후궁으로 진陣을 치고 있었는데, 그 중 숙의淑儀 윤씨만이 정실의 딸이었으므로 왕비로 간택되었던 것이다.

중종반정 이후 폐위되어 생이별한 신씨의 생각에 중종이 장가를 들지 않으려 하자 공신들은 서둘러 장가 보내기 운동을 전개했던 것이다. 당시의 후궁 중에서도 처음으로 중종의 눈에 띈 미희美姬는 경빈敬嬪 박씨로 연산군 11년에 이미 채홍사에 선발되어 궁궐로 들어오게 되었는데, 반정의 주역인 박원종의 먼 인척되는 박씨가 궁녀로 들어와 있다는 소식을 듣고 박원종이 박씨를 양녀로 삼게 되었다.

열여덟 살이었던 박씨의 풍만하고 빼어난 육체는 중종의 마음을 송두리째 빼앗고도 남았다. 중종이 경빈 박씨와 황홀한 날을 보낸 지 5~6일째, 정국 공신靖國功臣 홍경주의 첩실 딸 희빈 홍씨가 두 번째 후궁으로, 세 번째 창빈 안씨, 네 번째 숙의 이씨, 다섯 번째 숙의 홍씨, 여섯 번째 숙의 김씨, 일곱 번째가 윤임의 누이인 윤숙의였다.

"동시에 여러 사람을 사랑할 수 있다"라는 말을 입증하듯 중종은 늘 폐비 신씨를 그리워하면서도 허전함을 달래기 위해서인지 용모·육체·아

조선의 백자
백자상감 모란엽문편병(조선 전기)
높이 23cm. 보물 791호

백자상감 연당초문대접(조선 전기)
높이 7.6cm. 입지름 17.5cm. 국보 175호
국립중앙박물관 소장.

양·교태에 흠뻑 젖어 경빈 박씨와 희빈 홍씨 등에 빠져 있었다.

후궁들이 다투어 왕을 독점하려고 갖은 모략이나 시샘을 하였지만 숙의 윤씨는 달랐다. 숙의 윤씨는 왕비가 되어서도 원만한 성품으로 후궁들을 아끼고 사랑했으며, 아랫사람들을 덕으로 잘 거느렸다. 그러나 윤비를 외면하고 외도만을 일삼는 중종의 처사는 아무리 부덕이 있는 요조 숙녀라 해도 큰 고통이었다. 남편의 외도를 강 건너 불처럼 바라보는 여자는 없을 것이다. 윤비는 견디다 못 해 아버지 윤여필에게 푸념했다.

"왕비가 이런 것이라면 차라리 죽는 게 오히려 더 낫겠습니다. ……상 감께서는 단 하룻밤도 중궁전에 듭시는 일 없이 늘 경빈이나 홍숙의 등의 처소에만…… 차라리 후궁으로 있는 편이 낫지 중전이 뭐가 좋아서 저를 천거하셨는지…… 원망스럽습니다."

"무슨 말씀을 하십니까? 중전마마께서는 마음이 어질고 덕이 높다 하여 상감께서 친히 천거하셨고……."

장경왕후의 희릉

"제가 중전이 된 건…… 못나고 마음도 모질지 못하니까 마지못해 허수아비로 앉혀 놓은 것입니다."

이렇게 허수아비 왕비로 있으나마나한 남편 중종을 일부 종사一夫從事하다가 1515년중종 10 세자인종를 낳았으나 산후병으로 7일 만인 3월 2일 경복궁 동궁 별전에서 25세로 승하했다. 소생으로는 인종 외에 이미 효혜공주가 있었다.

윤비는 처음에 태종의 능인 헌릉獻陵 옆 산줄기에 묻혔다가 22년 후 1537년중종 32 9월경에 경기도 고양시 원당동의 서삼릉西三陵으로 이장했다. 그 후 중종이 1544년 11월에 57세로 승하하여 윤비의 능 오른쪽에 묻혔지만, 1562년명종 17 9월 명종의 모후로 정권을 휘두르던 문정왕후文定王后가 봉은사의 주지 보우普雨와 논의하여 중종을 지금의 삼성동에 있는 선릉宣陵 곁 정릉靖陵으로 옮기자 윤비의 능호를 희릉禧陵으로 부르게 되었다.

제11대 중종 中宗

재위 : 1506년 9월~1544년 11월

후비 단경왕후 신씨
端敬王后 愼氏
(1487~1557)

1계비 장경왕후 윤씨
章敬王后 尹氏
(1491~1515)

2계비 문정왕후 윤씨
文定王后 尹氏
(1501~1565)

 훗날의 정적 윤임에 의해 간택된 윤씨

중종의 제2 계비 문정왕후 윤씨文定王后 尹氏는 영돈녕부사領敦寧府事 파평坡平 윤씨尹氏 윤지임尹之任의 딸로 1501년연산군 7 10월에 태어났다.

중종은 원래 신수근의 딸 단경왕후 신씨와 결혼했으나, '중종반정'의 성공으로 중종이 등극하게 되자 공신 세력에 의해 신씨는 쫓겨났고, 제1 계비 장경왕후 윤씨도 인종을 낳고 산후병으로 1515년중종 10 3월 25세로 세상을 떠났다.

중종은 후궁으로 경빈 박씨·희빈 홍씨·창빈 안씨·숙의 홍씨·숙의 이씨 등 6~7명을 두었지만 왕비의 자리는 비어 있었다. 당시 중종이 가장 애정을 쏟고 있던 후궁은 경빈 박씨였는데, 상주 출신이었던 그녀는 아버지 박수림이 군인으로서 집안이 가난했을 때인 연산군 11년1505에 채홍사에게 미녀로 선발되어 궁궐로 들어오게 되었다.

그러나 이듬해 중종반정으로 세상이 바뀌면서 반정의 주역인 박원종이 친인척 중에 후궁을 뽑기 위해 수소문하던 차에 먼 인척되는 박씨가 이미 궁녀로 들어왔다는 소식을 듣고 그녀를 양녀로 삼게 되었다. 이렇게 후궁이 된 박씨는 슬하에 복성군福成君과 두 옹주를 두었다.

제1 계비 장경왕후 윤씨가 죽은 후 중종은 더 이상 왕비를 간택하기보다는 쫓겨난 신씨를 복위시키든지 후궁 박씨를 왕비로 삼으려고 했지만, 신씨의 복위를 주장하는 사림파와 복위를 반대하는 반정 공신파 간의 대립 과정에서 신씨의 복위는 무산되고 경빈 박씨도 가문이 좋지 않아 왕비가 되기에는 무리가 있었다.

만 2년 동안 왕비 자리가 비워 있음을 계기로, 조정과 왕실에서는 각 세력 간에 정치적인 속셈이 따로 작용한 나머지 제각기 권모 술수가 횡행하면서 왕비 간택 문제를 들고 나섰다.

최종 후보에 오른 처녀는 이조판서를 지낸 윤금손의 딸과 윤지임의 딸이었다.

조정 대신들 간에는 서로 자신이 지지하는 인물이 왕비가 되도록 온갖 계책을 꾸미느라 분주했고, 그 와중에 인종을 낳고 산후병으로 죽은 장경왕후 윤씨의 오빠 윤임尹任의 지지 덕분으로 윤지임의 딸이 왕비로 간택되었는데, 그녀가 곧 문정왕후로서 이때가 1517년중종 12이었다.

문정왕후 윤씨는 열한 살에 어머니를 여의고 어린 동생들을 보살피며 자랐는데, 어려서부터 정정단일貞靜端一하고 효경자혜孝敬慈惠하며, 매우 총명·검소하여 사치함을 좋아하지 않고 예법을 준수했다고 한다.

정적들을 차례차례 제거하는 윤씨

문정왕후 윤씨가 제2 계비로 왕비가 되었을 무렵, 조정은 훈척신 세력과 사림들 간에 세력 다툼이 한창이었다. 중종은 경빈 박씨 등 후궁들의 처소 출입이 잦았음에도 문정왕후는 질투하지 않았다. 야망을 품고 있던 윤씨로서는 왕의 애정보다는 권력이 필요했던 것이다. 따라서 부녀자의 덕목을 강조하는 책들보다는 《사기》·《여장부전》·《진성여왕전》·《선덕여왕전》 등 여성이 권력을 휘둘렀던 역사나 정치 관련 책들을 탐독하면서 자신이 권력을 잡을 수 있는 방법을 연구하고 있었다.

정국이 혼미 속에 빠진 가운데 간신배奸臣輩 이조판서 김안로金安老의 아들이 중종과 제1 계비 장경왕후 사이에서 태어난 효혜공주孝惠公主와 혼인하여 중종의 부마가 되자 권력을 남용하다가 1524년중종 19 영의정 남곤南袞·심정沈貞 등의 탄핵을 받아 파직되었다.

이듬해 3월에는 유세창柳世昌 등의 역모 사건이 있었으며, 1527년중종 22 3월에는 동궁에서 '작서의 변灼鼠의 變'이 일어났는데, 그것은 동궁 후원에 있는 은행나무에 걸린 '쥐' 사건이었다. 그 쥐는 네 다리와 꼬리가 잘리고 눈·입·코가 불로 지져 있어 섬뜩한 모습이었다. 뿐만 아니라 대전 침실에서도 불에 탄 쥐가 발견되어 궁 안이 술렁대기 시작했다.

이 사건으로 인해 경빈 박씨·창빈 안씨 등 후궁들과 시비·무수리 등이 줄지어 심문을 받았으나 단서를 잡지 못한 채 사건이 오리무중에 빠졌을 때 시어머니인 대비 정현왕후가 평소 요사기妖邪氣가 있는 경빈 박씨를 지목하는 교지를 내렸다.

경빈 박씨는 억울한 누명을 쓰고 폐서인이 되어 아들 복성군과 두 옹주와 함께 유배된 지 6년 후 1533년중종 28에 사사되었다. 이 사건에 연루되어 경빈 박씨와 내통했다는 혐의로 훈구파의 심정도 1531년에 사사되었다.

야사에서는 이 사건의 주모자가 문정왕후의 동생 윤원형尹元衡의 첩인 정난정鄭蘭貞이라고 전하는데, 평소 문정왕후의 환심을 얻고 있던 난정은 경빈을 제거하려는 문정왕후의 의중을 헤아리고 사건 전날 궁궐에 은밀히 들어와 사건을 조작했다는 것이다. 눈엣가시 같은 경빈을 제거한 문정왕후는 권력 야망을 불태우며 나날을 보내고 있었다.

역시 권력을 잡으려면 왕세자를 낳아야 했기에 윤씨는 태기가 있을 때마다 세자이기를 간곡히 희망했으나 처음 두 아이는 모두 옹주였고 1534년^{중종 29} 5월 혼인한 지 17년 만에 마침내 세자 경원대군^{慶原大君}을 낳으니 곧 후일에 눈물의 왕 명종^{明宗}이다.

당시에는 이미 죽은 제1 계비 장경왕후 소생의 20세 되는 세자 인종이 있었음에도 윤씨는 자신의 소생인 경원대군을 왕좌에 앉히기로 결의했다. 어떤 권모 술수를 동원해서라도 권력을 잡겠다고 마음을 굳힌 윤씨는 주변의 정적들을 모조리 제거해야겠다고 다짐했다.

그 첫째 대상이 좌의정 김안로^{金安老}였다. 그는 한때 권력을 잃어 1524년^{중종 19} 유배되었다가 방면되어 재기용되자 동궁^{東宮: 왕세자}을 보호한다는 구실로 실권을 장악하고 자신의 정적이나 뜻에 맞지 않는 자들을 축출하는 옥사를 일으킨 당대 최고의 권신^{權臣}이자 중종과 제1 계비 장경왕후의 딸 효혜공주의 시아버지이기도 했다.

자신을 폐위시키려 한다고 윤씨는 중종에게 읍소^{泣訴: 울며 간절히 호소}했던 것이다. 1537년^{중종 32} 결국 김안로는 사사되고 그 일당은 유배되었지만, 발단은 문정왕후가 경원대군^{명종}을 낳은 후로 중종의 제1 계비 장경왕후의 오빠이자 세자^{인종}의 외숙인 윤임^{尹任}이 사돈 관계인 김안로와 합세하여 "문정왕후의 동생 윤원형^{尹元衡}이 세자^{인종}를 폐위하고 경원대군을 세자에 책봉하려는 모의를 하므로 세자^{인종}를 보호해야 한다"고 주장하여 문정왕후와 알력이 생겼던 것이다.

이로써 윤임 일파를 대윤^{大尹}, 윤원형^{尹元衡} 일파를 소윤^{小尹}이라 하여 외척 간의 세력 다툼이 잉태하게 되었다.

문정왕후 윤씨는 자신의 아들인 경원대군을 왕세자로 만들기 위해서는 세자^{인종}를 제거해야겠다고 마음먹고 기회를 엿보던 중 1543년^{중종 38} 1월 세자의 침전 방문을 밖에서 잠그고 불을 질렀다. 성품이 유순했던 세자는 방화자가 계모인 문정왕후임을 느끼고 탈출을 거부한 채 죽으려 했지만 다행하게도 귀인 정씨가 세자를 구해냈다.

이처럼 정계는 훈신과 척신 사이에 정권 쟁탈전이 끊이질 않는 가운데 정국 불안을 틈타 왜구들의 침략이 잦아져 국방 정책에서도 혼란이 야기되었는데, 외침에 대비한 비변사備邊司를 설치하여 국방력 강화를 꾀했으나 정치적인 불안으로 군사들의 기강이 무너져 효과를 거두지 못했다.

이렇게 나라 안팎으로 분란한 중에 중종은 1544년중종 39 11월 세자 인종에게 왕위를 물려주고 다음날 57세를 일기로 세상을 떠났다. 문정왕후 윤씨의 뜻에 어긋나게 30세의 인종이 즉위하자 그를 지지했던 윤임이 정권을 장악했다.

당시 조정은 세자 인종을 지지하는 대윤 세력과 경원대군 명종을 지지하는 소윤 세력으로 구분되었는데, 세자의 외숙인 윤임이 대윤의 영수였고 경원대군의 외숙인 윤원형이 소윤의 영수였으므로 일단 세자의 즉위로 대윤의 승리가 된 셈이었다.

실망과 분노로 심기가 불편했던 문정왕후 윤씨는 인종에게 신세 한탄을 퍼부었다.

"나야말로 이제는 외로운 자식경원대군 하나마저 보전치 못하겠구나. 대윤의 득세가 당당하니 앞길이 캄캄하구나. 나는 아예 절에 들어가 선왕의 명복이나 빌어야겠다."

이렇게 악의에 찬 윤씨의 말에 착한 인종은 대비전 앞에서 석고 대죄席藁待罪:거적을 깔고 엎드려 처벌을 기다림하고 며칠이 지나도록 빌어야 했다. 윤씨의 억지는 한두 번이 아니었다.

문정왕후 윤씨의 극악스러움은 날이 갈수록 심해졌고, 효성이 지극하고 유순했던 인종은 시달리다가 점점 몸이 쇠약해져 마침내 1545년 6월 제위 9개월 만에 31세로 세상을 떠나고 말았다.

야사에서는 이질 증세가 있는 인종에게 이질에 상극인 닭죽을 매번 바쳤다 하고, 어느 날 인종이 문안 인사차 대비전에 갔는데 문정왕후는 평소와 달리 미소로 반기며 떡을 대접하니 계모가 자신을 반기는 데에 고마워 의심 없이 그 떡을 먹은 후로 인종은 시름시름 앓다가 죽었다고 전한다.

인종의 승하에 따라 문정왕후의 '야망'은 이루어진 셈인데, 그녀의 아들인 경원대군이 12세로 왕위에 오르니 그가 곧 명종으로, 이때가 1545년 6월이었다.

절대 권력을 휘두른 독재자 윤비

인종이 승하한 날 즉시 문정왕후 윤씨는 대신들에게 명종이 성인이 될 때까지 자신이 수렴 청정하겠다고 선언했다.

섭정을 시작한 윤씨는 동생 윤원형이 정권을 장악하게 하고, 죽은 인종의 외척인 대윤大尹의 영수 윤임의 제거에 착수했다.

윤임의 세력을 제거할 수단을 모색하던 중 평소 자신의 환심을 얻고 있던 윤원형의 첩 정난정을 통하여 음모를 꾸몄다. 즉 "윤임이 중종의 후궁 희빈 홍씨의 아들 봉성군鳳成君을 왕으로 등극시키려고 했으며, 인종이 죽자 아우인 명종을 왕으로 추대하지 않고 윤임의 외조카 계림군桂林君:성종의 아들 계성군의 양자을 세우도록 윤임과 영의정 유관柳灌·이조판서 유인숙柳仁叔이 협력했다"고 무고함으로써 계림군은 물론 유관·유인숙·윤임 등을 사사케 하고, 이들 일가와 인종 때 다시 등용시킨 사림 세력까지 유배시켰다.

이 사건이 소윤에 의해 대윤 일파가 역모죄로 몰락한 을사사화乙巳士禍로서 명종 즉위년인 1545년 8월이었다.

을사사화로 조정을 장악한 윤원형은 관직을 오르지 못해 불만인 친형 윤원로尹元老를 난정이와 합동 작전하여 역모죄로 유배시킨 뒤, 1547년명종 2 9월 아직도 미처 제거하지 못한 정적들을 소탕하기 위해 '양재역 벽서 사건良才驛 壁書事件'을 일으켰는데, 10년 전 윤원형 자신을 탄핵하여 파직시킨 바 있는 송인수宋麟壽와 윤임의 사돈으로서 바른 소리 하기를 겁내지 않는 이약빙李若氷 등을 사사시키고 이언적李彦迪·백인걸白仁傑 등 사림세력 20여 명을 유배시켰다.

또한 윤원형은 자신의 애첩 정난정을 궁중에 들여보내 중종의 후궁인 희빈 홍씨의 아들 봉성군을 역모와 연루되었다고 무고하여 사사시키고 그 외 다수를 희생시켰다. 당시 벽서의 내용은 "여주女主가 위에서, 간신 이기가 아래에서 권력을 휘두르니 나라가 곧 망할 것"이라는 내용이었다.

벽서의 범인은 잡지도 못한 채 윤원형 일파는 이전의 처벌이 미흡하였던 까닭으로 윤임·윤원로 잔당의 소행이라며 많은 사람을 숙청하였다. 사실은 사림파 제거를 위해 문정왕후 윤씨가 동생 윤원형의 세력과 내통하여 조작한 사건이었다.

양재역 사건인 '정미사화丁未士禍'가 끝나자 윤원형은 친형인 윤원로를 사사시켰고, 영리하고 수완 좋은 애첩 정난정과 공모하여 정실부인 김씨를 독살했던 노비 출신 정난정은 정경부인의 위치에 올랐다. 이때가 명종의 후비 박씨가 아들을 낳은 명종 6년 5월이었다.

이미 정난정은 윤원형의 권력을 배경으로 상권을 완전 장악하여 전매·모리 행위로 부를 축적하였고, 이로 인해 윤원형의 집에는 연일 뇌물이 폭주하면서 한성에만도 큰 집이 16채나 되었으며, 남의 노비와 토지를 빼앗은 것은 부지기수였다.

권력을 쥐면 변칙부變則富를 누린다는 정치 생태가 잘 알려진 당시 권력을 탐했던 사대부 양반가 조신朝臣들은 다투어 정난정의 자녀들과 혼인 줄을 놓았다는 것이다. 권세와 부귀 영달을 위해 술사 한명회가 왕에게 두 딸을 팔았듯이 당시에도 상대의 지위나 재력이 전제 조건인 매매춘 정락혼이 성행하여 출세에 혈안들이었다. 윤원형의 막강한 세력은 곧 섭정을 하는 문정왕후의 세력이었기에 아무도 그를 간섭할 세력은 없었다.

문정왕후와 보우

1548년명종 3 9월 문정왕후 윤비는 강원도 관찰사 정만종鄭萬鐘을 통해 당대의 신승神僧 보우普雨를 알게 되었는데, 그때 보우는 34세였고 윤비는 48세로, 은근히 육보시肉布施를 원했던 윤비는 묘한 호기심이 발동하여 미약媚藥:성욕을 일으키는 약을 곡차에 타서 대접하였으나 달관의 경지에 이른 보우는 자신을 시험함을 알고 격물치지格物致知한 화담 서경덕花潭 徐敬德을 유혹한 황진이黃眞伊의 이야기를 윤비에게 들려주었다. 이때부터 윤비는 고승高僧 보우를 깊이 신임하였고, 중종 재위 때에도 불교 신앙을 가졌던 윤비의 불교 진흥책이 본격적으로 전개되었던 것이다.

연산군 때부터 쇠퇴하여 왔던 불교가 유교에 눌려 더욱 위축되었으나, 정치적 갈등으로 늘 불안했던 왕실 여인들로서는 예측할 수 없는 미래 때문에 기복祈福적인 경향이 짙은 불교에 관심을 가질 수밖에 없었다.

그러나 유교를 신봉하는 당시로서는 윤비의 호불 정책은 많은 저항에 부딪침에 불교계를 관리할 인물이 필요했는데, 그가 곧 판선종사도대선사判禪宗事都大禪師로 삼아 불교 선종의 총수가 된 36세의 보우였다. 그는 이미 교종敎宗과 선종禪宗 등 불교 양종의 실질적 총지도자였다.

윤비로부터 불교 진흥 정책을 일임받은 보우는 세종 때 세웠던 불교의 교종과 선종을 다시 설립하였는데, 1552년명종 7 봉은사奉恩寺를 선종의 본산으로, 봉선사를 교종의 본산으로 정하고 승과僧科를 부활하였다. 이전에는 누구나 중이나 주지가 되어 사찰을 운영했으나 이후로는 승과에 급제해야만 사찰의 운영에 참가할 수 있도록 하였다.

승과 제도에 따라 전국 각 사찰에서는 불경을 연구하는 사람들이 늘자 조정 대신들은 불교의 융성에 반대하는 상소를 올리며 승과 폐지를 주청하였으나 문정왕후는 승려들을 철저하게 옹호하며 대신과 유생들을 눌렀다.

8년간 윤비의 뜻대로 섭정하는 동안 윤원형 등의 외척 세력이 국사를 전횡專橫하였고, 명종은 사실상 허수아비 임금이었는데, 1553년명종 8 명종이 스무 살이 됨에 따라 국법에 의해 윤비가 수렴 청정을 거두고 명종의 친정親政이 시작되었다.

명종은 윤원형의 세도가 지나치게 막강함을 견제하기 위해 친위 세력 형성이 필요하여 명종의 후비 심씨의 외숙 이량李樑을 중용하였으나, 그역시 자신의 세력을 키우며 뇌물 챙기기에 여념이 없자, 평안도 관찰사로 일시 내쫓았다가 워낙 윤원형의 세력이 막강하자 1562년명조 17에 다시 이조참판을 제수하여 중앙으로 불러들였다.

이처럼 조정 대신들의 권력 투쟁과 사리 사욕을 채우기 급급한 판국에 민생은 혼란을 거듭했고, 백성의 태반이 굶주려 죽어가는 부패 정국이었을 무렵, 각처에서 도적떼가 난립하였는데, 특히 1559년명종 14부터 1562년명종 17에는 의적 임꺽정林巨正이 전국을 누볐는데, 굶주린 백성들은 오히려 그를 잡으려는 관군을 민간의 원흉으로 취급하기도 했다. 바로 민심 이반民心離叛이었다.

재 중용된 이량이 이조판서가 된 뒤에는 권력 남용과 부정 부패가 극에 달하자 그를 탄핵하는 사림 세력을 제거할 음모를 꾸몄다가 발각되어 1563년명종 18 사화를 획책한 죄로 삭탈 관직되었다.

이처럼 권신들의 횡포에 시달리고 있던 명종에게 윤비는 섭정을 거두었음에도 자신의 뜻이 수용되지 않을 땐 툭하면 떼를 쓰며 명종을 불러 욕을 해댔다.

"주상이 보위에 오름이 누구의 덕인 줄 아오? 나와 우리 형제의 힘인 줄 모르오? 주상은 가만히 앉아 복을 누리면서 내 명령에 반역하려는 거요?"

심지어는 왕의 종아리를 때리거나 뺨을 때리기도 했다. 모후의 포악에 명종은 눈물만 흘릴 뿐이었다.

윤비는 수렴 청정을 거둔 뒤에도 자신이 마음 내키는 대로 처신하였는데, 대궐 후원에 대신들의 부인을 불러들여 산해 진미를 차려놓은 연회석에서 술을 권하고 흥취를 돋우며 자주 놀았다.

굶어 죽어가는 백성들은 안중에 없었다. 아들 명종도 개의치 않았다. 모후의 행동을 못마땅하게 생각한 명종에게는 궁궐 출입이 잦은 보우도 마음에 들지 않았다.

더구나 항간에는 보우가 문정왕후의 기둥서방이라는 소문이 나돌아 명종은 모후에게 보우의 궁궐 출입을 금해 달라고 요청하자 윤비는 아예 원당願堂을 봉은사에 마련하여 보우를 만났다.

문정왕후의 태릉

그러나 사람들의 이목에서 자유로울 수가 없자 이번에는 아예 서삼릉에 있던 중종의 묘를 물이 나온다는 소문을 내어 봉은사 곁으로 옮겼다. 성종과 계비 정현왕후가 묻힌 선릉宣陵:현재 서울 강남구 삼성동 능역에 천장하고 윤비 자신도 그 곁에 묻히고자 했다.

중종의 능을 옮긴 3년 뒤 1565년명종 20 4월, 문정왕후는 창덕궁 소덕당昭德堂에서 65세를 일기로 세상을 떠났다. 문정왕후는 처음에 자신의 뜻대로 중종 옆에 묻혔으나, 어느 날 명종의 꿈에 중종이 나타나 그곳을 지적하여 능을 살펴보니 문정왕후의 능에서 물이 나오고 있었다. 문정왕후는 자신의 뜻에 어긋나게 현재의 서울 노원구 공릉동 소재 태릉泰陵으로 이장되었다.

문정왕후는 석가탄신일에 양주 회암사檜巖寺에서 큰 재齋를 올리는 무차대회無遮大會에 참가코자 찬물로 목욕하다가 앓아 누워 그 길로 숨졌다. 윤비가 죽자 보우는 유생들의 배척과 불교 탄압을 주장하는 조정의 탄핵을 받고 제주도에 유배되었다가 제주목사 변협邊協에 의해 죽임을 당했다.

보우는 후일 억불 정책 시대에 불교를 중흥시킨 순교승으로 평가를 받고 있다.

한편, 문정왕후의 권력을 믿고 세도를 부리던 윤원형도 그 해 8월 관직을 삭탈당하고 황해도 강음江陰에 은거하다가 10월 금부도사가 자신을 체포하러 오는 것으로 착각하여 음독 자살한 난정의 뒤를 따라 11월 그녀의 묘 앞에서 자살했다.

왕권을 마음대로 쥐고 흔들며 자신의 권력을 이용하여 친정 동생 윤원형의 폭압적인 권력 남용을 후원했던 문정왕후가 사라지자 아들 명종은 인재를 고르게 등용하고 선정을 펴는 데 주력하였다. 그러나 명종은 그간 대신들과 어머니 문정왕후에 시달린 탓인지 문정왕후가 죽은 2년 후 1567년명종 22 6월 34세로 세상을 떠났다.

국왕 이상의 권력을 휘둘렀던 문정왕후, 동생 윤원형과 함께 그토록 권력에 집착했던 그들은 미치광이들이었다.

잠시 머물렀다 가는 찰나의 삶이거늘 온갖 못된 권모 술수와 악행으로 점철된 광기는 조선의 역사를 후퇴시킨 원흉으로 각인되고 말았다.

흙탕 속의 진주 화담 서경덕
— 정치를 외면했던 고고한 학자

숲 속의 대학자 서경덕徐敬德은 지방의 하층 관리 서호번의 아들이며, 자는 가구可久, 호는 화담花潭으로, 19세 때 선교랑 이계종의 딸을 아내로 맞이했고, 평생 은둔 생활을 하며 학문을 즐기다가 58세에 세상을 떠났다.

그는 가계가 빈곤하여 어릴 때 교육을 제대로 받지 못하다가 14세 때 비로소 유학의 경전인 《상서尙書》를 접할 수 있었는데, 그는 대단히 사색적이었는지 《상서》를 공부하다가 서당의 훈장도 잘 알지 못하는 것을 홀로 깊이 생각하여 보름 만에 《상서》를 사색으로 깨우치기도 했다. 또 어느 날 어머니가 밭에 나가 푸성귀를 좀 뜯어 오라고 했는데, 밤늦게 푸성귀를 반 광주리도 못 되게 가져오므로 어머니가 그 이유를 묻자,

"새가 땅에서 날아오르는 것을 보고 하루종일 그 이유만 생각하다가 그만 푸성귀 뜯는 일을 잊어버렸습니다."

그의 엉뚱한 일면은 향후 그가 전개해 나가는 독특한 학문 수행 방법의 모태였다.

그가 18세가 되었을 때 《대학》의 〈격물치지格物致知〉 장을 읽다가 크게 깨달은 바가 있어 눈물을 흘리면서 중얼거렸다.

"학문을 하는 데 먼저 격물사물의 본질이나 이치를 끝까지 연구하여 따지는 일을 하지 않는다면 책은 읽어서 어디에 써먹겠는가."

그 후로는 세상 사물들의 이름을 적어 벽에 붙여놓고 날마다 하나씩 이

서경덕(1489~1546)의 화담집
벼슬에 뜻을 두지 않고
일생 동안 도학에만 전념하였다.

치를 규명해 내는 걸 일과로 삼았다.

이처럼 그는 실험적이고 과학적인 탐구 학습 방법과 지나친 독서 및 사색 탓으로 몹시 건강을 해치게 되어 21세 때 학업을 포기하고 1년여 동안 명산을 찾아다니며 휴양을 했다.

그 후 건강을 되찾아 31세 때 현량과 과거에 응시할 수 있는 추천을 받았으나 사양하고 개성 화담에 서재를 마련해 학문 연구와 교육에만 전념했다. 1531년중종 26 어머니의 간청으로 43세 때 생원시에 응시하여 장원으로 급제하였으나 벼슬에 나가지 않았으며, 1544년인종 즉위 김안국金安國 등이 후릉 참봉에 추천하였으나 역시 사양하고 계속 학문에만 매달렸다.

이처럼 그가 은거 생활을 고집했던 것은 시대 상황과도 관계가 있었다. 그의 생애였던 1489년성종 20에서 1546년명종 1은 사회상이 심한 혼란기였을 뿐 아니라, 정치적으로도 사림과 훈척 세력의 대립이 극한 상황이었다.

관료와 지주 계급은 토지 겸병土地兼倂:지배층이 농민들의 토지를 한데 합쳐 가지는 일과 사치 행각을 일삼았고, 농민들은 계속하여 토지를 수탈당하였다. 또한 통치 계급 내부에서도 토지와 정권 쟁탈의 유혈 투쟁이 극심하여 사람들이 대거 숙청되는 4대 사화가 바로 서경덕의 생애 50여 년 동안 일어났다.

이러한 사회적 불안과 관료들의 부패에 대해 서경덕은 많은 회의와 혐오·염증을 느꼈을 터이고, 따라서 그가 사회에 나가지 않고 오히려 은둔을 고집한 덕분에 많은 학문적 업적을 쌓을 수 있었다. 썩은 물에 같이 놀면 같이 썩은 인간이 된다는 이치를 누구보다 잘 아는 그가 진흙탕판에 뛰어들 리가 만무했다.

세속에 물들지 않고 학문 수행을 한 결과 《화담집花潭集》 같은 그의 저작들은 조선 성리학의 발전에 지대한 공헌을 할 수 있었다.

만년에는 천하의 명기이자 시인인 황진이黃眞伊와 함께 자연을 향유하면서도 선비의 인격을 잃지 않는 고고한 학자로서 이름을 남길 수 있었다. 사람들은 그와 황진이·박연폭포를 송도 삼절松都三絶이라 칭하기도 했다.

그는 조선의 많은 성리학자들 중에 스승이 없는 특이한 인물로서 학력이라고는 고작 서당에서 한문을 깨우치는 교육밖에 받지 못했다. 속물들이 인정하기 좋아하는 공식적인 학력은 아예 없었다. 그의 스승은 자연과 책뿐이었기에 오히려 독특하고 진귀한 학문적 업적을 일구어 낼 수 있었다.

그의 학문적 요체는 물질에 대한 무한한 사색에 있었고, 물질의 힘은 영원하며, 물질의 분리는 단지 형체의 분리이지 힘의 분리는 아니라고 생각했다.

주) * 에너지 보존 법칙:에너지 불멸의 법칙. 에너지가 어떤 일을 함으로써 변환하는 경우, 외부로부터의 영향을 완전히 차단하면, 물리적·화학적 변화가 일어나도 전체의 에너지 양은 일정하며, 무無에서 에너지를 창조할 수 없다는 물리학의 근본 원리.

이는 서구 물리학에서 말하는 에너지 보존의 법칙과 비교되고 있다. 눈에 보이는 물질뿐만 아니라 보이지 않는 공간에도 에너지氣가 있음을 깨달은 그는 심지어 죽음조차도 생물에 일시적으로 머물러 있던 기에너지가 우주의 기에 환원되는 것이라고 생각했다. 그의 생사일여론生死—如論은 우주와 인간, 우주와 만물이 둘이 아닌 하나라는 것이었고, 이 같은 독특한 학문과 사상은 이황李滉과 이이李珥 등 학자들에 의해 그 독창성을 인정받아 조선 기氣철학의 중심으로 자리잡게 된다.

그는 1546년명종 1 58세를 일기로 생을 마친 후, 1575년선조 8 그 자신도 전혀 원하지도 않은 벼슬 우의정에 추증追贈되었고, 1585년선조 18에는 신도비神道碑가 세워져 개성의 숭양서원·화곡서원 등지에 제향祭享되었다.

저서로는《화담집》한 권에 불과하나, 이 책에서 '원이기原理氣' '이기설理氣說' '태허설太虛說' '사생귀신론死生鬼神論' 등의 글을 통해 자신의 학문과 사상을 밝히고 있다.

속된 세상, 이력 과시하는 자 치고 제대로 된 자 없더라. 유치하게도 화려한 이력을 과시하면서 부끄러움 없이 세상을 망쳐놓은 '먹물 먹은 자들', 머리 굴려 세상 부귀 영화 누려보겠다고 설쳐대는 '지식인'이란 작자들의 추태상을 화담 서경덕에게서는 엿볼 수가 없었다.

출세와 재물에 눈 뒤집힌 속물들— 위민爲民보다 군림君臨을 즐겼던 포악한 권력자들, 권위주의 사대부 관료들, 잔꾀 부리며 권력에 영합하는 기회주의 어용御用 지식인들이 놀고 있는 추악한 세속 속에서 정치 권력의 야욕을 미진으로 취급했던 멋쟁이, 신분 상승과 물질만능주의를 거부했던 멋쟁이, 학벌주의·관료주의가 판치는 부패 사회와 결별했던 멋쟁이, 흙탕물 속의 진주 화담이 조선사에 있었다.

제11대 중종 때의 세계

1510년 포르투갈, 인도 고아를 점령. 1514년 독일 후거가家, 면죄부免罪符 판매에 활약. 1515년 영국 토머스 모어의 《유토피아》제2부 발표. 1517년 독일 마틴 루터, 로마교회의 면죄부 판매에 항의하여 95조의 항조문 발표, 종교 개혁 일으킴. 이로써 영·불·독 등은 종교전쟁에 휘말림. 1519년 마젤란, 세계 일주~1522. 1521년 이탈리아전쟁 시작~1544. 1524년 독일, 토마스 뮌처의 농민전쟁~1525. 1525년 독일, 토마스 뮌처 사망1489~. 1526년 인도, 무갈제국 성립~1857. 1532년 칼뱅, 종교개혁운동 시작. 1536년 칼뱅, 종교개혁운동 《그리스도교 강요》완성. 1541년 칼뱅, 제네바에서 종교개혁운동 본격화. 1543년 지동설을 주장한 폴란드의 코페르니쿠스 사망1473~.

제12대 인종仁宗

재위: 1544년 11월~1545년 6월

후비 인성왕후 박씨
仁聖王后 朴氏
(1514~1577)

 가장 후덕하고 인자했던 왕비 박씨

인종의 후비 인성왕후 박씨仁聖王后 朴氏는 금성부원군錦城府院君 나주羅州 박씨 박용朴墉의 딸로 1514년중종 9 9월에 태어났다.

박씨는 1524년중종 19 11세 때 세자빈에 책봉되었고, 1544년 11월 인종이 즉위하자 31세에 왕비가 되었다.

박씨의 남편인 인종은 중종과 제1 계비 장경왕후 윤씨를 모후로 하여 1515년중종 10 2월 중종의 첫째 아들로 태어나 1520년중종 15 왕세자로 책봉 되었고, 1544년 중종이 승하하자 왕위에 올랐다.

그는 3세 때부터 글을 배워 8세 때 성균관에 입학하여 공부했는데, 성 품이 조용하고 효성이 지극하였다. 그가 태어난 지 엿새 만에 세상을 떠 난 모후 장경왕후를 섬기지 못한 아픔으로 할머니인 정현왕후 대왕대비에 게 더욱 효도를 다했으며 형제간의 우애도 돈독했다.

그는 생모가 없이 계모 문정왕후의 손에서 자라야 했는데, 성격이 표독

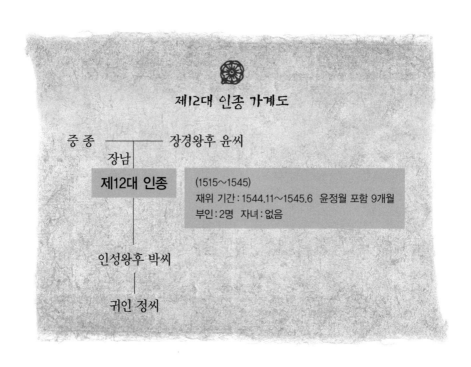

제12대 인종 가계도

중 종 ——————— 장경왕후 윤씨

장남

제12대 인종 (1515~1545)
재위 기간 : 1544.11~1545.6 윤정월 포함 9개월
부인 : 2명 자녀 : 없음

인성왕후 박씨

귀인 정씨

하고 시기심이 많은 계모 문정왕후는 전실의 아들인 그를 무척이나 괴롭
혔고 여러 차례 죽이려고 했다. 그가 세자 때 침소인 동궁 화재의 범인이
계모 문정왕후임을 알면서도 굳게 입을 다물었고, 몇 차례 위험을 겪어내
면서 왕위에 올랐을 때는 30세였다.

그는 즉위하자 조광조를 위시하여 기묘사화 때 화를 입은 사림 세력들
은 신원하고 현량과賢良科를 복구하면서 이언적·유관 등 사림 학자들을
다시 등용시켰다. 그가 배웠던 도학 사상을 현실 정치에 응용하려는 의도
였다. 하지만 그는 미처 뜻을 펼쳐보지도 못하고 재위 9개월 만인 1545년
6월 31세로 생을 마감하고 말았다.

그는 임종하기 전 대신들을 불러 "내가 병이 걸려 죽게 되었으므로 경
원대군명종에게 전위하니, 경들은 더욱 힘써 도와서 내 뜻에 부응토록 하
라. 내가 죽거든 장사는 소박하게 하여 백성들의 힘을 펴게 하라"고 분부

할 정도로 성군다운 너그러운 성품이었다.

그가 짧은 기간의 재위 때 계모 문정왕후는 "나와 아들 경원대군^{명종}을 언제쯤 죽일 것이냐?"고 포악했으나, 그는 계모를 미워하지 않고 오히려 자신의 효성이 부족함을 자책하면서 문정왕후의 뜻에 부합하기 위해 그의 이복 동생이자 문정왕후의 아들인 경원대군^{명종}에게 왕위를 물려주려고 자식을 두지도 않았다는 것이다.

이처럼 후덕한 인종에 못지않게 부인 인성왕후 박씨도 보기 드물게 온순한 성품을 지녔고, 인종의 뜻에 따라 슬하에 자녀 없이 살다가 인종이 죽은 지 32년 후인 1577년^{선조 10} 11월 64세를 일기로 경복궁에서 승하했다.

인종과 박씨는 현재 경기도 고양시 원당동에 위치한 서삼릉 묘역의 효릉^{孝陵}에 쌍분으로 묻혔다.

오백 년 조선사에서 가장 후덕하고 인자했던 두 분이었다.

후비 인순왕후 심씨
仁順王后 沈氏
(1532~1575)

 왕위를 방계로 승계시킨 심씨

　명종의 후비 인순왕후 심씨仁順王后 沈氏는 영돈녕부사領敦寧府事 청릉부
원군靑陵府院君 청송靑松 심씨 심강沈鋼과 어머니 전주 이씨全州 李氏 사이에
서 큰딸로 1532년중종 27 5월에 태어났다.

　심씨는 12세 때 두 살 아래의 경원대군과 가례를 올려 부부인府夫人이
된 2년 후 1545년 6월 인종이 승하하고 경원대군이 왕위에 오르자 14세에
왕비로 책봉되었다. 그러나 막강한 시어머니 문정왕후의 섭정 아래에서 오
금을 못 쓰고 조신해야 했다.

　모후母后인 문정왕후가 섭정하는 동안에는 윤원형 등의 외척外戚 세력이
국사를 전횡하며, 임금인 명종은 모후에게 매를 맞는 처지였으므로 허수
아비 임금으로 지내다가 명종이 20세가 된 1553년명종 8 모후가 섭정을 거
두면서 친정親政이 시작되었다.

　명종이 친정을 시작해도 윤원형의 외척 세력이 너무 비대함에 이를 견

제13대 명종 가계도

중 종 ──────── 문정왕후 윤씨

차남

제13대 명종

(환, 경원대군, 1534~1567)
재위 기간 : 1545.6~1567.6 22년
부인 : 1명 자녀 : 1남

인순왕후 심씨 ──────── 1남 ──────── 순회세자

제하고자 중전 심씨의 외숙인 이량 등을 중용하고 인재를 고루 등용했으나, 그 또한 파당을 지어 자기 세력을 키우며 뇌물을 거두느라 여념이 없자, 정치는 극도로 문란해지고 파쟁이 그칠 날이 없었다.

조정 대신들은 권력을 독점하여 사리 사욕을 채우기에 급급했고, 사회는 어수선한 판국에 흉년까지 들어 백성들 태반이 굶주림에 시달렸고, 부패 관리들의 착취 횡포는 극심하였다.

백성의 길을 전세 낸 것처럼 가마꾼 노예(?)들이 둘러멘 사인교四人轎 가마 위에서 대감은 거드름을 피우고, 백성들은 맨땅에 엎드려 절하고, 도대체 'for the people 인지 for the 大監대감'인지, 떫고 곱지 않은 눈길의 임꺽정林巨正의 무식한 소견으로는 헷갈리기만 했다.

"저 자가 가마 타는 즐거움만 알았지, 가마 메는 고통을 아는가? 역지사지易地思之, 처지 바꾸어 생각해야지."

사회는 온통 부정 부패로 얼룩지고, 백성은 학정과 수탈에 시달리는 난

장판에 양주楊洲의 백정 출신 임꺽정이 마침내 도둑질을 시작했다. '바늘 도둑 소 도둑'되니 관아의 창고를 털어 백성에게 나눠주었다.

그는 1559년명종 14부터 1562년명종 17까지 황해·평안·함경·강원·경기도를 누비며 의적 행각을 벌였다.

"나라에 선정이 없으면 교화가 밝지 못하다. 재상이 멋대로 욕심을 채우고 수령이 백성을 학대하여 살을 깎고 뼈를 발리면 고혈膏血이 다 말라버린다. 수족을 둘 데가 없어도 하소연할 곳이 없다. 기한飢寒이 절박해도 아침과 저녁거리가 없어서 잠시라도 목숨을 잇고자 해서 도둑이 되었다. 그들이 도둑이 된 것은 왕정王政의 잘못이지 그들의 죄가 아니다."

라고 실록實錄의 사관史官이 평가했다.

임꺽정의 의적 행각은 문정왕후의 척족戚族이 국사를 전횡하고 흉년이 계속된 데다가 관리官吏들의 수탈이 횡행하는 틈을 탄 것이었다. 임꺽정이 나라를 뒤흔들며 소동을 일으키자 조정에서는 토포사討捕使들과 전 병력을 동원해 3년 만인 1562년명종 17 정월에 임꺽정을 체포하여 보름 만에 처형했다.

하지만 여전히 국사는 혼미에서 헤어나지 못한 채 명종의 모후 문정왕후는 동생 윤원형을 앞세워 조정을 좌지우지함에 사실상 섭정 기간이 연장되고 있었다. 명종과 인순왕후 심씨가 모후에게 짓눌려 지내던 중 1565년명종 20 4월 마침내 문정왕후가 65세로 세상을 떠나자 명종은 보우와 윤원형을 제거하고 조정에 사림파를 등용하는 등 개혁 정치에 착수했다.

그러나 명종과 심씨 사이에는 보위를 이을 후사後嗣가 없었다. 심씨는 1551년명종 6에 순회세자順懷世子를 낳았으나 그는 1563년명종 18 13세에 요절하였고, 그 후 서른이 넘도록 아들이 없자 심씨는 후사 문제를 할아버지 심통겸沈通謙과 의논한 결과, 중종의 후궁 창빈 안씨의 소생인 덕흥군德興君:중종의 일곱째 아들의 셋째 아들인 하성군河城君을 명종이 총애했으므로

순회세자의 순창원

양자 후보로 지목하였다.

명종이 한때 위독했을 때, 심씨는 하성군을 후사로 삼는다는 전교를 작성하기도 했으나 병석에서 일어나게 된 명종은 어명으로 일축해 버렸다.

명종은 자신의 아들로 후사를 삼고 싶었지만 인순왕후 심씨나 후궁들도 아들을 못 낳자 심지어 무수리 출신 장씨까지 가까이 접했으나 아들을 낳지 못하고, 선정을 펴보려 했던 뜻도 이루지 못한 채 1567년명종 22 6월 보령 34세로 경복궁 양심당養心堂에서 세상을 떠나고 말았다.

야사에서는 명종이 모후 문정왕후에게 시달림을 받고 무수리 장씨와의 지나친 방사 때문에 졸지에 세상을 떠났다고 전한다.

인순왕후 심씨의 전교에 따라 1567년 6월 양자로 입적된 하성군이 즉위했으니 이가 곧 16세의 선조宣祖였다. 이때부터 적장자 우선의 원칙이 적용되던 조선의 왕위가 방계傍系로 승계된 것이다.

권력욕을 자제할 줄 알았던 심씨

심씨가 하성군을 지목한 배경에는 그를 천거하여 권력을 잡으려는 친정의 입김이 작용하였던바, 즉 심씨 친정 덕분에 서자의 아들이 임금이 될 수 있었던 것이다.

선조를 즉위시킨 심씨는 자신이 문정왕후의 전횡을 겪었으므로 직접 정사에 나서지 않으려고 했으며, 그저 조정에 친정 식구들이 많이 포진한 것으로 만족했다. 심씨는 거듭된 영의정의 요구로 수렴 청정을 하였으나, 조정 대신들의 의사를 따를 뿐 자신의 의견은 거의 내놓지 않았다. 다만 친정의 이익을 어느 정도 대변하였지만 국사보다 우선하지는 않았었다.

선조가 정사 처리에 무리가 없고 친정할 능력도 있었기에 즉위 이듬해 1568년선조 1 2월 심씨는 청정을 철회했다. 심씨는 사대부들에게 저주의 표적이 되었던 문정왕후의 전철을 밟지 않게 된 것을 다행으로 여기고 있었다.

심씨의 퇴장과 선조의 친정은 도학 정치를 주창하던 사림계가 집권 세력으로 부상하게 된 계기가 되었다. 조선 건국 후 150여 년간 정국을 주도한 것이 훈척신 세력이었다면, 이후부터는 집권 사림 내부의 대결 양상인 당쟁의 시대가 도래했음을 뜻하는 것이기도 했다.

수렴 청정을 접은 7년 후 1575년선조 8 1월, 인순왕후 심씨는 춘추 44세로 창경궁에서 승하하여 현재 서울 노원구 공릉동 소재의 강릉康陵에 명종과 나란히 묻혔다.

권력의 과욕을 자제하고 아쉬운 시기에 그만둘 줄 아는 지혜로운 왕비 인순왕후 심씨, 그녀는 정도가 지나치면 오히려 미치지 못함과 같다는 '과유불급過猶不及'의 평범한 진리를 몸소 실천한 왕비로 길이 추앙받을 것이다.

제13대 명종 때의 세계

1546년 독일 마틴 루터 사망~1483. 1549년 스페인의 선교사 프란시스코 자비에르, 일본 큐슈에서 천주교를 전파. 1557년 포르투갈 사람이 마카오를 건설. 1558년 영국, 엘리자베스 여왕 즉위~1603. 1562년 프랑스, 위그노 종교전쟁 발발~1598. 1564년 프랑스, 칼뱅 사망1509~. 1564년 이태리, 미켈란젤로 사망1475~

후비 의인왕후 박씨
懿仁王后 朴氏
(1555~1600)

계비 인목왕후 김씨
仁穆王后 金氏
(1584~1632)

살아 있는 관음보살 석녀 박씨

선조의 후비 의인왕후 박씨懿仁王后 朴氏는 번성부원군藩城府院君 나주羅州 박씨 박응순朴應順과 부인 이씨의 딸로 1555년명종 10 4월에 태어났다.

박씨는 선조 즉위 2년 후인 1569년 12월, 선조가 18세 때 15세에 왕비로 책봉되었다.

당시 선조를 즉위시킨 명종의 후비 인순왕후 심씨는 명종의 3년상喪 기간이었으므로 선조가 혼인을 할 수 없었을 뿐 아니라, 혼인 전에 미리 후궁을 들이면 장래 후사 문제가 복잡해질 수도 있기에 여성을 가까이하지 않기를 바랐지만, 임금을 노리는 궁녀들이 가만두질 않았다. 이미 선조는 소주방燒廚房:음식 만드는 곳 나인과 접촉했으니, 이 여인이 훗날 임해군臨海君과 광해군光海君의 생모인 공빈 김씨恭嬪 金氏였다.

선조의 후비 박씨는 아버지 박응순의 성품을 닮아 부드럽고 매우 검소했으며, 자랄 때도 자신의 이익이나 재물욕에 관심이 전혀 없었던 데다가 미모 또한 빼어났는데, 15세의 박씨가 왕비로 간택된 것은 그녀의 집안과 명종 후비 인순왕후 심씨 집안이 친밀했던 까닭이었다.

하지만 선조는 공빈 김씨에게 이미 마음이 쏠려 있었다. 게다가 의인왕후 박씨는 후사를 가질 수 없는 석녀石女임이 밝혀지자 대비 심씨는 선조가 후궁을 갖는 것을 용인했다. 대비 심씨의 승낙을 받아 공빈 김씨는 처음 내명부의 '소용昭容'이란 품계를 갖게 되었고, 1574년선조 7 1월 김씨는 선조와 대비 심씨가 바라던 아들 임해군을 낳았다.

덕분에 소용 김씨는 정1품 '공빈恭嬪'으로 내명부의 으뜸이 되었으며, 1575년선조 8 1월에 대비 심씨가 승하한 후 여름 둘째 아들 광해군을 낳고 궁궐의 실세가 되어 갈 즈음, 1577년 병이 들어 죽었다. 그녀는 현재 경기도 남양주시 진건면 송릉리 묘정에 묻혀 있다.

후덕한 국모, 선조의 후비 박씨는 자신의 소생은 없었으나 후궁들의 아이들을 자신의 아이처럼 잘 보살피며 후궁들에게도 관대하였으므로 후궁들 사이에서도 '살아 있는 관음보살'이라고 여겼다.

선조는 죽은 공빈 김씨 외에도 5명의 후궁을 두었는데, 그 중 선조의 총애를 받던 인빈 김씨仁嬪 金氏와 순빈 김씨順嬪 金氏, 후일 폐비가 되는 인목왕후 김씨 등 총 8명의 비와 후궁이 있었고, 그 속에 김씨가 4명이나 되었다. 이 중에서 훗날 후사 문제로 다투게 되는 인물은 공빈 김씨의 아들인 임해군·광해군과 인빈 김씨의 아들 신성군信城君이었다.

1553년에 태어나 선조보다 한 살 아래인 인빈 김씨는 원래 명종의 후비인 인순왕후 심씨가 심부름시키던 궁녀로, 명종의 후궁이던 숙의 이씨를 통해서 궁궐에 들어오게 되었는데, 명종이 승하하자 숙의 이씨는 입산하여 비구니가 되었고, 인순왕후 심씨의 거둠을 받은 김씨는 내전에서 심부름하고 있다가 선조의 눈에 띄게 된 것이다. 원래 공빈 김씨보다 선조의 풋사랑을 받은 것은 인빈 김씨가 먼저였고, 내명부 빈에 봉해진 것도 선배

였지만, 승은을 먼저 입은 것은 공빈 김씨였다.

선조의 후비인 의인왕후 박씨가 후사를 낳지 못하니 후궁들 간에는 서로들 자신의 아들을 세자로 내세우기 위해 온갖 수단을 동원한 각축전이 벌어졌다. 이때는 이미 죽은 공빈 김씨의 두 아들 임해군과 광해군이 있었기에 장자 우선 원칙에 따라 임해군이 세자가 되는 것이 마땅했으나, 임해군은 성질이 광포한 것으로 알려져 선조의 후비 박씨나 조정 중신들과 왕실에서는 성질이 온화한 광해군에게 더 기울고 있었다.

그 무렵, 선조의 총애를 흠뻑 받은 인빈 김씨가 의안군義安君에 이어 신성군을 낳으니 후계 구도가 점차 복잡해졌다. 비록 한미한 가문 출신이라 배경이 없는 인빈 김씨였으나 자신의 아들을 세자로 세우려는 집착은 대단했다.

어느덧 왕자 셋과 옹주 하나를 낳은 인빈 김씨는 후궁들 중에서도 가장 위세가 당당해져 궁노들까지도 김씨의 세도를 믿고 사대부 옷차림으로 난장판을 벌이니, 이들을 체포하러 온 사헌부 서리들과 대결하는 마찰을 빚기도 했다.

영리한 여우로 알려진 양화당 인빈 김씨에게 현혹된 선조는 사헌부 서리들을 모두 하옥시켜 버렸다. 인빈 김씨의 세력은 실로 막강하였다. 훗날 조선의 왕들 모두가 여우 같은 이 여인의 혈통으로 이어지게 된다. 바로 왕들의 할머니인 셈이다.

세자 책봉을 두고 치열한 경쟁을 벌이는 후궁들은 서로들 자신의 아들을 돋보이려고 기를 쓰며 왕에게도 온갖 교태의 꼬리를 흔들어대는 판국에 쓸쓸하고 허전한 여인은 아이를 낳지 못하는 의인왕후 박씨였다. 박씨는 가장 높은 위치에 있으면서도 날뛰는 후궁들을 꾸짖거나 말 한 마디 못 하고 다만 자신의 신세를 한탄할 뿐이었다.

훈구 세력을 물리치고 사림들을 대거 등용했던 선조의 정국 타개책에 힘입어 중앙 정계에 진출하여 정권을 잡은 이들은 구체제의 잔재 척결 문제로 입장 차이를 보여, 강경한 입장의 동인東人과 온건한 입장의 서인西人으로 분열되었는데, 동인의 김효원金孝元과 서인의 심의겸沈義謙은 당시 삼사三司의 인사권을 쥐고 있던 전랑직銓郞職을 둘러싸고 치열한 대립을 벌이면서부터 분열이 표면화되었다.

이미 서인의 심의겸이 전랑에 천거된 동인의 김효원에 대해, 일찍이 그가 권신 윤원형의 식객으로서 권세에 아부한 소인이라고 비난한 것을 계기로 붕당朋黨이 분리되기 시작했던 것이다. 그럼에도 김효원은 전랑직에 취임했으며, 그 후임으로 심의겸의 아우 심충겸沈忠謙이 천거되자, 이번에는 김효원이 왕의 외척이 전랑직에 앉는 것은 부당하다고 반대했다.

이러한 불화가 원인이 되어 본격적인 붕당 정치가 형성되었고, 동·서 분당 이후에도 붕당의 분열은 끊임없이 계속되어 노론老論·소론少論·남인南人·북인北人의 사색四色 당파가 점차 치열한 대결 양상을 보여 이후 조선 정치에 혼란이 가중되었다.

1589년선조 22 10월, 정여립鄭汝立이 모반謀叛하여 자결하게 되자 동인이 실각하고 서인이 정권을 쥐게 되었다기축옥사.

실각한 동인들도 기회를 엿보다가 세자 책봉 문제를 계기로 반전을 꾀했는데, 동인의 영수 이산해李山海는 인빈 김씨와 손잡고 김씨 소생의 둘째 아들 신성군을 세자로 책봉하여 권력을 장악하려 했고, 서인의 영수 정철鄭澈과 의인왕후 박씨는 죽은 공빈 김씨 소생의 둘째 아들 광해군을 세자로 마음에 두고 있었다.

1591년선조 24 좌의정이었던 정철은 서인 측과 동인 측이 함께 세자 책봉 문제를 논의하게 되었는데, 광해군을 세자로 추대하기로 합의하고 선조에게 품고하도록 되어 있었으나, 막상 정철이 품고할 때에는 동인 측 영의정 이산해李山海가 슬그머니 꽁무니를 빼니, 이는 서인 측 정철을 함정에 빠뜨

제14대 선조 가계도

중종 ─── 7남 ─── 창빈 안씨

덕흥대원군 ─── 부대부인 정씨

3남

제14대 선조

(하성군 1552~1608)
재위 기간 : 1567.6~1608.2 40년 7개월
부인 : 8명 자녀 : 14남 11녀

의인왕후 박씨(자식 없음)

인목왕후 김씨 ─── 1남 1녀 ─── 영창대군
                              └─ 정명공주

공빈 김씨 ─── 2남 ─── 임해군
                      └─ **제15대 광해군**

인빈 김씨 ─── 4남 5녀 ─── 의안군
                          ├─ 신성군
                          ├─ **원종**(정원군, 인조의 아버지)
                          ├─ 의창군
                          ├─ 정신옹주
                          ├─ 정혜옹주
                          ├─ 정숙옹주
                          ├─ 정안옹주
                          └─ 정휘옹주

순빈 김씨 ─── 1남 ─── 순화군

정빈 민씨 ─── 2남 3녀 ─── 인성군
                          ├─ 안흥군
                          ├─ 정인옹주
                          ├─ 정선옹주
                          └─ 정근옹주

정빈 홍씨 ─── 1남 1녀 ─── 경창군
                          └─ 정정옹주

온빈 한씨 ─── 3남 1녀 ─── 흥안군
                          ├─ 경평군
                          ├─ 영성군
                          └─ 정화옹주

리려는 동인 측의 이산해의 계략이었다.

이산해는 양면 작전으로 인빈 김씨의 오빠 김공량金公諒에게 "정철이 광해군을 세자로 세운 다음 인빈 김씨와 그의 아들 신성군, 그리고 김공량을 죽이려 하고 있다"고 거짓말을 했다. 그 말에 김공량은 인빈 김씨에게 급히 이 사실을 전하자 인빈 김씨는 즉시 선조에게 읍소泣訴:울며 간절히 호소하며 고했다. 선조는 이를 믿으려 하지 않았다.

이러한 계략도 모르고 정철은 선조에게 광해군을 세자로 책봉해야 한다는 내용의 발언을 해서 선조의 진노를 사서 삭탈 관직되었는데, 선조는 내심 총애하는 인빈 김씨의 소생 신성군이 세자로 지명되기를 기대하던 차에 정철이 광해군을 지목하자 자신들을 죽이려 한다는 인빈 김씨의 말이 맞다고 믿게 된 것이다.

마침내 정철은 경상도 진주晉州로 유배되었다가 다시 평안도 강계江界로 옮겨졌고, 서인의 세력은 약화되었다. 계략에 성공하여 정권을 잡은 동인들은 실각한 서인들에 대해 유혈 숙청을 감행하였는데, 이 숙청 과정에서 동인은 다시 두 파로 분열되어 서인 정철을 사형시켜야 한다는 과격파와 귀양을 보내야 한다는 온건파로 분열된 것이다.

즉, 과격파를 북인, 온건파를 남인이라 했으며, 이러한 분당 사태로 정계가 당파 싸움에 휘말리게 되자 조정은 더욱 불안정해지고 국력도 점차 쇠약해짐에 따라 변방 야인들의 노략질도 더욱 극성스러워졌다. 또한 왜국도 대대적인 침략을 감행해 왔으니 이것이 곧 '임진왜란壬辰倭亂'이었다.

관료들의 오랜 당쟁으로 인해 국방 체제가 엉망이 된 상황에서 벼슬아치나 유산 지주 계급 등 지배 계층의 자식들은 돈으로 군복무 의무를 기피하는 병역 비리가 성행했는데, 이는 군포軍布를 내고 대신 군역을 해결하는 대립제代立制 형식으로 엄연한 불법이었지만, 조정에서는 세수稅收의 명분으로 모르는 척 눈감아 주었고, 한편 사대부 양반 등 고위층 작자들은 자식을 보호하려는 자구책을 남용하기도 하여 허약해진 국방력은 결국 왜국의 침략을 유치한 꼴이 되고 말았다.

어쨌든 정철의 유배 소식에 선조의 후비 박씨는 자신이 자식을 낳지 못한 죄로 이런 일이 발생했다며 그저 자신의 신세를 한탄할 뿐이었다.

임진왜란, 추한 역사 속에 묻힌 박씨

1592년선조 25 4월 13일, 왜군에 의해 부산포가 함락되면서 보름 뒤 4월 29일에는 충주가 함락되고, 5월 2일에는 한양이 함락되었다. 이후 개성·평양 등이 함락되고, 선조는 후비 박씨를 둔 채 후궁 인빈 김씨를 데리고 의주로 피난을 떠났다.

이때 선조의 후비 박씨는 선조와 떨어져 홀로 평안도 강계로 피난 갔고, 18세의 광해군은 강원도로 가서 민심 안정의 역할을 맡았다. 당시 피난길에 선조의 어가御駕:임금이 타는 가마를 가로막은 백성들이 "인빈과 김공량만 끼고 돌더니 왜 김공량에게 왜적을 막으라고 보내지 않느냐"며 힐난할 만큼 인빈은 백성들의 원망의 표적이 되었다.

정철이 강계로 귀양 가 있던 때, 임진왜란이 터지자 세자 책봉 문제가 다시 대두하게 되었다. 한양을 빼앗기고 도망가는 판국에 세자 문제로 더 이상 가타부타할 여지가 없었던 선조는 광해군을 세자로 세울 수밖에 없었다. 이미 인빈의 소생 신성군은 피난 도중 세상을 떠났기에 동인들도 고집 부릴 명분이 없었다.

선조는 피난처인 의주성 주위만을 남겨놓은 채 왜군들에게 함경도 일원까지 점령당해 부득이 명나라에 원군을 청해야 했다. 다행히도 수군통제사 이순신李舜臣의 활약과 의병의 봉기, 명나라의 원군에 힘입어 선조는 적의 포로가 되는 신세는 면할 수 있었고, 이때부터 다시 왜군을 남쪽으로 격퇴하여 1593년선조 26 4월에 한양을 수복했다.

이항복(1556~1618)　　　　　　이덕형(1561~1613)

　한양을 수복하자 선조는 인빈 김씨만을 데리고 한양으로 돌아왔고, 선조의 후비 박씨는 여전히 해주에 머물고 있었다. 박씨가 해주에 머물러 있던 4년 동안 전쟁이 소강 상태가 지속되다가 명나라와 왜국의 화의가 깨지면서 다시 1597년선조 30 1월 정유재란丁酉再亂이 발생했지만, 1598년선조 31 8월에 도요토미가 병사하자 왜군은 본국으로 철수하기 시작했다.

　정유재란 때 선조의 후비 박씨는 세자 광해군과 함께 또 한 번의 고된 피난길에 올랐다. 반면 선조와 함께 움직였던 인빈은 박씨에 비해 한결 편했다. 백성들은 이 모든 난리가 인빈 김씨 때문에 일어났다고 여겨 궁궐에 돌을 던지기도 했지만, 선조는 아랑곳하지 않고 요녀 인빈 김씨만 끼고 돌았다.

　임진왜란이 끝나고 평화는 왔으나 고된 피난길에 선조의 박대와 마음고생이 심했던 탓으로 선조의 후비 의인왕후 박씨는 병을 얻어 1600년선조 33 6월 춘추 46세에 소생 없이 한많은 세상을 떠났다. 박씨는 현재 경기도 구리시 인창동 소재 동구릉 묘역의 목릉穆陵에 묻혔다.

8년 후에 죽은 선조와 32년 후에 죽은 계비 인목왕후가 각각 박씨의 무덤 좌우에 묻혔다.

선조의 후비 박씨는 15세에 선조에게 시집 와서 30년 세월을 자식 없이 박대를 받다가 더러운 역사 속에 한많은 인생을 묻은 것이다. 그녀의 적은 그녀를 박대한 선조뿐만이 아니라 주변에 들끓는 탐욕스런 쓰레기 잡배들이었다. 자기들만 살겠다고 백성을 버리고 도망쳤던 왕과 신하들이었다. 후대後代의 6·25전란 때 한강교를 끊고 도망쳤던 반역자들처럼.

조선을 말아먹고도 뻔뻔스럽게 무게 잡고 거드름을 피우는 배웠다는 자들, 머리 좋다는 자들, 눈만 뜨면 잔머리 굴려 권모 술수, 끼리끼리 뭉쳐 노니는 당파 싸움, 민생과 국방 정책은 뒷전인 채 건국 이후 여태껏 쭉— 선정보다는 악정을, 백성보다는 사리 사욕과 부정 축재에 광분했던 탐관 오리들, 이권 다툼, 정쟁에만 몰두했던 기생충만도 못한 모리배들, 권력 남용으로 백성의 고혈을 짜내고 백성을 괴롭혔던 착취 지배 계층의 왕실과 벼슬아치들.

이해 관계에 얽혀 영원한 동지도 적도 없는 이들은 훗날 어떤 썩은 나라에서의 망국 병균—학연·지연·혈연을 악용한 패거리 정치꾼—의 원조元祖였다.

백성에게 충성을 강요했던 이들은 한결같이 애국을 표방標榜하며 고질적인 권력형 비리·부패에 젖어 권력 투쟁에만 혈안이 됐던 정치 쓰레기 사기꾼들이었다.

제14대
선조宣祖

재위 : 1567년 6월~1608년 2월

후비 의인왕후 박씨
懿仁王后 朴氏
(1555~1600)

계비 인목왕후 김씨
仁穆王后 金氏
(1584~1632)

 비극의 왕자를 낳은 김씨

선조의 계비 인목왕후仁穆王后 김씨는 연흥부원군延興府院君 연안延安 김씨 김제남金悌男의 딸로 1584년선조 17 11월에 태어났다.

김씨는 선조의 후비인 의인왕후 박씨가 2년 전에 세상을 떠난 후 1602년선조 35 7월에 19세 나이로 51세의 선조와 혼인하여 왕비로 책봉되었다. 김씨의 아버지 김제남은 딸이 왕비가 되자 이조좌랑에서 영돈녕부사로 승진되었다.

인목왕후 김씨는 왕비가 된 이듬해 정명공주貞明公主를 낳고 3년 후 1606년선조 39 3월 영창대군永昌大君을 낳자 조정에서는 파랑이 일기 시작했다. 당시 선조의 후궁이었던 공빈 김씨의 차남인 32세의 광해군이 서출이긴 해도 이미 세자로 지목된 상황에서 왕권을 이을 적출 영창대군이 태어남은 폭풍 전야의 정국일 수밖에 없었다.

선조 자신도 중종의 후궁 창빈 안씨昌嬪 安氏의 아들 덕흥대원군德興大院

君을 아버지로 둔 서출로서 방계 출신인 것에 심한 콤플렉스를 가지고 있던 터에 젊은 왕비 김씨가 적출의 아들 영창대군을 낳아주니 뛸 듯이 기뻐했다. 여러 사람들도 기뻐했으나 단 한 사람 근심스러웠던 이는 김제남의 부인 정경부인 정씨였다.

"이제 우리 집안의 화가 시작되는구나!"

정씨의 말대로 훗날 왕비의 친정 아버지 김제남의 집안은 물론이고 영창대군도 비참하게 죽게 되는데, 선조가 만년에 본 아들 영창대군에게 흠뻑 쏟은 총애가 왕비 김씨의 불행을 자초하리라고는 전혀 예상하지 못했다.

선조는 이미 아들이 열세 명이나 있었지만 전부 후궁의 소생이었고, 광해군도 마음에 두지 않자 당시 정권의 실세였던 북인파 영의정 유영경柳永慶은 광해군 대신 영창대군을 세자로 세우려는 선조의 내심을 간파하고 영창대군을 지지하니, 북인파는 분열되어 소북파가 되고, 광해군을 지지하는 편은 대북파가 되었다.

영창대군의 출생 후 선조는 광해군이 문안하면, "명나라의 책봉도 받지 못했는데 어찌 세자 행세를 하는가? 다음부터는 문안하지도 말라"고 꾸짖었다. 광해군은 부왕의 푸대접을 속으로 삼키며 끓어오르는 반항심을 누르고 있었다.

1608년선조 41 2월, 선조는 경운궁현 덕수궁에서 57세로 세상을 떠나고 말았다. 선조가 죽자 소북파 유영경은 왕비 김씨에게 세 살된 영창대군을 즉위시키고 수렴 청정을 해달라고 요청했으나, 현실성이 없다고 판단한 김씨는 광해군을 즉위시킨다는 교지를 내렸다. 선조는 죽으면서 대신들에게 영창대군을 잘 돌봐달라는 유교를 남겼는데, 이는 오히려 영창대군의 죽음을 재촉하고 김씨에게도 모진 시련을 안겨주는 계기가 된다.

아들 영창대군을 잃고 유폐된 김씨

광해군이 즉위하자 이이첨李爾瞻·최홍원崔興源 등이 이끄는 대북파가 정권을 장악하고, 그들은 인목왕후의 아들 영창대군이 살아 있으면 그를 추대하려는 역모가 일어날 것이라 판단하여 영창대군을 제거할 음모를 꾸미게 되었다.

1613년광해 5 4월, 때마침 간신배 이조정랑 이이첨의 계략에 의해 사건이 터졌다. 즉, 박응서朴應犀·서양갑徐羊甲 등 강변칠우江邊七友라는 명문가의 서자 7명이 여주땅 조령鳥嶺 고개에서 일으킨 은銀상인 살인 사건을 역모로 확대하여 선조의 계비 인목대비의 아버지 김제남을 연루시켰던 것이다. 광해군이 친국親鞠:임금이 중죄인을 친히 신문하는 것하자 박응서는 이미 조작된 가짜 격문을 제시하게 되니, 그 내용은 '참용이 일어나기 전에 가짜 여우가 먼저 운다'라고 씌어 있었다.

참용이란 영창대군을 비유한 말이고, 가짜 여우란 광해임금을 이르는 말이라고 박응서가 대답했다. 포도대장 한희길韓希吉의 회유에 넘어간 박응서는 영창대군을 옹립하기 위해 인목대비의 아버지 김제남과 밀통하여 거사 자금을 마련하려 했다고 거짓 자백을 했던 것이다. 박응서는 모든 일은 김제남이 지휘했다고 거듭 허위 자백했다.

이이첨의 농간에 의해 날조된 이 사건으로 인해 대비 김씨의 아버지 김제남은 역적으로 몰리게 되었고, 부인 정씨는 아들 3형제 중 막내 천석만이라도 살리기 위해 급사했다는 소문을 퍼뜨려 장사를 지낸 후 몰래 숨어 살게 했다.

사건 두 달 후 대비 김씨의 아버지 김제남과 형제들은 사형당했으며, 어머니 정씨는 제주도 관노비로 전락되는 한편, 이미 강화도로 유배된 영창대군은 이듬해 2월 밀폐된 뜨거운 방 안에서 까맣게 태워져 아홉 살 나이에 숨졌다. ─소위 강변칠우 사건인 계축년 옥사 사건에 연루되어 희생된 수효는 무려 1천여 명에 가까웠다.

실의에 빠진 나날을 보내던 인목대비 김씨에게 광해군과 대북파 정권은 다시 폐모론을 들고 나섰다. 1618년광해군 10 정월 영창대군이 죽은 지 4년 후 폐모에 관한 찬반 양론이 격화되면서 광해군은 폐모론을 반대한 신하들을 유배시키고, 인목대비 김씨에게는 대비의 존호를 폐한 다음 서궁현재 덕수궁에 유폐시켜 버렸다.

인목대비 김씨가 유폐되기 이전부터 광분하는 광해임금과 간신배들로 들끓는 조정은 이미 민심이 이반離叛되어 있었다. 주연에 빠진 광해군은 궁중 악사들이 보는 앞에서 이이첨이 바친 허나인과 염사艶事:성행위를 벌였고, 이이첨은 또다시 간계를 꾸며 선조의 서손 능창군陵昌君:능양군 인조의 동생을 역모죄를 씌워 강화 교동도로 유배시켰다가 출세에 눈먼 이응성·황성세가 오랏줄로 목졸라 죽였다.

이런 혼탁한 정국과 세태를 풍자한 《홍길동전》의 작가 허균許筠은 글로써 민심을 선동·교란하며 계획적인 혁명을 도모하다가 목이 잘리는 참형을 당했다. 그는 죽기 직전 시 한 수를 읊었다.

청향지주천인혈淸香旨酒千人血
세절진수만성고細切珍羞萬姓膏
촉루낙시인루락燭淚落時人淚落
가성고처원성고歌聲高處怨聲高
　　맑은 향내 맛좋은 술은 천 사람의 피요
　　갖가지 음식은 만백성의 기름이라
　　촛불의 눈물 떨어짐은 사람의 눈물이요
　　노랫소리 높은 곳에 원망 소리 드높더라

《홍길동전》의 주요 사상은 적서嫡庶 차별의 타파, 탐관 오리의 숙청, 빈민의 구제, 무위도식배에 대한 규탄, 해외 진출과 국위 선양 등의 내용이었다. 이렇게 정국이 혼미에 빠지고 민심이 흉흉한 틈을 이용해 집권 세력 대북파에 불만과 원한을 품은 인사들이 서서히 역모를 획책하기 시작했다.

광해군을 죽이려고 했던 인목대비

폭군 광해군이 칼과 몽둥이로 바른 말하는 충신들을 차례로 죽이고 정사는 외면한 채 갖은 음사淫事를 일삼을 무렵, 삼천리 방방곡곡에서는 이미 분노의 불길이 일어나고 있었다.

게다가 광해군은 자신보다 아홉 살 아래인 계모 인목대비 김씨를 폐위시켜 서궁에 유폐한 것은 성리학을 숭상하는 조선에서 대비 김씨의 서궁 유폐가 반정을 일으킬 수 있는 좋은 명분이었다. 한맺힌 김씨에게도 복수의 날이 다가오고 있었다.

결국 이귀李貴·김자점金自點·신경진·심기원沈器遠·김유金?·이괄李适 등 서인들은 선조의 서손이자 선조의 후궁인 인빈 김씨의 3남 정원군定遠君의 아들인 능양군綾陽君·인조을 옹립하는 인목대비 김씨의 교지를 받아 1623년광해 15 3월 13일 반정을 성공시켰다.

능양군도 8년 전 동생 능창군이 강화 교동도에서 억울하게 죽었기에 광해군과 대북파에게 사무치는 원한을 품고 있던 터였다. 반정 세력이 성공할 수 있었던 것은 광해군과 가까운 김상궁을 포섭한 것이 주효했던 것이다. 뇌물을 먹은 김상궁이 주색에 빠진 광해임금의 유흥을 돋우고 거사기밀을 차단했던 것이다.

간밤의 난리통에 허겁지겁 도망쳤다가 체포된 광해군은 아직도 취중인 채 폐주廢主 신세가 되었고, 반정군은 서둘러 서궁에 유폐되어 있던 인목대비 김씨에게 능양군의 전위 교지傳位敎旨를 내려달라고 청했다. 그러나 한과 복수심에 불타는 대비 김씨가 순순히 반정군의 뜻대로 응할 리가 없었다.

능양군이 직접 알현謁見하고서야 간신히 윤허를 받아낼 수 있었다. 대비 김씨는 광해군의 목을 원했던 것이다. 반정군에 의해 대북大北 간신들의 목은 잘렸으나 광해군은 강화도로 귀양 가는 것으로 일단락 지었다. 이로 써 능양군이 왕위에 오르니 인조반정仁祖反正을 마무리 짓게 되었다.

끝내 광해군을 못 죽인 인목대비

인목대비 김씨는 인조능양군에게 계속 광해군을 죽일 것을 요구했으나 15년 동안 왕위에 있던 광해군을 죽이기는 무리였다. 반정을 거사한 서인 들이 인목대비를 찾은 것은 어른에 대한 예우 차원의 형식적 절차에 불과 했을 뿐이었다. 반정 바람에 김씨가 다시 대비의 위호는 찾았으나 명의뿐 이었고 실권은 서인에게 있었다.

1628년인조 6 정월 김씨의 조카 유효립柳孝立이 역모를 꾀하다 죽었을 때, 서인 정권은 선조의 후궁 정빈 민씨靖嬪 閔氏의 아들 인성군仁城君을 제거하 기 위해 인목대비 김씨를 이용하기도 했다.

인목대비는 한때 자기의 폐비 사건에 인성군이 관련되었다 하여 여태껏 앙심을 품어 오던 차에 유효립의 역모에 연루되어 진도에서 귀양살이하는 인성군에게 사약을 내리도록 했다. 인목대비 앞에서는 눈치만 보는 인조 로서는 어쩔 수 없는 조치였다.

이렇게 조정의 신하들은 지난날 대북 세력 정적들을 제거하는 데에 대 비 김씨를 정략적으로 이용했다. 복수심에 가득 찬 인목대비 김씨는 친정 을 멸문시키고 아들 영창대군을 죽인 광해군을 끝내 죽이지 못하고 1632 년인조 10 6월 48세의 춘추로 한많은 세상을 떠났다.

그녀는 현재 경기도 구리시 인창동 소재 동구릉 묘역에 묻힌 선조와 의 인왕후의 능인 목릉穆陵에 나란히 묻혔다.

탐욕스런 간신배들의 농간에 의해 폭군이 되고 폐주가 되어 강화로 유

배되었던 광해군은 그 후 다시 제주도로 옮겨져 인목대비 김씨보다 9년을
더 살았다.

제14대 선조 때의 세계

1568년 네덜란드 독립 전쟁 발발. 1581년 네덜란드 독립 선언. 1583년 만주의 여진 추장 누루하치 기병. 1585년 일본, 도요토미 히데요시 관백關白이 됨. 1588년 누루하치, 만주 여러 부部를 통일. 1588년 영국, 에스파냐의 무적 함대를 격파, 해상권 장악. 1590년 일본, 도요토미 히데요시 전국을 통일. 1593년 누루하치, 해서海西 여진을 격파. 1596년 영국, 셰익스피어의 《한여름 밤의 꿈》 나옴. 1597년 셰익스피어의 《베니스의 상인》《로미오와 줄리엣》 나옴. 1598년 일본, 도요토미 히데요시 사망. 1598년 프랑스, 낭트의 칙령 발포發布, 위그노전쟁 끝남. 1600년 영국, 동인도회사 창설~1858. 1601년 마테오 리치, 북경에 천주회당 건립. 1603년 일본, 도쿠가와 도쿄에 막부幕府 세움. 1603년 누루하치, 수도를 흥경興京으로 옮김. 1603년 영국, 엘리자베스 여왕 사망. 1603년 셰익스피어의 《햄릿》 나옴. 1604년 프랑스, 동인도회사 창설~1796. 1605년 스페인, 세르반테스의 《돈 키호테》 나옴.

문성군부인 유씨
文城君夫人 柳氏
(1573~1623)

 젊은 시어머니와 갈등하는 유씨

　광해군 부인 유씨는 판윤判尹 유자신柳自新과 동래 정씨東來 鄭氏의 딸로 1573년선조 6에 태어났다.

　유씨는 1588년선조 21 두 살 아래인 광해군과 혼인하여 아들 셋을 두었으나 두 아들은 일찍 요절하고 외아들이 된 질桎만 두었다.

　유씨의 아들이 열 살이 되던 1602년선조 35 51세의 시아버지 선조가 19세의 인목왕후 김씨를 맞이했다. 이때 30세인 유씨보다 시어머니 김씨는 열한 살 어렸다.

　당시 남편 광해군과 유씨는 세자와 세자빈으로 책봉된 상황이었는데, 1606년선조 39 인목대비 김씨가 영창대군을 낳자 조정의 세력은 광해군을 지지하는 대북大北 세력과 영창대군을 지지하는 소북小北 세력으로 분열됐고, 선조는 후궁 공빈 김씨恭嬪 金氏의 소생인 서출 광해군보다 인목왕후 김씨의 소생인 적출 영창대군을 더 총애했다.

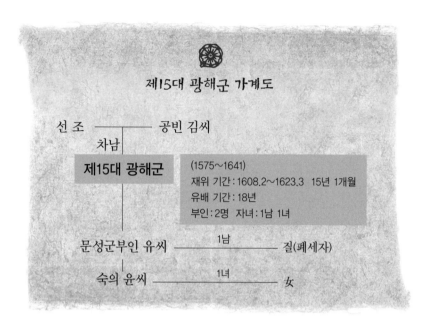

제15대 광해군 가계도

선조 ——————— 공빈 김씨
　　차남

제15대 광해군 　　(1575~1641)
　　　　　　　　　재위 기간 : 1608.2~1623.3　15년 1개월
　　　　　　　　　유배 기간 : 18년
　　　　　　　　　부인 : 2명　자녀 : 1남 1녀

문성군부인 유씨 ——————1남——————— 질(폐세자)

숙의 윤씨 ——————1녀——————— 女

　　상황이 이러하니 유씨와 어린 시어머니 간에는 미묘한 갈등이 일기 시
작했다. 인목대비 김씨가 적장자 영창대군을 낳고부터 선조는 광해군의
문안 인사조차 거절하면서 냉정하게 대하니 덩달아 김씨의 궁녀들도 콧대
를 높이고 나인들까지 유씨를 업신여겼다.

　　유씨와 시어머니 김씨 간에는 암암리에 긴장 상태가 고조되고 있던 중
에 결정적으로 감정의 골이 깊어지는 사건이 벌어졌다.

　　유씨는 막내아들이 병이 들어 대전大殿 약방에서 약을 지어 오게 했는
데, 대전 약방 궁녀가 인목왕후의 세력을 믿고 유씨가 보낸 궁녀에게 동궁
東宮 약방의 약을 사용하라며 약을 주지 않았다.

　　당시 대전 약방과 동궁 약방은 수준이 달랐던 것이다. 유씨는 하는 수
없이 동궁 약방의 약을 썼는데 공교롭게도 아들이 죽어 버렸다. 유씨의 생
각으로는 아들이 죽은 것은 인목왕후가 세력을 부렸기 때문이라고 원망
했다. 그러나 유씨는 분노를 속으로 삼킬 수밖에 없었다.

조정을 친정 식구들로 들끓게 한 유씨

1608년선조 41 2월 인목왕후 김씨의 아들 영창대군이 세 살 되던 해 선조가 갑자기 운명하자 인목왕후는 광해군을 즉위시킨다는 교지를 내렸다. 광해군이 등극하면서 유씨도 왕비에 책봉되었다.

유씨가 왕비에 책봉되자 조정은 온통 유씨 집안의 세도로 가득 찼다. 유씨의 오라버니 셋은 물론 조카들까지도 모두 벼슬아치가 된 상황이었다. 유씨의 친정 식구들은 부정·비리 관리를 묵인해 준 대가로 뇌물을 챙기고 낙하산 벼슬자리까지 추천하는 인사 청탁 뚜쟁이짓까지 서슴지 않았다.

이렇게 유씨 일가가 설쳐대니 1612년광해군 4 4월 성균관 진사 임숙영이 과거 시험 책문시策問試에 당시 유씨 일가족과 정사를 풍자, 비난하는 글을 지어 논란이 일어나기도 했다.

그 무렵 시를 잘 짓고 낙백落魄:넋을 잃는 것하여 세상을 더럽게 여겨 과거를 보지 않았던 시인 석주 권필權韠이 '궁류시宮柳詩'를 지어 현실 비판을 했다가 국문鞠問을 당한 후 귀양 가는 도중 죽고 말았다.

궁류청청앵란비宮柳靑靑鶯亂飛
만성관개미춘휘滿城冠盖媚春暉
조가공하승평락朝家共賀昇平樂
수언위견출포의誰言危遣出布衣
　궁버들 청청한데 꾀꼬리 요란하게 나는구나
　(궁에는 유씨들로 우거져 유비와 여인들이 어지럽게 날고)
　성에 찬 관개冠盖:갓과 日傘의 뜻으로 벼슬한 사람을 지칭가 봄볕에 상긋거리네
　(성에 가득 찬 벼슬아치들은 봄볕에 아양 떠네)
　조정에선 함께 태평의 즐거움을 누리려 하는누리는 판에
　누가 시켜 위태한 말이 포의布衣:선비의 입에서 나오게 하였나.

곤장을 맞고도 광해임금을 쏘아보며 권필은 거침없이 말을 이었다.

"나라의 기강은 삼삼과의 일년초 식물갈래처럼 어지러워 있고, 간신배·흉악배 들이 궁중에 개미떼처럼 몰려 있습니다."

광해임금의 진노를 산 권필이 실신하도록 곤장을 맞고 귀양길의 객주집에서 숨진 것이다.

당시 임진왜란 후의 사회상은 혼란기였고, 소실된 대궐 등을 복구하기 위해 관직의 매매가 성행하였는데, 조도사라는 벼슬 행상은 지방으로 돌아다니며 재물을 받고 벼슬을 팔기도 했다.

어떤 자는 광해군에게 잡채 한 그릇을 올리고 호조판서가 되었고, 또 어떤 자는 산삼 한 근을 바치고 정승이 되었다고 한다. 창덕궁의 무리한 증축에 따른 사역과 재물의 헌납으로 백성들은 가산을 몰수당하여 굶주림에 쓰러지고, 헌납 과정에서 일부 헌납금은 농간을 부리는 관리들이 횡령 착복하여 사재로 비축하기도 했다.

흉흉해진 민심이 멀어져 가는 상황에서 광해군은 충신들을 수없이 목 베어 죽인 것에 대한 가책으로 괴로워 날마다 술과 계집으로 소일을 했다. 더욱이 불여우 같은 김상궁은 중전 유씨의 비위를 맞추며, 광해군에게는 후궁들을 매일같이 안배하면서 후궁들로부터 각종 패물과 뇌물을 거둬들이기에 혈안이었다.

졸졸졸 끊임없이 흐르는 옹달샘에 도취한 광해군, 살침을 흡수하는 윤 숙의의 뜨거운 몸은 밤이 새는 줄 모르고 있었다.

"마마?"

"왜?"

"이대로, 이대로 해가 지고 달이 뜨고, 해가 지고 하였으면……."

"어이고 고것, 욕심 한번……."

이렇게 태어난 왕자들이 후일 피바람을 일으켰고 왕이 되곤 하였다.

엽색 행각에 빠진 광해군은 거의 중전 유씨의 침소에는 들 겨를이 없었다. 유씨는 나름대로 친정 어머니 정씨를 모시고 연회를 베풀기도 하면서 자신이 왕비가 되기까지 겪은 고초를 스스로 달랬다. 그녀는 현실의 어려움을 불교와 무속을 통해 극복하려고 했었다.

친정은 멸문당하고 자결한 유씨

1623년광해군 15 3월, 마침내 '인조반정'으로 유씨의 왕비 생활은 끝나고 말았다. 정변이 일어나자 유씨는 한때 궁녀들을 이끌고 비원 숲 속에 숨어 있다가 반정군에게 자수했다.

젊어서는 세자빈 자리에서 남편 광해군이 밀려날세라 기를 썼고, 나이 들어 왕비가 된 뒤에는 온갖 역적 모의에 진저리를 쳤고, 친정 식구들을 끌어들여 암탉이라니 궁류청청앵란비라니 등의 갖은 욕설을 다 듣던 왕비 유씨, 한때는 아들 질이 세자로 책봉되어 기뻐했고, 세자빈 박씨도 왕비가 될 꿈으로 기뻐했었다.

그러나 이미 체포된 광해군 부부와 폐세자 부부 등 네 사람은 강화도에 위리안치圍籬安置되었다. 반정 세력은 이들을 한 곳에 두지 않았는데, 광해군 부부는 강화도의 동문 쪽에, 폐세자 부부는 서문 쪽에 각각 안치시켰다.

유씨는 강화도로 떠나는 뱃길에서 몇 차례 남편에게 목숨을 끊으라고 요구하였으나, 광해군은 언젠가는 다시 기회가 올지 모른다고 목숨을 끊지 않았다.

유씨가 강화도 교동땅에서 구차하게 몇 달을 지냈을 때, 아들 질이 땅굴을 파 탈출하려다가 발각되어 죽게 되었다. 폐세자가 죽자 폐세자빈 박씨도 남편의 뒤를 따라 바닷물에 투신하고 말았다. 이때 폐세자는 26세, 폐세자빈은 29세였다. 이미 친정 식구들도 모두 죽었다.

마지막 희망의 보루였던 아들이 죽었다는 소식을 전해 들은 유씨는 이제는 더 이상 살아갈 희망을 잃었고, 아들이 묵었던 방에 들어가 스스로 목을 매어 자살했다.

1623년인조 1 10월에 죽은 유씨는 현재 경기도 남양주시 진건면 송릉리 소재 광해군묘에 묻혔다. 여기저기 유배지를 옮겨 다닌 광해군 역시 아내 유씨를 그리워하며 18년을 더 살다가 67세인 1641년인조 19 7월 제주도에서 생을 마감하였고, 아내 유씨 옆에 묻혔다.

반정 직후 반정 세력은 폐비 유씨의 친정 일가는 물론, 세도를 부리던 간신배들과 궁녀들까지 모조리 장살해 버렸다. 숱한 피를 뿌린 복수극은 인목대비 김씨의 원한과 눌려 지내던 반정 세력의 원한이 복합적으로 작용한 결과였다. 피를 부른 권력 투쟁이었다.

권력은 부귀 영화로 통하는 길이기에 그랬던가, 한결같이 나라를 위한답시고 악착같이 권력에 집착한 잡배들이 역사를 피로 물들였던 것이다. 출세와 재물에 미쳐 시궁창에서 권력 싸움만 했던 머리 좋은 정쟁政爭의 무리들은 무엇이 자신들을 천하게 속박하는지를 모르고 있었다.

제15대 광해군 때의 세계

1616년 누루하치, 만주에 후금後金을 세움~1936. 1616년 이태리, 갈릴레이를 종교 재판에 회부함. 1616년 셰익스피어 사망1564~. 1616년 스페인, 세르반테스 사망. 1617년 명明, 전국적으로 대기근. 1618년 후금 태조 무순撫順 침입. 명나라와 단교. 1618년 독일, 30년전쟁 시작~1648. 1619년 후금, 심양 부근의 사르호 산山에서 명나라 군사 격파. 1620년 영국, 청교도들 아메리카에 상륙. 1621년 후금군, 요동을 경략經略하여 심양 점령.

제16대
인조仁祖

재위: 1623년 3월~1649년 5월

후비 인열왕후 한씨
仁烈王后 韓氏
(1594~1635)

계비 장렬왕후 조씨
莊烈王后 趙氏
(1624~1688)

 혼란 정국에 조바심했던 한씨

인조의 후비 인열왕후仁烈王后 한씨는 영돈녕부사領敦寧府事 청주 한씨 한준겸韓浚謙과 그 부인 황씨黃氏의 딸로 강원도 원주에서 1594년선조 27에 태어났다.

한씨는 1610년광해군 2 한 살 아래인 능양군陵陽君 인조과 혼인하여 청성현부인淸城縣夫人에 봉해졌다가 1623년 3월 인조가 즉위하자 30세에 왕비로 책봉되었다.

인조는 그의 아버지인 정원군定原君이 선조와 인빈 김씨仁嬪金氏 사이의 서출이었다. 즉, 선조의 후궁 인빈 김씨의 셋째 아들인 정원군추존왕 원종과 추존비 인헌왕후仁獻王后 구씨具氏 사이에서 1595년선조 28 11월에 태어났다.

인조는 광해군 때 득세한 대북파 세력을 제거하고 '인조반정'에 성공한 반정군과 선조의 계비 인목대비 김씨 등의 옹립에 의해 선조의 서손庶孫:서자의 손자으로서 왕위에 오른 것이다.

인조의 후비 한씨의 아버지 한준겸은 대북의 거두 정인홍鄭仁弘을 매우 싫어하여 파직당하기도 했고, 광해군 때 영창대군을 제거하려는 계축옥사에 연루되어 5년간 귀양살이를 하는 등 파란을 많이 겪었다. 이렇게 곡절이 많았던 아버지를 잘 아는 한씨는 매사에 신중하고 조심성이 많았다. 지난날 살벌한 정쟁 속에서 변을 당하는 사람들을 수없이 목격한 터였다.

한씨는 능양군과의 생활에서 가계가 어려워 검약하게 살 수밖에 없었다. 더욱이 시동생 능창군陵昌君이 역모에 연루되어 화를 피하고자 혼수 패물까지 뇌물로 바치다 보니 생활은 더욱 빈궁해졌다. 이러한 중에 반정에 의해 왕비가 되었던 것이다.

인열왕후 한씨는 배가 엎어져 있는 그림을 보여주며, 인조에게 인심을 잃으면 이렇게 될 수 있다고 조언하는 등 왕권의 정통성이 빈약한 인조가 반정 세력에게 퇴출되지 않도록 최선의 내조를 게을리하지 않았다. 인조가 후원을 호화롭게 꾸미고자 할 때도 지난날을 되새겨 검소하게 꾸미도록 하였다.

주) * 인조반정—조선의 군부 쿠데타 : 광해군 15년1623 3월 12일 밤. 광해군의 배다른 동생 정원군 추존 원종의 아들인 조카 능양군후에 인조을 비롯, 서인 세력 이귀·김자점·김유·이괄 등이 반란을 일으켜, 겨우 7백 명의 병력으로 창덕궁을 포위하고 호위군을 제압, 싱겁게 성공을 거두었다. 그만큼 민심이 임금을 떠난 탓이었다.

광해군은 자다가 놀라 깨어 궁궐 담을 넘어 도망갔다. 하도 경황이 없어 옥새까지 담 밑에 빠뜨렸다 한다. 임금은 젊은 내시에게 업혀 의관醫官 안국신의 집에 숨어들었다. 마침 안국신은 상을 당해 상복을 입고 있었는데, 임금은 그 상복을 뺏어 입고 신분을 감추었다. 그러나 이튿날 안국신 아내의 밀고로 숨은 곳이 알려지자 새 임금인조이 이중로 등을 보내 삼촌인 광해군을 데려오게 했다. 상복 차림의 임금 광해 앞에 이중로가 나아가 배알하자 광해군은 깜짝 놀라 물었다.

"너는 누구냐?"

"신은 이천부사 이중로입니다."

이중로는 임금을 끌어안아 말에 태워서 데려왔다. 도성 사람들이 쿠데타 군에 잡혀가는 임금을 바라보았고, 그 중 어떤 이는,

"돈 애비야, 돈 애비야, 거두어들인 금은 어디 두고 이 길을 가느냐?"

빈정대니 임금은 고개를 들지 못하고 눈물만 뿌렸다.

반정 후 인조는 광해군 때 권력을 독점했던 이이첨·정인홍鄭仁弘·유희분柳希奮 등을 처형하고 대북 세력 200여 명을 모두 숙청하는 한편, 반정에 가담했던 서인의 김유·이귀·김자점 등 33명에게 세 등급의 정사 공신 훈호를 내렸다.

반정 정권이 집권한 지 1년도 못 된 1624년인조 2 1월, 반정에 참여했던 이괄李适이 자신에게 부여된 2등 공신 한성판윤에 불만을 품고 있던 차에, 인조에게 반역을 꾀하고 있다는 서인들의 무고한 간언諫言에 자극받아 반란을 일으키게 되었다.

당시 후금後金의 침략에 대비하여 영변에 포진하고 있던 이괄은 북방 주력 부대를 이끌고 한성으로 진격했다. 이괄이 한성을 점령하자 인조는 공주로 피난 갔었고, 이괄은 선조의 열째 아들 흥안군興安君을 왕위에 옹립하였으나 전열을 가다듬은 관군에게 대패하고 이천에서 다시 진영을 구축했다. 그러나 패잔병이 뿔뿔이 흩어진 상태에서 전세 회복이 힘들다고 판단한 이괄의 부하들이 이괄과 한명련韓命璉의 목을 베어 관군에게 투항해 버렸다.

이로써 '이괄의 난'은 곧 평정되었으나 민간과 조정은 한동안 혼란스러웠고, 내부 반란으로 왕이 쉽게 도성을 비운 것에 대해 백성들의 조정에 대한 불신은 깊어졌다. 또한 반란으로 인해 변방의 수비에 허점이 생겼고, 이는 후금의 침략욕을 자극시켜 결국 1627년 정묘호란丁卯胡亂이 일어났다. 정묘호란은 다시 1636년 병자호란丙子胡亂으로 이어져 왕이 후금청의 태종에게 삼전도三田渡에서 무릎 꿇고 사죄하는 굴욕적인 상황이 벌어졌다.

이괄의 난 이후 해마다 흉년까지 겹쳐 민생이 피폐해지자 인열왕후 한씨는 기민饑民운동에 적극 나섰는데, 왕실에서의 기민운동 소식은 인조의 민심 회복에 큰 도움이 되기도 했다.

인조는 광해군 때 유지해 오던 중립 외교 대외 정책을 깨뜨리고 정권을

제16대 인조 가계도

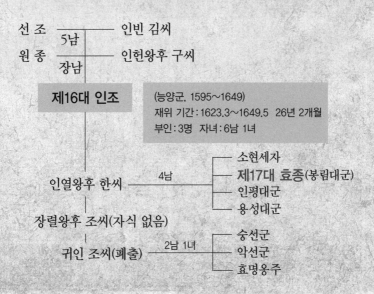

선조 ─┬─ 인빈 김씨
원종 ─┴─ 인헌왕후 구씨
　5남
　장남

제16대 인조 ─ (능양군, 1595~1649)
재위 기간 : 1623.3~1649.5 26년 2개월
부인 : 3명　자녀 : 6남 1녀

인열왕후 한씨 ── 4남 ─┬─ 소현세자
　　　　　　　　　　　├─ **제17대 효종**(봉림대군)
　　　　　　　　　　　├─ 인평대군
　　　　　　　　　　　└─ 용성대군

장렬왕후 조씨(자식 없음)

귀인 조씨(폐출) ── 2남 1녀 ─┬─ 숭선군
　　　　　　　　　　　　　　├─ 악선군
　　　　　　　　　　　　　　└─ 효명옹주

잡은 서인 세력에 의해 친명배금親明排金정책을 취했는데, 이 무렵 이괄의 난 때 반란의 주동자였던 한명련의 아들 한윤이 반란 실패 후 금나라로 도망쳐 불안한 국내 정세를 알리자, 1627년인조 5 2월 후금이 3만의 군사를 이끌고 침략해 오니 이것이 정묘호란丁卯胡亂이었다.

위협을 느낀 인조와 조정 대신들은 강화도로 피난했으며, 후금이 조선의 만주 영토를 후금에 내놓을 것 등의 세 가지 요구 사항과 조선은 명과 후금 사이에서 중립을 지키겠다는 제의가 강화 회담에서 수용되어 형제의 관계를 약속하는 정묘화약丁卯和約을 맺고 후금은 철군하였다.

며느리의 간택도 조정 뜻에 따랐던 한씨

1625년인조 3 인조와 후비 한씨는 맏아들 소현세자昭顯世子가 열네 살이 됨에 세자빈을 맞기 위한 간택령揀擇令을 내렸다. 이때 인조와 인열왕후는 남인 윤의립尹毅立의 딸을 마음에 두었고, 소현세자도 윤규수를 사모하고 있었기에 간택은 거의 결정적이었다.

그러나 당시 정치적인 계산을 하고 있던 서인 세력들은 정권 유지 일환 책으로 국혼물실國婚勿失, 즉 왕비는 반드시 서인의 집안에서 내겠다는 원칙을 고수하며 남인의 딸이 세자빈으로 간택됨을 거부하였다. 서인들은 윤의립의 조카 윤인발尹仁發이 이괄과 역모에 가담했다가 죽었으니 국혼은 역적 집안과는 불가한 일이라고 주장했다.

인조는 크게 노하여 묵살하였으나 반정 공신의 힘을 입어 왕이 된 처지 인지라 간단하게 끝날 일이 아니었다. 가만히 있지 않는 남인 세력과 서인 간에 갈등이 전개되었으나 결국 서인 세력이 판정승하고 말았다.

소현세자는 깊은 상처를 안고 마음 속 깊이 되새겼다.

"장가 드는가 봐라. 역적질을 한 것은 윤인발인데 사촌 누이동생 윤규 수가 왜 역적이지? 열여섯 살의 관음보살 같은 윤규수가 어찌 역적이냔 말 이다. 나쁜 신하놈들! 저희 당이 아니라서 그러는 게지……. 죽일 놈들!"

열네 살 세자의 가슴에 박힌 사랑의 상처가 탈이 되어 20년 후 독살을 당하는 비운에 처할 줄이야 누가 짐작이나 했겠는가.

세자에 못지않게 그를 그리워하던 윤규수도 더 이상 비통을 견디지 못 하고 목을 매고 말았다. 당쟁과 정치적 이권 다툼의 희생양이었다. 소현세 자도 이 소식에 충격을 받고 방황하다 1627년 정묘호란이 일어났던 해에 세자보다 한 살 많은 17세의 강씨와 혼인하게 되었다.

강씨의 아버지 동부승지 강석기姜碩期는 예학에 정통한 서인 세력의 인 물이었기에 소현세자는 처음에 강씨를 멀리했다. 세자는 내심 윤규수와 헤어지게 된 것이 강씨의 탓이라고 생각했다.

그리고 2년 전에 죽은 윤규수에 대한 그리움은 해가 갈수록 더 간절했고, 아들의 깊은 상처를 잘 알고 있는 인열왕후는 아들의 가슴앓이에 못내 마음이 걸렸다. 아버지 인조에게도 반항하고 세자빈 강씨에게도 생트집을 잡아 시비를 거는 통에 인열왕후만 중간에서 죽을 지경이었다.

그러던 중 소현세자는 나인 귀희歸希에게 마음을 주게 되었다. 세자빈 강씨에 대한 반발로 여색에 눈을 돌리고 있는 것이었다. 열아홉의 귀희는 세자의 손이 닿자 숨결이 거칠어지고 몸이 떨리며 열이 올라 아랫도리 근처가 화끈화끈 자꾸 근질근질해졌다. 늘 궁녀들이 한 마디씩 해보는 말로 "세자마마, 어른들 아시면 쉰네는 죽습니다. 제발……." 그러나 세자의 승은을 입은 귀희는 어느 새 종5품 소훈으로 승격되자 세자빈 강씨를 없애기 위해 강씨의 초상화를 땅에 묻고 저주하는 푸닥거리를 벌였다가 발각되어 물볼기를 맞고 그만 죽고 말았다.

서인 세력에 의해 귀희가 죽자 세자는 강씨를 더 미워했고 갈수록 비뚤어져만 갔다. 서인 신하들의 뜻에 따라 선택된 며느리였기에 인열왕후는 17세의 아들 소현세자가 너무 측은해 보였다.

아들보다 일찍 떠난 인열왕후

근심 속에 세월을 보내던 한씨가 1635년인조 13 12월 42세에 때늦은 출산을 하다 산후병으로 타계하고 말았다. 그녀는 처음 경기도 파주시 문산읍 운천리에 묻혔으나 영조 때 파주군 탄현면 갈현리의 장릉長陵으로 이장되었다. 14년 후에 인조도 인열왕후와 합장으로 묻히게 된다.

세자빈 강씨가 나름대로 자신의 역할을 묵묵히 수행해 나가자 소현세자도 차츰 강씨에게 마음이 기울어져 1636년인조 14 3월에는 이미 원손 석철과 둘째 석린을 낳았다. 인열왕후가 죽은 지 1년 후 1636인조 14 12월 병자호란丙子胡亂의 발생은 인조 일가를 폭풍 속으로 몰아가게 되었다.

후금이 국호를 청淸으로 바꾼 다음 정묘화약에서 설정한 형제 관계를 폐지하고 새로이 군신君臣 관계를 맺어 공물과 군사 3만을 지원하라고 요구함에 따라 조선이 이 제의를 거부하자 그들은 다시 12만 군사를 이끌고 조선을 침략하였다.

10여일 만에 청군이 한성 가까이 밀려오자 왕자들과 왕족들은 강화도로 피신시켰으나, 곧이어 한성과 강화도까지 함락되어 왕자들이 모두 체포되었다.

인조는 세자·백관 들과 더불어 길이 막혀 남한산성으로 들어가고, 청의 대군에 밀린 조선군도 남한산성에 1만 3천의 군사로 진을 쳤지만 세력의 열세로 45일 만에 항복하고, 주화론主和論:화의를 주장하는 의론이 채택됨에 인조는 삼전도三田渡:지금의 송파에 설치된 수항단受降檀에서 무릎 꿇고 청 태종에게 군신의 항복예降服禮를 드리니, 인열왕후가 사랑했던 소현세자와 세자빈 강씨, 그리고 둘째 아들 봉림대군鳳林大君과 그 며느리 장씨가 청나라에 볼모로 잡혀갔다.

당시 청과의 화해를 반대했던 척화론斥和論자인 삼학사 홍익한洪翼漢·윤집尹集·오달제吳達濟는 청국에 끌려가 모두 죽었다.

그 후 소현세자는 청국에서 8년 간의 볼모 생활에서 단순한 인질이 아닌 외교관의 소임을 다했는데, 조선 조정에서는 친청 행위로 규정하고 그를 비난했다. 당시 조정은 대부분 친명과 반청 세력들이 주류를 이루고 있었기에 그가 국왕으로서 부적격하다고 몰아붙였다.

소현세자가 1645년인조 23 2월 귀국했을 때 인조도 그를 박대했다. 인조가 총애하던 후궁인 귀인 조소용과 세자빈 사이가 좋지 않은 이유도 있었다. 또한 그때는 이미 인열왕후가 죽고 없었기에 궁궐 내명부들의 위계 질서가 깨진 상태였다.

물론 인열왕후가 죽은 지 3년 후 1638년 12월 계비 장렬왕후莊烈王后 조씨趙氏가 들어왔으나 그녀는 겨우 15세로 내명부를 다스리기에는 너무 어렸다.

후궁의 배후에는 항상 세력을 키우려는 정치 세력김자점이 있었던 터라 소현세자는 입국 두 달 후 4월에 갑자기 의문의 독살을 당하고, 그가 34세로 죽은 이듬해 3월 인조의 수라상에 독을 탔다는 혐의를 뒤집어쓴 세자빈 강씨도 기세 등등한 조소용과 김자점金自點의 무고로 인해 친정에서 사약을 받고 죽었으며, 거기다 친정 노모까지 처형당했다. 또 그 이듬해인 1647년인조 25 5월에는 세 아들도 제주도로 귀양 가 그 중의 두 명은 갑자기 죽고 말았는데, 인조는 손자들을 죽였다는 세상의 비난을 피하고자 그들을 돌보던 나인을 애매하게 장살시켰다.

소현세자를 죽인 세력들은 세자가 죽은 직후 귀국한 봉림대군후일 효종을 세자로 책봉했었다. 인조의 총애를 받던 후궁 조소용은 어린 중전 조씨를 제쳐놓고 제 맘대로 왕비 행세를 하며 궁궐을 휘저었다.

반정 공신의 득세와 간신배들의 정쟁에 놀아난 인조는 결국 소현세자 일가족을 몰살시킨 비정한 부왕이었던 것이다. 그 배경에는 정치 세력을 업고 설치는, 요사한 후궁 조소용이 있었던 것이다.

인조는 자신이 광해군을 몰아내고 왕위를 찬탈했던지라, 아들과 며느리도 정적으로 보였던 과대피해망상증인 데다가, 집권 세력의 김자점 등이 무고한 충신들을 역적으로 몰아 허위 품고를 일삼았기에 정국은 더욱 혼란에 빠졌던 것이다.

당시 북방을 지키던 압록강 호랑이 임경업林慶業 장군이 청군의 침략 낌새를 느끼고 군사 2만 명을 조정에 요청했으나 김자점은 이를 역모 계획으로 몰아붙여 임경업을 사형시킴에 따라 청군의 병자호란 침략을 도와준 꼴이 되고 말았던 것이다. 모두 다 당쟁의 결과였던 것이다.

파벌 이익과 자신의 영달에 광분했던 부패 관료들의 망국 행각과 더불어 인조도 천지 분간 못한 정신 못 차린 왕이었다.

당시에도 망국적 정적 음해政敵陰害 공작 추태는 비일비재했었다.

타락·부정·비리를 일삼은 부패 관료 사대부 양반 망종들은 권력을 남용하여 국고 횡령·뇌물 수수·상민 재산 탈취, 노비의 인력 착취, 부녀자 겁탈 및 축첩 등 온갖 악행을 저질렀었다.

과연 조선의 관료주의 지배 계층답게 권세와 부富를 누렸던 상후하박上厚下薄형의 교활한 기회주의 간신배들은 자신들의 권위 보존을 위해 절대 권력에 대한 충성忠誠과 세뇌 교육을 선도先導하며, 폭정暴政의 장기 독재 집권을 향한 일등 공신 짓거리를 했었다.

더욱이 군주 독재 체제에 길들여진 아첨배들은 왕과 왕비를 국부國父니 국모國母라 존칭하고, 부모보다 왕에 대한 충성을 중시하는 노예 근성 추태를 보였었다. 즉, '효'보다 보스boss에 대한 '충'이 우선이었다.

후비 인열왕후 한씨
仁烈王后 韓氏
(1594~1635)

계비 장렬왕후 조씨
莊烈王后 趙氏
(1624~1688)

 대비의 권위를 뒤늦게 찾은 조씨

인조의 계비 장렬왕후莊烈王后 조씨는 한원부원군漢原府院君 양주 조씨楊
州 趙氏 조창원趙昌遠과 완산부부인의 딸로 충남 천원군에서 1624년인조 2
11월에 태어났다.

조씨는 1635년인조 13 인조의 후비 인열왕후가 죽자 3년 뒤인 1638년인조
16 15세의 어린 나이로 44세인 인조와 가례를 올려 계비로 책봉되었다.

이권과 당쟁으로 얽힌 복잡한 조정에서 열다섯 살의 소녀가 국모로서
내명부의 수장 노릇을 하기에는 무리였다. 특히 인조의 총애를 받던 소용
조씨가 궁궐을 휘젓고 있는 때이어서 인조 또한 어린 중전보다는 자신을
알아서 챙겨주는 소용 조씨를 더 좋아하고 있었다.

이미 소용 조씨는 아들 숭선군崇善君을 낳았고, 반정 공신 김자점의 세
력을 업고 있어 마치 궁궐의 안주인처럼 행세할 정도로 권세가 대단했다.
그러나 왕비 조씨가 비록 어려도 처음에는 후궁들의 봉작을 높여주기도

하는 등 넓은 도량을 보여 덕망 높은 중전임이 소문 났었다. 중전의 은혜를 입고도 여우 같은 조소용은 인조의 눈을 멀게 하고 인조와 왕비의 사이를 이간질하여 궁녀들을 때려잡는 데에 전력했다.

소용 조씨보다 먼저 궁녀로 들어온 이상궁이 소용 조씨의 권세를 보다 못 해 못마땅한 점을 궁녀 애향에게 털어놓은 적이 있었는데, 이것을 알게 된 소용 조씨는 인조에게 자신을 저주하고 있는 것처럼 확대해 일러바쳤다. 이미 소용 조씨의 조작극임이 알려졌는데도 인조는 이상궁을 처단했다.

이처럼 소용 조씨가 궁중을 좌지우지하는 때에 어린 왕비 조씨는 죽은 듯 조용히 지낼 뿐이었다. 더욱이 조씨 자신은 아이를 못 낳는 석녀라는 열등감으로 움츠러들었고, 인조가 조씨의 침소에 들려고 해도 조소용이 농간하여 조씨가 중풍이 들었다며 방해했다. 조소용의 농간으로 벌써 몇 년째 박대를 받으며 별거 중인 왕비 조씨는 화병火病까지 들어 몸이 말이 아니었다.

1647년인조 25 5월 조소용의 농간으로 이미 죽은 소현세자의 어린 3형제가 제주도로 귀양 가 그 중 두 명이 의문사하게 되었다. 인조임금도 그의 손자들의 죽음이 누구의 농간인지 알면서도 쉬쉬하고 말았다. 어린 왕손들의 죽음을 안타까워하고 한탄한 이는 역시 박대받고 사는 왕비 조씨였다.

"어린 것들이 무슨 죄가 있다고 이 쳐죽일 요사한 년……."

장렬왕후는 생각할수록 아이들이 불쌍하고 분통이 터졌지만 임금의 총애를 잃은 채 외롭게 지내는 처지이기에 속만 끓일 수밖에 없었다.

그런 중에도 죽은 소현세자의 뒤를 이어 왕세자가 된 봉림대군훗날 효종은 외로운 장렬왕후를 끔직이 섬겼다.

후사도 없이 인조임금에게 박대를 받으며 외롭게 지내는 계모 장렬왕후를 늘 안쓰럽게 여긴 봉림대군은 자신보다 다섯 살이나 아래인 계모였지만 진심으로 공경하고 싶었던 것이다. 문안을 드리지 말라는 인조의 엄명에도 불구하고 봉림대군은 장렬왕후에게 수시로 문후 인사를 드리며 효도를 다했다. 그때마다 장렬왕후는 눈물이 나도록 고마웠다.

인조가 세상을 떠나던 날 요물 조소용은 장렬왕후의 임종을 막으려고 악착을 떨자 봉림대군은 단호하게 조소용을 내치고 장렬왕후를 모셔오도록 했다.

인조는 수척해진 장렬왕후의 얼굴을 살피면서,

"그리도, 그리도 고운 얼굴이……"

인조는 첫날밤 열다섯 살의 규수를 생각하고 있었다. 그렇게도 깜찍했던 규수. 인열왕후가 죽어 잠을 못 이루던 자신의 마음을 달래어 밤마다 깊은 잠을 재워주던 장렬왕후가 아니었던가.

인조의 용안에 참회의 눈물이 번진다.

"주, 중전…… 미, 미안……."

1649년인조 27 5월 8일 인조는 그렇게 떠났다. 이때 장렬왕후의 나이 스물여섯, 인조는 쉰다섯 살이었다.

이후 장렬왕후는 봉림대군, 즉 효종의 지극한 효성으로 대비로서의 권위를 되찾게 되었다. 1651년효종 2 소용 조씨의 맏아들 숭선군을 임금으로 추대하려 했던 소용 조씨의 사위와 그 아버지 김자점반정공신, 소용 조씨 등은 역모 혐의로 사사당하고 숭선군은 귀양 가게 되었다. 이제 궁중에서는 장렬왕후를 적대할 여성은 없어졌다.

장렬왕후는 자신이 낳은 아들이 아닐지라도 효종의 극진한 효도를 받으면서 대비로서의 권위만 지키면 되었다. 그러나 이런 평화는 오래 가지 못했다. 1659년효종 10 효종이 세상을 떠나자 복상服喪 문제가 대두되어 조정에서는 서인과 남인 간에 정쟁이 일어난 것이다.

신하들의 뜻대로 상복을 입은 조씨

효종은 아버지 인조가 청태종에게 무릎 꿇었던 치욕에 대해 절치부심切齒腐心하며 북벌 계획을 세우고 군비 증강에 전력하다 재위 10년 만에 승하하자, 엉뚱하게도 계모인 장렬왕후 조대비는 복상 문제에 휘말리게 됐다. 계모이지만 조대비가 아들인 왕이 죽었을 때 얼마 동안 상복을 입어야 하는가를 둘러싸고 복상 논쟁이 벌어진 것이다.

당시 일반 사회에서는 주자朱子의 《가례》 사례를 따랐지만 왕가에서는 성종 때 제정된 《오례의五禮儀》를 준칙으로 삼았다. 그러나 《오례의》에는 효종과 조대비 같은 사례가 없었다.

효종이 왕통으로는 왕위를 계승한 적자이지만, 가통으로는 소현세자의 아우였기에, 효종을 적자로 보면 조대비가 3년복을 입어야 하나, 차남으로 보면 1년복을 입어야 했다.

집권 세력이었던 서인 측의 주장에 따라 조대비는 기년복朞年服:1년 복을 입게 되었다. 그러나 이듬해 남인 측의 허목許穆 등은 대왕대비의 복상은 3년을 입어야 한다는 3년설을 제기하여 서인을 공격했다. 이에 서인의 거두 송시열宋時烈은 효종이 차남이므로 복상은 1년만 하면 된다는 것이었고, 또 남인 측은 효종이 왕위를 계승하였으니 맏아들이나 다름없다고 반박하며 3년설을 주장했다.

결국 복상 문제는 양당간의 정치 쟁점으로 떠올랐고, 조정의 의견이 양분된 상황에서 기년복으로 결정됨으로써 남인의 입지가 약해지고 서인의 입김이 강해진 1차 예송禮訟 논쟁은 끝났다.

논쟁에 따라 상복을 입어야 할 사람은 대왕대비 장렬왕후였으나 그의 의견은 중요하지도 않았고, 왕실의 가장 웃어른인 장렬왕후의 복제服制 결정은 조씨가 아닌 조정 신하들의 뜻이었다. 그저 조씨는 자신의 복제를 둘러싼 국력의 소모적인 정쟁이 가라앉기만 바랐다.

송시열(1607~1689)
노론의 거두로 활약하다 세자 책봉의 일로
왕의 노여움을 사 결국 사사됨.

하지만 15년 후 1674년현종 15 2월 장렬왕후의 며느리인 효종의 후비 인
선왕후 장씨仁宣王后 張氏가 죽자 다시 이 복상 문제가 대두되어 남인은 기
년설을, 서인은 대공大功:9개월설을 주장하고 나섰다. 며느리의 상喪에 시어
머니의 상복喪服 기간이 1년이냐 9개월이냐를 두고 2차 예송 논쟁이 벌어
진 것이다.

고례古例에 의하면 맏며느리의 상에는 1년복을, 둘째 며느리상에는 9개
월大功服을 입게 되어 있었다. 그러나 《국조오례의》에는 모두 1년복을 입
게 되어 있었다.

1차 예송 논쟁 때 서인들은 1년, 남인들은 3년설을 주장했지만, 이번에

는 서인들이 9개월, 남인들이 1년설을 주장했다. 각 당의 논리는 15년 전과 같이 서인은 효종의 후비인 인선왕후가 둘째 며느리이므로 9개월복을 입어야 한다고 주장한 반면, 남인은 왕비이므로 1년복을 입어야 한다고 주장했다.

1차 논쟁은 서인들의 승리했지만 2차 논쟁은 남인들이 승리했다. 따라서 15년 전의 기년복도 3년복으로 고쳐졌다. 이는 18대왕 현종의 단안이었다. 그는 "신하가 임금에게 박하게 하면서 누구에게 후하게 하겠느냐"며 남인의 기년설이 채택되어 서인의 정권이 몰락하고 남인에게 정권을 넘겼다.

하지만 이번에도 대왕대비 장렬왕후는 그저 조정 대신들과 손자 현종顯宗이 결정하는 대로 1년복을 입었을 뿐이었다.

당시에도 정국政局의 주도권을 쥔 보수 세력은 주장 이념理念이 다른 상대를 반국가 적敵으로 매도하는 충성스런 애국자님들이었다.

집권의 재미를 보았던 세력은 권력 쟁탈·체제 유지·기득권 사수를 위

장렬왕후의 휘릉

해 의미 없고 소모적인 이념 논쟁과 악법을 무기삼아 백성을 짓밟거나 정적 제거 수단으로 악용하며 망국을 재촉하기도 했다.

어쨌든 논쟁거리 복상服喪으로 인해 장렬왕후는 자신의 의지와 관계 없이 당쟁의 빌미를 제공했고, 1688년숙종 14 8월 소생 없이 65세에 승하했다. 어린 나이에 인조의 계비가 되어 효종·현종·숙종肅宗대까지 4대에 걸쳐 왕실의 조용한 어른으로 지낸 장렬왕후는 죽어서도 남편 인조 곁으로 가지 못했다.

인조는 인열왕후와 함께 파주의 장릉에 묻혀 있으며, 장렬왕후는 경기도 구리시 인창동 소재 동구릉 묘역 휘릉徽陵에 홀로 묻혀 생전에 그랬듯이 외롭게 누워 있다.

제16대 인조 때의 세계

1624년 네덜란드, 대만을 점령, 제란디아 성城을 쌓음. 1626년 후금 태조누루하치 사망. 1628년 영국 의회, 권리청원 제출. 1631년 명明, 이자성 반란. 1632년 러시아, 이르쿠츠크 시市를 건설. 1633년 영국, 인도 벵골만에서 식민 활동 시작. 1636년 후금 누루하치의 아들 태종, 국호를 대청大淸으로 고치고 북경에 육박. 이후 신해혁명에 의해 멸망~1912. 1637년 프랑스, 데카르트, 《방법서설》 완성. 1642년 영국, 청교도퓨리탄 혁명~1649. 1642년 이태리, 갈릴레이 사망~1564. 1643년 명, 호남湖南의 대부분을 반군에게 잃음. 1644년 청군淸軍, 산해관을 넘어 북경을 국도國都로 함. 명나라 멸망, 청, 중국을 통일. 1645년 청나라, 양주·남경 등 점령, 이자성 자살. 1648년 프랑스, 파스칼, '파스칼의 원리' 발견. 1649년 러시아 하바로프스크, 흑룡강 지방을 탐험. 1649년 찰스 1세를 처형. 공화정共和政 혁명 이룩.

후비 인선왕후 장씨
仁宣王后 張氏
(1618~1674)

 북벌에 전력을 바친 장씨

효종의 후비 인선왕후仁宣王后 장씨는 신풍부원군新豊府院君 덕수德水 장씨 장유張維의 딸로 1618년광해군 10 12월에 태어났다.

효종은 인조와 인열왕후 사이에서 차남으로 1619년광해군 11 5월에 태어났다.

인선왕후는 친정과 외가 모두가 절개가 곧은 집안으로서 외가 쪽은 특히 척화파斥和派 집안이었다. 1631년인조 9 열네살 때 열세 살인 봉림대군鳳林大君과 가례를 올리고 풍안부부인豊安府夫人에 봉해졌으며, 이후 1637년인조 15 인조가 삼전도三田渡에서 청태종에게 굴욕을 당한 뒤 소현세자 내외와 남편인 봉림대군을 따라 청나라에 볼모로 잡혀가 8년간 심양에 머물면서 많은 뒷바라지를 했고, 현종을 그곳에서 낳았다.

심양에서 소현세자昭顯世子 내외는 서구의 문물 등을 적극 수용한 데 반해 봉림대군과 장씨는 조선이 청나라에 당한 수모를 잊지 못해 철저한 반

청주의자가 되었다. 따라서 인조도 소현세자 내외보다 봉림대군 내외에게 마음이 기울어져 있었다. 게다가 인조의 후궁인 소용 조씨와 김자점 등이 소현세자가 청나라에서 조선의 임금 노릇을 하고 있다고 인조와 이간질을 시킴으로써 소현세자에 대한 인조의 감정은 극도로 악화되었다.

이 무렵 청나라는 명나라를 멸망시켰고 소현세자 일행은 석방되었다. 1645년인조 23 1월 소현세자 내외는 조국으로 돌아왔지만 인조는 전혀 반기지 않았다.

더욱이 김자점·소용 조씨 등이 청나라와 원만한 관계인 소현제자에게 왕위를 물려주어야 될는지 모른다는 말로 인조의 경계심을 더욱 높여 놓은 상태였는데, 사정의 내막을 모르는 세자가 서양의 책과 문물을 보여주며 조선이 변화되어야 함을 역설하자, 인조는 미리 거부감을 앞세워 분개하며 벼루를 들어 세자의 얼굴을 내리치기까지 하는 옹졸함을 보였다.

그런 후 소현세자는 원인 모르게 앓아눕게 되었고, 주치의의 학질 진단에 의해 세 차례에 걸쳐 침을 맞더니 3일 만에 죽고 말았다. 시체가 새카맣고 뱃속에서 피가 쏟아진 것으로 미루어 인조에 의해 독살된 것이었다.

소현세자가 죽은 한 달 뒤 5월, 봉림대군 부부가 귀국했다. 이어 인조는 자신의 병이 깊어지자 봉림대군을 세자로 책봉하려고 했다. 이때 조정 대신들은 죽은 소현세자의 아들 석철石鐵이 왕위를 계승함이 마땅하다고 건의했으나 인조는 자신의 뜻대로 봉림대군을 세자로 책봉하였다.

인조는 자신이 청나라에게 당한 굴욕을 봉림대군이 씻어줄 것으로 기대했다. 봉림대군이 세자로 책봉되었으나 부인 장씨는 소현세자빈 강씨가 이듬해 1646년 3월에 사사된 이후에 세자빈으로 책봉되었다.

세자로 책봉된 봉림대군은 1649년인조 27 5월 인조가 죽자 31세에 왕위에 올랐다. 따라서 왕비가 된 장씨는 2년 후 정식으로 왕비에 진봉되었다. 왕위에 오른 효종은 1651년효종 2 우선 소용 조씨와 짜고 역모를 획책한 척신

제17대 효종 가계도

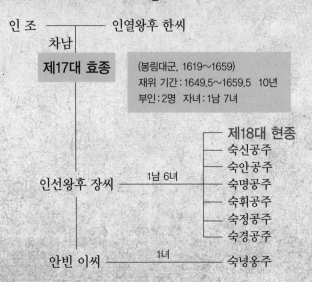

인조 ——————— 인열왕후 한씨

차남

제17대 효종　　(봉림대군, 1619~1659)
　　　　　　　　　　재위 기간 : 1649.5~1659.5　10년
　　　　　　　　　　부인 : 2명　자녀 : 1남 7녀

　　　　　　　　　　　　　　　　　　┌ 제18대 현종
　　　　　　　　　　　　　　　　　　├ 숙신공주
　　　　　　　　　　　　　　　　　　├ 숙안공주
인선왕후 장씨 ———— 1남 6녀 ——┼ 숙명공주
　　　　　　　　　　　　　　　　　　├ 숙휘공주
　　　　　　　　　　　　　　　　　　├ 숙정공주
　　　　　　　　　　　　　　　　　　└ 숙경공주

안빈 이씨 ———— 1녀 ———————— 숙녕옹주

세력의 김자점을 제거하고 인조의 후궁 소용귀인 조씨를 사사시키는 한편 북벌에 뜻이 있는 세력 중 송시열·송준길宋浚吉·김집金集 등을 등용했다.

　평소에도 효종은 숙원인 북벌을 하기 위해서는 조정과 전 백성이 단결해서 검약하고 소박한 생활을 해야 한다고 강조했다. 물론 효종 자신부터 모범을 보임으로써 인선왕후도 이러한 남편을 내조하며 무척 검약한 생활을 했다.

　효종은 겉으로는 청나라의 요구를 들어주면서 본격적인 군비 확충 작업에 착수했다. 1653년효종 4 때마침 제주도에 표류한 네덜란드 인 하멜에게 신무기를 만들게 하며 북벌 준비를 진행하는 중에 1654년효종 5 2월 청나라에서 원군을 초청해 왔다.

흑룡강변의 풍부한 자원을 탐낸 러시아나선가 흑룡강 알바진 하구에 성을 쌓고 남침하여 청나라 군대와 충돌이 잦자 청나라가 번번이 당하곤 했던 것이다. 이때와 4년 후 1658년효종 9 3월 두 차례에 걸친 청나라의 요청으로 효종은 각각 조총병 150명과 200명을 파견하여 러시아군이 거의 섬멸된 혁혁한 전과를 올렸다.

이 두 번의 나선 정벌은 조선군의 사기를 한껏 높여 효종은 나선 정벌을 핑계로 산성을 정비하고 군비를 확충하는 작업에 더욱 박차를 가했다.

지나친 군비 확충에 주력한 나머지 민생이 곤란해지고 재정적 어려움이 부딪치게 됨에 따라 인선왕후도 궁궐의 여인들을 독려하여 효종의 북벌 계획에 적극 내조했다.

북벌 계획에 내조한 인선왕후

인선왕후의 친정과 친척들이 대부분 강경한 척화파였기에 효종 못지않은 북벌론 지지자였다. 그녀는 먼저 궁궐 내명부의 기강 확립에 착수했다. 선왕 인조 때부터 궁궐의 안주인 행세를 하며 세도를 부려온 소용 조씨를 한미한 상궁 숙소로 옮기게 하고 장렬왕후의 실추된 권위를 되찾아주었다.

인선왕후는 효종과 함께 예를 다해 효도를 했다. 인선왕후는 북벌 준비에 차질을 유발할 수 있는 궁궐 내부의 암투와 알력을 원천 봉쇄하였던 것이다.

효종은 즉위 초에 등용됐다가 낙향해 버린 우암 송시열을 1657년효종 8 8월에 다시 불러 북벌 계획에 따른 18가지 수칙을 진언받았는데, 이를 정유년의 정유봉사丁酉封事라 이른다.

진언 18조 중에는 궁궐에서 산대놀이·투호놀이·무당굿 등의 퇴폐한 놀이를 일소하라는 내용이 있었는데, 이는 혹세 무민惑世誣民:세상을 어지럽히고 백성을 미혹하게 하여 속임하는 무당들의 행패를 근절하려는 취지였다.

여염 사가에서처럼 궁궐에서도 기복祈福적인 푸닥거리 굿판이 잦아짐에 인선왕후는 이러한 무질서와 문란을 정비해 나갔다. 또한 금주령을 내려 종묘에 쓸 제주祭酒 이외에는 일체 술을 빚지 못하게 하였다. 그런데 군량미 확보를 위해 금주령을 내리고 전복戰服을 만들기 위해 군포軍布를 거두어들이게 되면 노인들의 반발이 문제였다. 따라서 민심을 잃게 되면 국사에 차질이 생길 것을 우려한 인선왕후는 효종의 재가를 얻어 궁궐에서 경로 잔치를 벌이는 등 민심 회복에 전력했다.

뿐만 아니라 인선왕후는 단색으로만 만들던 이불을 적색과 청색을 섞어 만들도록 했다. 당시에 군복이 두 가지 색상이었기에 유사시 군복으로 전용할 수 있도록 대비했다. 우선 왕실에서부터 시범을 보이면 사대부 집도 따를 것이고, 자연히 온 백성도 점차 이불 색이 두 가지 색상으로 바뀔 것이라고 여겼다. 이때부터 두 가지 색상의 이불이 만들어지기 시작했다고 한다.

이렇게 조정은 어느 정도 북벌 준비가 진행되었으나 청나라 또한 세력이 더욱 강해져 북벌의 기회는 좀처럼 포착되지 않는 터에 재정이 부족하여 군비보다는 현실적인 경제 재건을 주장하는 조정의 대신들과 마찰을 빚기도 하였다.

결국 효종은 북벌의 뜻을 이루지 못한 채 창덕궁 대조전大造殿에서 41세를 일기로 1659년현종 10 5월 세상을 떠났다.

능호는 영릉寧陵으로 처음에는 경기도 구리시의 동구릉 묘역 건원릉 서쪽에 묻혔다가 1673년현종 14에 경기도 여주군 능서면 왕대리로 천장됐다.

복상 문제로 논쟁거리를 제공한 인선왕후

효종이 승하한 후 아들 현종은 신하들의 여덟 차례에 걸친 간청에도 불구하고 용상에 앉을 수 없다며 버티고 있었다. 용상이 비어 있으면 누가 언제 역모를 꾀할지 모르는 상황이었으므로 인선왕후는 답답하기만 했다. 인선왕후는 생각다 못 해 효종의 빈전에서 울고만 있는 세자 연^{현종}을 데리고 대비전으로 가서 대비 장렬왕후에게 왕위에 오르도록 교지를 내려 달라고 요청했다.

원래 왕이 승하하면 왕실의 최고 어른이 옥새를 보관했다가 세자가 즉위할 때 옥새를 전해 주고 왕으로 임명한다는 전교를 내렸던 것이다. 즉, 세자가 즉위하려면 대비의 명이 있어야 했다. 대비 장렬왕후는 즉시 언문 교지를 내려 세자의 현종 즉위식을 거행토록 했다.

현종이 등극하자 인선왕후는 일시 내정 간섭을 시도했으나 여의치 않았다. 당시 현종은 19세로 대략 문리가 트인 수준이었기에 어머니 인선왕후보다는 부왕이 믿었던 조정 대신들을 더 신뢰했던 것이다.

효종이 죽고 국상을 치르기 전부터 인선왕후는 그 동안 어진 국모의 모습이 돌변하여 남편 효종의 종기에 침을 놓다가 죽게 만든 침의들을 귀양으로 일단락 짓는 것이 부당하다고 강하게 반발했다. 결국 현종은 침의들을 귀양으로 낙착시켜 버렸다. 현종도 신하의 뜻과 같이 침의들의 실수가 고의가 아님을 잘 알고 있었다.

강력한 왕권을 추구한 효종에 비해 현종은 신하들과 공존을 모색한 군주로서 정치 성향이 달랐다. 대비 인선왕후는 아들의 이런 처신이 불만이었다. 효종이 못다한 북벌을 아들 현종에게 기대해 보았지만 인선왕후는 끝내 북벌 수행을 못 본 채 대비전에 은거하다 질병을 얻어 1674년^{현종 15} 1월 57세로 승하했다.

그녀는 효종이 묻힌 영릉^{寧陵}에 쌍릉으로 묻혔다. 인선왕후의 죽음으로 인해 시어머니 장렬왕후 조대비의 복상 문제가 정치 쟁점화되어 인조반정 이래 계속 집권했던 서인들은 몰락하고 남인들이 정권을 장악하는 계기가 되었다.

논쟁거리도 못 되는 사소한 명분에 집착하여 탄핵과 당쟁만 일삼는 한심한 작태는 여전했다. 정치를 하면 소인배 짓거리를 하게 되어 있는 것일까? 천박하기 이를 데 없어라. 썩어 문드러질 더러운 정쟁政爭의 무리들은 당시에도 발광發狂의 수치羞恥를 모르고 있었다.

권력 투쟁의 시궁창에서 힘의 논리에 의한 탐욕스런 폭력과 광기狂氣의 악순환 고리— '뫼비우스Mobius의 띠'인가?

제17대 효종 때의 세계

1650년 영국, 덴버의 싸움크롬웰. 스코틀랜드군 격파. 1651년 영국 크롬웰, 우스터에서 찰스 2세군을 격파. 항해 조례 발표. 1654년 러시아 사절단 바이코프, 청나라에 파견됨. 1655년 청군淸軍, 양광兩廣을 진압. 1656년 네덜란드, 포르투갈로부터 스리랑카 탈취~1658. 1658년 청군淸軍, 귀주貴州를 점령. 1658년 영국, 올리버 크롬웰 사망~1599.

후비 명성왕후 김씨
明聖王后　金氏
(1642~1683)

 정청政廳**에서 대성 통곡한 김씨**

　현종의 후비 명성왕후明聖王后 김씨는 영돈녕부사 청풍부원군淸風府院君 청풍 김씨인 김우명金佑明과 부인 송씨宋氏의 딸로 서울에서 1642년인조 20 5월에 태어났다.

　현종은 효종과 인선왕후 장씨가 청나라에 볼모로 잡혀가 있던 1641년 2월에 그곳에서 태어났다.

　서인西人이었던 김씨의 아버지 김우명은 송시열과 개인적인 불화로 남인 측과도 친밀한 관계를 유지하고 있었는데, 1651년효종 2 11월 김씨가 열 살 때 현종과 가례를 올리고 세자빈에 책봉되었고, 1659년 5월 현종이 왕위에 오르자 왕비로 책봉되었다. 2년 후 1661년 8월에 원자숙종를 낳았다.

　현종은 즉위 초부터 복제服制 문제로 인한 남인과 서인의 예론禮論 정쟁에 휩싸였다. 즉, 효종이 죽자 인조의 계비인 장렬왕후가 상복을 얼마나 입어야 하는가 하는 문제가 정쟁화된 것이다.

당시의 조정은 인조반정仁祖反正으로 정권을 장악한 서인 세력과 인조의 중립 정책으로 기용된 남인 세력으로 양분되어 있었는데, 예론 역시 처음에는 학문적인 대립에서 시작되었으나 나중에는 정쟁으로 확대되었다.

현종 시대는 내세울 만한 사회적 발전도 없었고 외침이 거의 없어 비교적 평화로운 시절이었는데, 현종이 등극 초부터 현종의 후비 명성왕후는 시어머니 효종의 후비 인선왕후와의 은근한 암투로 보이지 않는 갈등 속에 조정 대신들은 사분오열 상태로 각기 자파自派 세력을 확보하기에 혈안이었으니, 이것이 곧 빌어먹을 당쟁의 예송禮訟으로, 서인의 송시열과 남인이 허목許穆 사이에 치열한 싸움이 벌어졌던 것이다.

효종의 상喪에 직면하자 서인은 효종이 차남이므로 당연히 기년상1년복이어야 한다고 주장했고, 남인은 효종이 차남이지만 왕위를 계승하였으므로 장남과 다름없기에 3년상이 옳다고 반박했다.

결국 서인의 기년상이 채택됨으로써 남인의 기세가 꺾였으나 계속하여 남인의 반발이 심상치 않자 1666년현종 7 현종은 기년상을 확정 지으면서

주) * 예송 논쟁禮訟論爭과 권력 투쟁
  1차1659년 **기해예송**—현종 즉위 초, 현종 아버지 효종의 계모인 조대비의 상복 입는 기간을 둘러싸고 서인과 남인이 첫번째 대립했다. 효종이 사망했을 때 조대비인조의 계비의 상복 입는 기간이 문제되었는데, 남인 측은 차남인 효종이 임금이 된 것은 장자소현세자의 권위를 계승한 것이므로 장자의 예를 따라 3년을 주장했고, 서인은 효종이 차남이므로 예에 따라 1년을 주장했다. 현종은 당시 19세로 어렸고, 서인 측이 정권을 장악했으므로 서인의 주장을 채택했다. 이로써 남인 정권이 축출됐다.
  2차1674년 **갑인예송**—현종 15년. 효종의 계모 조대비의 상복 입는 기간을 둘러싸고 남인과 서인 간에 두 번째 대립. 현종의 어머니이자 효종의 후비 인선왕후가 사망했을 때 시어머니가 되는 조대비의 상복 입는 기간이 문제되었는데, 서인은 인선왕후가 차남의 후비이므로 예에 따라 9개월을 주장했고, 남인 측은 비록 둘째 며느리라도 중전을 지냈으므로 큰며느리나 다름없다며 1년을 주장했다. 현종은 아버지 효종이 장자의 권위를 계승한 것이라고 판단하여 남인의 주장을 채택하고, 1차 기해예송도 잘못된 것이라고 판단. 서인을 축출하고 남인을 기용했다.
  이 사건으로 서인 정권이 벼락을 맞았다. 2차에 걸친 예송은 논쟁 가치도 명분도 없는 오직 집권만을 위한 당쟁 추태가 되고 말았다.

더 이상 복상 문제를 거론치 말 것을 엄명했고, 만약 다시 거론하는 자는 엄벌에 처하겠다는 어명을 내렸다.

이처럼 사분오열 당쟁 속에 지내오던 명성왕후는 1674년현종 15 또다시 불거진 예송 사건을 겹쳐 맞게 되었다. 2월에 효종의 후비인 시어머니 인선왕후가 세상을 떠나자 제2차 예송 논쟁이 일어났는데, 이번에도 서인 측은 효종이 차남인 점을 강조하며 대공설9개월을 내세웠고, 남인 측은 인선왕후가 비록 인조의 둘째 며느리이긴 해도 중전을 지냈으므로 큰며느리나 다름없다면서 기년설1년복을 내세웠다.

현종은 이때 장인 김우명과 그의 조카 김석주金錫胄의 의견에 따라 남인 측의 기년설을 받아들여 장렬왕후로 하여금 기년 복상을 하도록 했다. 따라서 서인을 실각시킨 현종도 그 해 1674년현종 15 8월에 세상을 떠났다.

현종이 죽자 서인의 송시열은 다시 예론을 거론하며 자신의 종래 주장이 옳았음을 피력하다가 탄핵을 받아 귀양을 가게 되었고, 이후 서인 세력이 축출되고 남인이 정권을 장악하게 되었다. 즉, 명성왕후의 아들 숙종이 열네 살에 왕위에 올라 서인을 쫓아내고 남인들을 등용했던 것이다.

명성왕후는 숙종 즉위 초 수렴 청정을 했지만 아들인 숙종이 영민하여 수렴 청정이 필요 없을 정도였고, 또한 남인에게 정권이 넘어갔으므로 이내 섭정을 거두어야 했다. 섭정 기간 중에는 공공연히 조정의 정무에까지 간여하여 비판을 받기도 했다.

명성왕후는 아버지 김우명과 함께 우려하는 일이 있었다. 정권을 장악한 남인들이 선왕 효종의 동생인 인평대군麟坪大君의 세 아들과 친하게 지낸다는 것이었다. 삼복이라 불리는 인평대군의 세 아들 복창군福昌君·복평군福平君·복선군福善君의 외숙들이 바로 남인 정권을 받치는 지주였다. 명성왕후와 서인 측은 숙종이 외아들이었으므로 자칫하면 남인 측이 숙종에게 위해를 가하고 삼복三福 중 한 명을 임금으로 추대할지도 모른다고

제18대 현종 가계도

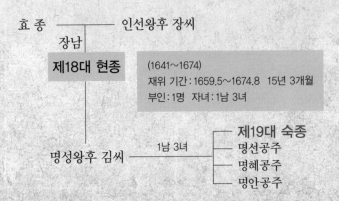

효종 ——————— 인선왕후 장씨

장남

제18대 현종

(1641~1674)
재위 기간 : 1659.5~1674.8 15년 3개월
부인 : 1명 자녀 : 1남 3녀

명성왕후 김씨 ————— 1남 3녀 ┬ **제19대 숙종**
├ 명선공주
├ 명혜공주
└ 명안공주

몹시 우려했던 것이다.

지능이 비상하고 성격이 과격했던 명성왕후는 이런 걱정 때문에 삼복 형제를 제거하기로 작정하고 삼복들이 궁녀들과 불륜의 관계를 가졌다고 주장했다.

1675년숙종 1의 이 '홍수紅袖 : 궁녀의 변' 사건에서 명성왕후는 아버지 김우명에게 시어머니 인선왕후의 상사 때 복창군이 대비 처소의 무수리였던 김상업과 관계를 맺었으며, 복평군도 궁녀 귀례와 불륜 관계라고 주장했다. 종친宗親과 궁녀의 불륜 사건을 전해 들은 김우명은 이 사실을 사위 숙종에게 고했다. 숙종은 관련자 네 사람을 심문했으나 조사 결과는 무고로 기우는 분위기였다. 당시 국법은 남을 무고하면 그 자신이 사형당하게 되

214

어 있었다.

김우명이 의금부에서 대죄待罪하는 중에 조정에서는 심야에 이 문제로 회의가 열리고 있었다. 참석한 대부분의 인사들은 남인들이었기에 김우명이 무고죄로 몰리는 분위기였다.

그때 별안간 정청政廳에서 여인의 곡성이 들렸다. 휘장 뒤에서 대비가 울고 있었다. 대신들은 불쾌하여 회의를 중단하였다. 수렴 청정을 하지 않는 대비가 정청에 나타난 것이나, 수렴 청정을 하더라도 정청에서 대성 통곡은 있을 수 없는 일이었다.

어쨌든 대비의 주장은 '홍수의 변'이 사실이라는 것이었다. 증거 유무를 떠나 숙종과 대신들은 대비의 주장을 거부할 수 없어 복창군·복평군·김상업·귀례 등을 사방으로 분산하여 귀양을 보내는 것으로 사건을 종결지었다.

이런 일이 있자 조정 대신들은 대비 김씨를 20년간 독재자로서 군림했던 문정왕후文定王后에 빗대었고, 대비의 정청 출현을 말리지 못한 아들 숙종을 비판하였다. 또한 유학자 박헌은 서인 측이 대비의 마음을 의혹시켜 이 지경에 이르렀다며 책임을 전가시켰다.

남인들의 이런 공세에 서인 측에서도 응수했다. 서인인 판부사 김수항金壽恒이 대비 김씨를 옹호하는 상소를 올렸으나 3사三司가 모두 합세해 김수항을 탄핵했다. 숙종도 내심 어머니 명성왕후가 정사에 간섭하는 것이 탐탁치 않았기에 이들의 탄핵을 받아들여 김수항을 귀양 보냈다.

이 사건으로 망신을 당한 대비의 아버지 김우명은 두문 불출하다가 화병으로 세상을 떠나고 말았다. 이렇게 되자 명성왕후는 더욱 남인을 원수로 여기게 되었다.

남인과 궁녀 장씨를 축출한 명성왕후

명성왕후는 호시 탐탐 집권 세력인 남인을 축출할 기회를 노리고 있었다. 당시 숙종은 모후 명성왕후의 사촌 동생 김석주金錫胄를 이용해 남인의 세력을 견제했었는데, 김석주는 원래 서인이었지만 송시열을 제거하고 서인 정권의 주도권을 쥐려고 제2차 예송 때 남인 쪽을 겨냥한 인물이었다.

그러나 막상 송시열을 밀어내자 많은 서인들이 함께 밀려나 서인 세력은 극도로 약화되고 말았다. 사태가 이 지경에 이르자 김석주는 송시열과 다시 손잡고 남인을 몰아내려고 했다.

1680년숙종 6 마침내 대비 명성왕후에게 남인 제거의 기회가 왔다. 서인 측이 남인의 영의정 허적許積이 잔칫날을 맞이하여 무사들을 모아들여 서인을 일망 타진하려 하고, 그의 서자 허견許堅이 따로 무사와 장정들을 모아 잔치를 벌이고 있다고 숙종에게 보고했다.

숙종은 단호히 남인들을 실각시켰을 뿐만 아니라, 허견이 삼복과 결탁하여 역모를 꾀한다는 고변告變을 접하고는 귀양을 간 삼복은 물론 남인들을 모두 역모죄로 죽이고 말았다. 당연히 이 고변의 배후에는 대비 명성왕후의 사촌 김석주가 있었고, 또 그 뒤에는 대비 명성왕후가 있었다.

대비 명성왕후는 이른바 '경신대출척庚申大黜陟' 사건으로 남인들을 축출한 데 이어 궁내의 남인 여성들도 추방하려 했다. 그 중의 한 명이 장옥정張玉貞:훗날 희빈 장씨이었다. 장옥정은 어머니가 남인가家의 조사석趙師錫의 여비女婢였던데다 인조의 서자 숭선군의 아들인 동평군東平君의 주선으로 궁녀로 들어와 남인가의 여인으로 낙인이 찍혀 있었다.

숙종의 첫사랑이었던 장옥정은 대비 명성왕후에 의해 끝내 대궐에서 쫓겨나고 말았다. 대비 명성왕후는 어느 왕실의 여인보다 철저하게 당파적 입장이 강했다.

정계에서 남인들을 축출하는 데 앞장 서고 국가 권력에 영향력을 미쳤던 대비 김씨는 1683년숙종 9 12월 창경궁에서 42세로 세상을 떠났다.

현재 경기도 구리시 인창동 소재 동구릉 묘역의 숭릉崇陵에 현종과 함께 쌍릉으로 묻혔다.

제18대 현종 때의 세계

1660년 영국, 왕정 복고. 찰스 2세 즉위~1685. 1661년 청, 성조聖祖 즉위~1722. 1661년 프랑스, 루이 14세의 친정親政 시작~1715. 1662년 청, 운남 평정. 1664년 프랑스 콜베르, 동인도회사 재건. 1665년 영국, 런던에 페스트 유행. 1666년 영국, 뉴턴 만유인력법칙 발견. 1667년 청, 성조 친정 시작~1722. 1667년 영국 밀턴, 《실락원》 완성. 1668년 영국 뉴턴, '반사망원경' 발명. 1668년 스페인, 포르투갈의 독립 승인. 1672년 프랑스 루이 14세, 네델란드 침략전쟁.

재위 : 1674년 8월~1720년 6월

후비 인경왕후 김씨
仁敬王后　金氏
(1661~1680)

1계비 인현왕후 민씨
仁顯王后　閔氏
(1667~1701)

2계비 인원왕후 김씨
人元王后　金氏
(1687~1757)

요녀 장씨의 모함 속에 요절한 김씨

숙종의 후비 인경왕후仁敬王后 김씨는 광성부원군光城府院君 광산光山 김씨 김만기金萬基의 딸로 1661년현종 2 9월에 태어났다.

김씨는 1670년현종 11 열 살 때 동갑인 숙종과 가례를 올려 세자빈으로 간택되어 이듬해 3월 왕세자빈으로 책봉되었다가 1674년 현종이 죽고 숙종이 즉위하자 왕비가 되었고, 1676년숙종 2 정식으로 왕비에 책봉되었다.

숙종은 처음에 인경왕후와 아무런 정도 없었다. 김씨의 집안이 서인파 학자 집안이라는 데서 서인들의 힘으로 입궁한 인경왕후를 숙종은 탐탁치 않게 여기다가 원체 김씨가 미인이고 심성이 고우므로 차츰 정이 들게 되었다. 14세의 숙종이 아직 즉위하기 몇 달 전 동궁 시절, 증조할머니이자 인조의 계비 장렬왕후 조대비의 나인훗날 장희빈과 눈이 맞아 사랑에 빠져 있었다. 숙종보다 두 살 위였던 나인 장씨의 미색과 요기에 홀딱 반해 버린 것이다.

제19대 숙종 가계도

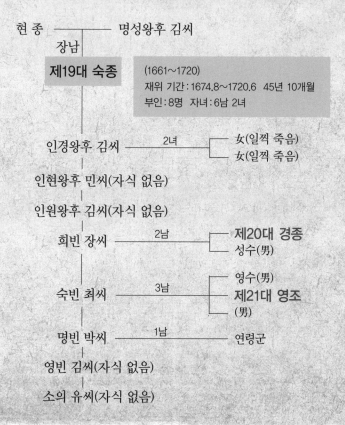

현종 ──────── 명성왕후 김씨

장남

제19대 숙종

(1661~1720)
재위 기간 : 1674.8~1720.6 45년 10개월
부인 : 8명 자녀 : 6남 2녀

인경왕후 김씨 ──── 2녀 ──┬── 女(일찍 죽음)
                        └── 女(일찍 죽음)

인현왕후 민씨(자식 없음)

인원왕후 김씨(자식 없음)

희빈 장씨 ──── 2남 ──┬── **제20대 경종**
                     └── 성수(男)

숙빈 최씨 ──── 3남 ──┬── 영수(男)
                     ├── **제21대 영조**
                     └── (男)

명빈 박씨 ──── 1남 ──── 연령군

영빈 김씨(자식 없음)

소의 유씨(자식 없음)

아버지가 누구인지 분명치 않은 나인 장씨가 궁녀로 들어온 내력은 자의대비 장렬왕후의 친정 일가인 신申과부가 종친인 동평군과 친숙했는데, 동평군은 인조의 서자인 숭선군의 아들로서 왕실의 친척이었다. 바로 과부 신씨가 장렬왕후 조대비에게, 장張녀는 눈치가 빠르고 싹싹한 아이라고

소개시켜 자의대비 조씨의 처소에 있게 되었다.

현종이 죽고 숙종이 왕위에 오르자 장녀는 더욱더 숙종과 접근하여 후일의 영화를 꿈꾸었고, 이듬해 숙종이 열다섯 살, 장녀가 열일곱 살 때 그들은 깊이 육정을 나누고 있었다. 숙종은 동갑내기 어린 인경왕후에게는 느낄 수도 없는 색정에 눈이 뜬 것이다. 이 정 저 정 해도 색정만 하랴. 어느 새 숙종과 장녀는 애정이 점점 깊어 갔고, 숙종은 수시로 장녀의 숙소를 출입하게 되자, 인경왕후는 비록 어리긴 하여도 아량이 넓어 장렬왕후에게 "주상이 보잘것없는 나인의 처소에서 자게 둔다는 것은 왕실에 누累가 될 것 같사오니 처소를 따로 정해 주시도록 하시옴이 옳을까 하여 아뢰나이다"라고 조용히 말하였다.

이때부터 장녀의 처소는 '응향각凝香閣'으로 옮겨져 왕을 맞게 되었는데 이렇게 왕비 김씨의 도량이 넓은 은혜를 원수로 갚은 것은 바로 장녀였다.

낮과 밤이 다른 요녀 장녀는 낮에는 수줍고 얌전해 보였으나 밤에는 그 일을 하면 교성을 지르고 요염을 떠는 능숙한 방사房事로 숙종은 정숙하기만 한 인경왕후에게서는 맛볼 수 없는 '여색'에 빠져 있는 터였기에 장녀는 숙종을 마음대로 주무르는 상태였다.

후일의 후비后妃를 꿈꾸던 장녀는 틈만 나면 숙종과 인경왕후 사이를 이간질했고, 인경왕후가 왕을 욕하고 장녀 자신에게도 능지 처참해야 한다고 숙종에게 진실처럼 거짓말을 꾸며댔다.

1679년숙종 5 늦가을 장렬왕후가 이 사실을 확인하고 장녀를 사친의 집으로 방축放逐하고 말았다. 그때 장녀의 나이 스물하나, 숙종은 열아홉이었다. 집으로 쫓겨온 장녀는 추호도 뉘우침은 없었고, 중전 인경왕후를 원망하던 차에 동평군이 찾아와서 조사석이 지금 조대비의 마음을 돌리게 하려고 힘쓴다며 장녀의 재소입再召入 날이 머지 않을 것이라고 전했다.

조사석은 여러 관직을 거친 서인파의 강직한 성품이었으나, 인물이 예뻤던 장녀의 어머니 윤과부와 내연의 관계인지라 연인의 딸을 돕고 싶었던 것이다. 그는 동평군과 인척간이기도 하고 조대비의 친정 아버지 사촌의 아들인 재종 동생이기도 했다.

장녀는 동평군과 조사석의 공작으로 자신의 재소입에 큰 기대를 걸고 있던 이듬해 1680년_{숙종 6} 봄에 '경신대출척'이 터져 삼복 형제와 허적·허견 등 남인들이 대부분 제거되는 비상 정국이 되자 동평군과 조사석은 근신하며 장녀의 재소입 운동은 중단되었는데 이 와중에 조사석은 운좋게 예조판서로 승진되면서 다시 재소입 운동이 슬그머니 고개를 들려고 했다.

이때 1680년_{숙종 6} 10월 인경왕후가 만삭이 된 채 천연두 역질이 겹쳐서 갑자기 승하했다. 이미 낳았던 두 공주는 모두 일찍 죽은 상태였다. 착하고 고생만 하던 국모의 죽음에 백성들은 동정하고 슬퍼했으나 오직 기뻐했던 사람은 장녀였다.

인경왕후의 익릉

숙종도 왕비가 죽자 한때 슬픔에 젖기도 했다. 숙종의 슬픔은 다시 장녀의 재소입의 계기가 되었다.

어쨌든 인경왕후는 장녀의 질시와 모함에 시달리다가 일찍 요절했던 것이다. 그녀는 현재 경기도 고양시 용두동 소재 서오릉 능역의 익릉翼陵에 묻혔다.

제19대
숙종肅宗

재위: 1674년 8월~1720년 6월

후비 인경왕후 김씨
仁敬王后 金氏
(1661~1680)

1계비 인현왕후 민씨
仁顯王后 閔氏
(1667~1701)

2계비 인원왕후 김씨
仁元王后 金氏
(1687~1757)

서인 세력이 보호해 준 민씨

숙종의 계비 인현왕후仁顯王后 민씨閔氏는 서인 세력의 여양부원군驪陽府院君 여흥 민씨驪興 閔氏 민유중閔維重의 딸로 1667년현종 8 4월에 태어났다.

인현왕후는 숙종의 후비 인경왕후가 1680년에 요절하자 1681년숙종 7에 가례를 올리고 숙종의 계비가 되었다.

민씨가 왕비로 간택된 것은 숙종의 모후인 대비 명성왕후의 입김이 컸었고, 대비의 뜻대로 간택한 15세의 왕비를 맞은 21세의 숙종으로서는 새 왕비에 흥미가 없었다. 쫓겨난 요화妖花 장녀로부터 몇 해 동안 성애를 만끽했던 숙종인지라 어린 중전보다는 후궁들을 찾아다녔다. 그러나 숙종은 후궁들에게서도 장씨에게서 맛보던 감흥은 느낄 수 없었다.

숙종은 작년에 인경왕후가 세상을 떠나자 한때나마 상심한 적이 있었는데, 이 모습을 본 모후인 명성왕후와 증조할머니 장렬왕후가 걱정을 하다가 문득 쫓겨난 궁인 장녀가 생각이 났던 것이다. 그렇잖아도 신임하는 제종 동생 조사석趙師錫이 은근히 장녀가 뉘우치고 있으니 다시 입궁시킬 것을 권유했던 터이라 장렬왕후는 다시 장녀를 불러들였던 것이다.

숙종은 장녀의 방을 매일같이 찾으니 장녀는 온갖 아양을 다 떨며 코맹맹이 소리를 늘어놓았다.

"마마께서 다시 부르기를 기다리며 밤마다 잠을 못 이루었사옵니다."

"음, 그랬드냐?"

"그러다가 잠이 들면 새벽녘에 궁중에 들어와 승은承恩을 입는 꿈을 꾸었고……."

"오……."

"하오나 차마 말씀드릴 수 없사오이다."

"뭐냐? 말해 보렴."

"마마의 그것을 내 안에 담고는 그 절정에서 항상 꿈을 깨면……. 품에는 이불이 한아름 안겼을 뿐이었답니다."

어느 새 둘은 한 몸이 되었고, 특히 장녀는 성기능이 탁월하여 그 동안 정욕을 참아 함축된 육체는 더욱 풍염하였는지라, 둘은 숨가쁜 몰아경으로 몰입하였다. 숙종은 중전의 상중이었음에도 궁인 장녀의 풍요한 육체에 빠져 모든 것을 망각하고 매일 밤 그녀를 찾았다.

숙종이 지나치게 장녀를 탐닉하자, 왕대비 명성왕후는 크게 노했다.

"상감이 승하한 중전을 생각했다는 것도 헛말이로구나. 중전의 장사도 다 치르기 전에 쫓아냈던 궁녀를 되불러다가 상감이 그 방에 드나들다니……. 게다가 장가라는 계집아이는 전일에 현덕한 중전을 모함한 계집이 아닌가? 당장 쫓아내라!"

겨우 며칠 밤의 황홀하던 꿈은 삽시간에 깨어지고 장녀는 다시 쫓겨나고 말았다. 그러니까 지난번에는 장렬왕후가 쫓아냈고, 이번에는 대비가 노하여 장녀를 다시 쫓아냈던 것이다. 이번에는 숙종이 장녀에게 모후의 노여움이 풀리면 언제고 다시 불러들이겠노라고 타일러 석별했다.

또다시 쫓겨난 장녀는 인조의 서출인 숭선군崇善君의 부인 신씨의 배려로 그 집에서 기거하게 되었다.

이런 일이 있었던 다음해인 1681년숙종 7에 숙종의 계비 인현왕후仁顯王后 민씨閔氏가 15세의 어린 나이로 왕비에 간택된 것이었다. 숙종은 이미 장녀의 색정에 길들여져 있던 터인지라 어린 새 왕비가 마음에 들 리가 없었다.

게다가 계비 인현왕후는 지나치게 예의가 바른 것이 문제였다. 장녀는 알아서 숙종의 비위를 맞추어 준 데 비하면 인현왕후는 예절 운운하며 임금의 입에 안주를 넣어주는 일을 꺼려 첫날밤부터 부부 분위기가 삐걱거리기 시작했다. 그러나 이런 분위기를 알아차린 명성왕후의 배려에 의해 숙종은 인현왕후와 지내다 보니 어느덧 그녀에게서 현숙한 지덕의 아름다움을 발견하게 되었고, 그런 대로 정이 들게 되었다.

한편 숭선군의 집에 있으면서 궁중의 동정에 날카롭게 귀를 곤두세우고 있던 장녀는 임금이 새 중전과 첫날밤부터 다투었다는 전언에 쾌재를 불렀다. 그러나 해가 가면서 임금이 중전에게 차츰 정을 붙인다는 소식이 전해 오자 분하여 견딜 수가 없었다.

장녀로부터 색정의 맛을 알게 된 숙종은 중전보다는 후궁들의 처소 출입이 잦아졌고, 중전과는 단란한 정이 없던 중에 1683년숙종 9 12월 대비 명성왕후가 승하하자 이제 궁중에는 사실상 어른이 없게 되었다.

또한 조정은 서인들이 득세하고 권력 구조가 바뀌고 보니 나아진 것도 없었다. 여전히 민심은 흉흉했고 백성들의 불평은 커져만 갔다. 영의정 김수항은 너무 강경하여 임금도 꺾을 수가 없었고, 숙종이 믿었던 모후의 사촌 오빠 김석주는 서인 가운데서도 또 붕당을 일으켜 타파他派를 배척하고 부귀富貴와 영달榮達에 여념이 없었다.

숙종은 3년 전 '경신대출척庚申大黜陟' 때에 영의정 허적을 죽인 것이 후회되었다. 이렇게 서인의 세력으로 어수선한 정국에다가 대비의 상중에도 숙종은 장녀를 생각하고 있었다.

'이제 장궁인을 데려올 수 있겠구나.'

한편 숭선군의 집에 잠시 붙박혀 지내다가 제 집에 틀어박혀 있던 장녀는 궁궐 재소입을 포기하고 있었는데, 명성왕후의 승하 소식을 듣고는 희망을 걸었으나 대궐로부터는 좀처럼 소식이 오지 않았다. 그러나 장녀의 재소입을 원했던 숙종은 인현왕후의 약한 마음을 이용하여 장렬왕후를 설득하는 내부 공작을 꾸며 마침내 장렬왕후의 승낙을 받은 터였다.

인현왕후가 잉태를 하지 못하는 상황에서 26세의 숙종이 장씨만을 집착하자 불안을 느낀 서인 세력들은 서인 출신 집안에서 후궁을 뽑아 후사를 보게 하자는 것이었다. 그것도 중전의 아버지 민유중閔維重부터 앞장 서서 요구하는 바람에 후궁을 간택하기로 결정되었다.

그리하여 1686년숙종 12 2월부터 간택령이 내려져 3월에 영의정 김수항의 종손녀가 간택되니 김수항도 의외였다. 간택된 김씨는 감수항의 형 김수흥金壽興의 아들인 김창국金昌國의 딸로 김수항은 남들이 김규수가 후궁이 되면 뭐라 하겠느냐며 반대했다.

숙종은 장녀가 있어 내키지 않았지만 일등 미인을 진상한다는 바람에 신하들의 뜻을 따랐고 은근히 기대하기도 했다. 숙의에 봉해진 15세의 후궁 김씨는 몸이 허약하여 숙종의 관심을 끌지 못하자 처지가 비슷한 인현왕후와 가깝게 지내게 되었다.

이때만 해도 인현왕후는 아버지를 비롯하여 쟁쟁한 서인 세력들이 조정에 포진해 있었기에 그런 대로 왕비의 위치를 지키고 있었다.

남인 세력의 장희빈에게 쫓겨난 인현왕후

숙종은 새로 들인 어린 후궁 김씨도 마음에 들지 않자 인현왕후와 증조할머니 장렬왕후에게 투정하고 장녀가 궁중에 다시 들어오는 것을 승낙을 받아냈다. 그때가 1686년숙종 12 5월 장녀의 나이 28세, 호칭은 '숙원淑媛'이라 하여 쫓겨난 지 5년 만에 다시 입궐하였다.

다시 입궐한 장숙원은 자기보다 8년이나 어린 인현왕후에게 아니꼬운 생각이 들었다. 따지자면 자기는 임금의 둘째 아내인 셈이요, 왕비는 자기보다 궁중에 더 늦게 들어왔으니 셋째 부인이 아닌가. 다만 자신은 신분 때문에 비妃 노릇을 버젓이 못 하고 쫓겨다닌 게 아닌가. 그러나 염색艶色이 전혀 없고 얌전해 보이기만 한 인현왕후를 본 후 장숙원은 내심 자신이 생겨 교활한 미소를 흘렸다.

남성이 발기勃起되어 우람한 자기의 물건을 보고 도취되어 나르시시즘narcissism에 빠지듯, 장숙원도 무르익은 자기 육체와 추종 불허의 성기교性技巧 보지자保持者인 것에 자만하고 있는 터라 풋내기 왕비를 보고는 비웃었다.

'저런 정도라면야…….'

다시 입궁하도록 해 준 인현왕후에 대한 배은 망덕이었다.

전보다 훨씬 더 능숙해진 숙종과 더욱 농염해진 장숙원은 날이 갈수록 방사房事에 몰두했다. 숙종은 정사政事조차도 게을리하고 장녀와 애욕 삼매경을 헤매는 것이었다. 장녀가 입궁한 지 얼마 안 되어 그녀의 은인이자 제 어미의 정부인 예조판서 조사석이 이조판서가 되었으며, 이 역시 장녀의 입김이 작용하였던 것이고, 계속하여 이듬해 1687년숙종 13 백수 건달 오빠 장희재張希載는 금군장이라는 벼락감투를 쓰게 되었고, 인조의 서출 숭선군의 아들 동평군은 혜민서 제조가 되었다. 조사석은 다시 우의정을 거쳐 좌의정으로 승격되었다.

이에 앞서 장녀가 입궁한 지 50여 일 후 홍문관 부교리 이징명李徵明이 임금의 여총女寵을 간지諫止하는 상소를 올렸다가 파직되어 3년 후의 '기사환국己巳換局' 때에는 장녀의 미움을 받아 남해로 유배형을 가게 되었다. 이징명의 상소인즉, 임금이 요악한 장녀에게 빠져 여총이 도를 넘었으니 정신 차리고 성정性情의 악녀를 추방하시라는 것이었다.

기회 포착에 순발력이 뛰어난 장녀는, 이징명의 상소를 사주한 것이 인현왕후라고 숙종을 꼬드겼다. 간특한 여인 장녀는 옛날에 인경왕후를 그렇게 모함하더니 이번에는 인현왕후를 걸고 넘어지는 것이었다. 이미 장녀의 성정에 빠져 이성을 잃은 숙종은 멋대로 공금을 유용하여 장녀에게 취선당就善堂이라는 별당까지 지어주었다.

뿐만 아니라 장녀가 재입궐한 지 6개월 후 12월에 숙원 장녀는 정2품 소의昭儀로 진봉되고, 점차 궁중의 안주인 행세를 시작하고 있었다. 1687년숙종 13 3월에는 숙종의 후비 인경왕후의 아버지 김만기金萬基가 타계했고, 7월에는 계비 인현왕후의 아버지 민유중은 딸이 요악한 장녀에게 밀려날까 걱정하다 병사하였으며, 영의정 김수항은 임금의 무절제한 처사를 간하다 청풍부사淸風府使로 좌천되었고, 후일 사직하게 되었다.

주) * 조선의 3대도大盜:16세기 중엽부터 피지배 계층들 사이에 자신들의 자리를 자각하고 그 자리 매김을 높이고자 하는 움직임들이 일어나기 시작했다. 17세기에 들어서는 신분이나 지역 차별을 없애고 평등 사회를 이루고자 하는 일들이 두드러졌다. 장길산 부대가 그 대표적인 것으로 1687년숙종 13부터 본격적인 활동을 전개해 나갔다.

장길산은 황해도 구월산을 중심으로 활동하다 점차 큰 세력으로 커나가, 평안도 운산의 군기고를 약탈하는 등의 활약을 보이기도 했다. 장길산은 황제를 상징하는 황색을 부대 상징색으로 삼고 1705년 거사를 일으키고자 했는데, 정몽주의 후손 정진인의 영입을 꾀하는 한편, 최영의 후예 중에 중원을 지배하게 될 자를 뽑을 계획을 세우기도 했다.

장길산의 활약은 하층민들 사이에 강한 희망을 불러일으켰다. 숙종의 특명으로 거액의 현상금을 걸었음에도 불구하고 광대 출신인 장길산은 끝내 체포되지 않았다. 하층 천민들의 이해를 대변하는 인물로 그들의 비호 속에서 활동했기 때문이다. 조선 후기 실학자 성호 이익李瀷은 조선의 3대 도적으로 홍길동·임꺽정, 그리고 장길산을 들었다.

또한 대사헌 이수언李秀彦도 우의정 조사석과 장소의의 어미 윤씨가 내연 관계임을 폭로하면서 윤씨는 조사석의 처갓집 계집종이었는데 윤씨는 젊었을 적에 정을 통했던 조사석과 다시 정을 통하게 되었다고 주장했다.

자존심이 묵사발이 된 숙종은 그 날로 이수언을 파직시켰다. 지경연사로 있던 김만중김만기의 동생, 숙종의 전처 처삼촌도 간부姦夫 조사석 등의 인사처리 부당성을 상소했다가 귀양 가고 5년 후 죽게 된다.

과연 색정의 위력은 대단했다. 숙종은 어릴 적부터 총명하여 현군賢君 측에 드는 군주였건만, 요녀 장소의에게 미친 나머지 분별을 잃고 수많은 충신들을 무단히 내치면서까지 장소의에 빠져 헤어나지 못하고 있었다. 더구나 인현왕후 정도는 풋내가 나 거들떠보지도 않는 상황이었다. 조정에서도 서인 세력은 거의 떠나고 장녀의 세상이 다가오고 있었다. 조정은 장녀의 후광을 업고 남인들이 재기하고 있었던 것이다.

이듬해 기사년1689에 다가올 '기사환국己巳煥局'의 피보라를 위해서 남인들은 죽었던 나무에 잎이 피듯이 생기를 띠고 재기의 발판을 다져가고 있었다.

1688년숙종 14 8월, 어진 심덕의 왕비 인현왕후는 작년에 타계한 아버지의 상복을 입은 채 고독을 씹고 있던 차에 더욱 불행한 일이 일어났다. 평생을 중풍으로 고생하던 장렬왕후의 병세가 악화되어 임종이 임박하고 있었다. 궁중에 마지막 남은 어른이 사라지게 되면 장녀의 요악한 행투로 장차 어떠한 사태가 닥칠지 모르는 인현왕후로서는 결정적인 의지依支할 곳이 없어지는 셈이었다. 그나마 임금의 행동에 대해서 말할 사람도 없어지는 것이었다. 말로만 왕비였지 늘 외로웠던 인현왕후는 자신을 달래듯이 외로운 장렬왕후를 친정 할머니처럼 믿고 의지하며 지극한 효성을 기울여 왔던 것이다.

장렬왕후는 자신으로 인하여 장녀가 들어왔고 착한 인현왕후가 곤경에 처한 것이 못내 마음에 걸렸다. 안쓰럽고 미안하고 인현왕후의 장래가 걱정스러웠다. 당시 장녀는 임신 8개월로 부정不淨을 타니 대비의 임종을 보지 말라고 하여 숙종은 임종에 참여하지 않았고, 슬픔에 젖은 인현왕후가 지켜보는 가운데 장렬왕후는 운명하고 말았다.

장렬왕후가 운명한 지 2개월 1688년숙종 14 10월 28일 장녀가 30세에 아들을 낳으니 후일 제20대 경종景宗이다. 득남을 한 장녀의 콧대는 더욱 높아졌고, 외할머니가 된 장녀의 어미 윤씨의 코도 하늘 높은 줄을 몰랐다. 그래도 인현왕후는 나름대로 왕자 탄생을 축하하는 예물을 내렸다. 그러나 인현왕후의 성의는 오히려 아랑곳하지 않고 장녀는 냉소를 지었다. 하사한 보약을 생트집 잡고 기저귀는 명주가 많으니 무명베는 소용 없다며 부정을 타기 전에 빨리 되가져 가라고 했다. 예물이 되돌아오자 부처님 같은 인현왕후도 피가 거꾸로 흐르고 열이 치달아 몇 끼 식사를 거르기까지 했다. 그러나 인현왕후는 내색하지 않고 꾹꾹 참았다.

왕자가 태어난 지 두 이레 무렵, 장녀의 어미 윤씨가 옥교를 타고 궁궐로 들어오다 문지기 금리 김만석金萬錫과 박소익朴小益에게 제지를 당했다. 당시 국법은 천인인 윤씨는 옥교를 탈 수 없는 처지였고, 더욱이 가마를 탄 채 입궐은 용납되지 않았다. 그러나 윤씨는 자신이 누군지 알고 그러느냐고 호통을 쳤다. 가마를 빼앗긴 윤씨는 일부러 땅바닥에 뒹굴어 흙투성이로 더럽히고 얻어맞았다고 거짓으로 대성 통곡해댔다. 장녀도 숙종에게 통곡하며 연극을 해댔다.

"이게 모두 제 잘못입니다. 그 삼 든 보약을 먹으면 아기에게 해가 될까봐 중전께서 하사하신 약을 돌려드렸더니 당장 이 화가 미치는군요. 으흐흐……"

"중전이 앙갚음한 것이란 말인고? ……괘씸한지고."

숙종이 진노하여 금리 김만석과 박소익을 국문했다.

"그래 중전마마의 밀령을 받고 너희 두 놈이…… 아니란 말이냐?"

결국 초죽음이 된 혼미한 상태에서 두 사람은 묻는 대로 예예라고 허위 자백을 해놓고 그날 밤 귀가하여 모두 죽어 버렸다. 근래에는 중전에 들르지도 않던 왕이 별안간 나타나 엉뚱하게도 인현왕후에게 날벼락이 떨어졌다.

"여보시오, 중전. 어째서 인삼 든 약을 취선당에 내렸소? 왕자를 해치고 싶었소?"

"전의청 제조 유영을 직접 불러 상의한 뒤에……. 장소의는 소음小陰 체질이 아닙니까? 가미보호탕에 인삼 세 돈쭘쯤 가미하면 오히려 유도乳道가 원활하여진다고 해서 그리하였나이다."

"문지기들은 왜 교사하여 장소의 어미 윤씨를 치고 차게 하였소?"

"예?"

"대체 국모의 몸으로 천박한 금리를 매수하다니, 그래 금품을 주었소, 아니면 벼슬을 약속하였소?"

인현왕후로서는 어처구니없어 아연 실색할 노릇이었다. 요악한 독화 장소의에게 사로잡힌 임금이 안타까울 뿐이었다.

임금은 그 날로 전의청 제조 유영을 참혹하게 고문하면서 중전과 공모한 사실을 실토하라고 회유했다. 인현왕후는 애매하게 고초를 당하는 유영 때문에 애가 타는 것이었다. 소문은 곧 조정에도 알려졌고, 그 소식에 의분해서 자기 목숨을 버리기로 각오한 사람이 사헌부의 정오품관인 이익수李益壽였다.

장녀의 어미 윤씨는 그 날도 위세를 떨치며 가마를 타고 궁궐문을 통과하려 하자 사헌부 사령들이 윤씨를 걸어 들어가게 히였다. 역시 노한 징녀가 임금에게 앙탈을 해댔다. 예상대로 사헌부 지평 이익수는 하옥되어 장형을 맞고 파직되었으며, 하수자들은 심한 고문으로 죽거나 내쫓겼다.

이에 영의정 김수홍이 백관을 대표하여 숙종을 알현했다.

"전하, 지평 이익수는 국법을 세우고자 국법에 따른 것이옵니다. 그를 파직하심은 지나치심이라 삼가 아룁니다."

"국법도 좋지만 대체 장소의에 대해서는 왜 그리도 말들이 많소?"

해가 바뀌어 1689년숙종 15 정초, 왕자가 태어난 지 백 일도 되기 전이었다. 장녀의 성화로 숙종은 3개월에 불과한 아들을 원자로 책봉할 것을 선언했다. 느닷없는 임금의 말에 서인이 대부분인 대신들도 반대했다. 민비가 아직 23세로 젊은데 서두를 필요가 있겠느냐는 것이었다.

그러나 숙종은 "내 나이 서른이 되어 겨우 얻은 아들"이라며 강경히 밀어 5일 만에 왕자를 원자元子로 정호하고 생모 장녀를 빈嬪으로 승격시켰다. 이에 서인의 노론 측 영수 송시열이 송나라 철종의 예를 들며 왕자를 원자로 세우는 것은 급한 일이 아니라는 상소를 올렸다.

이로 인해 송시열을 비롯한 노론계 정치인들이 대거 유배되고, 조정에는 남인들이 대거 등용되어 정국의 주도권은 장희빈에게 회유 매수된 민암·이의징李義徵 등이 장악하게 되었다.

이로써 서인이 대출척되고 남인이 정권을 장악한 '기사환국己巳煥局'으로 수많은 사람들이 귀양·파직·고문·사사되었고, 지난해 장희빈의 일로 귀양을 갔다가 겨우 풀려났던 김만중金萬重도 다시 남해南海로 귀양 가게 되어 거기서 명작《구운몽九雲夢:어머니를 위해 지은 소설로 부귀 영화가 한갓 꿈에 지나지 않음을 주제로, 여덟 선녀와 함께 인간으로 환생하여 부귀 영화를 누리다가 깨고 보니 꿈이었다는 줄거리》을 낳게 만들었다. 그 밖에도 진도로 유배 간 김수항에게도 사약이 내려졌다. 이 '기사환국'으로 남인이 정권을 독점하게 되지만, 그 기간은 5년밖에 가지 못하였다.

이 무렵, 제 버릇 개 못 주는 장희빈은 또다시 음모를 꾸몄다. 입궁한 지 4년이 되어 이제 열아홉 살인 후궁 김귀인이 장희빈 자신과 원자를 저주

232

하는 푸닥거리를 한다고 트집잡아 작호를 삭탈하고 사가로 추방했다. 인현왕후는 과부나 다름없는 같은 처지의 말벗인 김귀인마저 내쫓고 고립됨에 따라 다음은 자기의 차례라는 것을 직감했다.

불과 이틀 후 인현왕후의 생일날, 기사년 4월 23일 아침에 외로운 진찬을 받은 민비는 임금이 나타나지 않은 상을 받고 착잡한 심정이었다. 임금은 점심때 영휘당 장희빈에게 갔다. 역시 간교한 장희빈은 방성 대곡을 하며 임금 앞에 엎드려 연극을 벌였다.

"으흐흐……. 이대로 있다가는 정녕 제 명에 죽지 못하겠습니다."

"왜 또 그러는 게야. 희빈?"

"마마, 저 뜰 밑을 보옵소서. 저 피를 토하고 죽은 개를!"

"억……?"

임금은 눈을 부릅떴다. 과연 피를 토하고 죽어 자빠진 개가 있었다.

"도대체 저 개가 어쨌단 말인고?"

"중전에서 오늘 음식을 많이 보내셨기에 즐겨 펴 보았습니다. 문득 먹으려다가 왠지 섬뜩한 생각이 들어 소름이 끼치기에 개에게 시험을 하였사온대, 보시다시피 저렇게……. 무섭습니다. 두렵사와요. 상감마마!"

임금이 펄펄 뛰자 장희빈은 매달리며 호들갑스럽게 말렸다.

"차라리 신첩을 죽여주소서. 오늘이 중전마마 생신입니다. 그렇잖아도 신첩이 모함을 받고 있고, 아침에는 중전으로 탄신 인사차 갔다가 거절당하고 돌아왔습니다. 으흐흐……."

장희빈의 머리는 비상하였다. 그 뛰어난 천재적 순발력은 없었던 일도 진실처럼 순간 날조되었다. 천 년 묵은 여우 같은 요마 장희빈의 치마폭에 놀아나는 숙종은 이미 이성을 잃고 광인이 된 지 오래였다. 왕은 민비를 폐출하기 위해 장희빈이 꾸며서 들려준 이야기를 자기가 직접 중전에게서 들었던 것이라고 신하들에게 늘어놓았다.

"연전에 희빈 장씨를 숙원으로 봉할 때 이미 중전은 귀인 김씨와 결탁해 질투하기 시작했소. 그때 중전은 나에게 꿈에 선왕先王을 뵈었다고 하면서 귀인 김씨와 중전은 아들이 많을 것이고, 장숙원은 아들도 없고 복도 없으니 만일 오래 두면 경신년에 원한을 가진 남인들이 일어날 것이고, 그러니 궁중에서 장씨를 몰아내라고 하셨다는 것이오. 선왕의 꿈까지 빙자하여 후궁을 질투하니……. 중전의 투기를 내 홀로 참아 왔지만, 소생이 없으리라던 희빈이 원자를 낳으니 중전이 얼마나 요사스러운 것인지를 알겠소."

왕은 이제 거짓말을 꾸며대기까지 하면서 장희빈과 같이 미쳐 체통을 잃은 주책망나니가 되어 버렸다. 남인인 조정 대신들도 왕이 중전을 폐출하려는 시도에 어처구니없어 승지 이기만李耆晚이 이런 일은 밖으로 드러내는 것이 아니라고 타이르듯 간하니, 불쾌해진 숙종은 그를 파직시키고 중전의 폐위를 작심한 나머지 쐐기를 박았다.

"……백관은 그 누구도 이 일에 대해서 말리는 말을 하지 마시오."

중전의 생일 다음날 4월 24일 민비는 폐출되었다. 이에 서인 측의 오두인吳斗寅과 박태보朴泰補 등 85명의 연서로 임금의 처사를 비난하는 상소문을 접한 숙종은 노발 대발하여 미치광이처럼 날뛰며 그들을 친국했다. 잔인하기 그지없는 불인두로 생살을 지지는 낙형烙刑을 자행하여 오두인과 박태보는 귀양길에 백 리도 못 가서 각각 고문 후유증으로 죽고 말았다. 그러나 아직 없애야 할 거물이 하나 남았으니, 이는 제주도에 귀양 가 있는 83세의 우암 송시열이었다. 남인들은 지난번에 그를 죽이지 못했다가 그 제자들에게 당한 것을 거울삼아 이번에는 반드시 죽여야 했다.

결국 남인 세력에 의해 송시열은 그 해 기사년 6월 국문을 받기 위해 한성으로 올라오는 도중 정읍井邑에서 사사되었고, 이제 조정에서는 서인 세력이 모두 축출되었다. 서인이 완전히 숙청된 '기사환국'의 매듭이었다.

서인 집안 출신이었던 인현왕후는 간교한 장희빈과 미친 숙종에게서 떠나 안국동安國洞 본가에서 지내게 되었다.

남인의 몰락으로 복위된 인현왕후

인현왕후가 폐출된 '기사환국' 이듬해 1690년숙종 16 6월 장희빈 소생 균昀은 생후 1년 반인 세 살 때 장희빈의 성화와 대신들의 청으로 왕세자에 책봉되어 이름하여 '세자 저하'가 되었고, 10월에는 장희빈도 왕비로 책봉되었다. 어미 윤씨는 정1품 부부인이 되니 그야말로 장비의 집안은 최고의 명문가로 떠올랐다. 뿐만 아니라 남인들과 손잡고 정국을 뒤흔든 장비의 건달 오라버니 장희재의 집 앞은 벼슬줄을 대려는 약삭빠른 양반님들로 북적거렸다.

'한편 인현왕후는 친정 식구들을 모두 백부집에 거처토록 하고 혼자 안국동 별궁에서 스스로 죄인이라고 자책하면서 근신하며 지냈다. 안마당에는 잡초가 우거져 폐옥이나 다름없었다. 그 동안 인현왕후의 동정을 염탐해 온 장비는 인현왕후를 죽이지 않고서는 안심이 안 되었다. 호시 탐탐 기회만 노리고 있었다. 그때 우연히 인현왕후의 거처에 들어온 큰 개 한 마리를 기르니 이 개가 새끼 세 마리를 낳아서 네 마리 모두가 송아지만큼씩 크고 사나운 맹견이 되었다. 장비 측에서 인현왕후를 시해하려고 여러 차례 자객을 보냈지만 번번이 개들에게 물려서 실패하곤 하였다.

장비가 희빈 때 좌의정까지 지냈던 조사석趙師錫은 이미 부부인이 된 윤씨와 내연의 관계가 끊어졌는데, 그는 제가 주무르던 계집종이라고 업신여기며 이제 그 딸이 왕비가 되고 그 어미가 부부인이 되었다 해서 비웃는다는 것이었다. 장비는 노하여 왕에게 고했다. 한때 제 의붓아비격이고 전일에 자신이 이 자리까지 오르도록 하는 일에 인조의 서손 동평군과 함께 공이 많았던 조사석을 고성固城으로 귀양을 보내게 했다. 조사석은 귀양

지에서 고생하다가 2년 뒤 1693년에 세상을 떠났다.

당시 굶주린 백성이 수없이 쓰러지자 정부에서는 공명첩空名帖: 부호에게 돈을 받고 명예직의 벼슬을 팔아 국고 재정을 충당하는 것을 2만 장이나 팔아 재민을 구제키로 하였으나, 궁중에는 임금의 혼을 빼는 장비 같은 여자가 버티고 있고, 장희재·동평군 같은 자들이 권세를 휘두르는 판이니 잘 될 수가 없었다. 탐관 오리들의 탐학貪虐과 축재蓄財를 부추기는 판국에서, 동평군의 아버지 숭선군이 죽자 동평군은 아버지 장사 명분으로 공주公州 오룡동의 민가 수백 호를 강제 점령하여 이들을 모두 추방하였고, 여기에 반대하는 이기양이라는 자를 하옥시키고 두들겨 팼다. 그러고서도 이듬해 청나라로부터 세자 책봉을 승인한 데 대한 사은사謝恩使로 갔다 오게 되니 그 세도는 엄청났다.

장비의 오라비 장희재는 대궐 같은 집을 짓고 예쁜 계집을 마구 탐하여 빼앗아다 강간하는 등 횡포가 이루 말할 수 없었다. 딴에는 악행을 하자니 불안했던지 민심의 동향도 살폈다. 하루는 길을 지나다 아이들이 부르는 동요를 듣게 되었다.

미나리는 사철四季이요
장다리무·배추의 꽃줄기는 한철일세
철을 잊은 호랑나비
오락가락 노닐으니
제 철 가면 어이 놀까
제 철 가면 어이 놀까

장희재는 이상하다 싶어 발길을 문득 멈추고 몇 번 듣고 보니 미나리는 민씨, 장다리는 제 누이 장비를 가리키는 것 같았다. 가만히 뜻을 새겨보니 민씨는 죽지 않고 장비는 곧 몰락한다는 뜻이었다. 게다가 호랑나비란 임금을 이르는 것이니, 철을 잊은 임금이 장비에게 빠졌다가 제 철이 가면 어쩔 것이냐는 노래였다.

그 노래는 한 아이가 선창하면 여러 아이들이 따라서 배우고 있었다. 장희재는 그 아이를 붙잡아 캐물었다. 장희재는 즉시 사령을 시켜 그 아이의 아버지를 잡아 오게 하여 문초했다.

"이놈, 너는 폐비 민씨 편이 되는 서인인 까닭에 이런 동요를 만들어서 민심을 흔드는 것이 아니냐?"

배후를 대라고 다짜고짜 지독한 형벌을 가하니 그만 그 아이의 아버지는 죽고 말았다.

어느 새 이 소문이 장안에 퍼지자 백성들은 분개하고, 어떤 사람은 아이들에게 돈까지 주면서 이 동요를 가르치니, 장안뿐만 아니라 이윽고는 궁중의 나인들까지 이 노래를 흥얼거리게 되었다. 마침내 만으로 두 살인 네 살짜리 세자 균도 어느 궁녀에게 이 노래를 배워 흥얼거렸다.

이 노래로 장비는 또 왕에게 앙탈을 부렸다. 툭하면 저희 모자를 죽여 달라는 입버릇에 이제 왕도 넌덜머리가 났다.

"쫓겨난 민가 계집년이 아니면 누가 그런 노래를 지어 부릅니까? 세자야! 우리 모자가 죽자. 차라리 그 민가년 독수에 죽기 전에."

장비의 무서운 앙탈에 못 이겨 왕은 장희재에게 총융사^{지금의 수도경비사령관} 직책을 내렸다. 그 즉시로 폐비 민씨의 처소에는 누구든 허가 없이 출입을 엄금한다는 방이 나붙었다. 스스로 외인을 거절하고 있던 인현왕후에게는 무의미하였고, 오히려 잘 된 일이었다. 그때가 1692년^{숙종 18} 8월 어언간 인현왕후의 나이 스물여섯이 되어 있었다.

장희재를 총융사로 삼아 동요를 부르는 자들을 속속 잡아들이니 여러 곳의 옥사들이 가득가득 찼고, 이 바람에 총융청의 재정은 엉뚱한 데로 탕진되었다. 잡혀온 사람들을 마구 주리를 틀어 백성의 원성은 하늘에 닿았다. 또 장희재는 총융청의 공금을 마음대로 유용하여 정부 재정이 고갈되자 임금은 주전鑄錢:돈을 만드는 것하여 쓰라고 했다.

근자에 들어 좌의정 목래선睦來善에게 직간받은 바로는 백성들의 민심이반이 극에 달해 있다는 소리에 임금은 심기가 몹시 불편한 상태였는데, 내전에서는 큰 푸닥거리가 벌어지고 있었다. 이 소식을 듣고 임금은 버럭 소리를 질렀다.

"아니, 이게 웬 소동이냐?!"

장비가 표독한 시선으로 쏘아보며 나섰다.

"세자가 밤마다 경풍기가 있어 놀라는 것을 모르셔서 그러십니까? 약, 약 하시는데 세자의 병이 약으로 나을 병이옵니까?"

"약으로 낫지 않는 병이라니."

"어이고 내 속이야……. 글쎄 민가 계집이 저주하여 난 병이. 그 저주를 풀지 않고 약을 써서 어찌 낫느냐 말씀입니다."

장비는 또 한바탕 민씨를 씹고 통곡을 터뜨리며 분해 떨다가 차려놓은 푸닥거리상을 와르르 뒤엎어 버렸다. 순식간에 굿판이 아수라장이 되었다.

"세자가 뭐 나 혼자 낳은 자식입니까. 에이 빌어먹을!"

장비는 다시 완전히 다 때려부수고 또 방성 대곡을 하였다. 물끄러미 바라보던 임금은 하도 기가 막혀서 그대로 나가 버렸다.

임금은 심경이 착잡했다. 그 동안 뭣에 취해서 엉뚱한 짓들을 해 오다가 이제서야 겨우 조금씩 정신이 드는 것 같은지 한숨을 내쉬었다. 이제는 장비의 육체가 풍기는 요염이나 사랑의 기교에 신물이 날 때도 되었고, 남은 것은 나날이 늘어가는 장비의 앙탈만이 임금의 뇌리에 꽉 찼다. 점차 장비의 처소에 드는 일도 뜸해졌다. 그럴수록 장비의 발악적인 앙탈은 심해만 갔다.

1693년숙종 19 봄, 임금이 내전에 들자 장비는 미열이 있어서 무릎에 재우던 여섯 살 세자를 방바닥에 내던지며 입술에 파란 독기를 품고 앙탈을 부렸다. 푸닥거리도 못 하게 할 테면 인현왕후에게 사약을 내려서 세자로 하여금 저주와 방자에서 벗어나게 하라고 앙탈을 부렸다. 임금도 세자를 내던지는 데에는 화가 치밀었다.

"네 이 못된 것!"

"아니, 상감, 못된 것?"

"닥쳐라! 너도 인간의 양심을 가졌다면 생각해 보아라. 뭇사람의 지탄을 받으며 내가 왕비를 내쫓고 출신이 미천한 너를 왕비 자리에까지 올려앉힌 것은 오직 왕자 하나 때문에 그렇게 된 일이거늘, 네가 지금 무엇을 믿고 이다지도 요망을 떠느냐?"

너무도 노기 등등한 임금의 눈초리에 장비는 말문이 막힌다.

"……폐비로 말하면 너를 지난날에 대은을 입혀 다시 입궁시킨 사람인데 네가 오늘이 있는 것은 다 폐비의 덕이라 할 수 있거늘, 너는 무슨 불구대천 큰 원수가 된다고 폐출된 사람의 목숨마저 빼앗으려 하느냐? 천하에 악독한 계집!"

그제서야 겁을 먹은 장비도 죽을 죄를 지었으니 용서해 달라고 하였으나 임금의 마음은 이미 돌아서 있었다.

그 날 이후 서른세 살의 임금은 차츰 새로운 우울증이 생기고, 자기의 과거를 뉘우치기도 하고 부끄럽기도 하였다. 이미 작년 11월에는 8도 감사에게 인명의 남살濫殺을 엄금케 하는 명을 내렸으나, 장비의 오라비 장희재 등은 중앙에서 권세를 휘두르니 나라의 꼴은 엉망이 되어 백성의 원성은 높아만 가고, 거듭되는 재변으로 백성은 굶주리고 있으니 임금은 이런저런 번민을 하다가 어느 날 밤 민가의 주가酒家로 미행微行을 나섰다.

역시 민심은 극도로 이반되어 있었음을 느꼈다. 백성들은 한결같이 어질고 불쌍한 인현왕후, 요악 간특한 장비, 정신 못 차린 임금 자신의 이야기였다. 게다가 재물과 예쁜 계집에 행악을 일삼는 장희재란 자에 빌붙어 그 자의 밑을 씻어주러 다니는 버젓한 양반놈들의 행악은 장희재보다 더 역겹고 추잡하다는 것이었다.

임금은 그 술집을 나서며 백성들의 소리는 곧 하늘의 소리임을 크게 깨우치고 심야에 또 궁중을 미복 잠행微服潛行했다. 한 곳을 지날 때, 창에 불빛이 훤하고 주문 소리가 도란도란 들려와 창틈으로 들여다보니 실로 기괴한 꼴이 벌어지고 있었다.

"사마라 사마라야……. 폐비 민씨는 이 화살을 맞은 자리마다 악창惡瘡이 나게 해 주십시오."

벽에는 폐비 민씨의 화상이 붙여져 있고, 고깔 쓴 무당들이 춤추며 활을 쏘고 있었다. 임금은 이미 궁중에서의 푸닥거리를 일체 엄금해 놓고 있었는데, 화살은 화상의 눈·목·가슴·아랫배 등에 수없이 박히면서 옆에서는 장님이 경문과 축원을 외고 있었다. 임금은 노발대발했다.

그러나 이 일이 들통난 장비는 임금이 일언 반구는커녕 내전에 며칠째 나타나지도 않으니 장비의 마음은 더 조급히 타들어 갔다. 임금은 이제 교만 방자한 장비의 행악에 대해서 완전히 파악했다. 어떻게 처리하느냐는 문제만 남아 있었다.

그 후 4월 23일, 이 날도 임금은 심야에 궁중을 거닐다 한 궁녀의 방에 불이 켜진 것을 이상히 여겨 안을 엿보았다. 젊은 무수리 최씨가 폐비 민씨의 만수 무강을 기원하는 축원을 드리다가 들킨 것이었다. 무수리 최씨는 민비가 폐출된 뒤 해마다 민씨의 생일에는 제 방에서 몰래 음식을 차려놓고 이렇게 했던 것이다.

그러다가 오늘 임금에게 들켰으니 이제 다 산 목숨이었다. 얼마 전까지만 해도 이런 일은 중죄에 처했을 임금이었지만 오늘은 무수리를 책망하기는커녕 오히려 회오의 눈물을 글썽이고 있었다. 벽에 걸린 옛 중전의 옷에서 얌전하고 인자한 체취가 느껴지며 갑자기 인현왕후가 보고 싶은 것이었다. 그러나 무슨 염치로 민씨를 보랴 싶기도 했다. 이윽고 임금은 겁에 질린 무수리의 방 아랫목에 주저앉았다.

"그래, 내 중전에게 올리는 음식이랑 술이 먹고 싶구나."

이러한 인연으로 무수리 최씨는 그날 밤 숙종과 한 이불 속에서 잤고, 이듬해 1694년숙종 20 9월에 연잉군 곧 영조를 낳았다.

영조를 낳기 전 입덧을 했던 최무수리는 장비로부터 엄청나게 혹독한 고문을 당했었다. 투기가 극악한 장비의 채찍 고문은 유방이고 아랫배고 가리지 않고 잔인하게 자행되었다. 딴 자의 씨를 배었다고 억지를 쓰며,

"이년, 어느 놈의 씨냐? 네 뱃속의 아이가 상감의 정기라고? 이실직고 못 하겠느냐? 이년, 상감을 모시던 때에는 이만치는 좋았으리라."

장비는 손수 새빨간 숯불 속에서 인두를 꺼내더니 최무수리의 국부를 지지고 허벅지고 엉덩이고 마구 지져 살이 타는 냄새가 진동하였다. 거의 시신이 된 최무수리가 장독에 덮여 있는 것을 나중 알아낸 임금은 다음 날 즉시 예조에 명하여 최씨에게 종4품 숙원을 거쳐 다음에 내명부 1품인 숙빈으로 봉하게 되었다.

개구리 올챙이 적 모른다는 격으로 자신도 미천한 출신이면서 최무수리가 나인도 못 되는 것이 상감과 통정했다는 것을 따지는 장비였다. 장비가 행악해질수록 숙종은 장비를 폐출하고 싶었다. 그러나 조정은 남인 세력이기에 때를 기다릴 수밖에 없었다. 이런저런 걱정으로 잠 못 이루는 밤을 지내던 임금은 근심을 잊기 위해 상궁 나인을 시켜 고담책을 읽게 했는데, 그때 귀양살이 중인 서포 김만중의 소설 《사씨남정기謝氏南征記》를 접하게 되었다.

이 소설은 숙종이 장희빈에 혹하여 인현왕후를 내쫓은 사실을 중국을 무대로 풍자한 것인데, 원래 언문 소설인 것을 김만기인경왕후의 아버지의 손

자 김춘택金春澤이 한문으로 번역하고 마치 고대 소실인 양 꾸며 일부러 빛 바랜 종이에 싸서 궁중에 들여보냈던 것이다. 소설 줄거리에 감동한 임금은 혀를 차며 한탄하고 때로는 흥분하다가 나중에는 자신의 처지와 비슷함을 알고 더욱 깨달은 바가 있게 되었다.

1694년숙종 20 갑술년 3월, 노론계의 김춘택과 소론계의 한중혁韓重爀 등이 폐비 민씨 복위 운동을 전개하자, 이에 권력을 잡고 있던 남인의 영수 민암·이의징 등은 서인 세력을 완전 제거하려고 김춘택을 비롯, 폐비 복위운동의 관련자 수십 명을 하옥하고 이들의 주리를 틀고 압슬을 가하는 고문을 한 다음 숙종에게 보고했다.

그러나 당시 숙종은 장비에 대한 감정이 악화되어 있던 반면, 인현왕후를 폐출시킨 것을 후회하고 있던 중이라 오히려 서인들을 옥사로 다스렸던 민암을 귀양 보내 사사시켰으며, 권대운·목내선·김덕원金德遠 등을 유배시키고 소론계의 남구만南九萬·박세채朴世采·윤지완尹趾完 등을 등용했다. 또한 이번 무옥誣獄으로 고문을 자행한 참국대신參鞫大臣들도 모두 처벌하였다. 또 어제까지 천하를 호령하던 장비의 오라비 총융사 장희재도 하옥되었다.

남구만은 5년 전 '기사환국' 때 남인에 의해 강릉江陵으로 유배되었다가 이제 다시 영의정이 되니 세상은 하루아침에 싹 뒤바뀌었다. 또 이미 사사된 노론계의 송시열·김수항·김익훈·민정중閔鼎重·김수홍 등의 관작을 복구시켰다.

한편, 하옥된 장희재는 죽지 않을 만큼 주리를 틀리며 매질을 당하자 장비의 어미 부부인 윤씨가 이 소식을 듣고 장비에게 목놓아 울며 퍼댔다.

"중전마마하고 오라비가 민가년을 죽이려 했던 일을 자백하라고요. 또 중전마마는 도로 희빈으로 하신다오. 어쩌려고 머리 싸매고 누워만 계시오!"

미친 장비는 갑자기 일곱 살인 세자 균을 마구 휘둘겨 패대며 엉뚱한 화풀이를 하자 그만 세자는 울지도 못하고 숨도 못 쉬게 되었다. 급고를 받고 버선발로 달려온 임금이 세자를 빼앗아 안았을 때는 이미 세자의 얼굴은 멍투성이에 기절한 상태였다.

파랗게 독이 오른 장비는 임금을 똑바로 노려보고 있었다. 임금은 소름이 끼쳤다. 문득 저토록 지독한 독사에게 자기가 그토록 오래 몸을 비비고 애무했던 일을 생각하니 전신이 오싹해 오는 것이었다. 이로부터 임금은 세자와 장비를 격리시켜 버렸다.

마침내 4월 숙종은 전교로써 안국동의 폐비 민씨를 복위하여 서궁의 경복당景福堂에 옮기라 명하니 스물셋에 폐출되었던 인현왕후는 이제 스물여덟 살이었다. 동시에 장비는 희빈으로 강등시켰다. 이렇게 남인의 세력이 축출된 일련의 이 사건을 '갑술옥사甲戌獄事'라 한다. 이후부터는 빈이 후비后妃로 승격되는 일을 국법으로 금했다.

독이 오른 장희빈은 발악을 했지만 전에 거처했던 취선당就善堂으로 옮겨졌다. 전에는 궁중의 구석 으슥한 곳이라서 자기에게 빠졌던 임금과 '말놀음'의 애희愛戲를 즐기느라 담장까지 높였던 곳이건만 이제는 모든 것이 물거품이 되었다.

장희빈이 취선당으로 쫓겨가는 바람에 그녀가 거처했던 경춘전景春殿에서 장희재가 장녀에게 보낸 언문 편지가 나왔다. 장희재와 장녀가 민비와 최숙원을 모해코자 하는 결정적 증거가 잡힌 내용이었다. 장희재 오누이를 사사해야 한다는 소리가 드높았으나 소론의 남구만·윤지완 등은 세자에게 미칠 화를 염려하여 장씨 오누이를 용서하자고 하여 사건은 무마되었다.

당시 임금은 중전이 몸이 약하고 전에 중전의 무수리였던 최숙원이 태중이므로 다시 입궁한 김귀인의 처소에 자주 들렀다. 김귀인도 이제 스물

네 살로 원숙했다.

이 해 9월 최숙원이 옥동자를 낳았다. 작년 봄 장희빈의 가혹한 형벌에 거의 죽었다가 임금이 알아내어 회생한 최숙원이 후일의 영조인 금昑을 낳으니 내명부 정1품 숙빈淑嬪이 되었다.

장희빈보다 먼저 승하한 인현왕후

다사 다난했던 갑술년1694년 숙종 20에 남인은 완전 멸망하고 그 후예들이 오랜 소외 끝에 영조 때부터 서학西學, 즉 천주교의 상륙과 더불어 서양 지식 및 기독교의 유입 등으로 개화기開花期 빛을 보기도 하였으니 이는 곧 오랜 역사의 윤회로 보아야 할 것이다.

한편, 왕비로 복위된 인현왕후는 원래 허약한 데다 5년 간의 어려운 궁궐 바깥 생활 탓으로 시름시름 앓고 있었다.

숙종도 조정이 정리되면서 1695년숙종 21부터는 현군賢君으로서의 치세에 들어가게 되었다. 지나간 20년 동안 폭군으로서 자기가 수없이 죽인 사람들이 실은 그 당쟁 때문인 것을 뼈저리게 느끼고 당파의 해소와 조정에 신경 쓰면서, 조선 개국 이후 억울한 죄로 삭관이 되고 멸문이 된 많은 역대의 충신들을 복작시키고 시호를 다시 추증하기도 했다. 그 대표적인 것이 숙종 24년의 일로, 지금까지 노산대군魯山大君으로 칭하던 단종임금의 묘호廟號를 역대 왕과 동격인 단종端宗으로 추존한 것이다.

1696년숙종 22 장희빈 소생 세자 균이 나이 아홉 살, 열한 살이 된 청송 심씨 심호沈浩의 딸후에 단의왕후을 세자빈으로 친영하게 되었다. 임금과 중전 인현왕후가 세자 부부의 친영 인사를 받은 다음, 인현왕후는 임금을 설득시켜 취선당의 장녀에게도 배례토록 하였는데, 세자 내외가 배례를 드리려 하자 장희빈은 폐백상을 뒤엎어 버렸다.

"가라, 이것들! 네놈이 민가를 더 따르고 섬긴다니……. 이 어미한테는 뭣하러 절을 하러 왔느냐?"

임금은 여러 번 궁 밖으로 장희빈을 내쫓고 싶었지만 중전의 만류로 참아 왔다. 장희빈의 일로 해서 내전 생활에 심기가 불편했던 임금은 차츰 과음하는 버릇이 생겼고, 숙종 24년 8월에는 궁인 유劉씨를 가깝게 하여 유씨를 숙원으로 봉하고 은자 8천 냥과 콩 1백 석을 하사하였다.

뿐만 아니라 같은 해 11월에는 상궁 박씨를 가까이하더니 역시 숙원으로 봉하고 은자 8천 냥과 콩 1백 석을 내렸던 것이다.

이때는 작년부터 전국에 대기근과 전염병이 겹쳐 사망자가 만 명 이상에 이르는 상황에서 이처럼 왕의 후궁 행각이 심해지자 81세의 노재상 남구만은 크게 근심되어 왕의 엽색을 간하였고, 왕이 뒤늦게 깨우쳤으나 유숙원과 박숙원에게 든 새 색정을 잊지 못하여 여전히 두 숙원의 처소를 드나들었다.

그 결과 박숙원의 몸에서 왕자를 얻게 되니 곧 셋째 아들 연령군이고, 따라서 박숙원은 명빈으로 책봉되었다.

1700년숙종 26 봄 4월, 인현왕후가 환궁한 지도 6년이 흘렀다. 그 동안 무슨 탓인지 늘 잔병을 앓아온 인현왕후의 병세가 점차 침중하였다. 그럴수록 장희빈은 악독한 망집妄執을 버리지 못하고 이제라도 왕비가 죽기를 기원하면서 자기가 다시 왕비로 회복될 환상에 빠져 있었다. 6년의 세월 동안 장희빈은 취선당에서 참선參禪을 했던 것이 아니고, 취선당 서쪽에 신당神堂을 만들어 놓고 매일 인현왕후가 죽으라고 저주했는데, 심야에는 인현왕후의 화상을 걸어 놓고 활을 쏘고 주문을 외웠다.

장희빈의 이런 행위에는 밖으로의 연통이 가능하기도 했지만 복귀를 믿는 구석이 있었기 때문이었다. 아직도 임금의 당숙 동평군은 외교 수완이 능하여 청나라 사신으로 몇 차례 왕래했던 인물로 그가 장희빈의 어미 윤씨와 연통하여 재기를 획책하고 있었고 모략을 도모하였다. 여기에 남인의 잔여 세력으로 장희재와 친분이 있었던 유명견柳命堅 3형제가 그들과 통하면서 다시 한 번 세상을 뒤집어 볼 궁리를 하고 있었다.

그 무렵 장희빈은 친정 어머니가 보낸 밀서와 인형을 받아본다. 그 인형은 무당이 중전 민씨를 본떠 만든 것으로 앞가슴에 부적을 붙이고 피 같은 물감이 들어 있었다. 나인 축생이 가르쳐 준 방법대로 그 인형의 가슴과 목·배를 바늘로 찌르자 붉은 물감이 터져서 피같이 나왔다. 장희빈은 그것을 민비가 앓아 누워 있는 경춘전 마당 앞에 몰래 갖다 묻게 하였다. 그러나 이런 짓은 곧 발각이 되었고, 이 사실을 문상궁이 아뢰었으나 인현왕후는 임금이 아시면 또 시끄럽게 되니 방자가 무슨 상관이냐며 어서 없애고 일체 말도 꺼내지 말도록 했다.

해가 지날 때까지 왕비의 병세는 일진일퇴, 병상에서 일어나지 못했다. 병구완은 누구보다도 우애가 두터웠던 연잉군후일 영조의 생모 최숙빈이 밤낮을 가리지 않고 일심 전력으로 시중 들고 있었다. 본디 최숙빈은 인현왕후의 무수리였고, 인현왕후가 폐출되었을 때 몰래 인현왕후의 생일 때마다 혼자서 상을 차리곤 하다가 임금에게 들켜 그 인연으로 승은을 입어 잉태하였다가, 장비에게 죽기 일보 전 고문을 당한 뒤 연잉군을 낳았었다.

한편, 왕비의 환후가 다음해까지 계속되자 임금과 조정에서는 걱정이 컸다. 임금은 후궁들의 사랑도 컸지만 현덕한 인현왕후에게 감복되어 왕비의 위치와 역할이 얼마나 중한가를 잘 알고 있었다. 마침내 어약청御藥廳이 마련되고 거국적인 왕비 병환 치료 대책 본부가 특설되었다. 그 덕분인지 인현왕후의 병환은 좀 회복이 되면서 기동하자 최숙빈은 구미를 돋우어 준다고 게젓을 상에 바쳐 올렸는데 다행히 중전의 구미를 돋우게 되었고, 중전에서 햇게장을 구한다는 소문이 마침내 취선당에도 알려졌다.

이때를 놓칠세라 장희빈의 입가엔 싸늘한 독기가 냉소로 풍겼다. 신당에서 굿을 하고 화살을 쏘아도 그렇고, 무당이 만들어 준 인형을 바늘로

찔러 묻어도 중전은 죽을 듯하다 살아나자, 이제는 좀더 확실하고 적극적인 방책을 써서 죽여 버릴 방법밖에 없었다.

마침내 추석 하루 전날, 중전은 최숙빈의 노고를 치하하며 맛있게 게장을 먹고 나자 별안간 정신이 혼미해지더니 쓰러지는 것이었다. 최숙빈이 창황하여 서둘렀으나 인현왕후는 미처 손쓸 겨를도 없이 임종을 하려는 것이었다. 생모인 장희빈보다 인현왕후를 더 따랐던 세자가 눈물을 글썽이고 임금도 황망히 달려왔다.

왕비는 마지막으로 가쁜 숨을 가누며 임금의 잡은 손을 꼭 쥐고 당부하였다.

"전하, 저 세자를 생각해서라도 생모를 너무 슬프게 대접치 말아주옵소서. 세자의 가슴에 못이 박혀서야 쓰겠습니까. 너그럽게 용서하시고 더러 그 처소에도 임하시옵소서."

이어 인현왕후는 눈이 부은 채 흐느끼는 열네 살 난 세자의 손을 붙잡고 겨우 말을 잇는다.

"세자야, 울지 마라. 그 동안 네가 이 어미를 무척 따라준 점 고마웠느니라. 그러나 이 어미가 덕이 박해서, 네 생모 희빈에게 미안한 일이 많았거니와 이제 이승에서 서로 풀지 못하고 가는구나……."

"어마마마!"

인현왕후는 끝내 세상을 떠나고 말았다. 숙종 27년 1701년 8월 14일 중전의 춘추 서른다섯, 소생 없이 승하한 것이었다.

인현왕후는 현재 경기도 고양시 용두동의 서오릉 능역의 명릉明陵에 묻히게 되었다. 숙종의 제1 왕비 인경왕후는 21년 전 장녀에 눌려 임금의 사랑도 제대로 받지 못한 채 20세에 요절하여 서오릉 능역의 익릉에 묻혔거니와, 19년 후 숙종도 민비가 묻힌 명릉으로 유택을 삼게 된다.

어진 인현왕후의 승하를 알리는 구슬픈 나팔 소리에 추석 준비에 바쁘던 장안의 백성들은 손을 놓고 거리로 나와 대궐을 향해 망곡望哭하였고, 대궐 문 앞에도 많은 백성들이 모여들어 방성 대곡하였다.

그러나 이 곡성에 후련해 하는 사람이 있었으니 취선당의 장희빈이었다. 그 오랜 기원이 이제서야 성공하였지만 이제 한스러운 것은 그녀의 나이 어느덧 마흔셋, 고운 때가 다 가 버린 육체로 어떻게 다시 임금을 옛적에 여의주 다루듯이 사로잡아 볼까 하는 것이었다. 우물가에서 숭늉을 바라는 생각이었다.

인현왕후가 이토록 갑자기 운명殞命하자 임금과 측근자들은 의심을 품게 되었고, 어약청의 전의들도 심상치 않은 일이라고 주장하게 되었다.

최숙빈은 언뜻 그 게장밖에 의심나는 게 없어서 조금 맛을 보니 유난히 단맛이 이상스러웠다. 누구의 소행인지 게장 속에 꿀을 탔던 것이다. 최숙빈은 아무도 모르게 게장이 들어오게 된 경로를 조사해 보았다. 게장을 수라상에 올린 김나인을 은밀히 가두어 놓고 임금께 아뢰었다. 임금이 친국한 결과 그 배경에는 장희빈의 밀계에 의해 금기禁忌 음식을 이용했음이 드러났다.

임금은 대로하여 장희빈에게 사약을 내리겠다고 하자 승지 윤지인尹趾仁과 소론파 영의정 최석정崔錫鼎 등이 반대하다가 파직, 유배되었다.

조정의 의논은 양분되어 노론의 김춘택·한중혁 등은 희빈의 처형을 주장하고, 남구만 등은 경형輕刑을 주장하여 격돌하는 바람에, 노론과 소론의 당파 싸움이 첨예화되어 은연중에 소론은 세자와 희빈을 옹호하는 제2의 남인같이 되었다.

그러나 임금은 집권층인 소론의 압력을 물리치고 희빈을 처형할 결심이 확고 부동했다. 더구나 취선당의 나인들을 국문한 결과 희빈의 배후로 동평군과 제주도에서 귀양살이하는 장희재, 그리고 유명견 형제들도 연루되었음이 밝혀져 이들을 모두 잡아 올리게 하였다.

인현왕후가 승하한 지 40일, 9월에 장희재는 목이 잘렸다. 취선당 희빈의 두 나인과 게장에 꿀을 탄 중전의 나인도 교살絞殺되었다. 또 민비를 죽도록 저주한 무당도 처형되었다. 세칭 '무고巫蠱의 옥獄'이라는 이 사건의 원흉인 장희빈에게도 임금은 신하들의 반대를 물리치고 마침내 전교를 내렸다.

"희빈 장씨는 질투가 심해서 중전을 모해코자 갖은 수단을 다 썼으며, 신당神堂을 차려놓고 저주했을 뿐만 아니라, 마침내 비자들을 시켜 시해케 했다. 이제 모든 사실이 탄로되었다. 이러한 희빈을 그대로 두면 장차 무슨 일이 있을는지 측량할 수 없는지라. 과인은 세자의 장래와 왕실의 안녕을 위하여 희빈 장씨에게 사약을 내리노라."

장희빈의 사형 확정이 내리자 영부사 남구만은 벼슬을 사직하고 낙향했다. 부왕의 전교가 내리자 열네 살의 세자 균은 부왕의 편전 앞뜰에서 무릎 꿇고 석고 대죄하며 생모를 살려달라고 호소했다. 생모에게 매질만 당했던 세자는 악한 어머니를 전혀 닮지 않았고 성화 같은 아버지의 성격도 닮지 않아서 한없이 순하고 착했다. 어느 정도 철이 들 나이라 생모의 잘못을 모르는 바 아니지만, 그래도 자기를 낳은 어머니가 사형을 당한다는 데는 가만히 있을 수가 없었다. 세자는 편전에 입시하는 대신들을 보는 대로 붙들고 애원했다.

불쌍한 세자의 정경에 대신들도 눈물을 금치 못하며 임금께 명을 거두어 줄 것을 간하였으나 임금의 마음은 굳어져 있었다.

드디어 형방 승지가 사약을 들고 금리禁吏들과 함께 취선당에 이르자, 장희빈은 처음에 설마 했다가 승지가 강경하게 어명을 받으라는 데에 발악하며 앙탈했다. 그러나 피할 수 없는 사태임을 느낀 장희빈은 순순히 약사발을 받고는 나인을 임금에게 보냈다.

전갈의 내용은 전하의 용안을 우러르고 이별 인사 기회를 윤허하시든지, 아니면 세자를 잠깐만 만나게 해달라는 것이었다.

취선당에 이른 세자는 생모 희빈 앞에 쓰러지며 통곡을 했다. 그러나

희빈은 세자에게 독기를 뿜어댔다.

"너, 이놈! 네놈은 어디 있다가 이제야 오느냐? 너를 낳은 어미는 약사발을 받고 있는데, 네놈은 어미의 원수 민가년의 빈전에서 발상 거애發喪擧哀하고 울고불고하느라고 목까지 쉬어서 이제 나타나느냐?!"

희빈은 갑자기 독기스런 눈빛이 변하더니 번개같이 달려들어 세자의 아랫도리 물건을 움켜잡고 힘껏 잡아당기는 것이었다. 세자는 비명과 함께 그대로 까무러쳤다. 따라온 늙은 내시가 기겁하여 희빈을 떼치려 하였으나 역부족이었다. 당황한 금리들이 달려들어 겨우 뜯어 놓자 세자는 이미 숨조차 없는 상태에서 형방 승지 일행은 세자를 안고 황급히 달려나갔다.

희빈은 분이 풀리지 않았는지 씩씩거리며,

"내가 이 지경으로 죽는 처지에 네놈을 남겨두어 이가李哥의 혈통을 잇게 하고 민가년의 제사를 지내게 할 내가 아니다. 너 죽고 나 죽으면 그만

숙종 후궁 장희빈의 대빈묘

250

이다."

　승지 일행이 떠난 사이에 발광하던 장희빈은 마루에 있던 사약을 마당에 내동이쳐 버리고 스스로 대청마루 들보에 줄을 걸어 목을 매었다. 혀를 빼물고 축 늘어져 죽었다.

　한편, 궁중에서는 시체가 된 세자로 큰 소동이 벌어졌다. 어의御醫와 명의들이 동원되어 겨우 소생되었으나 원체 급소를 다친 상처가 깊어 끝내 음양무감증, 성기능을 잃어버리고 만 것이다.

　장희빈의 악독한 뜻대로 고자鼓子가 되어 버린 세자는 자주 병석에 눕게 되니 부왕 숙종도 초조하기 이를 데 없었다.

　악에 찬 최후를 마친 장희빈은 43세로 현재 경기도 고양시 용두동 서오릉 능역의 대빈묘에 묻혔다. 이로써 희빈을 지지하던 남구만·최석정·유상운柳尙運 등의 소론 세력은 몰락하고 다시 노론이 득세하게 되었다.

　장희빈의 악독은 계급 사회가 빚은 폐해였다. 아무리 약육강식이 생태계의 논리라 하지만 가진 자는 항상 부를 누리고 가난한 자는 항상 빈곤을 면치 못하는 오구조誤構造―쓸데없는 공론空論과 파벌 이익에 집착해 온 사대부 양반 지배 계층의 독점적 관료 집단에 의한 모순된 체제는 힘이 없고 약한 백성들을 착취했으며, 부패 사회 풍토를 조성했다. 따라서 천시와 학대에 시달림을 받아온 피지배 계급의 핍박받는 한은 컸었다.

　한 많았던 장희빈의 몸부림은 상후하박형上厚下薄型 기회주의자들이 세도를 부리는 권위주의 신분 사회에 대한 도전이었고, 망국병 정쟁만 일삼는 속물들과 더러운 신분 상승에의 계급 투쟁이었던 것이다. 권력과 부귀욕에 광분하는 양반 쓰레기들이 어찌 그녀를 욕할 수 있으랴. 그녀도 절대 왕권·당쟁이 빚은 정치적 희생자였으며, 강자의 편에서 기록된 왜곡된 역사를 감안할 때 장희빈의 삶과 인망도 폄貶하였을 것으로 짐작된다.

후비 인경왕후 김씨
仁敬王后 金氏
(1661~1680)

1계비 인현왕후 민씨
仁顯王后 閔氏
(1667~1701)

2계비 인원왕후 김씨
人元王后 金氏
(1687~1757)

소론과 노론의 당쟁을 겪은 김씨

숙종의 제2계비 인원왕후人元王后 김씨는 경은부원군慶恩府院君 경주 김씨 김주신金柱臣의 딸로 1687년숙종 13에 태어났다.

인원왕후는 인현왕후가 승하한 후 1년 상기喪期 기년 복제가 끝난 다음 1702년숙종 28 10월 가례를 올리고 숙종의 제2계비가 되었다.

인원왕후의 아버지 김주신은 그 친척들이 소론이었으나 그 자신은 특별한 당색 관념이 없었기에 임금은 김주신의 딸을 택했던 것이다. 김주신은 42세로 사위인 숙종과 동갑이었고, 딸 인원왕후는 16세로 숙종과 26세 차이였다. 김주신은 그의 부친이 판서였던 덕으로 현령縣令:종5품 지방 문관까지 올랐으며, 딸이 왕비가 되자 영돈녕부사 경은부원군이 되었다. 인원왕후는 세자 균경종보다 한 살 위였고, 세자빈인 며느리보다는 한 살 아래였다. 임금은 새 중전을 맞이하고 보니 자식들 보기에 떳떳치 못하여 새 중전과 나란히 앉은 자리에서 세자 내외를 불러들였다.

"세자 내외는 듣거라."

"예, 아바마마."

"내가 덕이 없고 팔자가 기구해서 이제 새 곤위를 맞고 보니 아닌게아
니라 궁중에 체통이 서지 않게 되었구나."

"황공하여이다. 아바마마."

"나는 중전을 둘이나 사별하고 하나는 죽게 하였고, 이제 나이 어린 새
어머니를 맞게 되었지 않았느냐. 그러나 연기年紀 비슷한 중궁을 계모로
섬겨야 하게 되니 너희도 또한 수월스럽지가 않으리라."

"아바마마, 그 어인 분부시오니까? 선조 할아버님께서는 춘추 쉰에 열
여덟 살 나신 인목왕후 할머님을 계비로 맞으셨고, 인조대왕께서도 춘추
마흔넷에 열다섯 살 나신 장렬왕후를 맞으시지 않으셨습니까? 어찌 소자
에게 그러한 분부를 하시옵니까?"

과연 세자의 그 마음씨만은 너그럽고 효성도 지극하였다. 만약 악독한
어머니, 몹쓸 여인 장희빈張禧嬪을 만나지 않았던들 어진 임금이 되었을 세
자였다. 세자빈 심씨도 다시없는 마음씨였으나 차츰 성숙해 가는 몸이건
만 남편이 하초下焦가 병신인 까닭에 우울한 세월을 보내야 하니 안타까운
노릇이었다.

숙종은 그래도 요화 같은 장희빈이 없어지고 궁중이 화합되고 기강이
잡혀가니 현숙한 왕비 인현왕후에 대한 추모의 정이 간절하여 인현왕후가
폐비 때 근신하였던 집을 안동별궁安東別宮으로 승격, 감고당感古堂이라는
당호를 하사했다.

한편, 임금은 새 왕비를 맞아 경축의 특사로 작년에 장희빈의 처형을 반
대했다가 귀양을 간 남구만·최석정·유상운 등을 복귀시켰다. 이는 노·소
론 간의 당쟁의 첨예화를 둔화시키려는 탕평책의 일환이기도 했다.

임금은 늙은 말이 햇콩 진미를 잘 알아 즐기듯이 어린 새 왕비를 귀여

워하게 되니 장인인 김주신에게도 영돈녕부사의 한직에서 호위대장扈衛大將의 직책을 내렸다. 궁궐을 지키는 호위청의 대장은 보통 훈신勳臣이나 척신戚臣의 대신 중에서 뽑았었다. 그러나 김주신이 일약 부원군에 호위대장이 되었으니 부작용이 없을 리가 없었다.

1705년숙종 31 봄, 불과 2년 반 만에 김주신의 집은 장안의 갑부집으로 둔갑해 버린 것이었다. 집 안은 온통 지방 관리들이 보낸 진상 봉물封物로 가득 찼다. 화근禍根은 역시 재물과 권세를 탐하는 데에서 비롯되는 법이다. 이미 작년에는 대기근이 들어 15세 이하의 기민饑民들을 사대부·양반댁의 노비로 쓰도록 허가한 판국에, 지방 관리들이 백성들을 수탈하여 중앙 관료들에게 공물을 진상하는 작태는 권력형 비리의 온상일 수밖에 없었다.

4년 전, '무고의 옥' 때 죽은 인현왕후의 오빠 되는 민진후閔鎭厚는 이때 한성판윤漢城判尹으로 노론이었고 병조판서 유득일柳得一은 소론이었으나, 전부터 강직한 성품 때문에 화를 당했던 인물이었다.

이 해 6월 이 두 사람이 김주신을 맹렬히 탄핵하자 김주신은 그의 재산을 전부 기민청에 바쳐 굶주린 백성을 구휼救恤하는 데 쓰게 했다.

이에 앞서 작년, 즉 1704년숙종 30 3월 최숙빈의 소생 제2왕자 연잉군 금이 장가를 들었다. 임금은 이 며느리도 파당이 없는 생원生員 서종제徐宗悌의 딸을 맞아들였는데, 이때 부인 서씨는 열세 살이었고 연잉군영조은 열한 살이었다. 이 서씨가 후일 영조의 후비 정성왕후貞聖王后가 된다. 당시 17세의 세자 균경종과 여섯 살 아래인 연잉군 금은 이복 형제였으나 그들은 우애가 돈독하여 숙종임금의 마음이 흐뭇하였다.

그런데 세자 균이 18세가 된 1705년숙종 31 10월 숙종임금은 선위禪位의 뜻을 발표하며 동궁東宮:왕세자에게 국정을 대리시키고 자신은 옛 태종太宗처럼 뒤에 물러앉겠다고 고집하였으나 신하들의 반대가 너무나 비등하여 뜻을 이루지 못했다.

이 바람에 동궁의 존재가 뚜렷해지자 엉뚱한 생각을 하는 무리들이 생겼으니 바로 남인들이었다. 즉, 지난날 장희빈을 싸고 돌던 남인 일당이 다시 준동蠢動하기 시작했다.

남인들은 동궁의 마음을 사서 서인들을 전멸시킬 의도로 행동하자, 이러한 사실을 눈치챈 서인도 이에 대비하에 정가政街는 다시 쑥덕공론으로 술렁대기 시작했다.

이에 놀란 임금은 한 달 만에 선위를 번의하고 다시 친정親政으로 들어갔으나, 이 바람에 당파의 감정은 더욱 고개를 들게 되었다. 인현왕후가 복위된 갑술옥사 이후 소론이 집권해 오다가 '무고의 옥' 때 장희빈이 사사된 후 정국은 일시 소론파의 남구만 등이 물러났지만 불과 1년도 못 되어 다시 소론파가 복귀하여 정권을 잡았다.

그 동안 숙종은 용사출척권容赦黜陟權:왕이 정계를 대개편하는 권한을 통한 환국換局 정치로 왕권을 강화시켰던바, 정권 교체시 붕당 내의 대립을 촉발시켜 그 반대 급부로 군주에 대한 충성을 유도해 왔었다. 붕당의 한계성은 바로 군주의 지지를 바탕으로 하지 않는 파당은 자연 도태될 수밖에 없었고, 임금은 이 점을 적절하게 이용하면서 특정 파당이 비대하면 대출척을 감행함으로써 정국의 전환을 꾀할 수 있었다.

많은 신하들을 희생시킨 환국 정치는 이미 남인이 대거 출척당한 1680년의 경신환국, 왕자 균경종의 세자 책봉을 반대하다가 서인이 제거당하고 남인이 다시 집권하게 되는 1689년의 '기사환국', 인현왕후 복위 운동을 통해 남인이 실각하고 서인의 소론이 집권하게 되는 '갑술환국', 또 이 사건의 연장선상에서 발생한 1701년의 무고의 옥 등이 있었으나 이후에도 임금은 집권 세력의 확장에 혈안이 된 신하들의 당쟁을 오히려 왕권 강화에 역이용하는 능력을 발휘하게 되었다.

노·소론의 싸움은 여전한 가운데 죄인들이 국문 도중에 죽는 것을 애석히 여긴 임금은 숙종 33년에 형장刑杖을 일체 금하고 남형남살濫刑濫殺을 엄금케 하였다.

임금이 차츰 나이가 많아지고 성불구자인 세자 균이 자식을 낳을 수 없는 것이 확실해지니 둘째 왕자 연잉군 금에게 자연 기대가 가게 되었다. 연잉군은 총명 영특하여 여러 모로 형보다 나았다. 만약 세자가 즉위하게 되면 연잉군은 세제世弟로 책봉될 것이며, 건강 상태로 보아 세자가 장수치 못할 때 연잉군의 아들이 장성해야 양자로 입양할 것인즉, 입양보다는 세제로 대통을 잇게 할 공산이 컸다.

당시 실권을 장악치 못한 노론들은 연잉군을 비호庇護하게 되니 조정은 어느 새 제당弟堂과 형당兄堂으로 양분되었다. 즉, 제당은 연잉군에게 기대를 거는 노론 세력이고, 형당은 형인 세자 균을 받드는 소론과 남인의 잔여 세력이었다. 그러나 이런 대립 양상과는 달리 세자와 연잉군은 우애 깊은 형제였다. 그래도 여전히 젯밥에 관심이 더 많은 양당 세력은 계속 상대방 흠집내기에 여념이 없었고, 사소한 문제로 소론의 영수 영의정 최석정이 삭직당하고 이여가 영상, 김창집金昌集이 좌의정이 되니 점차로 노론이 득세하게 되었다.

제당인 노론과 형당인 소론은 몇 차례 세력 뒤집기 싸움을 거듭해 오다가 1717년숙종 43 5월에는 김수항의 아들인 노론의 김창집이 영의정이 되고, 이이명李頤命이 좌의정, 송시열의 수제자인 권상하權尙夏가 우의정이 되니 조정은 노론 천하가 되었다.

이 해 7월, 쉰일곱이 된 임금은 노쇠 현상이 심해 몸이 아픈데다가 안질까지 겹쳐 시력이 나빠지자 마침내 세자에게 대리 청정代理聽政을 명하고 물러앉아 병을 요양하게 되었다.

이 명命이 있기까지는 노론의 좌의정 이이명이 임금과 독대獨對하고서 권유한 일이기에 형당인 소론에서는 감히 임금에게 물러앉으라고 했다 하여 시비를 걸어 싸움이 벌어졌다. 여기에는 비非세자 세력인 노론의 정치적 암수暗數가 숨어 있었던 것이다.

제당인 노론 대신들은 몸이 허약한 세자를 대리 청정케 해서 허물이 생기면 이를 트집 잡아 세자를 교체하겠다는 계획이었다. 당시 국법으로는 임금과 신하가 밀담을 나누는 독대가 금지되어 있었기에 이미 은퇴했던 소론의 영수 윤지완이 90세의 노구로 이이명을 탄핵하는 소동을 벌였다.

이때 세자 나이 서른이었으나 생모 장희빈에게 하초를 심하게 다친 후 유증으로 고자가 되었는지라, 아직 소생이 없는 세자의 약점을 이용하려는 노론 측의 여론을 탐색하는 소론은 증거만 잡히면 대리 청정하는 동궁에 대한 대역죄로 노론을 일망 타진할 기회를 노리고 있었다.

이듬해 1718년숙종 44 2월, 세자빈 심씨가 역병인 열병으로 숨졌다. 성불구자인 세자 균은 왕위에 오르기도 전에 상처를 한 셈이고, 그 남편을 모셨던 심씨는 '인생의 희열喜悅:기쁨과 즐거움'을 모른 채 33세로 세상을 떠났다.

몸도 변변치 못한 세자는 청정聽政을 하랴, 아내의 초상을 치르랴 더욱 고되게 되었는데, 이 무렵 3월에는 숙빈 최씨가 세상을 떠나 어머니를 잃은 25세의 아우 연잉군 금은 형제간에 우애가 지극하여 형을 성심껏 받들었다.

세자빈 심씨가 죽은 지 반 년 후 9월, 이미 성불구자임이 알려진 세자이지만 그래도 빈궁을 비울 수 없다 하여 새 세자빈을 간택하게 되니 노론 측의 병조참지 어유구魚有龜의 딸인 열네 살의 소녀가 아버지의 광영과 영달을 위해 제물祭物이 되었다. 이 세자빈 어씨가 후일 경종의 계비 선의왕후宣懿王后이다. 세자의 대리 청정이 기정 사실화된 중에도 논란은 거듭되고 있었다.

2년 후 1720년숙종 46 6월, 병세가 회복되지 않은 임금은 60세를 일기로 세상을 뜨고 말았다. 그는 현재 경기도 고양시 용두동 소재 서오릉 능역의 명릉明陵에 먼저 묻힌 제1계비 인현왕후와 쌍릉으로 묻혔다. 훗날 승하하는 제2계비 인원왕후도 그곳 가깝게 묻히게 된다.

숙종은 무능한 임금이 아니었다. 조선 역대 임금 대부분이 너무도 변변치 못해서 항상 국운이 쇠퇴했던지라, 그런 중 비교적 나은 임금이 숙종이었다. 그러나 숙종 때야말로 가장 붕당 싸움이 치열했고, 장희빈까지 요사를 떨어 한 해도 편안한 날이 없었다. 또 대부분의 신하들이 당파 싸움으로 죽어 가고, 걸핏하면 귀양을 가고 다시 풀리고 또 귀양 가는 등 숱한 파란의 쟁화를 남겼다.

욕심을 부리고 권세를 쥔 사람은 거의 자기 수명대로 살지 못했으며, 참된 선비가 살기 어려운 세상이었다.

이러한 세상 탓에 의식 있고 지조 있는 사람들은 아예 은둔해 버리는

주) * 출세의 발판―'과거' : 조선 시대 양인들이 관리로 나가기 위해서는 '과거'라는 시험을 거쳐야 했다. 당시 과거에는 여러 종류가 있었는데, 생원 진사를 선발하는 소과 시험과, 문관을 뽑는 문과 시험, 무관을 뽑는 무과, 의관·역관 등 기술관을 뽑는 잡과가 있었다. 이들 시험은 3년마다 정기적으로 실시되어 일정 인원을 뽑고식년시式年試 : 子·卯·午·酉년에 치르는 시험, 그 밖에 왕실 경사가 있을 때 이를 기념하는 부정기적인 별시가 있기도 했다.

이들 과거 시험 중 가장 중요한 것은 문반文班 : 문관의 반열 관료를 선발하는 문과였다. 특히 관료로 나가는 문과 시험의 최종 합격 인원은 33명으로, 문과에 최종 합격하는 것은 가문의 영광이오, 입신 출세의 발판이었다. 문과 시험은 초시나 복시를 막론하고 경학經學 : 오경. 유학에 대한 이해를 중시하고, 사서오경四書五經 : 논어·맹자·중용·대학과 시경·서경·주역·예기·춘추에 대한 이해를 필기 시험과 구두 시험으로 평가했다. 그리고 문학을 시험하는 부賦와 논술 등을 보았다. 문무의 합격자들이 선발되면 국가는 곧바로 은영연이라는 축하연을 베풀어 주고, 합격자들은 국왕에게 사은례를 올린다. 이어서 사흘 동안 시가 행진도 한다.

이렇듯 과거 급제는 조선 시대를 살아가는 양인 남성들의 일생 과업이었다. 따라서 합격 동기생들의 연령도 천차만별, 십대의 젊은이부터 60세가 넘은 노인에 이르기까지 다양했다.

국가는 모든 양인은 과거 시험을 치를 수 있다고 정해 놓았으나, 사시사철 바쁜 농민들이 사실상 과거 시험을 보기란 상상할 수 없는 일이었다. 게다가 여자와 노비는 과거 시험을 볼 수 있는 자격조차 없었다.

일도 있었다. 그 중 충청도 한산韓山 사람 권변權忭도 조금 특이한 일생을 살았다. 그는 어수선한 세태에 사변事變이 많이 일자 혐오를 느끼고 과거 볼 뜻을 포기한 채 낙향하였으나, 부친이 출세할 것을 명하므로 이에 현혹 되어 순간 탈선하여 생·진 양시生進兩試에 급제했지만 대과는 과거운이 없 어 38세까지 급제치 못하고 있다가, 39세 때인 숙종 15년 5월 기사환국 무 렵에 증광전시增廣殿試에 병과丙科로 급제했다.

그러나 급제를 해놓고 보니 바로 그것이 폐모과廢母科라는 것이었다. 즉 국모를 폐출하는 기념과 장희빈이 중전으로 되는 것을 축하하는 과거라 는 것이었다.

권변은 그제서야 자신이 탈선하여 크게 실수했음을 느끼고 즉시 낙향 해 버렸다. 일시나마 출세에 현혹되어 폐모과에 응시했던 죄를 사죄하러 스승과 집안 어른들을 찾았고, 익산益山의 장인에게도 갔다. 장인 소두산 蘇斗山은 남인들에게 몰려 변방의 무관직과 충청감사 등을 전직하다가 마 침내 파직되어 울분에 싸여 있었다. 그는 사위가 폐모과에 급제했다고 대 로했다.

"국모께서 무고를 받아 폐위되는 날에 그 폐모과에 급제를 해? 그래 이 제까지 읽은 글이 고작 그것이며, 40 평생 닦은 몸이 이러한 날에야 출세 하니 명색이 사군자四君子:학문이 깊고 덕행이 높은 사람로서 입신할 길이 그다 지 궁색했더냐? 장희빈의 무리에게 찾아가서 영달을 꾀할 것이지 왜 나를 찾아왔느냐?"

"어떤 벌을 내리셔도 받겠습니다, 이미 하늘을 보기가 부끄러우니 바깥 출입을 않고 사군자로서 아니할 일을 하였으니 머리에 탕건宕巾:벼슬아치가 갓 아래에 받쳐 쓰는 관을 쓰지 않겠습니다. 오로지 스스로 정신靖身하여 경법 竟法을 깨닫는 일에 평생을 바치겠습니다."

권변은 그 길로 족불출세足不出世·두불착모頭不着帽를 좌우명으로 하였다. 즉, 출세의 길에 발을 들여놓지 않고, 머리에 탕건을 쓰지 않겠다고 다짐하며 일생을 완전히 포의布衣:벼슬 없는 선비로 지내겠다고 결의했다.

이후 조정에서는 수차 그를 회유하고 이조참의 벼슬을 주었으나 응하지 않자 임금은 끝내 그의 초지를 꺾지 못하고 승하했다. 그 뒤, 영조 원년에 병조참판을 제수했으나 역시 거부 상소만 올라왔다. 또 대사헌을 제수했으나 역시 거부 상소만 올라왔다. 권변은 일시 천한 욕심으로 과거에 급제했던 것을 크게 수치스럽게 여기며 부패한 시국과 정계에 뼈저리게 환멸을 느끼다가 영조 2년 76세에 세상을 떠났다.

그 동안 몇 차례 죄인도 아니면서 조정의 부름에 붙들려 가는 수모를 당하면서도 그는 끝까지 벼슬을 거부했던 것이다. 물론 사환仕宦:벼슬살이을 거부하였으니 그의 생활은 가난하기 짝이 없었다. 그러나 그의 마음은 범인이 느끼지 못하는 한적閑寂함 속에서 세상을 마감했다. 그도 관직과 벼슬을 탐하였더라면 자기 수명대로 못 살았을 것이고, 역시 권력에 연연하는 속물들처럼 추한 인생을 살았을 것이다. 그는 한때 탈선을 하였으나 남은 인생을 정도正道로 간 참선비였다.

영조를 끝까지 보호해 준 인원왕후

한편 1720년 6월, 숙종이 승하하고 33세의 세자 균이 즉위하니 이가 곧 경종景宗이고, 새 왕비는 16세의 함종 어씨 어비魚妃이다. 그 아버지 어유구는 함원부원군咸原府院君에 봉해지고, 34세의 숙종의 제2계비 인원왕후는 왕대비가 되었다. 인원왕후도 소생이 없었는데, 숙종의 후비 세 명이 모두 마찬가지였다.

경종이 즉위함에 따라 형당인 소론들이 득세할 판이었다. 또 남인의 잔여 세력도 소론에 붙어서 한몫 보려는 참이었다. 경종의 권한이 강화되면 노론 측은 붕괴될 위기에 놓여 있었다. 더구나 경종의 후비 선의왕후가 경종이 생식 불능임을 기화로 종친 중 한 아이를 양자로 들이려 했기 때문에 노론은 조속히 연잉군 금을 왕세제로 책봉해야만 했다. 노론의 생사가 걸린 중대사였다.

2년 전 경종의 첫째 부인 단의왕후가 죽은 후 두 번째로 맞이한 선의왕후와 그 아버지 어유구도 소론이 경종을 지지함에 소론으로 당파가 바뀌었다. 원래 어유구는 노론이었으나 사위 경종의 편이 된 것이다. 그러나 워낙 병약한 경종이 국정을 수행하기 어려워지자 이 틈을 노려 소론은 물론 노론도 집권하려고 호시 탐탐 기회를 노리고 있었다.

선의왕후의 아버지 어유구는 사위가 임금이 되니 어영대장에 훈련대장을 겸하여 권세를 쥐면서부터 이해 득실과 진퇴 향배에 민첩하게 되었다. 그는 딸 선의왕후를 책동해서 소론들과 한 패가 되어 세자 입양 책봉을 획책했던 것이다.

그러나 경종은 아직도 아우 연잉군과 우애가 깊어서 입양할 생각이 없었다.

1721년경종 1 8월 노론 측은 연잉군을 세제로 세우고 동궁으로 책봉할 것을 경종에게 상소를 올렸다. 이것이 마침내 형당인 소론파의 반대에 부딪쳐 화단禍端이 일어나게 되었다.

지난날 장희빈의 후원자였던 조사석의 아들인 소론의 영수 우의정 조태구가 어비의 아버지 어유구와 모의하여 선의왕후를 통해서 경종을 움직여 양자를 세우라고 권하는 터에 이 소문은 마침내 왕대비 인원왕후의 귀에 들어갔다.

해괴한 소식을 들은 왕대비는 아버지 김주신을 불러 알아보니 사실이었다. 왕대비는 겨우 경종임금보다 한 살 위였지만 후사에 대해서는 왕실의 어른으로서 큰 영향력을 가지고 있었다.

왕대비 인원왕후는 크게 노하여 중전을 불러 대체 입양이라는 그런 망령된 소리가 어디서 나왔느냐고 꾸짖고는 엄교嚴敎를 내렸다.

"주상의 춘추가 아직도 젊거늘 그 누가 양자를 의논한단 말인가? 만일 무슨 변고가 있다 하더라도 선왕의 혈통이 아래로 두 분이나 있어서 아주 혈통이 끊이지 않은 터인데 그 누가 망령된 짓으로 선왕의 혈통을 막으려 한단 말이냐?"

이 엄교에 형당인 소론은 싹 움츠러들었다. 왕대비는 만일 소론이 입양론을 더 들고나서면 선왕에 대한 역적으로 몰아낼 참이었다. 마침내 노론의 주청대로 연잉군이 왕세제로 책봉되니 제당인 노론이 승리하게 되었다.

종묘 사직왕실과 나라보다는 당리만을 생각하던 소론은 제2의 남인이 되어 몰락의 위기에 놓였는데, 만일 임금이 죽고 연잉군이 즉위하면 모두 역적으로 몰릴 판이었다.

연잉군이 세제로 책봉된 지 불과 2개월 후 노론 측의 조성복趙聖復이 한 걸음 더 나아가 세제의 대리 청정을 상소했다. 이는 세제 연잉군을 추대하고 경종임금을 상왕으로 밀어내려는 노론의 쿠데타였다. 경종은 몸이 아파 만사가 귀찮은 터에 선뜻 수락했다. 뿐만 아니라 경종은 세제에게 만기萬機:온갖 정사를 처단케 한다는 것이었다. 형당인 소론의 재상들은 큰 변이 일어난 듯이 황황망조皇皇罔措하였다.

일단 노론의 쿠데타가 성공한 듯이 보였다. 그러나 장차 노론에게 당할 것을 생각하니 기가 막혔던 소론들은 목숨을 걸고 덤벼들었다. 특히 소론 계의 우의정 조태구가 중전의 아버지와 동지임을 아는 중전은 입직 승지가 조태구를 막았다고 임금에게 전했다. 야반에 입궐한 조태구는 왕과 독대獨對하였다.

"전하, 영의정 김창집 등 노론은 전부터 왕세제를 싸고 돌며 흉계를 꾸며 왔사옵니다. ……왕세제의 대리 청정은 부당하옵니다."

임금은 몸이 아픈지라 짜증이 났고, 모든 것이 싫으니 너희들이 마음대로 하라는 식으로 일축해 버렸다. 이에 다음날 정원에서는 소론의 이광좌 李光佐와 노론의 이건명李健命이 큰 소리로 마구 싸워 궐내는 수라장이 되 었다. 이에 놀란 왕세제 연잉군이 형왕에게 간청하니 임금은 할 수 없이,

"그러면 그대로 임금 노릇을 하겠노라."

불과 닷새 만에 왕세제 청정은 환수되었다.

그러나 소론은 여전히 좌불안석이었다. 어떻게 해서든 병약한 임금이 승하하기 전에 노론을 다 도륙하고 왕세제가 된 연잉군도 없애 버린 다음 왕자를 세워 자기들 천하를 만들어야 했다. 어떤 음모를 꾸며서라도 우애 깊은 임금 형제 간을 이간시켜 떼어놓아야 했다. 그대로 죽어 갈 소론들 이 아니었기에 수단과 방법을 가리지 않았다.

마침내 무서운 음모가 꾸며지고 있었는데, 그 주역은 이조참판 김일경金 一鏡이었다. 그는 책략의 명수요, 두뇌도 천재여서 문과에도 장원하고 문과 중시重試에도 장원했으나 비정한 자였다. 그는 한때 숙종의 첫 장인인 광 성부원군 김만기의 족질族姪로 문장과 변론이 뛰어나고 지략이 대단해서 김만기의 후대를 받아 노론의 선비로 촉망받았었다.

그러나 김만기가 살펴보니 그의 본심이 흉악하고 무도하므로 키워서는 장차 큰 일을 저지르겠다 하여 괄시하고 배척하였다. 그래서 김일경은 김 만기에게 감정을 품고 소론의 거두 이사상李師尙·유봉휘柳鳳輝 등을 찾아 가 아첨하였다.

이처럼 학식 높고 영리한 김일경은 교활한 철새 행각을 하다가 드디어 소론들은 책략가인 그를 모두謀頭로 7명이 앞장 서서 용의주도한 계획에 따라 병중인 임금의 시야를 가리고 아직 세상 물정을 모르는 18세의 중전 에게 접근하였다. 박상검 등은 한문으로 쓰인 상소를 읽을 줄 모르는 중 전을 기만·농간하여 노론의 4대신 영의정 김창집·좌의정 이건명李健命 영중추부사 이이명·판중추부사 조태채趙泰采 등을 '임금을 시역하고 왕권

교체를 기도한 역모자'라고 모함하는 상소의 내용을 중전에게 들려주었다.

이 어처구니없는 말을 듣고 놀란 중전은 박상검이 시키는 대로 즉시 왕명을 칭탁稱託:핑계하여 병석에 누운 임금은 알지도 못하는 사이에 전교를 내리고 말았다.

이 상소로 인하여 1716년숙종 42 이후 지속되던 노론의 기반이 무너지고 대신 소론 정권으로 교체되는 '신축환국辛丑換局'이 단행되었다. 이 결과 노론의 4대신은 파직되어 각 지역으로 귀양·유배 위리 안치되었고, 그밖의 노론 대신들도 삭직·문외 출송 또는 정배定配되었다. 반면 소론파에서는 영의정에 조태구, 좌의정에 최규서崔奎瑞, 우의정에 최석항崔錫恒, 대사헌에 유봉휘, 예조판서에 이광좌 등이 임명됨으로써 소론이 정권 기반을 굳혀 세상은 소론 천하로 바뀌었다. 그 무렵 왕대비 인원왕후의 아버지 경은부원군 김주신이 세상을 뜨니 노론은 더욱 힘을 잃게 되었다.

소론들의 살기 찬 개가 속에 1721년경종 1이 저물어 갈 무렵, 모사의 주역 김일경은 내시 박상검을 몰래 만나 또다시 흉계를 꾸미고 있었다.

"노론놈들의 기는 일단 눌렀소. 하나 이번에 아주 그 씨를 없애도록 숙청해야 하오. 다시는 재기치 못하게 말이오."

"그러시오면……."

"왕세제인지 연잉군인지를 없애야지요. 청나라에서 책봉사冊封使가 와서 승인되기 전에 말이오."

온통 소론의 득세로 28세의 세제 연잉군의 목숨은 경각을 다투는 풍전등화였다. 궁중이 모두 그를 경원하여 당장에 호신할 안식처가 없이 되자 가장 안전하게 믿을 곳이란 우애가 깊은 경종의 병상 곁 편전뿐이었다.

밤이 되어 나인이 밤참이라면서 닭죽을 가져왔다. 세제는 무심코 죽을 들려다가 문득 이상한 예감에 머뭇거리자 나인이 기미氣味를 본다고 한 숟갈을 떠 먹었다. 나인이 아무 일 없기에 세제가 안심하고 받아 들려는 순간 나인이 쓰러졌다. 세제는 소리쳤다.

"오, 비상…… 비상을 넣은 닭죽이구나. 애야. 누가 이걸 보내더냐?"

"으…… 김…… 김상궁……."

나인은 말을 못 잇고 세제를 대신해서 숨을 거두고 말았다. 궁중은 그야말로 복마전伏魔殿으로 화하고, 이에 기겁하고 놀란 세제가 경종에게 아뢰려 했으나 모사 김일경의 한패거리인 궁녀 필정이 왕의 환후 위중을 핑계대고 제지했다.

세제는 그래도 자기를 보호해 줄 사람은 인원왕후 왕대비밖에 없었다. 계모비인 왕대비께 사정을 아뢰었다. 인원대비는 이때 아버지의 상중이었으므로 슬픔에 잠겨 있었으나 이 변을 듣고 크게 놀랐다.

왕대비는 즉시 대전大殿에 고하여 이 변을 엄중 추궁 처리하라 하였다. 그러나 대비의 명령이 임금에게 들어가도 소식이 없었고, 흐지부지되는 분위기였다.

기가 막히고 속이 타는 것은 왕세제였다. 그는 이 변이 자기더러 동궁위東宮位를 내놓으라는 위협으로 알고, 마침내 소론에게 굴복하여 위位를 내놓고 목숨을 보전하기로 했다. 경종에게 상소를 적어 올려 동궁위 사퇴의 뜻을 밝히니 그제서야 몸이 아파 운신 못 하는 임금이 깜짝 놀랐다.

즉시 입직 승지를 불러 전교를 내리고 왕세제로 하여금 국청을 열어 궁인 내관들을 모조리 사문하여 범인을 색출 극형에 처하라는 엄지嚴旨를 내렸다. 인막人幕에 싸인 임금은 이 일을 잘 모르고 다만 세제를 모해하려는 무리가 있다는 정도로 막연하게만 알아듣고 있었다.

때마침 노론으로서 조정에 있는 영중추부사 김우항金宇杭이 이 일로 해서 그 배후를 캐고 음모의 주역 김일경 일당을 일망 타진하고자 했다. 세제는 국청을 열고 김우항을 위관委官으로 하여 국문을 시작하니 김씨 성을 가진 상궁은 모조리 잡혀 들어와 엄국을 당하는 판국에서 벌써 궁녀들의 입에서는 내시 박상검·문유도文有道와 궁녀 필정必貞·석렬石烈 등의 이름이 오르내렸다.

악랄한 음모를 꾸미던 소론은 위기 일보 직전에 봉착했다. 모사의 주역 이조참판 김일경은 입술이 바짝바짝 탔다. 그는 즉시 소론 대신들을 소집하여 이 사건이 비화하면 소론이 멸망할 것을 일깨우고 스스로 임금을 접견하여 "영부사 김우항이 노론으로서 이 사건은 다른 방향으로 다루어 소론을 몰아 죽이려 하니 즉각 중시시켜 달라"고 엄살스런 급고急告를 했다.

학식 높고 지능이 높은 술사 김일경에게 농락당한 임금은 또 한 번 깜짝 놀라 헷갈렸다.

"아니, 그럼 김우항이 충신을 모두 몰아 죽이려 한단 말이오?"

임금은 즉각 국청의 중지를 명하고 왕세제에게도 국문을 대리하라 했던 전교를 거두게 했다. 따라서 혐의자들이 모두 풀려났다. 세제 연잉군과 동궁빈 서씨는 불안하고 답답했다. 세제보다 두 살 위인 서른 살의 서씨는 탄식했다.

"동궁을 사양하면 그만 아닙니까? ……이제는 목숨마저 빼앗으려 드니……."

"역적놈들……, 오늘 내일 승하하실는지 모르게 된 임금께 충성한답시고 동궁을 모해코자 하니 대저 저놈들이 역성혁명易姓革命:부덕한 사람이 나면 다른 유덕자로 옮겨져 왕조가 교체된다는 것이라도 하자는 것이 아닙니까?"

그런 중에 해가 바뀌어 1722경종 2 임인王寅년 벽두부터 조정을 장악한 소론의 모사 김일경은 노론 측 인사에 대한 축출 작업과 동궁 모해 작업을 더욱 가속화했다.

그들은 세제를 유폐시켜 문안조차 허락지 않았다. 목숨이 경각에 달린 세제 연잉군은 너무도 갑갑하여 처소를 미친 듯이 뛰쳐나와 경종의 침전으로 향했다. 무슨 죄가 있기에 구금하느냐고 따져볼 양으로 침전 복도에 이르렀다.

역시 김일경의 한 패거리인 궁녀 석렬이 눈을 부릅뜨고 가로막았다.

"지금 환후 위독하신 때라 아무도 뵙지 못할 처지인데 어쩌자고 야반에 뛰어 들어오십니까? 어서 돌아가십시오."

"내가 내 형님을 뵈러 왔는데 네가 일개 궁녀로서 앞을 막느냐? 냉큼 길을 열지 못하겠느냐?"

"이러시지 않더라도 동궁께서 임금이 되실 텐데 왜 이리 벌써부터 위에 오르지 못해 야단이십니까?"

바로 그때 이미 입시入侍했던 이조참판 김일경과 내시 박상검이 나오면서 세제의 팔을 양쪽에서 잡아 마구 끌며 눈을 부릅떴다.

"이게 무슨 거동이십니까? 야반에 동궁의 몸으로……. 전하의 환후를 더치지 마시고 어서 처소로 돌아가십시오!"

떠밀려 나온 세제는 너무도 분해서 그로부터 단식으로 목숨을 끊어 이 세상을 잊으려 했다. 이제 경종의 침전뿐만 아니라 왕대비전에도 못 가게 완전 유폐되었으니 어쩔 수가 없었다.

이때 세제 동궁에게 충성을 다해 모시던 시강원 설서設書 송인명宋寅明이 이대로 두면 세제가 굶어 죽을 것 같았다. 그는 세제에게 격려하고 분발시켜 저녁 식사를 든든히 들게 한 다음 밤이 되기를 기다려 몰래 처소를 탈출하게 하였다.

"아무쪼록 정신을 차리셔서 대비 처소에만 가시면 살아나실 것이고, 살아나시면 훗날에 반드시 왕위에 오르시게 될 것이옵니다. 저하! 그때는 이 한심한 세상을 바로잡아 주시옵소서."

"고맙소, 송설서. 내 그대의 말을 듣고 다시 살기로 결심했소."

송인명은 목말을 태워 자기의 어깨를 밟고 세제가 담장을 넘어 유폐된 처소를 탈출케 하였다. 이렇게 대비의 처소에 다다른 세자는 인원왕후 대

비를 대하자,

"대비마마!"

하고 눈물을 왈칵 쏟으며 통곡하였다. 일곱 살 위인 대비도 울면서 세제를 달랬다.

"종묘 사직이 아무리 망했기로서니 이럴 수가……. 너무나 한심하고 참담하구나. 그러나 동궁은 건강히 있다가 때를 기다려 국정을 바로잡아야 한다. 그래야 혈통이 끊어지지 않고 국정이 바로잡힐 터이니, 마음을 활달하게 가지고, 이제부터는 내 옆에 가까이 있어 침식을 하고 몸을 보전하여 다음 기회를 기다리라."

"황공하여이다. 대비마마."

세제가 대비전에 피신처를 정하게 되니 그곳까지는 음모의 손이 뻗칠 수가 없었다. 그러나 호시 탐탐 세제를 모해하려는 김일경과 박상검 일당은 별별 구실을 내세우며 세제가 동궁으로 돌아가기를 간청했다. 또 그들은 세제에게 환궁하라고 강박하자 대로한 인원왕후는 그들에게 호통을 쳤다.

"네 이 역적놈들! 너희가 감히 무슨 흉계로 동궁을 유폐해 놓고 내 처소에도, 상감의 처소에도 가지 못하게 하였느냐? 나까지 손을 써서 죽이든지 폐출을 하든지 하려므나. 너희가 어찌 이렇게 무엄할 수가 있단 말이냐?"

왕대비의 불호령에는 그들도 움찔할 수밖에 없었다. 이어 왕대비는 또 엄지嚴旨를 내려 동궁을 모해하려는 무리를 처단해야 동궁을 내보내겠다고 하였다.

이처럼 조정이 시끄러우니 소론의 온건파인 영의정 조태구는 이대로 밀고 나가다가는 큰 화가 닥칠 것만 같았다. 이때 그의 동지로서 경종의 후비 선의왕후의 아버지 어유구가 또 변신하여 노론편을 들게 되었는데, 이는 장희빈 때처럼 수라장을 만든 소론이 결국 화를 당할 것을 예견하고 깨달은바, 어유구는 노론 4대신의 유배에 반대하여 변호까지 하게 되었다.

이렇게 심상치 않은 정세를 느낀 소론의 영의정 조태구는 선수를 쳐서 세제를 모해하려는 내시들을 처단하라고 상주上奏:임금에게 아뢰는 것했다. 임금의 허락으로 조태구가 국문하여 김일경의 하수인인 궁녀 필정과 석렬은 사형에 처했다. 소론에 충성했던 궁녀들은 제 주인들의 손에 죽은 것이었다. 소론의 김일경은 이쯤에서 사건을 무마하려 했으나 큰 모해범 박상검과 문유도가 남아 있었다.

세제 동궁은 이들 두 내시를 문초할 것을 청하니 모사 김일경이 애가 탔다. 그러나 이 기회에 내시들을 죽이면 아주 증거 인멸을 할 수 있는 호기好機라 여기고 두 내시의 문초가 시작되니 불문 곡직하고 매질 끝에 죽여 버렸다. 역시 소론에 충성했던 이 내시들도 제 주인들의 손에 죽은 것이었다. 세제 모해의 주역 김일경은 여기서 한 걸음 더 나아가 남인의 서얼 출신 목호룡睦虎龍을 매수하여 정적을 모조리 제거하는 술책을 꾸미고 있었다. 원래 목호룡이란 자는 정치적 야심을 품고 제당인 노론에 접근하여 처음에는 세제 연잉군 편에서 세제를 보호하였으나, 정국이 소론의 우세로 기울자 김일경에게 매수되어 배반하게 되었다.

1722년경종 2 3월, 마침내 술사 김일경의 날조된 각본 연출이 목호룡의 고변告變 상소로 둔갑하였다. 상소의 내용인즉, 노론 측에서 임금을 시해하고자 모의했다는 것으로서 이는 노론을 없애기 위한 김일경이 꾸민 모략이었다. 임금의 시해 방법으로는 이른바 '상급수설上急手設:대급수 大急手:칼로 살해, 소급수小急手:약으로 살해, 평지수平地手:모해하여 폐출'을 동원하려 했다고 고변하고, 이에 관련한 인물이 모두 노론 4대신의 자제들이라고 고변했던 것이다.

노론에 엄청난 타격을 준 이 사건으로 귀양 가 있던 노론 4대신 김창집·이건명·조태채·이이명은 한성으로 압송 도중 모두 사사되었고, 김일경의 각본에 올라 국청에서 사형된 사람이 20여 명, 맞아서 죽은 사람이 30여 명, 그 밖에 4대신의 가족이라는 이유로 교살된 사람이 13명, 유배 114명, 스스로 자결한 부녀자가 9명, 연좌된 사람이 173명에 달하였다.

김일경이 야차夜叉:사납고 잔인한 귀신와 같은 유혈 타작 만행을 일달락 짓자 중전의 아버지 어유구는 부사공신 1등에 책록되었으나 그는 노론 4대신의 사사를 반대하였으므로 이를 사퇴하였고, 고변을 상소했던 목호룡은 부사공신 3등에 동성군으로 봉해지고 동지중추부사의 벼슬을 받았다. 그는 많은 피값으로 벼락 출세를 한 것이었다.

이 대대적인 옥사가 신축년과 임인년에 연이어 일어난 '신임옥사辛壬獄事'였다.

사실 '신임옥사'의 최종 목표는 세제 연잉군을 없애는 데에 있었다. 신임사화 이후 정권은 소론이 장악하였고, 1724년숙종 4 경종임금은 또 중환에 걸렸다. 김일경은 왕세제 연잉군을 옭아매어 없애려고 별렀으나 그 동안 인원왕후 왕대비가 싸고 돌므로 뜻을 이루지 못했는데, 이번에는 임금의 환후가 중해지자 초조해졌다. 만일 세제가 즉위하면 그때는 자신의 초상날이 될 판이었다.

당시 김일경은 대사헌이 되었다가 다시 도승지가 되었는데, 이는 임금을 가까이서 잡고 휘두르기에는 가장 적당한 자리였고, 사실상의 임금은 김일경인 셈이었다. 어쨌든 김일경은 세제를 죽이든가 연령군을 세제로 세워야 했고, 그도 아니면 종친 중에서 누구를 선택해야 하는 기로에 섰다. 눈치를 채고 있는 동궁에서도 가만 있을 리 없었다. 과단성 있는 동궁빈 서씨도 이대로 죽을 수 없기에 손을 쓰고 있었다. 경각을 다투는 판국이었다. 중전이 가장 신임하는 비녀 옥님玉枏이를 사로잡는 데에 서씨는 성공했다. 미인계가 아닌 미남계 작전이었다. 그것은 동궁 별감의 아들로 동궁에 드나드는 김수진金水鎭이라는 총각을 시켜 옥님이를 유혹하게 했다. 중전의 절대 충복이던 옥님이도 한번 사내에게 몸이 가자 그 마음도 물렁한 묵처럼 일변되고 말았다.

사내의 맛을 보고 허물어진 옥님이는 수진이가 시키는 일은 무엇이든 할 수 있었다. 임금을 독시毒弑키로 한 것이다. 경종임금은 이제 토사병으로 탈진하여 축 늘어졌고, 약방에서 지어 올린 가미오령산加味五苓散을 달여 올리면서 옥님이가 맹독성 파두巴豆씨 서 푼을 가미했던 것이다.

그 약만 마시면 임금은 창자가 끊어지는 듯이 몸부림치다가 죽는다. 임금은 약을 거절하였으나 약방 제조 대신과 김일경·목호룡 등이 감시하며 계속 지어 올리는 바람에 임금은 자꾸 먹을 수밖에 없었다. 김일경 등은 등잔 밑이 어둡다고 옥님이가 엉뚱한 것을 가미하는 줄은 전혀 모르고 있었다.

마침내 경종은 혼수 상태에 인사 불성이 되었다. 만약 임금이 당장 죽고 세제 연잉군이 왕위에 오르면 김일경 일당은 죽은 목숨이기에 그들이 원하는 후계자를 서둘러 세우지 않으면 심각한 사태가 될 판이었다. 크게 근심된 김일경이 우의정 이광좌를 찾았다.

"이제는 더 미룰 수가 없소이다. 상감의 승하가 시간 문제요. 시가 급해졌소이다."

"시가 급하다니!"

"상감께는 아직도 연령군이 있잖습니까? 연잉군을 없앱시다."

"아니, 동궁을? 그걸 말이라 하오?"

"그러면 앉아서 도륙을 당하겠소?"

"하지만 세제가 된 지 4년이 된 동궁을 시역하다니."

"동궁은 임금의 혈통도 아니지 않습니까? 설령 임금의 혈통이라 해도 어떻게 무수리의 자식을 왕으로 세웁니까?"

흉계를 구상한 김일경은 즉일로 스스로 형조판서에 우참찬으로 전임해

또 날조 상소를 올렸다.

"전일에 왕세제를 시해하려 했던 독선毒膳 사건은 이제 와서야 그것이 동궁에서 조작 날조한 것이 드러났습니다. 즉, 동궁에서 누가 노론의 김창집 무리와 내통해서 조정을 도륙하려 한 것이니 필히 밝히시옵소서."

학식 높고 천재였던 교활한 모사꾼 김일경이 자신이 형조판서로서 국청 위관이 되어 동궁을 위시한 노론의 잔당을 도륙해 없애려는 흉계였다. 김일경은 이 상소를 급히 입직 승지에게 건네고, 윤허允許한다는 윤자만 구두口頭로라도 받아 오라 하였다.

그간의 일로 미루어 짐작컨대 자기 말이면 임금은 무조건 고개를 끄덕일 것으로 알았다. 그러나 그날 밤 입직 승지는 노론의 박내정朴乃貞이었다. 그는 들어갔다가 되나오며 입시조차 못하겠다고 하였다. 계획에 차질이 생김을 느낀 김일경은 협박조로 윽박질렀다.

"박승지, 죽고 싶은가? 말씀만으로 윤자 한 자도 못 받아 오겠다는 게냐?"

"허, 대감께서도 도승지로 오래 계셔서 잘 아시지 않습니까? 출입조차 못 알아보시는 상감께 어떻게 윤자를 얻어 오라 하십니까?"

"허, 이런 박승지, 정녕인가?"

김일경의 요구로는 윤허된 것처럼 꾸미고 그것을 사관史官이 기록해서 연극을 짜자는 것인데, 공범을 거부한 박내정이 안 들어주므로 실랑이만 벌이고 말았다.

이 소식은 바로 동궁에 알려졌다. 비자 옥님이가 통정通情한 사내 김수진에게 연락하여 고급告急해 온 것이었다. 김수진이 동궁빈 서씨에게 아뢴다.

"큰일났습니다. 형조판서 김일경이 동궁마마와 노론 일당을 모조리 도륙하려고 상감의 윤허만 기다린답니다."

동궁빈 서씨는 세제에게 다그친다.

272

"어찌하시겠습니까? 앉아서 화를 당하겠습니까? 이제 김일경이 무슨 흉계를 가지고 윤자 하나만 기다린답니다. 다 죽어 가는 용군庸君:어리석고 변변치 못한 임금 입에서 윤자만 떨어지면 우리는 사약 사발을 받습니다. 인사 불성이 돼 있는 형왕은 알지도 못하는 사이에 이 왕실은 다 도륙되고 어느 누가 옥좌에 앉을지 모릅니다."

세제 연잉군은 침통히 아무 말이 없었다.

1724년경종 4 8월 초, 임금은 미음을 마신 뒤 피를 토하고 정신을 잃어버렸다. 경종이 마지막 마신 미음에 비상을 탄 것은 중전의 시비 옥님이었다. 그 길로 임금은 계속 혼수 상태이므로 김일경은 결국 윤허를 받지 못했고, 이 경황 중에 옥사를 벌일 수도 없어서 흉계는 실패했다.

이윽고 8월 하순 경종은 세상을 떠났다. 그의 나이 37세, 이때 중전은 20세였다. 선의왕후는 이제 겨우 20세로 왕대비 노릇을 해야 할 운명이었고, 왕대비 인원왕후 김씨는 38세로 궁중의 가장 어른인 대왕대비가 될 참이었다.

국상이 발표되고 조정은 모두가 김일경을 위시한 소론의 판이었다. 그들은 이제 세제에게 대통을 이어 즉위케 할는지가 문제였다. 세제가 즉위하면 그들이 떼죽음을 당할 것이므로 무슨 수단을 써서라도 연잉군의 등극을 막고 다른 사람을 세울 움직임이었다.

이에 긴장한 세제비 서씨는 우선 인원왕후 왕대비전에 가서 옥새부터 간수하도록 아뢰었다. 왕대비도 놀라며 즉각 상궁을 시켜 대전에 있는 어보御寶를 가져오게 하여 간직하였다.

김일경도 그 어보를 중전에게 맡기고 계략을 꾸미려고 하였다. 경종이 유언 없이 죽었기에 왕비가 평소 들은 말로 유언을 대신할 수가 있었다. 그래서 동궁에서 임금 어선御膳:임금에게 올리는 음식에 투약하였으므로 임금이 유언하여 세제를 폐하고 연령군을 세우라 한 것으로 꾸며 왕비의 언문 교지를 내리게 할 참이었다. 그러면 일은 끝나고 동궁 세제는 사약 사발인 것이다.

그러나 김일경보다 세제비 서씨가 한 발 빨랐다. 김일경 등 소론의 조정 대신들은 그렇다고 옥새를 빼앗아 올 도리가 없는 일인지라 하는 수 없이 모두 대비전 합문 밖에 와 아뢰었다.

"보위 옥좌는 한시도 비울 수가 없사옵니다. 어서 신왕의 즉위를 명하소서."

대비는 곧 왕세제를 등극케 하라 하였다. 소론 대신들은 이구 동성으로 재고하라고 아뢰었다.

"아니 재고하다니, 무얼 재고하란 말이오?"

"황공하오나 상감께서 8월 초 각혈하신 것은 누가 독선毒膳을 올려서 그렇다는 말이 있습니다. 이것이 동궁에서 시킨 짓이라 하니 그 진상을 가리자면……."

"아니, 저런 역적이 있단 말인가?"

대비가 호통을 쳤으나 김일경은 왕세제의 혈통이 의심스럽다는 설說까지 들어 대비를 더욱 진노케 했다.

"조정에서 흉계를 꾸미는 자들이 많음을 잘 아오. 그러나 이제 분명코 왕세제는 대통을 이으니, 이제부터 함부로 말하는 자는 대역의 이름으로 다스림을 면치 못할 것이오!"

단호하게 못을 박은 왕대비 인원왕후는 곧 언문 교지를 내려 왕세제로 하여금 대위에 오를 절차를 밟으라 하였다. 이제 왕대비 김씨에 의해 4년간 창궐하던 소론의 시대가 막을 내리게 되었고, 숨을 죽이며 엎드려 지내던 31세의 세제 연잉군이 1724년 8월 30일 창덕궁 인정문에서 왕위에 올랐다. 이가 바로 21대 영조임금인 것이다.

따라서 33세의 세제빈 서씨는 왕비로, 38세의 인원왕후 왕대비는 대왕대비로, 20세의 전 왕비 어씨는 왕대비로 봉작하였다.

영조가 곤경에 빠졌을 때마다 보호하고 도움 준 후견인 인원왕후가 없었다면 영조는 즉위는커녕 이미 죽었을 것이다. 대왕대비가 된 인원왕후는 영조 즉위 후 33년 동안 편안한 여생을 보내다가 1757년영조 33 춘추 71세로 소생 없이 승하했다. 인원왕후는 현재 경기도 고양시 용두동 소재 서오릉 능역의 명릉明陵에 인현왕후 그리고 숙종 등과 함께 묻혔다.

즉위한 영조는 탕평책을 써서 태평한 시대를 이루려고 노력하였으나, 조정의 신하들은 아직도 자기 당파의 세력 확장에 혈안이었으니 역시 조정은 폭풍 전야처럼 을씨년스런 분위기에 휩싸여 있다가, 마침내 동학 훈도 이봉명李鳳鳴의 상소문에 이어 조익명趙翼命·운용상 등의 30여 명의 상소가 포문을 열었다.

학식 높은 천재 술사 소론의 김일경은 아직도 권력욕에 눈이 뒤집혀 끝까지 발악하다가 끝내 효수梟首:죄인의 목을 베어 높은 곳에 매달던 처형당하고 말았다. 철새 정치꾼 김일경의 일당 목호룡도 같이 효수당했다. 영조 즉위년 12월이었다.

일시 천한 욕심으로 과거에 급제했던 것을 크게 수치스럽게 여겨 어용御用 벼슬을 거부했던 충청도 한산 사람 권변과는 대조적인 인물이 김일경이었다. 그는 이권 계산에 민감했던 만큼 술수도 탁월했다.

노론과 소론의 치열한 정권 다툼으로 조정이 항상 피바람에 휩싸였던 혼란은 교활하고 잔인한 식자識者에 의해 자행되었던 것이다.

식자도 권력 야욕·부귀 영화·일신 영달에 정신이 돌면 세상을 망가뜨리는 미치광이가 되는 것일까? 제 잘났다는 몽매한 것들은 모르고 있었다, 욕심을 버리면 편안하고 자유로운 것을. 당시에도 반성 없는 지식인들의 권세를 탐하는 추태는 극심했었다. 역겹게도 이들 쓰레기 식자들은 고상한 척 유치하게 사자 성어四字成語식 언어 유희를 현학적衒?的으로 즐겼었

다. 국가와 민족을 위한다는 거짓말쟁이들—권력형 비리의 주역 원로元老
님들—당시에도 정치꾼은 사기꾼이었던가?

제19대 숙종 때의 세계

　1675년 영국, 그리니치 천문대 개설. 1678년 네덜란드 호이헨스, 빛의 피동설波動
說 발표. 1680년 독일 라이프니츠, 미분법微分法 발견. 1683년 청, 대만을 영유領有.
1685년 영국 동인도회사, 벵골군軍과 교전. 1686년 독일 라이프니츠, 적분법積分法
발견. 1688년 영국, 명예혁명. 1689년 청·러시아, 네르친스크조약 체결. 1690년 영
국, 캘커타 시를 건설. 1696년 외몽고, 청령淸領이 됨. 1696년 러시아, 캄차카 점령.
1696년 영국 해군, 프랑스 군을 누르고 지중해 제압. 1696년 네덜란드, 자바에서
처음으로 커피 재배. 1699년 청, 영국의 광동廣東 무역을 허가. 1700년 오스만터키,
쇠퇴해 감. 1700년 북방전쟁 발발~1721. 1701년 프러시아 왕국 성립. 1701년 에스
파니아 왕위 계승 전쟁 발발~1713. 1707년 러시아, 피오르트 1세, 캄차카 점령을 공
표. 1707년 잉글랜드, 스코틀랜드를 병합하여 대영제국을 성립. 1710년 인도, 시크
교도의 반란. 1715년 영국, 광동에 상관商館을 세움. 1717년 청, 그리스도교의 포교
를 금지. 1722년경종 2년 러시아 표토르 대제, 페르시아를 침공. 흑해 진출 기도.

후비 단의왕후 심씨
端懿王后 沈氏
(1686~1718)

계비 선의왕후 어씨
宣懿 王后 漁氏
(1705~1730)

 ## 성불구자 남편을 모셨던 심씨

경종의 후비 단의왕후 심씨端懿王后 沈氏는 청은부원군靑恩府院君 심호沈浩
의 딸로 1686년숙종 12 5월에 태어났다.

단의왕후는 1696년숙종 22 5월 11세 때 세자빈에 책봉되었다. 그녀는 어
릴 때부터 총명하고 덕을 갖추어 대전·중전, 그리고 병약한 세자를 섬기
는 데 손색이 없었다.

그녀가 가례를 치르고 세자와 함께 시어머니인 장희빈張禧嬪에게 배례를
드리러 갔다가 혼쭐난 적이 있었는데, 그때 포악한 장희빈이 폐백상을 뒤
엎고는 자기한테 뭣하러 절을 하러 왔느냐는 것이었다. 당시 숙종의 제1계
비 인현왕후仁顯王后를 시기한 포악이었다. 더욱이 세자가 다정한 인현왕
후를 따랐던 것이 장희빈을 열받게 했던 것이다.

남편 세자 균경종은 생모 장희빈의 발기拔器:성기를 뽑음 폭행으로 하초가
변변치 못한지라 '음양의 즐거움'을 누리지 못하고 생과부 신세로 지내야

제20대 경종 가계도

숙종 ——————— 희빈 장씨

장남

제20대 경종

(1688~1724)
재위 기간 : 1720.6~1724.8 4년 2개월
부인 : 2명 자녀 : 없음

단의왕후 심씨(자식 없음)

선의왕후 어씨(자식 없음)

했다.

경종은 숙종과 장희빈의 소생으로 1688년^{숙종 14} 10월에 태어나 세 살 때 왕세자에 책봉되었고, 1717년^{숙종 43} 8월 30세 때 대리 청정을 시작했다. 이듬해 1718년 2월 세자빈 심씨는 역병인 열병으로 소생 없이 세상을 떠났다. 경종이 즉위하기 2년 전이었다. 성불구자인 남편을 모셨던 심씨는 '인생의 희열'을 모른 채 공허한 세월을 보내다가 33세로 요절한 것이다. 그녀는 2년 후 1720년 경종이 즉위하자 단의왕후에 추봉되었다.

단의왕후 심씨의 아버지 심호는 원래 벼슬 없이 지내다가 딸이 11살 때 세자빈에 간택되자 그 덕분에 종9품의 참봉 자리에 앉았고, 이후 실권이 없는 사직영에 임명되었으나 늘 불만이 많았다. 무식하고 행동이 광포했던 그는 관직에 있으면서 날마다 부하들을 매질하고, 길을 가다가도 눈에 거슬리는 자가 있으면 잡아다 가두어 놓고 사정 없이 두들겨 팼다.

당시에도 감투를 쓴 자는 폭행권暴行權이 있었는지, 약자에게는 강하고 강자에게는 약한 기회주의자로 불한당 짓을 일삼던 그는 죽을 때까지 행패와 세도를 부렸다.

경종이 즉위하고 세자빈으로 죽었던 딸이 왕비로 추봉되자 그도 부원군으로 추종되었던 것이다. 권력형 비리의 주역인 주제꼴에 원로元老 행세로 거들먹거리며 딸의 '빽'으로 위세를 떨쳤던 벼슬아치인 그는 딸의 불행을 딛고 권세와 광영을 누렸던 것이다.

'양기陽氣의 별미別味'는 맛도 보지 못하고 불행하게 별세한 단의왕후 심씨는 현재 경기도 구리시 인창동 소재 동구릉 능역의 혜릉惠陵에 묻혀 있다.

단의왕후의 혜릉

재위:1720년 6월~1724년 8월

후비 단의왕후 심씨
端懿王后 沈氏
(1686~1718)

계비 선의왕후 어씨
宣懿王后 魚氏
(1705~1730)

 ### 남편의 병수발 끝에 훙거薨去한 어씨

경종의 계비 선의왕후 어씨宣懿王后 魚氏는 영돈녕부사領敦寧府事 함원부원군咸原府院君 어유구魚有龜의 딸로 1705년숙종 31 10월에 태어났다.

어씨는 단의왕후 심씨가 죽은 지 반 년이 지난 1718년숙종 44 9월 당시 병조참지參知였던 노론 측 어유구의 딸로서 세자빈으로 간택되었던 것이다.

그때 어씨는 14세의 소녀임에도 불구하고, 숙종임금은 정사 임창군 이혼 등을 보내 어씨를 세자빈으로 책립했고, 곧이어 왕세자와 함께 종묘에 알현했다.

1720년숙종 46 6월, 숙종이 승하하고 경종이 즉위하자 어씨는 왕비로 책봉되었다. 이때 어비魚妃는 16세, 경종은 33세였다.

경종 역시 궁녀 장희빈의 몸에서 태어난 서출庶出이었기에 권력을 탐하는 조정 대신들에게 당쟁의 구실을 제공한 셈이었다. 사실 조선 왕조 14대 선조임금부터는 서출이었다. 11대 중종의 후궁 창빈 안씨昌嬪 安氏의 소생

덕흥대원군德興大院君의 셋째 아들이 선조宣祖였으니 이후 조선의 왕들은 전부 서출이었던 것이다.

경종은 숙종과 장희빈張禧嬪으로 흔히 알려진 옥산부대빈玉山府大嬪 장씨張氏의 소생으로 숙종의 첫째 아들이며 이름은 균昀이다.

경종의 생모 장씨는 이미 숙종의 후비 소개 때 거론했으나 다시 요약해 본다.

아버지가 누구인지 분명치 않은 장씨는 역관 장형張炯의 종질녀였다. 그녀의 본명은 옥정玉貞으로, 어머니 윤씨의 정부情夫였던 조사석趙師錫과 왕실의 종친인 동평군東平君의 주선으로 궁녀가 되었으며, 인조의 계비 장렬왕후莊烈王后 조씨의 시종으로 있다가 숙종과 눈이 맞아 후궁이 되었다.

그녀는 수컷을 사로잡는 방사房事에 탁월한 능력을 보지保持한 암컷이었다. 어느 누구라도 그녀와 교접交接했다면 '뿅' 갔을 것이다. 숙종도 물건 달린 수컷인지라 예외는 아니었다. 숙종보다 두 살 위인 장씨가 알아서 리드lead하는 색정에 5년간 빠진 숙종은 1679년숙종 5 늦가을 그녀와 처음 헤어지게 되었다. 중전을 꿈꾸는 21세의 장씨가 틈만 나면 숙종과 인경왕후 사이를 이간질·모함하다가 장렬왕후가 이를 알고 장씨를 사친의 집으로 방축放逐했던 것이다.

1680년숙종 6 10월 인경왕후가 요절하고 이듬해 1681년 숙종은 15세의 새 왕비 인현왕후를 맞이했으나, '길들인 말'의 성애性愛가 그리웠던지라, 장렬왕후의 배려로 학수 고대하던 장씨가 다시 입궁하게 되었다.

그러나 전보다 더 풍염해진 장씨에게 푹 빠진 숙종은 지나치게 장씨를 탐닉함에 따라 왕대비 명성왕후의 진노를 사서 며칠 밤의 황홀했던 꿈은 깨어지고 장씨는 다시 쫓겨나고 말았다.

5년 후 1686년숙종 12, 숙종은 태기胎氣가 없는 인현왕후의 약한 마음을 이용하여 장렬왕후를 설득하여 장씨의 재소입 승낙을 받아냈다.

이 해 5월 장숙원은 다시 입궐했다. 28세의 장숙원은 자기보다 8년이나 어린 인현왕후를 아니꼽게 여기고 정비正妃 자리를 탈취할 음모를 꾸미고 있었다. 이는 자신을 재입궐시켜 준 왕비에 대한 배은 망덕이었다.

1688년숙종 14 장숙원은 소의昭儀:정2품 내명부로 승진되어 이 해 10월 왕자 균경종을 낳아 숙종의 사랑을 독차지하게 되었다.

장소의의 성화로 숙종이 왕자 균을 원자로 책봉하려할 때 서인의 노·소론 대신들은 왕비 인현왕후가 아직 젊다는 이유로 반대했고 후일을 기다리자고 하였으나, 숙종은 이를 거절하고 이듬해 정월 3개월 된 균을 원자元子:세자 예정자로 정하자 장소의를 희빈禧嬪:정1품 내명부으로 승격시켰다.

이 무렵 왕자 균을 사실상의 세자로 책봉함에 노론의 송시열宋時烈 등이 이에 반대하다 숙종의 진노를 사서 사사되었다. 이른바 '기사환국'인 이 사건으로 인현왕후도 장희빈의 간계奸計로 폐출되고 장희빈은 왕비로 책봉되었다. 이때 서인의 박태보朴泰輔·오두인吳斗寅 등이 이에 반대하는 상소를 올렸다가 오히려 참혹한 형벌을 받고 파직되었으며, 이후 조정은 남인들에게 완전 장악되었다.

이 사건 이후 장비가 지나치게 포악해지자 숙종은 인현왕후를 폐출한 것을 후회했는데, 1694년숙종 20, 갑술 소론의 김춘택金春澤·한중혁韓重爀 등이 이를 감지하고 폐비 복위 운동을 벌였다.

이에 서인 세력을 완전히 제거하려던 남인의 영수 우의정 민암閔黯 등이 이들을 잡아들이는 옥사獄事를 일으키자, 숙종은 민비 폐위를 후회하던 중이라 오히려 서인들을 옥사로 다스렸던 민암을 파직한 후 사사시켰으며, 목내선·권내운·김덕원 등을 유배시키고, 소론의 남구만·박세채·윤지완 등을 등용했다.

이때 중전으로 올랐던 장을 다시 빈으로 강등시키고 민씨를 복원시켜 다시 왕비에 앉혔다. 이른바 '갑술환국'이다.

갑술환국 이후 숙종은 사사시켰던 송시열·김수항 등을 복작시켰고, 정계에서 남인을 대거 축출했다. 남인에서 소론으로 정권이 교체될 때 장희빈의 오빠 장희재가 장희빈에게 보낸 서한 내용 속에 인현왕후와 최숙원을 모해코자 하는 문구가 발견되어 논란이 일어났다.

이때 장희재 오누이를 사사해야 한다는 주장이 드높았으나 소론의 남구만 등은 세자에게 미칠 화를 염려하여 그들을 용서하자고 해서 이 사건은 무마되었다.

1701년숙종 27 복위되었던 왕비 인현왕후가 병사한 뒤 장희빈은 취선당就善堂 서쪽에 신당神堂을 설치하고 인현왕후가 죽기를 기원한 것이 발각되어 사사되고 관련자 장희재와 궁인·무녀 등도 함께 사형에 처했다. 이 사건을 '무고巫蠱의 옥獄'이라 한다. 이후 숙종은 빈嬪을 후비后妃로 승격하는 일을 법으로 금지했다.

궁녀에서 후궁 생활을 거쳐 왕비에 오르기까지 했던 장희빈은 숱한 풍문과 일화를 남기고 43세에 생을 마감했다. 장씨가 죽자 그녀를 지지하던 남구만·최석정·유상운 등의 소론 세력은 몰락하고 노론이 다시 득세하게 되었다.

장희빈의 묘는 현재 경기도 고양시 용두동 소재 서오릉 능역의 대빈묘大嬪墓이다.

14세의 경종은 생모 장희빈이 사약을 받은 자리에서 생모에게 하초下焦를 습격당해 고자鼓子가 된 이후 병치레가 잦았다. 그는 성격이 온유했으나 자식이 없고 병이 많아 1720년 즉위 원년 8월에 연잉군후일의 영조을 왕세제로 책봉했다.

숙종 때 경종의 생모 장희빈의 죽음에 노론이 이미 관련되어 있었기에 비록 노론 자신들이 조정에서 다수를 차지하여 정권을 장악하고 있었으나 늘 불안할 수밖에 없었다. 여소야대與少野大 정국의 다수 집권 세력 노론은 급기야 자신들이 지지했던 연잉군후일 영조을 왕세제로 책봉하자고 밀어붙여 은밀한 쿠데타를 성공시켰다. 노론은 경종 임금에게 강압적 수단을 동원하여 왕세제 책봉에 대한 수락을 받아냈고 대비 인원왕후로부터도 수결까지 받아냈던 것이다. 스스로 애국 보수 정통파를 자처하고 국가안보 구국의 기치를 내걸었으나 내심 자신들의 입지와 세력 확장이 더 중요했던 터에, 제사보다 젯밥에 더 집착했던 노론의 작전이 성공을 거둔 셈이었다.

반면, 왕세제 책봉의 급조急造에 소론은 비상이 걸렸다. 소론을 말살하려는 노론의 왕세제 책봉 추진 행태와 과정상의 문제에 대해 소론은 집권당인 노론을 공격하는 상소를 올렸다. 그러나 다수의 노론 세력은 오히려 상소를 올린 소론들을 귀양 보내고, 새로 책봉된 왕세제가 대리 청정을 할 수 있도록 해달라며 경종을 또 한 번 겁박劫迫했다.

즉위한 지 1년밖에 되지 않은 경종에게 신하가 먼저 대리 청정을 시행하겠다는 요구는 무리였다. 정권 장악에 집착한 노론은 그들 뜻대로 결국 경종으로부터 대리 청정 허락을 받아내긴 했으나, 노론 측의 무리한 요구에 대해 마침내 조정과 재야의 반대와 비난 여론이 빗발치면서 왕세제 책봉과 대리 청정을 둘러싼 모든 실책을 노론이 떠안게 되었다. 집권을 향해 무리수를 두었던 수구 기득권守舊旣得權 세력 노론은 스스로 화禍를 자초自招했던 것이다.

2개월 후, 다병 무자多病無子를 이유로 왕세제를 책봉하게 한 노론의 4대신 영의정 김창집·좌의정 이건명·영중추부사 이이명·판중추부사 조태채 등이 집의執義 조성복의 상소로 세제의 대리 청정을 주장했다가 소론의 강경파 사직司直 김일경이 이들 노론 4대신과 조성복을 '왕권 교체를 기도한 역모'라고 모함·공격함으로써 노론은 탄핵을 받아 귀양 갔다. 이때가 1721년경종 1, 신축, 이른바 '신축옥사'였다.

소론의 과격파 김일경은 또다시 노론 세력의 대대적인 축출을 위해 목호룡을 시켜 '임인옥사壬寅獄事'를 유발했다.

1722년경종 2 3월, 경종임금을 죽이려는 역적이 있다고 김일경의 하수인 목호룡이 고해 바치자 이천기李天紀·김용택金龍澤·정인중鄭麟衆·백망白望 심상길沈尙吉 등 50여 명을 잡아들이고, 왕세제를 세운 4대신 김창집·이건명·이이명·조태채 등을 사사했다. 임금을 시해하려고 모의하는 무리가 이끄는 목호룡의 고변에 따라 노론 4대신의 자질子姪과 추종자 170여 명이 처단되었다.

이 사건은 당시 노론을 제거키 위해 학식 높고 천재였던 술사 김일경과 조태구 등의 소론파가 꾸민 모략이었다. 신축년과 임인년에 걸쳐 일어난 이 옥사는 '신임사화'라고 하며, 이 사화로 노론을 일망 타진한 소론은 경종 재위 기간 4년 동안 정권을 전횡했다.

1724년 8월, 경종은 37세로 붕어崩御하였다. 이때 계비 선의왕후는 불과 20세로 영조가 즉위한 후 왕대비가 되었고, 그녀가 경종에게 시집 온 지 6년 만에 홀몸이 된 것이다. 선의왕후는 왕비 생활 중에도 성불구자 남편 경종의 병수발로 세월을 보냈으며, 온유한 성품을 지닌 어진 왕비였다.

날이 가고 어느 정도 슬픔을 추스르고 있을 때, 1728년 김일경의 아들 김영해金寧海와 목호룡의 형인 목시룡睦時龍 등이 모반을 일으켰다. 이들 소론의 잔류들은 경종의 죽음에 의혹이 있으므로 경종을 위해 복수하고 밀풍군密豐君:인조의 아들 소현세자의 증손자를 추대하려 했다.

그 무렵, 어대비전 나인들이 정빈 이씨靖嬪 李氏 소생인 영조의 아들 열 살된 세자 경의군敬義君의 밥 속에 치독置毒케 하여 독시한 사건이 있었다. 영조의 후비 정성왕후가 의심을 품고 은밀한 조사 끝에 2년 후 선의왕후의 나인들임이 드러났다. 선의왕후의 입장에서는 인과 응보의 보복일는지 모르겠지만, 참으로 난감한 일이 아닐 수 없었다. 영조임금이 어대비전의 순정·세정 두 나인의 친국親鞠에 들어가자 이들은 혀를 깨물어 자결하고, 어대비는 경희궁 어조당魚藻堂에서 고적한 세월을 보냈다. 따라서 경종의 오랜 병수발로 지친 어대비는 말벗 하나 없이 홀로 지내자니 더더욱 몸과 마음이 지칠 대로 지쳤을 것이다. 이 사건으로 인해 어조당의 궁녀 사십여 명이 구금되었다.

1730년영조 6 6월 30일 인시寅時에 선의왕후는 어조당에서 26세로 소생 없이 훙거했다. 경종과 선의왕후 어씨는 현재 서울 성북구 석관동 소재 의릉懿陵에 쌍릉으로 나란히 묻혔다.

생모에 의해서 생식 능력을 상실한 불구자인 채로 어렵게 왕위에 올라 병석에서 재위 기간 4년을 보내다 죽은 경종, 이 시대는 노론과 소론의 치열한 정권 다툼으로 항상 조정이 피바람에 휩싸였다. 그러기에 경종은 재위시에 뚜렷한 치적을 남기지 못했다.

아들 경종에게 권력을 주기 위해 온갖 계략과 포악을 떨다가 한 줌의 흙이 되어 버린 장희빈이, 자기 자식이 병을 앓다가 허무하게 이승을 젊은 나이로 하직한 사실을 알았다면 지하에서 얼마나 가슴을 치며 통탄해할 것인가.

어이하리. 당초부터 인과 응보因果應報의 운명을 안고서 인명이 재천在天인 것을.

후비 정성왕후 서씨
貞聖王后 徐氏
(1692~1757)

계비 정순왕후 김씨
貞純王后 金氏
(1745~1805)

 당쟁 속에 후사까지 못 둔 서씨

영조의 후비 정성왕후 서씨貞聖王后 徐氏는 달성부원군達城府院君 달성 서
씨達城徐氏 서종제徐宗悌와 그 부인인 우봉 이씨牛峯 李氏의 딸로 1692년숙종
18 12월에 태어났다.

서씨는 1704년숙종 30 3월 13세 때 11세의 연잉군과 가례를 올렸고, 1721
년경종 1 8월 연잉군이 왕세제로 책봉됨에 따라 세제빈이 된 후 1724년경종
4 8월 경종이 승하하고 연잉군영조이 왕위에 오르자 왕비가 되었다. 이때
영조는 31세였고, 정성왕후貞聖王后는 33세였다.

영조연잉군의 아버지 숙종은 인경·인현·인원왕후 등 3명의 왕비에게서
는 아들을 얻지 못했고 천비賤婢 소생의 두 무수리나인들에게 세숫물을 떠다
바치는 종 출신의 후궁들에게서 아들을 얻었는데, 영조의 어머니는 숙빈 최
씨淑嬪崔氏였다. 그리고 희빈 장씨가 낳은 왕자가 균경종인데 균은 1688년에
태어났고, 금영조은 1694년에 태어났으니 그들의 나이 차이는 여섯 살로서

제21대 영조 가계도

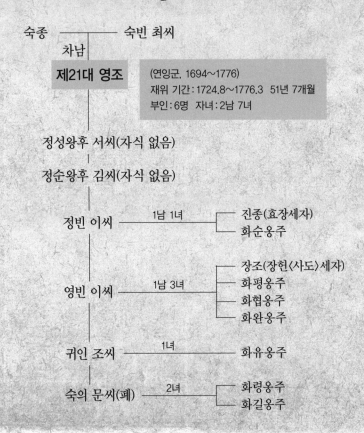

숙종 ─────── 숙빈 최씨

차남

제21대 영조

(연잉군, 1694~1776)
재위 기간 : 1724.8~1776.3 51년 7개월
부인 : 6명 자녀 : 2남 7녀

정성왕후 서씨(자식 없음)

정순왕후 김씨(자식 없음)

정빈 이씨 ────── 1남 1녀 ─┬─ 진종(효장세자)
                          └─ 화순옹주

영빈 이씨 ────── 1남 3녀 ─┬─ 장조(장헌〈사도〉세자)
                          ├─ 화평옹주
                          ├─ 화협옹주
                          └─ 화완옹주

귀인 조씨 ────── 1녀 ───── 화유옹주

숙의 문씨(廢) ── 2녀 ─┬─ 화령옹주
                      └─ 화길옹주

이복 형제였으나 우애가 깊었다.

　세자 균은 1701년숙종 27 14세 때 생모 장씨가 부왕 숙종에 의해 사약을 받은 자리에서 아들의 하초下焦를 못쓰게 만들어 생산 능력마저 상실하고 그때부터 병을 얻었다. 이런 연유로 금이 왕위에 오를 수 있는 계기가 되

었지만 금에게도 수 차례의 죽음의 위기가 있었다.

세자 균이 병약하여 제왕의 수업을 제대로 수행할 수 없는 데다가 자식을 낳지 못하자 노환으로 병약해진 숙종은 1717년숙종 43 노론의 영수 좌의정 이이명李?命과 독대하여 연잉군 금을 세자 균의 후사로 결정하여 대리 청정을 명했다. 그러자 세자 균을 지지하고 있던 소론 측은 세자를 바꾸려 한다고 거세게 반발하였다.

이로 인해 세자 균을 지지하는 형당兄黨인 소론과 연잉군 금을 지지하는 제당弟黨인 노론에 의해 조정은 일대 당쟁에 휘말렸다.

우여곡절 끝에 1720년숙종 46 6월 숙종이 승하하고 세자 균경종이 즉위했으나 병으로 인해 정사政事를 정상으로 수행할 수 없었다. 이에 당시 집권당인 노론 측은 숙종의 유명遺命을 받들어 경종의 이복 동생 연잉군을 왕세제王世弟로 책봉할 것을 건의함에 따라 연잉군의 세제 책봉이 거의 확정됐지만, 연잉군은 상소를 올려 극구 사양했다. 이는 왕위를 탐하지 않는다는 뜻을 전달하여 목숨을 보전하기 위한 자구책이었다.

연잉군의 왕세제 책봉을 둘러싸고 소론 측이 대대적인 반대론을 내세우며 왕세제 책봉을 극구 반대했다. 그러나 노론 측은 경종이 다병 무자多病無子의 이유를 들어 강경하게 밀자 소론 측의 주장이 묵살되고 결국 경종 즉위 1년 만인 1721년 9월 연잉군은 왕세제에 책봉되었다.

연잉군이 왕세제에 책봉되자 노론은 더욱 실권을 굳히기 위해 경종의 병약함을 이유로 왕세제 연잉군에게 대리 청정을 시켜야 한다고 주장했다. 경종은 비망기備忘記를 내려 세제의 대리 청정을 허락하자, 이번에는 소론 측이 대리 청정의 허락을 취소시켜 줄 것을 경종에게 강력히 간언했다. 조정은 물론 성균관 유생들까지도 상소를 올려 대리 청정의 회수를 간청했고, 대리 청정 명을 받은 세제 연잉군도 네 번씩이나 청정 명령의 회수를 청하였다.

이 문제를 두고 소론과 노론은 거듭 줄다리기를 하다가 소론 측의 의견이 받아들여져 소론의 입지가 강화되었다. 호기好機를 잡은 소론의 학식 높은 천재 모사 김일경金一慶의 계략에 의해 대리 청정에 앞장 섰던 노론들은 역모죄로 탄핵하여 귀양 보냈다. 뿐만 아니라 경종을 시해하려는 역모에 왕세제도 가담하여 음모를 꾸몄다고 노론을 몰아쳤다.

이 사건으로 노론 4대신을 비롯한 60여 명이 처형되고, 관련자 170여 명이 유배 또는 치죄治罪당했다. 이 사건이 1721년경종 1, 신축년과 1722년임인년에 걸쳐 일어난 이른바 '신임사화辛壬士禍'로서 정권은 소론이 장악하게 되었다.

이처럼 권력 다툼의 피바람 속에 왕세제 연잉군의 목숨도 풍전 등화처럼 경각을 다투고 있었고, 소론 측에 의해 연잉군은 형왕은 물론 인원왕후 왕대비전에도 갈 수 없는 연금軟禁 상태에 이르게 되었다.

연잉군은 스스로 목숨을 끊으려고도 했으나 시강원 설서 송인명의 도움으로 처소를 탈출하여 인원왕후가 있는 대비전으로 피신처를 정했다. 죽을 고비를 몇 번씩이나 넘겼던 연잉군에게 인원왕후의 보호가 없었더라면, 또 세제빈 서씨가 없었다면 연잉군은 왕위에 오르기는커녕 벌써 죽었을 것이다.

세제빈 서씨는 소론의 김일경 일당이 연잉군을 죽이려는 흉계를 눈치채고 손을 쓸 수밖에 없었다. 서씨는 경종의 계비 선의왕후의 심복 비녀 옥님이를 사로잡았는데, 이는 동궁 별감의 아들 김수진이라는 총각을 사주하여 옥님이를 유혹케 했다. 사내맛을 보고 허물어진 옥님이는 수진이가 시키는 대로 병중의 경종을 독시毒弒키로 하고 미음에 비상을 탔던 것이다.

이 일을 계기로 경종은 각혈을 하고 끝내 숨진 것이었다. 경종의 승하 후 김일경 등의 소론은 연잉군의 등극을 악착같이 막으려 했으나 왕대비 인원왕후의 단호한 결단으로 세제 연잉군이 1724년경종 4 8월 30일 31세로 창덕궁昌德宮 인정전仁政殿에서 즉위했는데, 그가 21대 영조였다.

노·소론의 치열한 당쟁의 소용돌이 속에서 생명의 위협까지 겪고 가까스로 왕위에 오른 영조는 한편으로 가슴이 아팠다. 그것은 정성왕후貞聖王后가 된 중전이 시숙인 경종을 독시한 것에 대한 양심의 가책이었다. 비록 죽음이 경각이었던 남편 연잉군을 살리기 위한 부득이한 조치였다 해도 영조는 선왕 경종景宗과 형제간에 우애가 깊었던 것이다.

한편, 중전은 경종을 독시한 시비 옥님이와 상노 수진이를 짝지어 은사銀子 5천 냥을 하사하고 멀리 제주도로 내려가 숨어 살도록 했다.

영조는 지난 세월 피바람의 비극들이 모두 당쟁을 일삼는 붕당朋黨의 폐해임을 절실히 느끼고 있었다. 아직도 권력에 눈이 뒤집혀 발광하던 소론의 술사 김일경과 목호룡은 영조 즉위년 12월 끝내 처형당하고 말았다. 영조는 탕평 정국을 열어 노론·소론·남인·소북의 인재를 고르게 등용하려는 노력에 박차를 가했다.

1725년영조 1 영조는 32세, 중전 서씨는 34세가 되었으나 아직 자식을 낳지 못하였다. 그나마 다행인 것은 영조의 슬하에 정빈靖嬪 이씨의 소생 경의군敬義君 행緈이 있어 이들에게 위로가 되었다.

일곱 살인 행은 이 해 3월 왕세자로 책봉됐고, 중전은 남편 영조가 숱한 후궁들을 가까이해도 싫은 눈치 한 번 보이지 않았다. 출가한 여자가 자식을 못 낳는 일은 칠거지악七去之惡의 하나라는 것을 잘 알고 있었기에 중전은 영조의 후궁 편력에 그다지 신경을 쓰지 않았다.

오히려 서비는 후궁들에게서 태어난 경의군과 여러 옹주들을 친자식처럼 대해 주었다.

중전도 단지 회임을 못 할 뿐 정상적인 여인의 젊은 육체를 안고서 긴긴 밤 침전에서 홀로 밤을 지새우려면 공허하기 이를 데 없었다. 숱한 곤경의 날들을 보냈던 세제빈 시절에서 이제 가장 높은 국모의 자리에까지 올라

천하를 한 손에 쥐었건만 슬하에 혈육이 없으니 더욱 허전했다. 그때마다 서비는 후궁들의 몸에서 태어난 자식들을 보는 것으로 외로움을 달랬고 아침마다 왕세자 행의 문안을 받게 되면 간밤의 외로움을 잊을 수 있었다.

중전의 외로운 심사를 남편 영조도 알고는 있었다. 영조에게는 가장 아픈 콤플렉스열등감가 하나 있었으니 자신이 서자庶子라는 것이었다. 그것도 무수리로 통하는 최숙빈의 몸에서 태어났는지라 이것이 영조를 심란하게 만들었고, 이런 남편의 마음을 빤히 들여다보는 중전은 영조를 달래곤 했다. 영조도 남자인지라 후궁들의 편력은 있었으나 터놓고 속마음이 통하는 여인은 역시 중전이었다.

영조가 가정을 탈없이 다스리려는 의도도 일면 자신의 천한 출신을 감추려는 방편이기도 했다. 그래서 영조는 탕평책을 써서 더욱 태평한 시대를 이루려고 노력하였다.

하지만 조정의 신하들은 아직도 자기 당파의 세력을 확장하기에 혈안이었고, 영조가 세제 시절에 영조를 시해하려 했던 소론의 술사 김일경과 목호룡을 죽여야 한다는 동학훈도 이봉명李鳳鳴과 조익명趙翼命·윤용상尹容上 등의 연이은 상소문이 포문을 열자 영조는 어쩔 수 없이 죄인들을 친국親鞫하기에 이르렀던 것이다.

그 자리에서 발악을 하던 소론의 술사 김일경은 영조에게 막말을 해댔다.

"모든 임금께옵서도 수염은 그리 많지 않았소. 하나 나리모욕적인 표현는 수염투성이 아니오? 그러니 나리는 이씨 왕실의 자손이 아니란 말이오. 이래도 나리가 숙종임금의 혈통이라 하겠소? 무수리 최숙빈이 승은 한 번에 나리를 잉태했노라 할 수 있소?"

영조는 피가 거꾸로 치솟았다. 아픈 부분을 쑤셔놓은 것이었다.

'당파 싸움으로 어지러운 조정을 바로잡으려고 전일 나를 죽이려고까지 했던 저 자를 살려두었더니…… 조정의 온 신하들이 배석한 자리에서

과인이 이런 수모를 받아야 한다니……'

권력에 미쳐 발광하던 천재 김일경과 목호룡은 영조 즉위년 12월에 끝내 목이 잘리고 말았던 것이다. 김일경의 동조자 이진유 등 6명도 귀양을 보냈다.

잇달아 소론에 대한 노론 측의 논핵論劾이 있자 영의정 이광좌와 우의정 조태억趙泰億 등 소론 대신들을 내쫓고, 좌의정에 민진원閔鎭遠, 우의정에 이관명李觀命, 영의정에 정호鄭澔 등의 노론 인물들을 등용했다. 1725년영조 1 4월의 '을사환국乙巳換局'이었다.

노론이 정권을 잡게 되자 노론을 일망 타진했던 신임옥사 때 처단된 노론 4대신과 관련자들의 신원이 복관되었으나, 노론 측은 이에 만족하지 않고 신임옥사에 대한 보복을 주장했다. 그러나 영조는 즉위 초부터 송인명·조문명 등의 조언을 받아 각 정파의 인물을 고르게 등용하는 탕평책을 펴고자 했기에 노론 측의 소론에 대한 정치적 보복에 반대했다. 따라서 민진원·정호 등의 노론들을 대거 파면시키고, 이미 파직했던 이광좌·조태억을 다시 정승으로 기용하여 소론을 조정에 합류시켰다. 1727년영조 3년 7월의 '정미환국丁未換局'이었다.

소론이 정권을 잡자 다시 임인년1722년, 경종 2의 사건을 들고 나와 노론의 4대신의 잘못을 논핵했다. 이에 영조는 4대신의 죄명을 씻어주고 관직만 삭탈하는 선에서 소론 측과 타협을 보았다.

그러나 이듬해 1728년영조 4 3월 죽은 김일경의 아들 김영해金寧海와 목호룡의 형인 목시룡睦時龍 등 소론의 잔당과 남인의 급진 세력이 경종을 위한 보복이라는 명분을 내세워 왕권 교체를 기도하는 모반을 일으켰다. 이 사건은 경종이 죽게 되자 정치적 기반을 잃게 된 이인좌李麟佐·이유익·심유현 등의 과격 소론 세력들이 1694년숙종 20의 갑술환국 이후 정권에서 배제된 남인들을 포섭하여 밀풍군 탄密豊君 坦:인조의 아들 소현세자의 증손자을 추대하고 영조와 노론을 제거하고자 한 무력 혁명이었다.

군사 동원 계획까지 수립되었던 이 역모 계획은 1년 전의 정미환국으로 다시 노론이 밀려나고 온건 소론 세력이 기용되자 동조자가 줄어들면서 모의가 노출되어 최규서 등의 고변으로 탄로나고 말았다.

쿠데타 계획이 탄로나자 이인좌李麟佐를 위시한 역모 세력들은 반란군을 일으켜 청주성을 함락시키고 각 지방에 '가짜 임금을 몰아내고 왕실의 적자인 소현세자의 증손자를 새 임금으로 모시자'라는 격문을 띄워 병마를 모집하였다. 이들은 경종을 위한 복수의 깃발을 앞세우고 한성으로 진군하였으나 안성·죽산·청주·상당성 등지에서 대패하여 궤멸되었다.

이인좌가 반군을 일으켰을 때 북쪽에서는 평안병사 이사성李思晟, 영남에서 정희량鄭希亮, 호남에서 박필몽 등이 호응하여 반군을 일으켰으나 안성·죽산 전투에서 이인좌·권서봉權瑞鳳·목함경睦涵敬 등이 생포됨에 관군에게 패하여 궤멸되고 말았다. '인좌의 난'인 무신년의 '무신난'으로 이듬해 밀풍군 탄은 자결하였다.

이 난의 평정에서 비록 소론 정권이 앞장 섰으나 주모자의 대부분이 소론 측 인사였기에 이후의 정국에서 소론의 입지가 약화되었다. 그러나 영조에게는 탕평책을 더욱 강화시킬 수 있는 명분이 주어졌고, 왕권 강화와 정국의 안정을 도모할 수 있게 되었다.

1728년영조 4 11월 35세의 영조와 37세의 정성왕후에게는 아직도 왕자가 태어나지 않은 중에 하나뿐인 세자인 정빈 이씨의 소생 경의군 행이 10세로 갑자기 세상을 떠났다. 이때 세자빈 풍양 조씨豊壤 趙氏는 14세였다. 1719년숙종 45 2월에 태어난 행은 영조 즉위년1724 11월에 경의군敬義君에 봉해졌다가 다음해 3월 7세 때 왕세자로 책봉되었고, 숨을 거두자 시호를 효장孝章이라 했다.

영조는 후일 장헌사도세자를 폐한 뒤, 사도세자思悼世子와 혜빈惠嬪 혜경궁惠敬宮 홍씨 사이의 맏아들 왕세손후일 정조을 효장세자의 양자로 입적시켜 왕통을 잇게 했고, 후일 왕위에 오른 정조는 영조의 유지를 따라 효장세자를 진종眞宗으로 추존했다. 진종은 사도세자의 이복 형으로 사도세자가 태어나기 7년 전에 세상을 떠났던 것이다.

세자빈 조씨는 좌의정 조문명의 딸로 1727년영조 3 세자빈에 간택되어 효장세자와 가례를 올렸고, 효장세자가 죽은 7년 뒤 1735년영조 11 현빈賢嬪에 봉해졌으나 1751년영조 27 소생 없이 37세로 승하했다. 정조의 즉위 후 효순소황후孝純昭皇后로 추존되었다.

진종과 효순소황후는 현재 경기도 파주시 조리면 봉일천리 소재 공순영릉의 영릉永陵에 쌍릉으로 묻혔다.

비록 후궁 정빈 이씨의 소생이었으나 친자식처럼 아꼈던 효장세자가 죽자 정성왕후는 충격으로 기절하고 말았다. 대통을 이을 후사後嗣가 없는 왕실에서 중전과 영조는 요절한 경의군을 못 잊어하다 중전은 이윽고 상궁을 시켜 세자 경의군의 돌연사에 대한 내사內査를 착수토록 했다.

그 결과 2년 후인 1730년영조 6 봄 세자를 독시케 한 것은 경종의 계비 선의대비의 나인임이 드러나 선의대비는 처소에서 고적한 생활을 하다 훙거했다.

한편 영조는 1729년영조 5에 노·소론 내의 탕평 세력들을 고르게 등용하여 탕평 정국의 기초를 다졌는데, 유재시용惟才是用, 즉 인재 중심으로 초당적超?的인 인사 정책을 펼쳐 나갔다.

영조의 탕평책 초기에는 탕평론자를 중심으로 노·소론만 등용하여 탕평 정국 구도가 정착됨에 따라 노론·소론·남인·소북 등 사색 당파를 고르게 등용시키는 탕평 정책을 더욱 확대시켜 나갔다.

1730년영조 6 37세의 영조는 기분 좋아 술을 마시기 시작했으나 취기가 오르면 으레 눈물을 흘리는 일이 잦았다. 정성왕후는 임금의 의중을 감지하고 있었다. 39세의 중전 자신이 회임을 하지 못하는 것에 죄책감마저 느끼고 있는 터라 임금의 후궁 편력이 심해져도 중전은 임금을 원망하거나 노여워할 수도 없었고, 스스로 슬픔을 삼키곤 했다.

'모든 것은 내 탓인 것을, 자식을 못 낳는 국모가 무슨 할 말이 있으며 무슨 투정을 할 수 있을까? 다만 임금이 후궁 편력을 하더라도 후사를 이을 왕자나 제발 하나 태어났으면……'

이 무렵 영조는 귀인 이씨貴人 李氏와 귀인 조씨貴人 趙氏의 처소를 매일이다시피 찾아 정염情炎의 도가니로 빠져들었고 과음을 일삼았다. 이를 안타까워 노심 초사하던 대사간大司諫 김용경金龍慶이 최초로 "국고미國庫米 여축이 별로 없고 백성들이 유흥 삼매遊興三昧에 빠져 있으니 금주령을 내리셔야 한다"고 진지하게 간諫하였다.

영조는 그 동안 정신 없이 주색에 몰입했던 자신에 대한 회오悔悟와 자책감을 느끼고 금주령을 선포했다. 물론 영조 자신도 완전히 금주禁酒를

영조의 후궁 영빈 이씨의 수경원

시행하니 조정은 다시 활기를 띠었으나 어느 새 영조의 보령 41세에 아직도 대를 이을 왕자가 없자 43세의 중전도 임금 못지않게 초조해졌다.

그러던 중 1734년영조 10 봄 귀인 이씨의 몸에 태기胎氣가 있다는 소식에 중전은 물론 영조의 기쁨은 한량없었다. 이때 귀인 이씨는 영빈暎嬪으로 봉함을 받았고 극진히 모셔지게 되었다. 영빈 이씨 또한 착하기 그지없었고 조금도 도도한 기가 없는지라, 중전도 자신이 잉태한 것처럼 영빈을 아끼며 뒷바라지를 해온 결과 마침내 1735년영조 11 정월 그믐날 영빈 이씨가 백성과 조정의 축복을 받으며 옥동자를 낳았으니 이 왕자가 후일 비극의 왕자 사도세자思悼世子였다.

1736년영조 12 1월 왕자 선愃은 세자로 책봉되었고 이때 영조임금은 42세였다. 세자는 영특하기도 하였으나 잔병 한 번 앓지 않고 무럭무럭 자랐다. 세자는 자라면서 지나치게 영민하여 부왕 영조와 중전을 당혹케 할 때가 한두 번이 아니었고 세자 사부師父들까지도 곤혹스럽게 만들 때도 많았다.

사도세자의 비극을 예감한 정성왕후

1744년영조 20 1월 세자가 열 살이 되자 동갑인 홍씨를 세자빈으로 맞게 되었다. 홍씨는 홍봉한洪鳳漢의 딸로 1735년영조 11 6월에 태어났고 용모나 품위가 만만치 않은 규수였다. 이 여인이 후일 혜빈惠嬪으로 봉해지는 혜경궁 홍씨로서 22대 정조임금의 생모가 된다.

세자빈 홍씨의 아버지 홍봉한은 그 해 자신을 위해 특별히 실시된 문과에 급제하여 사관이 되었고 그 후 영의정까지 오른 노론의 거두가 되었다.

세자빈을 맞이하면 달라질 줄 알았던 세자는 여전히 당돌하고 지나치게 명석한 것이 영조임금의 걱정거리였다. 하나뿐인 아들인 세자인지라 끔찍이도 사랑스러운데 너무나 예리하고 똑똑함이 항시 마음에 걸리고 있었다. 그 해 9월 9일 중양절을 기해 국가 원로들을 위로하는 자리에서 세

자를 배행陪行케 했다. 그 자리에서 아흔 살의 노인 원로가 세자를 대하자,

"세자 저하, 전 성균박사 신 서명달 알현 사배올습니다."

"반갑구나."

세자의 말버릇이 도통 무엄하고 건방지기 한량없었다. 순간, 영조임금의 얼굴이 변하며 무안하기 이를 데 없었다. 아무리 세자이기로서니 아흔 살 늙은 원로에게 그런 어투를 쓰다니…….

"허허, 세자야. 아흔이 넘은 노인이니 반갑소 하고 대답해야지."

"아바마마, 그것은 그렇지가 않사옵니다."

세자는 부왕의 타이름에 조금도 수긍을 하지 않고 함부로 지껄였다.

군군君君 신신臣臣 부부父父 자자子子 어쩌고 하며 뭐뭐는 뭐뭐다워야 한다면서 늙은 신하도 신하라는 논리를 펴고서는 제법 부왕을 설득하려는 것이었다.

이렇게 당돌하고 맹랑한 짓거리를 잘 하는지라 세자는 부왕으로부터 근신령勤愼令을 받게 되었다. 근신령을 받고서부터 책 읽기를 거부한 세자는 늙은 궁녀의 말에 귀를 기울이기 시작했다.

경종을 독시하고 부왕이 등극할 때의 신임사화에 연루한 노론 측의 부당성을 궁녀가 세자에게 은근히 주입注入시켰던 것이다. 즉, 영조가 왕위에 오른 후 신임사화의 주동인 소론을 몰아내고 영조를 위해 희생당한 노론을 '의리'로 기술한 《신임기년제요辛壬紀年提要》의 편찬에서 '신임의리辛壬義理'는 의리가 아니라 '불의'라고 일러준 것이었다.

세자는 차츰 부왕의 뜻에 반대하고 싶은 마음이 응고되고 있었다. 임금이 하는 일이라면 사사건건 불만을 토하고 싶어졌다. 소론파에 의해 세뇌洗腦되어 가고 있었다.

1747년영조 23 12월 세자가 13세 때 조세 체납 백성들을 옥방에 가두는 옥사獄事가 벌어졌는데, 겨울 삭풍이 몰아치는 옥방에 체납자들을 몰아넣

고는 발가벗겨 추위에 시달리게 하는 방법을 쓰고 있었다.

영조임금은 형조판서 이종성李宗城에게 그것은 학정지폐虐政之弊이니 대신들과 상의하여 다른 방법을 써보도록 하라는 분부를 내렸다. 대신들 앞에서 세자가 겁없이 엉뚱한 반박 질문을 던졌다.

"……임금의 덕화德化에 따라 그 나라의 태평 성대가 좌우되지 않습니까? 임금이 성현 군자일 것 같으면 어찌 백성들이 나라에 충성하지 않을 수 있으며, 조세도 자진하여 공납치 않겠사옵니까? 옥방이 무슨 필요가 있겠사옵니까?"

요약하면 부왕이 덕화가 모자라고 성현 군자가 못 되기 때문에 정사政事가 이 모양이라는 것이었다. 신하들 앞에서 임금의 망신은 이만저만이 아니었다. 당돌하기 짝이 없는 세자는 진노한 영조임금에게 뺨을 맞고 그 자리에서 푹 쓰러졌다.

그로부터 영조는 중전의 반대를 무릅쓰고 세자를 경덕궁으로 이거移居케 하였다. 막상 세자를 이거시켜 놓고 보니 영조임금 내외는 세자 생각에 심기가 편치 못했다. 부왕에 대한 불만을 품은 세자는 나인들한테 공연한 트집을 잡아 역정을 부리곤 했다. 심지어는 음식 투정을 부리며 상床을 발로 걷어차 버리는 행패를 부리기도 했다.

세자빈 홍씨가 충고하면 세자는 노골적으로 불만과 울분을 털어놓는 것이었다. 아직 합례合禮를 치르지 않아 부부가 잠자리를 같이하지 않고 있었지만, 그래도 세자에게는 궁궐에서 가장 가까운 사람이 세자빈 홍씨였다.

이렇게 세자가 부왕에게 비뚤어진 마음을 드러내자 궁중은 겉보기에는 아무렇지도 않은 듯했으나 두 패로 갈라지고 있었다. 그 하나는 임금의 측근에서 항시 정적政敵인 소론을 제압하고 있는 노론 일파이고, 다른 하나는 노론의 세력에 눌려 기를 못 펴고 있는 소론일파였다.

특히 소론은 어떻게든 노론을 몰아붙여야 되겠다고 벼르던 차에 세자와 임금의 반목을 빌미로 세자의 편에 접근했다. 더욱이 세자가 신임사화에 연루된 노론을 몹시 싫어하고 있다는 점에서 볼 때 소론 측으로서는 다행한 일이었다.

1748년영조 24 봄 세자가 14세 때 금호문金虎門에 벽서壁書 사건이 일어났다. 탄원서 형식의 벽서 내용인즉, 세자가 거처하는 경덕궁에서 역적 김일경·이인좌의 잔당인 소론붙이들이 세자를 에워싸고 임금이 승하하기만을 기다린다는 것이었다.

이는 세자를 모함하는 노론파 중 누군가의 소행이었다. 평소 세자가 장차 보위에 오르면 노론 무리들을 없애리라고 호언하는 바람에 지레 겁을 먹고 선수를 치려는 의도에서였던 것이다.

중전은 짐작했다. 분명 이 벽서는 노론의 일파에서 임금과 세자를 이간질하려는 장난질일 것이라고 하며 분노한 임금을 달랬다.

사태가 이렇게 되자 당황한 노론의 거두 영의정 김재로金在魯와 좌의정 조현명趙顯命이 자신들의 불찰로 빚어진 일이라고 사의를 표명했으나 영조는 이를 묵살했다.

어느 새 쉰다섯 살이 된 영조는 이미 반백半白의 머리에 참으로 허무한 세월이 흘렀음에 마음이 착잡해졌다.

'나라가 이 모양이 된 것은 과인의 덕 없는 소치이니 과연 세자 말대로로다. 세자에게 선위禪位해 줌이 어떨까?'

1749년영조 25 정월 세자가 15세 때 호조판서 박문수朴文秀의 간언諫言에 의하면 사대부집 자제들이 심지어 대리 과거代理科擧를 쳐 등용된다는 정도로 나라가 타락해 버리자, 영조임금은 자신의 무능처럼 느껴져 슬픔이 앞섰다.

영조는 이 기회에 세자에게 선위하는 것이 좋겠다고 생각되어 서둘러

세자와 세자빈 홍씨의 합례合禮를 치르도록 하고, 세자빈을 맞은 지 5년 만에 명실상부 한 이불 속에서 합궁토록 하여 세자가 어른이 되게 조치하였다.

대부분이 노론인 대신들의 반대를 무릅쓰고 영조는 세자에게 대리 기무代理機務 청정을 명하였다. 노론들은 이제 세자에게 숙청을 당해 삭탈 관직은 물론 죽게 될는지도 모르는 상황에서 전전긍긍하였다.

중전도 걱정스러웠다. 어린 세자가 경험도 없이 정사를 잘 해 나갈지 의문스러워 세자의 대리 기무를 거두어 주기를 간하였으나 영조는 이를 일축해 버렸다.

"전에 중전도 여러 번 듣지 않았소? 태평 성대가 못 됨은 치정을 잘못한 임금의 책임이라고 했으니, 이제부터 세자가 대리 기무케 되었으니 태평 성대를 누리지 않겠소?"

"마마, 참 딱도 하십니다. 어린 세자가 철없이 한 말을 섭섭히 여겨 하시면……."

"임금 노릇이 얼마나 어려운 자리인지 조만간 세자도 깨달을게요."

그러나 영조는 한편으로 세자가 총명한 머리로 대리 기무를 잘 해 주었으면 하는 마음도 없지 않았다.

그런데 얼마되지 않아 시정의 백성들이 겪는 고통스런 소식이 영조의 귀에 들려왔다. 소식인즉, 대신들이 입퇴궐할 때 시정에 대감 행차가 있다 하면 모든 백성이 그 자리에서 부복俯伏하고 기다려야 한다는 것이었다. 만약 대신들의 행차시에 부복한 채 기다리지 않았다가는 몹시 곤욕을 당하는 일 때문에 백성들의 불평과 원성은 점점 커져 갔다. 훗날, 어떤 썩은 나라 권위주의 대신들이 점심 외식차 복잡한 의사당 앞길 통행을 차단하고 시키면 고급차로 행차한답시고 거들먹거리며 꼴값 떤 것처럼.

"저런……. 대신들이 정녕 그런 못된 짓을 한다는 말이지?"

영조임금은 이 소식을 듣자 흥분하여 즉시 세자를 불러들였다.

"듣자니 요즘 시정에서는 대신들이 입퇴궐시에 백성들의 통행을 막아 소동이 일어난다 하는데, 세자의 ·의견은 어떠한지 그것이 듣고 싶어 불렀느니라."

"마마, 소자로서는 금시 초문이옵니다."

"그럼 전혀 모르고 있었더란 말이냐?"

"예, 대신들을 불러 의논토록 하겠습니다."

"그걸 말이라고 하는 게냐?!"

"몸은 높아 구중 궁궐에 있으나 눈은 늘 이 나라 삼천리 방방곡곡에 있어야 함이 임금이요, 왕관으로 귀를 덮어 작은 소리도 안 들린다 할지라도 이 나라 이 땅에서 일어난 일이라고 하면 모두 그 내용을 알고 있어야 가위 제왕이니라. 아버지는 기왕 어리석은 임금이어서 훌륭한 임금 노릇을 못 하였지만 너는 어찌하여 이 한성에서 일어난 일조차도 알지 못하고 있는 게냐? 그 말을 들어보잔 말이다! 참으로 형편 없는 세자로구나."

말문이 막힌 세자는 어깨가 천 근이나 되는 듯이 무겁고 마치 바늘 방석에 앉아 있는 기분이었다. 불안하여 짜증만이 늘 솟구쳐 그 짜증을 가까이 있는 궁인들에게 터뜨렸다.

이에 세자빈 홍씨는 세자의 비위를 맞추고 위로하는 일이 일과가 되었다. 세자는 만만한 세자빈에게 푸념했다.

"이러다가 지레 미쳐 버리고 말겠소. 부왕께선 사사건건 트집이니 살 수가 있어야지."

"어쨌든 마마, 자식된 도리로 꾹 참고 견디셔야 합니다."

세자빈 홍씨는 여러 가지 피로에 시달리고 있었다. 영조임금과 세자, 즉 부자 간에 반목하는 사이에서 임금에게는 효성스런 며느리로, 남편 세자에게는 양처良妻가 되어야 했으니, 그녀는 운명적으로 비극의 짐을 짊어졌던 것이다.

중전 정성왕후는 그래도 자식과 부모 사이라서 세자빈에 비하면 조금은 다행이었다. 세자빈은 이제 열여섯 살, 궁궐에 들어온 지 어느 새 6년, 그동안 지낸 고통은 60년이라도 지난 것만 같았고, 때때로 세자빈으로 간택된 것이 후회되기도 했다.

그런 세자빈에게 경사가 생겼다. 부친 홍봉한이 도승지가 되더니 1750년 영조 26 이 해 다시 어영대장으로 영전된 것이었다. 본래 어영대장은 박문수朴文秀가 맡았었는데, 그가 사임을 하자 후임으로 임명되어 종2품의 어영청 총수가 되었다. 이런 경사에다 홍씨의 몸에 태기가 있어 8월에는 드디어 첫아들을 낳았다. 그것은 실로 오랜만에 있는 왕실의 경사로 16년 전 영빈 이씨가 세자를 낳은 뒤로 최초로 얻어진 왕손이었다. 누구보다도 중전이 크게 기뻐했다.

영조임금 내외는 왕손 탄생을 경축하여 삼청궁 옥청에 구금된 죄인들에게 사면령을 내렸다. 22년 전 경종의 계비 선의왕후가 영조의 원자 행을 독살한 뒤 그 진상이 드러난 20년 전 연루자들을 잡아 가두었던 어조당魚藻堂의 궁녀 45명이었다.

1752년영조 28 3월 여전히 영조임금과 세자 부자 간에는 반목이 있던 중에 세 살 된 세손이 죽었다. 임금은 대리로 명한 세자 선愃은 의중에 두지도 않고 오직 왕세손에게 기대를 걸었었는데 죽은 것이었다.

그러나 이 해 9월 두 번째 세자빈 홍씨가 다시 왕손을 낳았으니 후에 22대 왕 정조正祖가 되는 세손이었다.

영조와 세자 간에 갈등이 계속되는 중에 영조는 세자의 대리 기무를 환수했다. 멍에를 벗어 버린 듯 홀가분했던 세자는 한편 허전하기도 했다. 그때 만난 여인이 16세의 나인 임씨林氏였다.

입궁한 지 7년째 되는 임녀는 편모 한 분이 있다는 데에 세자는 자신처럼 외로움을 느낄 것 같은 생각에 야릇한 정에 끌려 접근하게 되었다. 긴장하고 떨려 얼굴도 못 드는 임녀의 손을 덥석 잡고 보니 그녀는 조금 길쭉한 얼굴에 이목구비가 수려하여 세자의 욕망을 부채질하게 되었던 것이다.

그날 밤 세자는 욕망을 불태웠다. 세자로서는 세자빈 외에 처음으로 접촉하는 여인이었다.

나인 승휘承徽 임씨는 그날 밤 세자를 모셨다는 덕으로 후에 숙빈淑嬪으로 봉함을 받았고, 후에 세자의 두 아들을 낳게 되었다. 그녀가 낳은 은언군恩彦君 인網과 은신군恩信君 진禛이란 두 왕자 중 은언군은 철종哲宗의 조부가 되고, 은신군은 고종高宗의 아버지인 흥선대원군興宣大院君의 조부가 된다. 따라서 모두 정조의 이복 동생들인 것이었다.

이렇게 여자를 경험한 세자는 그 뒤로부터 점점 문란한 생활을 해나갔고, 영조임금이 분명 금주령을 내린 것을 알면서도 술을 마시며 나인들을 함부로 다루기 시작했다.

세자의 횡포를 전해 들은 임금은 그를 아예 자식으로 생각지 않으려 했다. 중전인 정성왕후가 영조에게 수차례 간했으나 임금은 세자가 꼴조차 보기 싫다고 했다.

1757년영조 33 정월 이번에는 세자가 함부로 나인들을 죽인다는 소문이 온 궁중에 파다하게 번졌다. 어릴 때부터 옷투정이 심했던 세자는 그 날도 의대衣襨 나인들에게 트집을 잡고는 옷을 갈기갈기 찢어 버렸다.

"아무리 보잘것없는 서왕자일망정, 그리고 늙은 부왕한테는 능멸을 당할망정 너희 천한 것들에게까지 능멸을 당하고 싶지는 않단 말이다!"

세자는 호통과 함께 긴 칼을 뽑아 들고 의대 나인 세 명을 무참히 죽였다.

세자빈 홍씨는 이렇게 괴팍스런 세자를 어떤 방법으로도 바로잡을 수가 없었다.

이 무참한 살해 소식을 전해 들은 영조임금은 필경 세자가 미쳤다고 판단했다. 그리고 분개했다.

"그 미친 위인을 잡아다가 무슨 수를 내야 하겠소"

이때 호호백발 할머니로 변한 예순여섯의 중전 정성왕후는 하염없이 눈물만 흘리고 있었다. 친자식처럼 사랑했던 세자가 어쩌다 이렇게 되었을까. 혹 임금의 진노를 사서 세자가 무슨 변이라도 당하면 어쩌나 하고 생각 끝에 임금 몰래 세자의 처소로 향했다.

때마침 찬 바람이 불어대고 겨울비가 쏟아지는 속에 남의 눈에 띌세라 조심스럽게 찾아가서 세자를 단단히 타일러 볼 요량이었다. 중전은 비에 흠뻑 젖은 머리를 쓸어내리며 조용히 오래도록 타이르니 세자는 마침내 울며 호소했다.

"⋯⋯어마마마, 소자는 당장이라도 죽고 싶은 심정뿐이옵니다."

막상 세자가 우는 것을 보니 중전은 측은하여 가슴이 아팠다. 따지고 보면 임금 부자가 반목하게 된 데에는 소론파 궁녀들이 세자를 세뇌洗腦했던 여러 가지 이유가 뒤엉켜서 피차 비뚤어졌던 것이 아닌가.

"세자야, 상감께는 이 어미가 진노를 푸시도록 할 터이니 너는 지난 일을 잊도록 해야 한다. 꼭 그래야 하느니라. 이 어미, 살면 얼마나 더 살겠느냐, 알았지?"

중전은 밤늦도록 세자를 타이른 뒤 다시 겨울비를 맞으며 돌아왔으나 그대로 병상에 눕고 말았다.

그러나 중전은 세자와의 약속대로 어떻게든 임금의 마음을 돌려보려고 했다. 몸은 천근 만근처럼 무거웠지만 임금이 내전에 들면 전혀 아픈 내색을 하지 않고 세자를 비호하려 했던 것이다.

그러나 며칠 후 부자간에 쌓였던 울분이 터지고 말았다. 또다시 세자가 의대 나인을 살해했다는 전갈이 임금의 귀에 들려온 것이다. 화가 극도로 오른 영조는 더 이상 묵과할 수 없었다. 무감들에게 세자를 포박하여 끌어오라고 추상 같은 어명을 내렸다. 이때 마침 소식을 들은 중전이 병든 노구老軀를 이끌고 허겁지겁 들어와 기진한 목소리로 아뢰었다.

"마마, 단 하나뿐인 세자, 내버려두시옵소서. 제발……."

순간, 중전은 힘없이 그 자리에 쓰러지고 말았다. 일이 이렇게 화급火急해지자 세자를 잡아들이라는 어명은 흐지부지되어 버리고 중전은 식음을 전폐한 채 정신이 오락가락 되풀이하더니 끝내 운명의 날이 닥치고 말았다.

1757년영조 33 2월 정성왕후 서씨는 소생 없이 66세로 승하했다. 사도세자의 비극을 예감한 정성왕후는 영조임금과 세자에게 돈목敦睦하도록 유언을 남겼으나 임금 부자는 끝내 견원지간이 되고 만다.

정성왕후는 현재 경기도 고양시 용두동 소재 서오릉 능역의 홍릉弘陵에 홀로 묻혔다.

제21대
영조 英祖

재위: 1724년 8월~1776년 3월

후비 정성왕후 서씨
貞聖王后 徐氏
(1692~1757)

계비 정순왕후 김씨
貞純王后 金氏
(1745~1805)

 ## 영조와 사도세자의 갈등을 본 김씨

영조의 계비 정순왕후貞純王后 김씨는 경주 김씨 유학幼學:벼슬하지 아니한 유생 김한구의 딸로 1745년영조 21 11월에 태어났다.

김씨는 영조의 후비 정성왕후 서씨가 승하한 뒤 1759년영조 35 6월 간택 절차를 거쳐 왕비로 책봉되었다. 이때 김씨는 15세였고, 영조는 66세로 영의정 김상로金尙魯, 좌의정 신만申晩, 우의정 이후李厚 등의 끈질긴 주청에 의해 새 중전을 맞아들인 것이었다.

세자 선과 세자빈 홍씨는 새 어머니 김씨보다 10세 위인 25세였고, 영조 임금과 세자는 여전히 반목하고 있었다. 그런 중에도 세자의 친여동생인 화완옹주和緩翁主는 지난 해 남편을 잃고 궁궐을 여기저기 돌아다니며 새 어머니인 중전 김씨와도 가까이 지낼 뿐만 아니라, 영조의 총애를 받고 있던 문숙의文淑儀와도 친밀했으며, 특히 부왕의 사랑을 받고 있었다.

영조임금은 세자와는 반목하였으나 세손 성후일 정조은 끔찍이 위하고 있었다. 임금과 사이가 좋지 않은 연유로 세자는 소외감과 스트레스로 자주 대궐 밖으로 미행微行을 하였는데, 이때마다 세자빈 홍씨는 걱정이 되지 않을 수 없었다. 임금 몰래 함부로 외출을 하기 때문이었다. 지난 여름에도 세자는 하초下焦가 습하여 온양 온천을 다녀온 후에도 부왕께 문안 인사도 드리지 않아 세자빈에게 걱정을 안겨주었었다.

세자는 날이 갈수록 미행이 잦아졌고, 그때마다 옷을 갈아입자면 으레 한바탕씩 실랑이를 벌이곤 하였다. 이때에 세자의 총애를 받았던 나인 빙애가 시중을 들다가 맞아 죽었다. 억울하게 당한 빙애에게는 세자와의 사이에서 태어난 네 살난 은전군恩全君과 딸이 소생으로 있었는데, 이 일로 대궐 안에서는 또 한번 큰 풍파가 일기도 했었다.

1761년영조 37 4월, 춘방 시종들과 세자빈의 반대를 무릅쓰고 평안감사 정휘량의 감언甘言에 따라 세자는 평양 원행길에 나섰다. 물론 영조임금의 윤허도 없이 몰래 떠난 것이었다. 색향色鄉 평양이니 세자는 거의 매일 밤을 술과 여자와 가무歌舞 속에 파묻혀 지냈다. 뿐만 아니라 대성산 광법사廣法寺에 들러서는 불계佛戒에 몸담은 여승에게까지 수청을 들게 하였다.

"네 이름은 무엇이라 하느냐?"

"속성은 김가이옵고 법명은 가선假仙이라 하옵니다."

"가선이라…… 하하하……. 이 어여쁜 얼굴을 해가지고 왜 고생을 하느냐? 환속하거라. 내 한성으로 돌아갈 때 너를 데리고 입궁, 양제良娣:세자궁에 속한 궁녀직를 삼으리라."

20일 만에 돌아온 세자에게 춘방의 유선諭善 서지수徐志修·대사성大司成 서명응徐命膺·장령掌令 윤재겸 등이 부왕을 뵈옵는 진현進見의 예의를 지키라고 상소하였으나 세자는 이들에게 폭언을 하자 세자의 장인인 우의정 홍봉한이 간곡히 울면서 아뢰었다.

세자는 하는 수 없이 부왕에게 진현하니 외견상 평양 왕반往返 문제는 일단락되는 듯이 보였다. 당시 영조는 수많은 후궁들을 거느리고 있었는데, 그 중에는 젊고 발랄한 문숙의文淑儀 같은 여인도 있었지만, 손녀 같은 귀여운 새 중전 김씨에게 한동안 빠져 있었다. 그러던 어느 날 영조는 문씨의 처소를 찾았다. 영조는 반색을 하며 안기는 문숙의를 품에 안은 채 보료 위에 용체를 부렸다.

"마마, 신첩은 이대로 마마의 품에서 죽어 버리고 싶사옵니다."

"어허……. 네가 질투를 하고 있구나. 걱정을 말아라. 중전은 중전이고 또 너는 너이니 내가 너를 멀리하겠느냐?"

중전 김씨가 채 피지 않은 꽃이라면 문숙의는 만개한 꽃에 요염까지 하여 영조는 중전과는 전혀 다른 운우지락雲雨之樂:육체적 관계의 즐거움을 문숙의에게서 느끼는 것이었다. 나이가 들수록 신하들에게 완고한 고집을 부렸으나, 젊은 여인을 접할 때면 엄청난 힘을 발휘했던 영조는 그의 여인들을 충분히 장악하고 있었다.

숙의 문씨는 영조에게 안긴 채 아양을 떨었다.

"신첩의 소원은 나라 안의 명승 고적을 두루 구경하는 것이옵니다, 마마."

"그 소원이라면 허락할 수가 없구나. 나라의 법이 궁중에 있는 사람은 함부로 밖에 나가지 못하는 법이니라."

"세자마마는 괜찮사옵고 신첩은 불가하다 그 말씀이옵니까?"

"……."

"마마, 왜 신첩에게 숨기시려 하시옵니까? 세자마마는 지난 4월에 미행으로 평양을 왕반하시지 않았사옵니까?"

"……? 그게 정말이렷다?"

이 일로 세자빈의 아버지 우의정 홍봉한 외 관련자 10여 명 이상이 파직 또는 귀양 갔다. 많은 관련자가 삭탈 관직된 후 다시 홍봉한을 영의정으로 승차시켰다.

평양 미행이 잠잠해질 무렵, 세자는 동궁 뒤뜰에 땅을 파고서는 토굴을 조성, 커다란 뒤주를 만들어 들여놓았다. 세자는 뒤주 안에 들어가 낮잠도 자고 혼자서 좋아 싱글벙글하는 것이었다. 토굴은 겨우 방 한 칸과 마루 한 칸뿐이었지만 세자는 틈만 나면 이 속에 들어앉아 내관에게 술을 가져오라고 했다.

기기괴괴奇奇怪怪한 새로운 버릇이 생긴 세자를 보다 못 해 세자빈 홍씨가 울음을 터뜨리며 호소했다.

"도대체 고대광실 큰 대궐을 텅텅 비워 두시고 이 궁색스러운 땅 속에 왜 들어오시어 이러시는 것입니까?"

"상감인지 노인넨지 보기 싫어서 이러는 게요."

세자가 땅 속에 토굴을 파고 해괴한 행동을 벌인다는 소식에 영조임금은 불시에 그곳을 확인했다. 토굴을 낱낱이 살핀 영조는 세자빈 홍씨와 왕세손 성을 마주했다.

"얘야, 세자빈, 네 고초를 짐작하겠구나. 세자로 인해서 그 얼마나 가슴을 태우고 있는지……."

"황공하옵니다. 아바마마……."

영조임금의 부드러운 위로에 세자빈 홍씨는 참았던 눈물이 왈칵 쏟아졌다.

"그 위인이 미쳐서 그 모양이니 어찌할 수 없구나. 빈궁, 네가 고생이 되겠구나. 그러나 어찌하겠느냐. 모두 팔자이려니 생각을 하여라."

"황공하옵니다. 아바마마……."

세자빈 홍씨의 눈에는 쉴새없이 눈물이 흐르고 있었다. 그 판국에서도 세손은 아비 세자를 두둔하고 나서며 할아버지 영조에게 세자의 변호까지 했다. 이때 세손의 나이 열 살이었다.

이듬 해 1762년영조 38 2월 세손 성이 세손빈을 맞아들였다. 후에 세손은 정조임금이 되고 세손빈은 효의왕후孝懿王后가 될 청풍 김씨淸風 金氏 김시묵金時默의 딸로서 세손보다 한 살 적은 열 살이었다.

궁녀에서 후궁 생활을 거쳐 왕비에 오르기까지 했던 장희빈은 숱한 풍문과 일화를 남기고 43세에 생을 마감했다. 장씨가 죽자 그녀를 지지하던 남구만·최석정·유상운 등의 소론 세력은 몰락하고 노론이 다시 득세하게 되었다.

며느리를 보게 된 세자도 어느 새 28세로 슬하에는 여러 여인들로부터 5남 3녀를 두고 있었으나 비뚤어진 성정은 고칠 줄을 몰랐다. 오히려 더욱 더 거칠어지기만 하니 세자빈 홍씨는 단 하루도 마음이 편할 날이 없었다.

세자는 세손 성에게 할아버지인 영조임금 편전에도 못 가게 윽박질렀다. 뿐만 아니라 봄이 되니 세자의 미행이 다시 시작되었다. 세자가 찾아간 곳은 동대문 밖에 있는 여승 가선假仙이의 승방僧房이었다. 이 여승은 세자가 미행으로 평양을 왕반했을 때 광법사廣法寺에서 데리고 와 세자궁의 시비로 삼았다가 그 일이 탄로나 동대문 밖의 승방에 머무르게 되었던 것이다. 삭발은 하였으나 미색이 뛰어난 가선은 사바 세계에서 벗어나고자 한 결심이 무너지고 말았다. 그들은 뜨거운 밤을 보냈다.

며칠 후 세자는 가선을 환속還俗시켜 동대문 밖의 촌가에 처소를 마련해 주고 매일 밤 만났다. 마침내 세자는 가선을 궁 안으로 불러들이고 평양 기생 다섯 명까지 끌어들여 유흥을 일삼았다.

그럴수록 영조임금과의 사이는 더욱 소원해졌고, 심지어는 생모인 영빈 이씨暎嬪 李氏까지도 아들인 세자의 행동을 좋아하지 않았다.

하루는 세자가 친누이동생인 화완옹주를 불러들였다. 마지못해 오기는 하였으나 겁부터 집어먹고 있는 화완옹주에게 가선과 기생들을 소개하고는 춤과 노래와 장고까지 치게 하였다. 게다가 가선에게는 염불까지 외우게 하였다.

화완옹주는 오빠인 세자가 정녕 실성한 것이라고 생각을 하니 으스스한 한기마저 느껴졌다.

세자는 점점 난폭해졌고, 땅 속 토굴에 들어가 있는 시간도 많아졌다. 토굴에는 흰 포장을 치고 붉은 비단인 명정銘旌 같은 기旗를 세워놓기도 하여 흡사 빈소殯所의 분위기였다. 세자는 토굴 속으로 가선과 기생들을 불러들였다.

"내가 이 뒤주 안에 들어가 있을 테니 너는 염불을 외워 보아라."

"예?"

뿐만 아니라 술상을 차려놓고 기생에게 춤을 추게 하였다가 나중에는 완전 나체裸體로 춤을 추게 하였다. 기생이 나체가 되어 춤을 추지 못하고 울음을 터뜨리자, 세자는 술상을 걷어차고 기생을 마구 구타하다가 뒤주 안으로 들어가 버리는 것이었다.

세자의 기이奇異한 행동에 가슴을 태우는 이는 세자빈 홍씨와 생모 영빈 이씨였다. 영빈 이씨와 숙의 문씨는 사이가 매우 좋지 않음을 알고 있는 숙의 문씨의 소생 화령옹주和寧翁主가 임금을 은밀히 찾아왔다. 시집간 화령옹주는 영조임금의 열한 번째 딸로서 영빈 이씨 소생의 세자를 궁지에 몰아넣기 위해 세자의 행위를 폭로했던 것이다.

"오라버니 세자께서는 아바마마의 험구뿐만 아니라 세손마마까지도 어전에 입시하지 못하도록 하였답니다."

화가 난 영조임금이 세손 성을 들라고 명하자 중전 김씨가 가로막고 나섰다.

"생각을 해 보십시오. 마마의 보령 예순아홉이신데 신첩의 나이는 이제 겨우 열여덟이옵니다."

"쉰한 살 차이 내외간이라는 것을 다 아는 사실인데 새삼스럽게 그게

312

어떻다는 말이오?"

"어떻다는 게 아니오라, 세자 내외는 금년 스물여덟이옵니다. 세손은 열한 살이옵고요. 만일 지금 마마께서 세손을 부르시어 꾸중이라도 내려보십시오. 꼭 이 신첩이 이간질이라도 해서 부자간이시고 조손간이신 이 왕실이 난장판으로 변했다고 세상 사람들은 신첩에게 욕설을 퍼부을 게 아닙니까? 제발 소원이오니 세손을 들라는 분부는 거두어 주십시오. 마마."

중전 김씨의 간곡한 만류와 애원으로 영조는 자신이 죽은 후의 중전을 생각하여 화를 가까스로 참았다.

"세자인지 미친 위인인지 자식이 아니라 원수로구나."

영조와 세자 사이에 이런 반목이 있으니 조정의 신하들도 영조를 따르는 부당父黨과 세자를 따르는 자당子黨이 생겨 대조大朝당과 소조小朝당으로 조정이 양분되고 말았다.

1762년영조 38 4월 그믐께 영조가 화완옹주에게 세자의 행동에 대해서 묻자 화완옹주는 망설이다가 대답했다.

"오라버니 세자마마는 주색에 빠져 있었사옵기 아바마마께 아뢰옵기조차 망극하옵니다. 여승·기생들을 끌어들여……."

"뭣이? 여승·기생 따위를 끌어들여 분탕질하였다고?"

세자의 기행奇行에 대해서는 중전이나 숙의 문씨 등은 이미 알고 있는 터였다. 영조가 세자의 얘기를 가지고 소곤거리기를 좋아하는 숙의 문씨의 처소로 들자 그녀는 갖은 교태를 다 부려가며 영조의 가슴에 불을 질렀다.

영조는 완숙한 문씨를 품에 안으면 언제나 가슴 뿌듯한 포만감과 함께 젊음이 용솟음쳐 올랐던 것이다.

"마마, 듣자하오니 아랫대궐에서는 명정을 세우고 빈소를 차렸다고 하옵니다."

"아니, 뭐? 빈소를? 누구의 빈소란 말이라더냐?"

"마마, 이는 분명히 무슨 저주일 것이옵니다."

영조는 분명 자기가 죽기를 바라는 무슨 방자일 것으로 여겼다.

"마마!"

"이번에는 무슨 말인고?"

"이 몸에게 왕자를 낳게 해 주옵소서. 마마."

숙의 문씨는 느닷없이 축축히 젖은 음성으로 영조의 품을 파고드니 영조는 문씨의 풍만한 육체를 더듬으며 차츰 도취되어 가고 있었다.

다음날 영조는 세자의 생모인 영빈 이씨를 불렀다.

"저쪽 대궐에 갔었소?"

"예, 마마."

"무슨 짓을 하고 있었는지 본대로 말해 보오?"

"상감마마, 망극하여이다. 흐흐흑……."

영조는 숙의 문씨의 말이 사실임을 확인했다.

"허! 이놈이……. 이대로 있다가는 내가 천명을 다하지 못하겠구나."

뒤주 속에서 죽은 사도세자

1761년영조 38 윤 5월 중전 김씨의 아버지 김한구와 그 일파인 홍계희洪啓禧·윤급尹汲 등의 사주를 받은 나경언羅景彦이 세자의 실덕失德과 비행을 고발하는 내용 외에도 역적 모의를 꾀하고 있다는 무고誣告:없는 사실을 허위로 꾸며 고발 상소를 했다. 이는 소론 일파의 재기再起를 우려한 노론의 발상이었다.

휘녕전徽寧殿에 부복한 세자는 끝내 역적 모의를 부인하였으나 영조임금은 용천검을 내려 자결하라고 명했다. 임금과 세자 사이에서 중재仲裁 역할을 했던 영의정 홍봉한은 임금의 진노로 파직되고 후임으로 신만이 들었으나 신만도 역시 임금에게 자결명을 거두어 달라고 애원했다. 그러나 영조는 살기 등등하여 신만에게 세자보다 먼저 죽고 싶으냐고 호통쳤다. 마지막으로 남은 학사 임덕제林德蹄가 죽기로 하고 간언했으나 역시 쫓겨나고 말았다.

담 하나를 사이에 두고 있는 덕성합에서 이 살벌한 소리들을 하나도 빠뜨리지 않고 듣고 있던 세자빈 홍씨는 가슴이 미어지는 듯하여 통곡하고 세손 성도 따라 울며 세자빈 홍씨를 위로하였다.

"어마마마, 진정하십시오."

"애야, 세손. 아버지께서 명재경각命在頃刻에 처해 계시니 이 일을 어찌해야 좋단 말이냐? 으흐흐……."

영특한 세손이 조부왕 앞에 꿇어 엎드려 울면서 애소했다.

"할아버님! 아비를 살려지이다. 할아버님!"

아비 세자와 같이 죽겠다고 애소하였으나 세손은 끝내 그 자리에서 끌려나와 세자빈 홍씨와 맞붙잡고 눈물을 쏟았다.

영조임금이 세자에게 자결을 독촉하고 있을 때 세자의 장인인 홍봉한을 선두로 동궁의 사부 10여 명이 우르르 몰려들어와 세자를 구원하기 위해 머리를 조아렸다. 이에 배석하여 있던 영의정 신만도 용기를 얻어 다시 간언을 올렸다. 그러나 이들은 모조리 휘녕전徽寧殿 대문 밖으로 쫓겨나고 말았다.

이때 경희궁의 중전 김씨에게 세자의 생모인 영빈 이씨가 찾아와 있었다. 아들의 목숨이 촌각에 있었음에도 영빈 이씨의 입에서 실로 경악을 금할 수 없는 말이 튀어나왔다.

"중전마마, 세자는 대역 죄인이오니 자결케 함이 옳습니다."

"뭐라고요? 세자를 죽여야 한다고요. 영빈!"

중전 김씨는 의외의 말에 놀라고 있었으나 영빈 이씨는 침착했다.

"애당초 신첩이 세자를 낳은 후 첫 이례가 지나자 돌아가신 선비先妃 마마께서 데려다 기르셨사옵니다. 아무리 기른 정이 크다 하지만 그 위인은 저를 낳아준 이 어미를 천한 궁인을 다루듯이 한평생 내내 차갑게 대하기만 했을 뿐입니다. 그 위인은 역적이옵니다."

무섭고 몸서리쳐지는 여인의 앙심이 응고되어 있었다. 영빈 이씨는 내관을 불러 준비한 종이 쪽지를 속히 임금에게 올리도록 했다.

〈영빈유소밀고우상자暎嬪有所密告于上者〉

영빈 이씨가 적은 글을 읽은 영조임금은 바로 찢어 버렸으니 내용은 알 수 없으나 무슨 밀고인 것은 분명했다. 임금은 즉시,

"얘들아, 시위 군사! 즉각 동궁의 토굴 속에 있는 뒤주를 이리로 옮겨 오너라."

대령해 온 뒤주는 세자가 만든 것이었다. 세자가 그 속에서 낮잠을 자기도 하였고, 심사가 울적할 때면 그 속에 들어가 마음을 가라앉히기도 하였던 그 뒤주였다.

세자는 끝내 부왕의 어명을 거절할 수 없음을 깨닫자 마지막으로 부왕 영조에게 이별 인사 사배를 공손히 올리고 뒤주 속으로 들어갔다. 그리고 뒤주 뚜껑에 큰 못이 박혔다. 그 위에 풀을 덮고 큰 돌까지 눌러놓았다. 세자는 찜통 같은 뒤주 속에서 살려달라고 애소를 하며 몸부림쳤다.

조금 전에는 숙의 문씨와 영빈 이씨의 모함으로 세자를 뒤주 속에 가두었다는 소문을 듣고, 도승지 이이장李彛章이 세자를 위해 간언하다가 참수당한 일이 있었으므로 누구 한 사람 세자를 위해 나서는 사람이 없었다. 한낮이 되자 뒤주 안은 찌는 듯이 더웠다. 세자는 이따금 가냘픈 신음 소리를 낼 뿐이었다.

이때 세자를 방탕하게 만들었다는 내시와 여승 가선·평양 기생 들도 참수당했다.

세자빈 홍씨의 아버지 홍봉한과 숙부 홍인한洪麟漢은 실제로 세자의 죽음을 지지하는 입장이었다. 또한 영의정 김상로도 세자가 죽음에 이르게 하는 데에 일조한 셈이었다.

이제 세자를 구해 줄 사람은 아무도 없었다. 세손과 세자빈 홍씨는 세자의 죽음에 속수 무책, 눈물만 쏟으며 가슴이 아팠다.

임금도 가슴이 아프긴 마찬가지였다. 눈에서는 굵은 눈물이 주르르 흘러내렸다.

"분하고도 분하구나……. 이렇게 분한 일이 어디에 또 있겠느냐……. 그리도 끔찍이 아껴 기르던 세자를 내 손으로 죽이다니……. 으흐흐……."

영조는 생각할수록 어처구니가 없어 다시 또 영을 내렸다.

"여봐라, 무감! 세자의 비행 10조를 적어 응징해야 한다고 상소문을 올렸던 나경언을 인치하여라. 즉각 거행하라."

나경언은 형조판서 윤급과 판부사 조재호趙載浩·응교 이미 등의 사주에 의해서 올린 상소문이라고 하면서 살려달라 했으나 처형당하고 말았다.

세자가 뒤주 속에 갇힌 지 8일 만에 뚜껑을 열었다. 숨이 멎어 있는 세자의 앞가슴은 얼마나 쥐어뜯었는지 살이 모두 헤어져 유혈이 낭자하였고 이마의 피는 말라서 거뭇거뭇 변색이 되어 있는 모습은 너무나 처참했다. 이때 그는 28세였다.

소식을 전해 들은 세자빈 홍씨는 혼도昏倒하고 말았다. 후에 세손인 아들 정조가 왕위에 오르자 혜경궁惠慶宮 홍씨로 불리게 되고, 1899년 사도세자가 장조莊祖로 추존됨에 따라 경의왕후敬懿王后로 추존될 홍씨는 1795년 남편의 애절한 참사를 중심으로 자신의 한많은 일생을 자서전적인 사소설인 《한중록閑中錄》을 남겼다. 이는 궁중 문학의 효시가 되고 있다.

세자가 죽은 뒤 영조는 세자를 죽인 것을 후회하며 그의 죽음을 애도

사도세자(장조)의 융릉

하여 '사도思悼'라는 시호를 내렸다. 후일 세손인 정조가 즉위하자 '장헌莊獻'으로 추존되었다가 다시 '장조莊祖'로 추존되었다.

그는 처음에 양주 배봉산현재의 동대문구 휘경동에 묻혔다가 1789년정조 13 현재의 경기도 화성군 태안면 안녕리로 천장되어 현릉원顯隆園으로 원호가 바뀌었다가 장조莊祖로 추존된 뒤에 융릉隆陵으로 정해졌다.

세자빈 홍씨는 사도세자가 죽은 후 혜빈惠嬪에 오르고 정조 즉위년에 혜경궁惠慶宮으로 되어 혜경궁 홍씨로 알려졌는데, 그녀는 1815년순조 15 12월 춘추 81세로 승하하여 남편이 묻힌 현릉원에 합장되었다.

사도세자의 비극을 일러 혹자는 영조임금의 노망이니 또는 세자의 광기狂氣니 하지만 이는 모두 조작된 것이었으며, 사실은 조정 신하들의 권력 집착에 따른 오랜 불화不和 끝에 빚어진 흉변凶變이었던 것이다.

즉, 영조와 세자 부자 간의 이간離間은 노·소론의 당쟁에서 비롯되었고,

남인·소론 등이 부왕 영조와 정치적인 견해를 달리하는 세자를 앞세워 보수적인 노론 정권의 전복을 도모하다가 실패한 사건으로서 부왕 영조도 지나치게 왕권에 집착한 편집병偏執病의 결과였던 것이다.

《한중록》을 저술한 혜경궁 홍씨

사도세자가 죽은 지 30년이 지나서 혜경궁 홍씨가 《한중록》을 저술한 것은 자신의 친정과 아버지 홍봉한을 변명하기 위한 수단이었다. 아들인 정조가 즉위하면서 친정이 몰락한 것은 사도세자의 죽음에 책임이 있었던 것이다.

영조도 세자를 죽인 것을 후회하면서 세자의 죽음에 일조한 김상로를 파직, 귀양 보냈다. 전 우의정 조재호에게는 사약을 내렸다. 영조는 세손에게 "네 아비의 원수는 김상로이니라"라고 말했다. 그러나 사도세자의 죽음에 관련된 홍봉한은 이후에도 동생 홍인한과 함께 승승장구 형제 정승의 세도를 누렸다.

이들과 합세한 노론들의 화살은 이제 세손에게 향했다. 세손이 즉위할 경우 세손의 아버지인 사도세자의 죽음과 관련한 자신들에게 보복이 있을 것은 당연했기 때문이다. 그래서 이들은 사도세자의 후궁이었던 양제良娣 임씨의 소생 은언군 인恩彦君 絪을 추대하려 했는데, 이때 홍봉한은 은언군을 지지하다 1772년영조 48 한때 사직당하기도 했다.

세손 폐위에 적극적으로 나섰던 인물은 홍봉한보다 그의 동생 홍인한이었으나 혜경궁 홍씨는 친정 식구들의 세손 폐위 방침에 반대했다. 자신의 아들인 세손 대신 남편의 후궁이었던 양제 임씨 소생 은언군을 추대하려는 친정의 방침에 반대했던 것은 당연했다. 남편은 떠났어도 혈육인 자식은 버릴 수 없었던 것이다.

세손이 외가에 의해 궁지에 몰리게 됨에 소론을 내세워 홍인한을 공격하는 상소를 올리자 홍인한은 노론을 내세워 반대 상소를 올려 대립했다. 그러나 세손은 항시 불안한 나날이었다. 언제 아버지 사도세자처럼 흉변이 닥칠지 모르는 일이었다. 그러던 중 1775년영조 51 5월 목숨을 걸고 직간直諫을 한 세손의 사부 홍국영洪國榮의 상소문대로 이 해 12월 영조는 세손에게 대리 집정을 명했다.

24세의 새 집권자 왕세손 성이 대리 집정한 지 3개월 후 1776년영조 52 3월 영조는 83세로 세상을 떠났다. 그는 현재 경기도 구리시 인창동 소재 동구릉 능역의 원릉元陵에 묻혔다.

25세로 즉위한 세손 정조는 아버지 사도세자를 죽게 한 세력들을 처벌했다. 홍인한과 정후겸鄭厚謙 등은 귀양 보내어 사사시키고, 영조의 후궁 숙의 문씨와 그녀의 오라비 문성국文聖國을 죽였으며, 그 어미를 노비로 만들었다. 영조의 계비 정순왕후 김씨도 제거하고 싶었으나 자신의 할머니인지라 대신 김씨의 아우 김귀주金龜柱 일파를 숙청했다. 홍봉한과 그의 아들 홍낙임洪樂任 등도 죽음의 위기에 몰렸지만 혜경궁 홍씨가 정조에게 단식 시위를 벌여 목숨은 살려주었다.

아들이 임금이 되자 친정이 몰락하니 혜경궁 홍씨는 진퇴 양난에 처하게 되었다. 이처럼 불편한 일생을 지내면서 홍씨는 남편인 사도세자와 시아버지 영조임금, 그리고 아들 정조의 죽음을 다 겪었다.

그녀는 《한중록》에서 친정을 신원시키기 위해 영조와 사도세자를 이상한 성격자로 묘사했으며, 아버지 홍봉한은 사도세자와 세손에게 더없는 충신이었다고 했는데, 만일 사도세자가 정신병자였다면 폐서인시켜도 될 일인 것을 굳이 죽음으로 몰고 갔을까? 그러나 사도세자를 죽게 한 노론 세력은 사도세자가 정신 이상자였기 때문이 아니라 노론에게 위협적인 존재였기 때문이었다.

그리고 아버지 홍봉한이 세손 정조를 보호하기 위해 온갖 고충을 감수하였다고 변명했지만, 홍봉한은 세손의 이복 동생이자 세자의 후궁 양제 임씨 소생 은언군을 추대하려다 삭직당한 바가 있으며, 숙부 홍인한도 세손 정조를 제거하기 위해 전력했던 인물이었다. 또한 오라비 홍낙임은 정조를 암살하고 정조의 이복 동생이자 사도세자의 후궁 빙애의 소생인 은전군을 추대하려던 역모 사건에 가담했었다.

혜경궁 홍씨는 아들 정조가 죽은 후 15년을 더 살다가 1815년순조 15 12월 춘추 81세로 승하하여 현재의 경기도 화성군 태안면 안녕리 소재 융릉에 사도세자장조와 합장되었다.

당쟁의 연속으로 불안한 정순왕후

사도세자가 죽은 후 영조의 계비 정순왕후 김씨는 불안했다. 홍봉한이 영조의 신임을 얻어 중책을 맡자 김씨의 아버지 김한구의 일가 경주 김씨慶州 金氏 집안과 풍산 홍씨豊山 洪氏 집안이 같은 노론의 입장에서 사도세자 제거 작업을 추진했으나 막상 이권 다툼이 발생하니 정적으로 변했던 것이다. 노론 대 소론의 당쟁이 김씨 집안 대 홍씨 집안의 투쟁으로 변했다.

중전 김씨와 동생 김귀주는 세손 정조가 즉위하면 김씨 집안이 몰락될 것이 뻔했기에 양자를 들여 김씨 집안의 정권을 강화하고 정계에서 홍봉한을 실각시키려 했는데, 김귀주는 한유를 사주하여 '홍봉한이 세손을 제거하고 대신 은언군을 추대하려 한다'는 상소를 올리게 했다. 이 일로 홍봉한은 청주로 귀양 갔고, 그 후 세손이 영조에게 이를 모함이라고 아뢰어 귀양에서 풀려나기도 했다.

사도세자 사건으로 조정은 그를 동정하는 시파時派와 세자의 죽음을 당연시하는 벽파僻派로 분리되어 새로운 당파 국면을 맞이하게 되었을 때 영조의 계비 정순왕후는 벽파를 옹호했었다.

1772년영조 48 영조는 자신의 정치적 신념에 의해 과거 시험으로 탕평과를 실시하는 획기적 조치를 단행했다. 이른바 '동색금혼패同色禁婚牌'를 집 집의 대문에 걸게 함으로써 당색의 결집에 대한 우려를 환기시켰다.

1774년영조 50에는 사가에서의 형벌을 금지시켰고 가혹한 형벌도 금지시 켰다. 또 신문고 제도를 부활시켜 백성의 억울한 일을 임금에게 직접 알리 게 하였다.

영조 시대의 경제 정책에서 가장 주목할 만한 것은 '균역법均役法'의 시 행이었다. 1750년영조 26에는 양민의 세금 부담을 줄이기 위해 종래의 군포 軍布를 반으로 줄이고 그 부족액을 어업세·염세·선박세 등으로 보충하였 으며, 특히 종래 특권층의 독점이었던 어염법魚鹽法을 국가에 전속케 된 데 에 의의가 있었다.

영조는 왕세제 때부터 숱한 당쟁에 휘말리며 온갖 고초를 겪었고, 스스 로 정국을 탕평책으로 주도, 왕권을 강화하면서 각 방면에 걸쳐 부흥기復

정순왕후의 원릉

興期를 마련하고는 1776년영조 52 3월 83세로 경희궁에서 세상을 떠났다. 그는 현재 경기도 구리시 인창동 소재 동구릉 능역의 원릉元陵에 묻혔다.

영조의 생모 숙빈淑嬪 최씨숙종의 후궁 무수리는 서울 종로구 궁정동 소재 칠궁七宮에 신위가 모셔져 있다. 칠궁은 최씨처럼 조선 시대 역대 왕이나 왕으로 추존된 이의 생모인 일곱 후궁으로서 왕비에 오르지 못한 분의 신주神主를 모신 묘궁廟宮이다.

칠궁에는 숙빈 최씨의 육상궁 외에 정빈 이씨의 연우궁, 선조의 후궁이자 추존된 원종인조의 아버지의 생모 인빈 김씨의 저경궁, 숙종의 후궁이자 경종의 생모 희빈 장씨의 대빈궁, 영조의 후궁이자 장조사도세자의 생모인 영빈 이씨의 선희궁, 정조의 후궁이자 순조의 생모 수빈 박씨의 경우궁, 고종의 후궁이자 마지막 황태자 영친왕 이은의 생모인 순헌귀비 엄씨의 덕안궁이 있다.

칠궁 중에서도 최초의 육상궁은 영조가 왕위에 오르기 8년 전 이미 세상을 떠난 생모 숙빈 최씨의 신위를 모시기 위해 1724년영조 즉위년에 세운 묘궁인데, 1882년고종 19 화재로 소실됐다가 이듬해 재건했고, 고종은 묘궁의 효율적 관리를 위해 1908년 흩어져 있던 후궁의 묘廟들을 육상궁 경내로 옮겼다. 칠궁은 왕조 문화의 그늘에 피었다 진, 덧없는 영화榮華의 주인공인 후궁들의 뒷얘기가 있는 곳이다.

정조의 치세로 눌려 지낸 정순왕후

1776년 정조가 25세로 즉위하자 생부 사도세자를 죽음으로 몰고간 홍인한·정후겸·숙의 문씨·문씨의 동생 문성국 등 관련자들을 귀양 보낸 후, 혜경궁 홍씨의 아버지를 제외한 모두를 사사시켰다.

왕대비가 된 영조의 계비 정순왕후 김씨의 동생 김귀주도 귀양에 처해졌다. 이때 정순왕후는 32세로 대비가 되었으나 정조가 성인인 까닭에 대리 청정을 할 수가 없었다.

정조는 세손 시절부터 그를 지켜준 홍국영을 동부승지同副承旨 겸 금위대장에 임명하고 개혁 정치를 전개하는 한편, 규장각奎章閣을 설치하고 이를 통해 당색에 물들지 않은 인재를 등용, 외척과 환관들의 역모와 횡포를 누르고 근위 세력을 양성하였다.

이처럼 정조의 신임을 받던 홍국영은 실권을 장악하게 되자 삼사三司 : 사헌부·사간원·홍문관의 합계, 팔도의 장첩, 전랑직의 인사권 등을 전부 통괄하였고, 따라서 백관들은 물론 8도 감사나 수령들까지도 그에게 머리를 숙이게 되었고, 누이동생을 정조의 후궁이 되게 함으로써 정권을 한 손에 쥐게 되었다.

그러나 홍국영의 세도勢道 정치는 오래 가지 못했다. 그의 누이동생 원빈 홍씨元嬪 洪氏가 입궁한 지 1년 만에 병사했고, 정조 또한 그에게 지나치게 권력이 집중되는 것을 경계하고 있었기 때문에 정조는 그에게 스스로 조정에서 물러날 것을 권고하기도 했다.

그에게 부여된 권력에 비례하여 부정·부패·비리가 심화되기도 했다. 하지만 홍국영은 오히려 정권을 독점하기 위해 정조의 후비인 효의왕후孝懿王后 김씨를 독살하려는 계획까지 세웠다가 이것이 발각되어 1780년정조 4 집권 4년 만에 가산을 몰수당하고 전리로 방출되었다.

정조는 홍국영의 세도 정치 기간 동안 충실히 규장각을 확대하고 인재를 모았다. 즉, 신하들의 시선을 홍국영에게 집중시키고는 자신은 앞으로 펼칠 정책을 위해 치밀한 준비를 했던 것이다. 정조는 고의로 홍국영의 세도 정치를 방조했던 것이다.

1779년정조 3에는 규장각 외각출판을 주관한 교서관에 검서관을 두고 박제가朴齊家 등의 서얼 출신 학자들을 배치하여 새로운 바람을 불러일으켰다. 개국 이래로 입신의 길이 막혀 있던 서얼들에게 조정으로 진출할 수 있는 새로운 길을 터줌으로써 사회의 분위기를 가문과 당파 위주가 아닌 능력과 학식 중심으로 이끌 수 있었다.

규장각은 실질적인 경연관으로 왕과 정사를 토론하고 교서 등을 대리 찬술하는 일에서부터 편서와 간서에 이르기까지 광범위한 업무를 수행했다.

1780년정조 4 홍국영이 제거될 무렵, 규장각은 틀이 잡혔고 규장각의 인재도 적지 않아 정조는 친정 체제를 구축할 필요성을 느끼던 차에 홍국영을 축출시켰다.

1781년부터 본격적으로 규장각의 확대 사업에 돌입했다. 규장각 청사는 모든 청사 중에서 가장 넓은 도총부 청사로 옮겨졌고, 강화사고江華史庫 별고를 신축하여 외규장각으로 삼았다.

정조는 규장각에 대해 홍문관의 기능을 점진적으로 부여하면서 정권의 핵심적 기구로 키웠다. 이른바 '우문지치右文之治:학문 중심의 정치'와 '작성지화作成之化:만들어 내는 것을 통해 발전을 꾀함'를 규장각의 2대 명분으로 내세워 한편으로는 기성의 인재를 모으며 참상參上·참외參外의 연소한 문신들을 양성하여 자신의 친위 세력으로 확보하고자 했다.

정조의 규장각 중심의 정치는 영조의 탕평책을 계승하고 있었던 것이고, 따라서 당쟁은 사색 당파에서 시파와 벽파의 갈등이라는 새로운 양상으로 전개되었다. 즉, 영조 때 형성되었던 외척 중심의 노론은 끝까지 당론을 고수하며 벽파로 남고, 정조의 정치 노선에 찬성하던 남인과 소론·일부 노론이 시파를 형성했던 것이다. 시파時派는 '시류에 영합한다'는 의미로, 벽파僻派는 '시류는 무시하고 당론에만 치우쳐 있다'는 의미로 풀이되었다.

정조가 중용했던 대표적인 인물은 남인 계열의 채제공蔡濟恭을 비롯하여 실학자 정약용鄭若鏞·이가환李家煥 등과 북학파의 박제가·유득공柳得恭·이덕무李德懋 등이었는데, 이처럼 시파 중심으로 정국이 운영되자 벽파는 자신들의 위기감을 느껴 종전보다 더 단합 현상이 일어났다.

그러다가 1791년정조 15 신해박해 때부터 벽파는 힘을 회복하기 시작했다. 신해박해는 논란 끝에 천주교 수용 불가 결정이었는데, 천주교 신봉자였던 전라도 진산의 양반 윤지충尹持忠은 모친상을 당하자 천주교 의식대로 상을 치렀다. 맹렬한 비난에도 굽히지 않았던 그를 비호하고 나섰던 인물이 인척인 천주교 신자 권상연이었다.

이 문제가 정치 쟁점화되어 조정은 서구 문화 수입을 공격하던 공서파벽파와 천주교를 신봉하거나 묵인하던 신서파로 분열, 정면 충돌하였다.

이때 남인의 실학자 정약용이 정치적 수세에 몰려 외직으로 나가게 되고 채제공 등의 중신들도 입지가 크게 약화되었다. 1799년정조 23 채제공이 죽자 남인 세력은 완전히 위축되었고, 이듬해 정조가 죽음으로써 남인은 거의 축출당하고 친위 세력을 형성하고 있던 시파도 일부 노론 출신의 외척 세력만 남고 대부분 정계에서 숙청되었다.

정조는 당쟁의 희생물로 비극적인 죽임을 당한 아버지 사도세자의 능을 온갖 정성을 다해 조영하였고, 1793정조 17 수원부水原府를 화성華城으로 개칭한 후 1796년정조 20 수원성城까지 새로이 수축하여 유수경留守京으로 승격시키기도 했으며, 24년 만에 다방면의 치적을 남기고 문화 정치의 막을 내렸다. 수원성 수축 과정에서 실학파 정약용은 거중기를 제작하여 수원성 수축 공기工期를 단축하기도 했다.

여전히 숨죽이고 지낸 정순왕후

1776년 정조가 25세로 즉위했을 때 왕대비가 된 영조의 계비 정순왕후 김씨는 32세였다. 김대비의 아버지 김한구도 노론의 입장에서 정조의 아버지 사도세자의 제거 작업에 동참했던 연유로 김대비는 숨을 죽이고 지낼 수밖에 없었다.

김대비는 사도세자의 죽음 뒤 그를 동정하는 시파時派를 적대시하고 사도세자의 죽음에 찬성하는 벽파僻派를 옹호했던 입장이었다.

즉위한 정조의 고민거리는 후비인 효의왕후孝懿王后 김씨에게서 후사를 보지 못한 것이었다. 정조와 효의왕후는 금실이 좋았으나 그들 나이 27세·26세가 돼도 태기가 없자 조정과 왕실에서는 후궁을 들일 것을 요구했다. 영조의 3년상이 끝난 1778년정조 2 6월 김대비의 한글 교지에 따라 정국을 주도하던 홍국영이 누이 홍씨를 정조의 후궁에 들이니 이가 원빈 홍씨였으나 1년 만에 병사했다.

그 다음 들어온 후궁이 판관 윤창윤의 딸 화빈 윤씨로서 정조는 열심히도 그녀의 처소를 드나들었으나 역시 태기는 없었다. 정조는 엉뚱하게도 윤씨의 시중을 드는 나인에게 마음이 끌렸으니 곧 창녕 성씨昌寧 成氏였다.

1782년정조 6 9월 마침내 성씨가 왕자를 탄생시켰다. 정조는 이를 기념하는 별시를 실시했는데, 이때 무과에 2,600명이나 합격시켰다고 한다. 원자의 생모 성씨는 이듬해 2월 선빈宣嬪으로 승격시켰다.

하지만 3세 때 세자로 책봉된 문효세자는 1786년정조 10 5월 5세에 요절하고 말았다. 그 충격으로 성씨는 몸져 누웠다가 얼마 후 세상을 떠났다. 후사가 없는 침울한 분위기의 왕실은 또다시 후사를 위해 1787년정조 11 2월 좌찬성左贊成 반남 박씨潘南 朴氏 박준원朴準源의 딸 박씨를 후궁으로 맞아 수빈綏嬪으로 책봉했다.

상황이 이러하니 효의왕후 중전 김씨는 왕비의 자리가 가시 방석이었다. 죄인처럼 지내던 효의왕후가 어느 날 임신한 듯이 헛구역질 현상이 나타나 왕실에서는 경사가 났다고 산실청을 마련하였으나 열 달이 지나도 출산이 없는 상상 임신이었다.

이러던 중 1790년정조 14 6월 수빈 박씨가 왕자를 낳았다. 곧 정조의 뒤를 이을 순조純祖였다.

후사를 얻은 정조는 집권 여당인 노론 세력을 견제키 위해 남인과도 제휴하고 규장각을 통해 참신한 인재들도 배출했는데, 이들은 사대관事大觀에서 탈피해 청나라의 선진 문물을 수용해야 부국 강병할 수 있다는 사상을 가진 실학자들이었다.

조정은 서서히 당론에서 탈피하여 새로운 물결을 받아들이기 시작했으나 개혁 정치가 채 정착되기도 전에 정조가 1800년정조 24 6월 49세로 세상을 떠나게 되니 새로운 사상을 펼치려던 실학자들의 이상理想도 한풀 꺾이고 말았다.

천주교를 탄압하며 정권을 쥔 정순왕후

정조가 죽고 11세의 순조가 즉위하자 조정의 대신들은 왕실의 최고 어른인 영조의 계비 정순왕후로서 대왕대비가 된 김씨에게 수렴 청정을 청하니 김대왕대비는 형식적으로 이를 일곱 번이나 거절하다가 마지못한 듯이 수락했다.

이제 최고 권력자가 된 대왕대비는 자파 세력인 노론 벽파를 대거 등용하여 이들은 정조 때 개혁 의지를 키우며 등용되었던 시파·신서파·남인 세력들을 제거하는 데 심혈을 기울였다. 그 첫 신호탄은 천주교 탄압이었는데, 당시 남인들은 정권에서 오랫동안 소외당하면서 서학, 즉 천주교를 수용했기에 노론 벽파는 시파에게 정치적 보복을 가하기 시작했던 것이다.

천주교가 처음 소개된 것은 선조 때였으나 숙종 때 갑술환국 이후 출사出仕의 길이 봉쇄된 남인들이 서학을 수용하기 시작하면서 이들은 국가와 사회 조직의 개혁·개조를 요구하였고, 명분 위주의 성리학을 지배 질서로 하는 현실에 비판을 가하고 혁신을 부르짖게 되었다. 이러한 혁신 사상에 양반 계층이 아닌 소외 계층도 호응하게 되니 그 세력은 점차 확대되어 갔다. 초기에 새로운 학문으로 수용된 천주교는 차츰 신앙 운동으로 바뀌며 1783년정조 7 중국에 사신 일행으로 간 이승훈李承薰이 북경 천주교회당에서 최초의 영세 교인이 되었고, 이듬해 서울 남부 명례동에 최초의 천주교회가 설립되었다.

그러나 1788년정조 12 8월 천주교서학는 효 사상과 군신 관계를 어지럽히고 나라의 기강을 붕괴할 수 있으므로 엄금해야 한다는 이경명의 상소를 계기로 사학邪學으로 규정받게 되었다. 그 후 조정 대신들의 입장은 천주교에 대해 우호적인 신서파와 철저하게 반대하는 공서파로 양분되었다.

그러나 정조가 천주교를 박해보다는 탄력적 대응을 했기에 교세는 비교적 확대될 수 있었는데, 1795년정조 19 중국인 신부 주문모周文謨가 입국하여 활동할 무렵에는 전국의 신도 수가 4천여 명에 달했고, 1800년정조 말년에는 1만여 명에 이르게 성장했다.

그러나 순조 1년에 들어서자마자 권력을 장악한 정순왕후는 오가작통법을 실시하여 천주교를 말살하는 강경책을 썼다. 오가작통법은 본래 다섯 가구를 한 통으로 묶어서 범법 행위를 감시·규제하는 치안 유지법이었

주) * 악법 중의 악법 '오가작통법五家作統法' : 1801년순조1 신유박해 때 22대 영조의 계비 정순왕후 김대왕대비가 집권에 방해가 된다는 천주교도를 탄압하기 위해 악용하기 시작했던 오가작통법 본래 치안유지법은 그 비인간적 잔인성이 이를 데 없었다.

유사 이래 가장 극악 무도한 만행 세계 1·2차 대전을 유발했던 파시즘과 나치즘보다도 더 잔혹하면서 100년 이상 먼저 탄생시킨 백성 통치 악법, 오가작통법—이른바 '연대 처벌·단체 기합'이라는 명칭으로 100년 이후 군국주의 일본 군대가 이를 차용借用했고, 20세기 군사 독재 시절의 한국군도 일제 군대로부터 전수받아 악용하였으며, 이에 앞서 광복 후 집권욕에 미친 이승만 정권도 빨갱이 때려잡기에 활용하였다.

당시 공산주의자의 가족은 물론 친지까지 연좌시켜 혹독한 고문拷問을 자행, 죽이기도 하였으며, 심지어 공산주의가 뭔지 영문도 모른 채 여러 곳에서 수많은 양민들이 억울하게 학살당하는 끔찍한 사건들이 자행되었다.

애국을 빙자한 폭력 도배들의 만행이었다. 친일 수구 세력에 의한 집단 폭력·집단 광기는 집단 악법에서 비롯되었다. 아마도 조선에서는 정권 유지용 통치 악법을 만들거나 이를 집행하는 고문 기술에는 탁월한 능력자들이 꽤 많았나 보다.

오가작통법에서 유래되어 백성을 탄압하는 악법 사례는 이후에도 부지기수로 많았는데, 연좌제를 적용한 악법으로 인해 오늘까지도 납북자와 가족들은 고문과 감시의 고통을 겪고 있다.

한때 영웅으로 존경받았던 뭇솔리니·히틀러·히로히토 등도 악법 운용의 탁월한 인물들이었다. 제1차 세계 대전 후 비인간·비인도·비민주적 전체주의 파시즘의 반자유·일당 독재·국수주의·반공反共적 침략 정책과 나치즘의 반민주·반자유·전체주의적 배외排外 정책 등의 공통점은 침

는데, 이 법으로 다섯 가구 중에 한 집에서라도 천주교 신자가 있으면 연대 처벌하겠다는 강력한 조치로 말미암아 전국적으로 죽은 사람이 수만 명이 넘었고 애매하게 연루돼 죽은 이도 많았다.

김대왕대비의 하교로 시작된 천주교 탄압에 벽파의 영의정 심환지沈煥之와 공서파 대사간 목만중이 선봉이 되어 천주교 선구자 이가환李家煥·권철신權哲身 등을 고문하다 죽였고 신부 이승훈李承薰·정약종鄭若鍾·최필공崔必恭·홍낙민洪樂敏·황사영黃嗣永·황심黃心·중국 신부 주문모周文模 등도 참형당했으며, 주문모에게 세례받은 정조의 이복 동생인 은언군과 부인 송씨·며느리 신씨도 사사되었고, 정약용·정약전鄭若銓 형제는 유배당했다. 1801년순조 1 신유년에 일어난 이 사건을 '신유사옥辛酉邪獄'이라 하는데, 이 천주교 박해 사건으로 정순왕후는 1년 만에 완전한 노론 벽파 중심의

략 전쟁을 합리화하는 강력한 국가주의적 군비 확장과 독재 체제의 당위성이었다.

집단 안보와 전쟁을 빙자하여 인간의 존엄과 개인의 자유를 박탈한 독재 기득권 세력이 권력유지를 위해 으레 즐겨 외쳐대는 '자유·민주'와 비인간·비민주적 악법 이데올로기 체제는 완전 상치相値하고 있는 것이다.

자自민족 지상주의의 애국적 민족주의는 자칫 반인륜적 양상의 타他민족 침략이 정당화되어 히틀러가 열변으로 미치면 덩달아 국민도 환호·열광하는 집단 광기狂氣로 발전하게 되는 것이었다. '천황폐화 만세' 충성 애국적 집단 광기는 그들 스스로 미쳐 있음을 인지하지 못한 채 거듭 악법을 양산하고 그 악법 속으로 빠져들어 군대 생리라는 집단 강간 살육 범죄까지 저지르고 지배와 강간·살육의 재미의 향수로 군국주의 부활을 획책하기도 한다.

매스게임mass game에 매료되고 세뇌되어 미덕美德으로 여겨져 온 일사불란한 획일화된 체제는 백성 다스리기에 손이 쉽다. 체제에 반反하는 자는 반국가 행위자로 처벌하기도 편리하다. 반국가 행위자는 국가주의에 역행하므로 사상·종교의 자유 등 개인적 존엄이나 자유 따위는 인정되지도 않고 오히려 절대 권력에의 도전죄로 처벌 대상이 될 뿐이다. 거대한 집단 체제에 함부로 대들었다가는 가혹한 고문은 물론 뼈도 못 추리는 낭패를 당하기 일쑤. 그저 함구緘口하고 권력에 편승하는 기회주의 아첨이 보신지책保身之策이리라.

오늘날 거대한 집단이 개인의 자유 의사를 무시한 채 획일주의적 행위 참여를 강요함은 군국주의의 파쇼 독재의 잔재일 뿐일진대 아직도 200년 전 낡은 악법을 사랑하는 권위주의적 보수 세력이 건재하고 있는 실정이다. 때론 억설 주장도 다수이기에 이기고 다수가 옳다면 진리인 반면, 소수의 주장은 정신 이상자 취급받기 일쑤이다.

조정을 세울 수 있었다.

그러나 정순왕후가 막을 수 없었던 것은 시파였던 김조순金祖淳의 딸을 순조의 후비로 맞아들인 일이었다. 이때 대왕대비의 6촌 오라비인 김관주와 권유 등의 방해가 있었으나 결국 1802년순조 2 10월 순조의 후비로 순원왕후에 책봉되었다.

1803년순조 3 4월, 평양부와 함흥부에서 큰 불이 나더니 그 해 11월에는 사직악기고, 또 12월에는 창덕궁 선정전·인정전도 불탔다. 또 며칠 후 장안에서 다시 큰 화재가 나서 인심이 흉흉해지자 대왕대비는 이 모든 일이 자신의 탓이 아님을 보이기 위해 미리 선수를 쳐 1804년순조 4 1월 수렴 청정을 거둔다는 하교를 내렸다.

어느덧 조정에서는 순조의 후비 순원왕후 김씨의 아버지 김조순이 세력

칭기즈칸·콜럼버스·나폴레옹·뭇솔리니·히틀러·히로히토 등 이들을 다수 집단이 영웅시하는데 소수가 침략자라고 칭하면 정신 이상자가 되어 곤욕을 치르게 되는 다수의 횡포를 감수해야 한다. 따라서 목숨을 보전하려면 거대 세력에 도전할 생각을 거두고 간사한 견공처럼 추종의 꼬리 흔들라는 것이다.

하지만 간혹 소신 있고 용감한 개인이 목숨 걸고 자유 의사를 표하기에 악법의 칼을 휘두르는 획일주의 집단 세력의 부당함이 시정되기도 한다.

어느 시대나 세력 집단이 살육 범죄를 저지르기 위해서는 반드시 무자비한 악법이 먼저 만들어졌다. 백성을 박해·탄압하는 악법의 속성은 대大를 위해 소小의 희생은 지극히 당연하다는 힘의 논리가 성립되고, 개인의 존엄이나 인권은 아예 무시된 채 어느덧 충성과 애국은 호전적 국수주의로 변질, 침략 전쟁도 불사하게 된다.

수단 방법 가리지 않는 군사 문화의 필승必勝은 '무조건 이겨야 하고 이기기만 하면 그만'이라는 변칙變則의 부조리를 낳고, 곳곳에 세력 집단의 권력형 부정·부패·비리가 만연하게 되었다.

모든 법은 인간의 존엄성과 소수 개인의 사상·종교 등의 자유에 기초하여야 하리라.

권력 유지를 위한 비민주·반인륜적 극악 무도한 악법. 절대 권력에 복종케 백성 길들이기 낡은 악법.

개인을 말살하며 무고한 백성을 옭아매고 살해하는 만행법 등 신新오가작통법이 다시는 출현하지 않길 기대한다.

안녕! 폭력 집단, 집단 광기, 폭력 악법—

을 키우고 있었는데, 섭정을 거둔 지 1년 만인 1805년순조 5 1월 영조의 계
비 정순왕후 대왕대비 김씨는 소생 없이 61세로 세상을 떠났다. 그녀는 현
재 경기도 구리시 인창동 소재 동구릉 능역의 원릉元陵에 영조와 함께 쌍
릉으로 묻혔다.

정순왕후는 15세 때 66세의 영조에게 간택되어 죽기 1년 전까지 친정
집안을 위해 정계의 전면에서 권력을 휘두르다 떠났던 것이다.

영조 생존시에는 아버지 김한구의 당파를 협조하여 자신보다 10세 위인
사도세자를 죽음으로 몰아가는 데에 일조했으며, 순조가 즉위한 후에는
친정 집안의 당파인 노론 벽파의 세력 확장을 위해 수많은 천주교도를 학
살했다.

그녀의 권력 전횡은 개혁을 향해 새로운 물결을 받아들이던 조선의 역

사를 퇴보시키는 결과를 초래했던 것이다.

제21대 영조 때의 세계

　1729년 독일, 바흐의 〈마태 수난곡〉 나옴. 1733년 영국, 방적기 발명, 개량~1784. 1736년 청국, 건륭제乾隆帝 즉위~1795. 1738년 이태리, 폼페이 유적 발굴 시작. 1740년 인도, 무굴제국 붕괴 시작. 1740년 오스트리아 계승 전쟁~1748. 1740년 독일, 프리드리히 대왕의《반마키아벨리론》나옴. 1742년 독일 헨델, 〈메시아〉 초연. 1744년 영·불, 제1차 식민지 전쟁~1748. 1749년 독일 괴테 탄생. 1752년 미국, 프랭클린, 전기 피뢰침 발명. 1754년 프랑스, 루소의《인간 불평등론》나옴. 1756년 영·불, 7년전쟁 시작~1763. 1757년 청국, 외국 무역을 광동항廣東港에 한정. 1757년 프랏시의 싸움, 인도에서 영국의 우세 결정됨. 1759년 청국, 터키스탄 정복 병합. 1760년 영국, 산업혁명 시작. 1761년 영국 함대, 마닐라 점령~1763. 1762년 프랑스, 루소의《사회계약론民約論》·《에밀》나옴. 1763년 파리조약英·佛講和으로 북미의 프랑스 식민지 상실. 1765년 영국 와트, 증기기관 개량. 1766년 영국 캐번디시, 수소를 발견. 1768년 영국 쿠크, 제1차 남태평양 탐험을 떠남. 1768년 영국 아크라이트, 수력 방적기 완성. 1769년 영국 쿠크, 뉴질랜드에 도달. 1770년 영국 동부 오스트레일리아 영유를 선언. 1770년 미국 보스턴 학살 사건. 1773년 영국 동인도회사 감독권 강화. 1774년 독일, 괴테의《젊은 베르테르의 슬픔》나옴. 1774년 영국 와트, 증기 기관을 실용화. 1775년 미국, 패트릭 헨리, 버지니아 집회에서 연설 '우리에게 자유를 달라, 아니면 죽음을 달라'. 1775년 프랑스, 보르말셰의 〈세빌리아의 이발사〉 상연.

후비 효의왕후 김씨
孝懿王后 金氏
(1753~1821)

 아들을 낳지 못해 죄인처럼 지낸 김씨

정조의 후비 효의왕후孝懿王后는 청풍淸風 김씨로 좌참찬左參贊에서 영의
정領議政으로 증직된 김시묵金時默의 딸로 1753년영조 29에 태어났다.

1762년영조 38 2월 정조가 11세로 세손일 때 세손빈世孫嬪으로 책봉되어
정조와 가례를 올린 10세의 김씨는 1776년 3월 영조가 죽고 정조가 즉위
하자 왕비가 되었다.

김씨는 효성이 지극하여 시어머니 혜경궁 홍씨를 지성으로 모셔 궁중
에서 감탄하지 않는 이가 없었으며 우애도 극진했다. 성품도 개결介潔하고
사정私情에 흐르지 않아서 사가私家에 내리는 은택恩澤을 매우 경계하였고,
궁중에서 쓰고 남은 재물이 있어도 궁화宮貨는 공물公物이라 하여 사사로
이 사가에 물화를 내린 적이 없었다고 한다. 일생을 검소하게 보낸 효의왕
후에게 여러 차례 존호尊號가 올려졌으나 모두 거절했다.

정조는 영조의 둘째 아들인 장헌세자장조, 사도세자와 혜경궁 홍씨 사이

제22대 정조 가계도

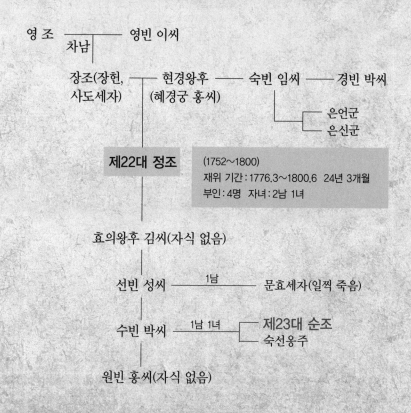

영조 ——차남—— 영빈 이씨

장조(장헌, —— 현경왕후 —— 숙빈 임씨 —— 경빈 박씨
사도세자)   (혜경궁 홍씨)
                                          ┌── 은언군
                                          └── 은신군

제22대 정조   (1752~1800)
                재위 기간 : 1776.3~1800.6 24년 3개월
                부인 : 4명   자녀 : 2남 1녀

효의왕후 김씨(자식 없음)

선빈 성씨 ——1남—— 문효세자(일찍 죽음)

수빈 박씨 ——1남 1녀—┬ **제23대 순조**
                     └ 숙선옹주

원빈 홍씨(자식 없음)

에서 맏아들로 1752년영조 28 9월에 태어났다. 이름은 성으로 1759년영조 35
2월 세손에 책봉되었고, 1762년영조 38 5월 아버지 사도세자가 비극적인 죽
음을 당하자 영조의 맏아들 효장세자후에 진종으로 추존의 후사後嗣가 되었
으며, 1776년영조 52 3월 영조가 승하하자 세손이었던 정조가 25세로 즉위

했다. 이미 세손 때인 지난해 12월부터 대리 청정을 했는데, 아버지인 사도세자가 당쟁에 희생되었듯이 정조도 세손 시절에 갖은 위험 속에서 홍국영 등의 도움으로 생명을 지탱할 수 있었다. 홍국영은 영조 말년 세손의 승명 대리承命代理를 반대하고 모해하던 정후겸·홍인한·홍상간 등을 처형시켰다.

정조는 생부인 사도세자의 죽음으로 인해 당쟁에 극도의 혐오감을 느껴 왕권을 강화하고 체제를 정비하기 위해 영조의 탕평책을 계승, 시행했다.

영조는 이른바 '완론탕평緩論蕩平'이라 하여 당파 간의 병진並進을 추진하다가 노·소론 내의 청류淸流를 자처하는 강경파들의 반대에 부딪치자 노론 내의 온건론자들과 혼인 관계를 통한 지지 관계를 맺으면서 격심한 파당 대립을 일단 수습했으나, 정국 운영에 척신戚臣의 비중을 높이는 결과를 초래했다.

이 척신들이 '남당'이라 칭하면서 청류 세력인 '동당'과 대립했고, 사도세자가 죽은 뒤 세손정조의 보필 임무를 맡은 홍봉한정조의 외조부 등도 척신으로서 '북당'이라 하여 남당과 대립했다. 이렇게 남·북·동당이 정국 구도를 이룬 가운데 정조가 즉위했던 것이다.

1788년정조 12부터 정조는 그간의 양 척신당에 비판을 가해 온 청류를 끌어들여 준론탕평정책峻論蕩平政策을 취했다. 기존의 노론 우위의 정국에 변화를 일으켜 왕권을 강화하려 했던 것이다.

1794년정조 18에 들고 나온 '문체반정文體反政'이라는 문풍文風의 개혁론은 이러한 정치적 상황과도 관련되었던 것이다. 정조가 즉위 초부터 문풍이 세도世道를 반영한다는 전제 아래 문풍 쇄신을 통한 세도의 광정光井:바로잡아 고침을 추구하기도 했지만, 이를 본격적으로 내건 것은 난제를 해결하기 위한 정치 술수였으며, 탕평책의 구체적인 장치였다.

정조는 남인에 뿌리를 둔 실학파와 노론에 기반을 둔 북학파 등 여러

학파의 장점을 수용하고 그 학풍을 특색 있게 장려했다. 일부 실학사상가들이 권력에 접근할 수 있었던 때이기도 했다. 보수 세력의 반대에도 불구하고 남인계 실학자 정약용의 재질과 식견을 높이 평가하여 그를 보호하고 노론계 실학자 박지원朴趾源·박제가 등에 대해서도 그들의 정견政見을 들을 기회를 마련했다.

정조는 학문적으로 남인학파와 친밀했고, 노론 중 진보적인 젊은 자제들이 형성시키고 있던 북학 사상에도 관심을 기울여 북학파의 거장인 박지원의 제자들을 규장각의 검서관에 등용했고, 이들이 주장하던 서얼통청운동庶蘗通淸運動에 부응했다. 또한 당시 중국을 통해 전래되어 정치 쟁점이 되고 있던 서학西學에 대하여 정학正學의 진흥만이 서학의 만연을 막는 길이라는 원칙 아래 유연하게 대처했다.

또 문화의 저변 확산을 꾀하여 중인中人 이하 계층의 위항 문학委巷文學

정조의 건릉

도 적극 지원했다.

정조는 당쟁의 희생물로 비극적인 죽임을 당한 아버지 사도세자의 능을 온갖 정성을 다해 조영하고, 수원에 성城까지 새로이 수축하여 유수경留守京으로 승격시키기도 했다.

정조는 재위 기간 동안 문화 정책의 추진과 건륭乾隆 문화의 수입이 자극제가 되어 조선 시대 후기의 문예 부흥기를 이루는 기초를 만들었다.

정조는 1800년정조 24 6월 개혁 정치가 채 정착되기 전에 49세로 세상을 떠났다.

그는 아버지 사도세자가 묻힌 경기도 화성군 태안면 안녕리 소재 융건릉의 건릉健陵에 묻혔다.

정조의 후비 효의왕후는 정조와 금실이 좋았음에도 그들 나이 26·27세가 되도록 후사가 없었다. 그에 따라 정조는 후궁을 여러 명 거느리게 되었는데, 첫번째는 1778년정조 2 6월 정국을 주도하던 홍국영이 정략적으로 그의 누이를 정조의 후궁에 들이니 그녀가 원빈 홍씨로서 1년 만에 병사했다.

두 번째 들어온 후궁은 판관 윤창윤의 딸 화빈 윤씨로서 정조는 부지런히 그녀를 찾았으나 역시 태기가 없었고, 엉뚱하게도 윤씨의 나인 창녕 성씨에게 마음이 끌려 1782년정조 6 9월 성씨가 왕자를 낳았다. 정조는 이를 기념하는 별시를 실시하여 무과에 2,600명이나 합격시키고 이듬해 2월 성씨를 성빈으로 승격시켰다.

그러나 3세 때 세자로 책봉된 문효세자는 1786년정조 10 5월 5세에 요절하자 그 충격으로 선빈 성씨는 얼마 후 세상을 떠났다. 즉 세 번째 후궁이다.

네 번째 맞은 후궁은 1787년정조 11 2월 좌찬성 박준원朴準源의 딸을 수빈으로 봉했다. 이런 상황에서 왕자를 낳지 못하는 효의왕후는 죄인처럼 지내던 어느 날 임신한 듯이 헛구역질 현상이 나타나 왕실에서는 경사가

정조의 큰아들 문효세자의 효창원

났다고 산실청을 마련하였으나 열 달이 지나도 출산이 없는 상상 임신이
었다. 이러던 중 1790년정조 14 6월 수빈 박씨綏嬪朴氏가 왕자를 낳으니 곧
훗날의 순조純祖였다.

정조가 1800년정조 24 6월 49세로 승하하고 순조가 즉위하자 효의왕후
는 대비가 되어 정조보다 21년 후인 1821년순조 21 3월 소생 없이 69세로
세상을 떠났다. 김씨는 그 해에 시호가 효의孝懿로 추존되었고, 1899년광
무 3에는 선황후宣皇后로 추상되었다.

그녀는 현재 경기도 화성군 태안면 안녕리 소재 융건릉의 건릉健陵에 정
조와 함께 합장되었다.

제22대 정조 때의 세계

1776년 미국, 13주 독립선언. 1778년 러시아 선박船, 일본 북해도에 내항來航. 1779년 영국 쿠크, 하와이에서 피살1728~. 1781년 독일 칸트, 〈순수이성비판〉 지음. 1781년 독일 실러, 〈군도群盜〉를 지음. 1782년 청국, 《사서전고四書全庫》 완성. 1783년 파리조약, 북미합중국의 독립을 승인. 1785년 스페인, 왕립 필리핀회사 창립. 1785년 독일, 모차르트의 가극 〈피가로의 결혼〉 초연. 787년 미국, 합중국 헌법 제정. 1787년 독일 모차르트 〈돈 조반니〉를 씀. 1788년 독일 칸트 〈실천이성비판〉을 지음. 1789년 일본 도쿠가와德川막부, 검약령을 공포. 1789년 미국, 워싱턴, 초대 대통령에 취임. 1789년 프랑스, 대혁명~1795, 인권선언. 1790년 베트남·버마, 청국에 귀속. 1790년 독일 칸트 〈판단력비판〉을 지음. 1791년 프랑스, 미터법을 설정. 1792년 프랑스, 지롱드내각, 오스트리아와 전쟁. 1793년 청국, 백련교白蓮敎의 반란 일어남~1801. 1793년 프랑스, 루이 16세를 처형, 공포정치 시작됨~1794. 1793년 유럽 여러 나라, 제1회 대북동맹 결성. 1794년 프랑스, 로베스피에르 사망, 자코뱅당의 독재 붕괴. 1795년 청국, 건륭제 퇴위하고 인종仁宗 嘉慶즉위, 문화 전성기. 1795년 네덜란드, 바타비아 공화국 세움~1806. 1795년 프랑스, 총재總裁정부 성립~1799. 1796년 영국, 네덜란드로부터 스리랑카 섬을 얻음. 1796년 프랑스, 나폴레옹 전쟁~1815. 1797년 미국, 제2대 존 애덤스 대통령 취임~1801. 1798년 프랑스, 나폴레옹 군, 로마 점령하고 로마공화국 건설. 1798년 프랑스 나폴레옹, 이집트를 원정. 1799년 네덜란드, 동인도회사 해산. 1799년 프랑스 나폴레옹, 브뤼메르 쿠데타에 의해 집권 정부 수립. 1799년 유럽 여러 나라, 제2회 대불 동맹 결성. 1799년 프랑스 볼타, 전지를 발명. 1800년 청국, 백련교주白蓮敎主 피살로 교세 쇠퇴. 1800년 프랑스 나폴레옹, 오스트리아군을 격파.

재위:1800년 7월~1834년 11월

후비 순원왕후 김씨
純元王后　金氏
(1789~1857)

 ## 노론 벽파의 견제 속에 왕비가 된 김씨

순조의 후비 순원왕후純元王后 김씨는 안동安東 김씨인 성균관 지사成均館 知事 김조순金祖淳과 그 부인 심씨 사이의 딸로 1789년정조 13 5월에 태어났다.

1800년정조 24 김씨는 세자빈의 자리를 놓고 초간택과 재간택을 거쳐 삼간택을 앞두었을 때 정조가 갑자기 죽자 삼간택이 연기되었었다. 영조의 계비 정순왕후와 경주 김씨인 외척 김관주와 권유 등의 방해로 위기에 처하기도 했으나, 결국 1802년순조 2 10월 왕비로 책봉되었다. 이때 순조는 13세, 순원왕후는 14세였다.

정조가 죽은 뒤 1801년순조 1 영조의 계비 정순왕후 대왕대비는 대대적으로 천주교도를 학살하여 조정은 완전히 노론의 벽파 중심이 되었고, 순조의 후비가 된 순원왕후의 아버지 김조순은 노론 시파로서 세력이 미약했었다.

그러나 안동 김씨인 김조순은 왕비가 된 딸의 배경을 업고 이후 뛰어난 정치력을 발휘하여 경주 김씨와 풍양 조씨의 수성守城과 도전을 물리치고 안동 김씨의 세도^{世道} 정치 시대를 열게 되었다.

1804년^{순조 4} 1월 영조의 계비 대왕대비 정순왕후가 수렴 청정을 거둠으로써 15세의 순조가 친정을 시작했다.

순조는 정조의 후궁 선빈 성씨가 낳은 문효세자^{文孝世子}가 다섯 살에 요절하는 바람에 후궁 수빈 박씨^{綏嬪 朴氏}가 낳은 둘째 아들로서 1790년^{정조 14} 6월에 태어나 1800년^{정조 24} 정월에 11세로 왕세자로 책봉되었다가 그해 6월 정조가 승하하자 7월에 즉위했었다.

당시 왕실의 최고 어른이었던 영조의 계비 정순왕후가 대왕대비가 되면서 그녀에게 대신들이 수렴 청정을 청하니 대왕대비는 본심과 다르게 일곱 번이나 거절하다가 마지못한 듯이 수락했다.

이때 최고 권력자가 된 대왕대비는 6촌 오라비 김관주^{金觀柱} 등 자파 세력인 노론 벽파를 대거 등용하여 이들은 정조 때 개혁 의지를 키우며 등용되었던 남인과 소론, 그리고 일부 노론의 시파 세력들을 제거하는 데에 심혈을 기울였다.

이들 벽파 세력은 '오가작통법^{五家作統法}'을 실시하여 천주교 탄압에 강경책을 폈는데, 본래 오가작통법은 치안 유지법이었으나 이 법으로 다섯 가구 중에 한 사람이라도 천주교 신자가 있으면 연대 처벌하겠다는 강력한 조치를 내세워 전국적으로 수만 명이 죽었고, 무고하게 죽은 이도 많았다. 이때 죽은 순교자만도 300명이나 되었다.

대왕대비는 벽파의 영의정 심환지와 공서파 대사간 목만중^{睦萬中}을 선봉에 내세워 시파를 말살키 위해 천주교 선구자 이가환·권철신 등을 고문하여 죽였고, 신부 이승훈과 중국 신부 주문모 등도 참형에 처했으며, 주문모에게 세례받은 정조의 이복 동생 은언군과 부인 송씨, 며느리 신씨도 사사시켰고, 정약용·정약전 형제는 유배 보냈다.

이로써 시파인 서학^{西學} 천주교를 대대적으로 박해한 1801년^{순조 1}의 이

제23대 순조 가계도

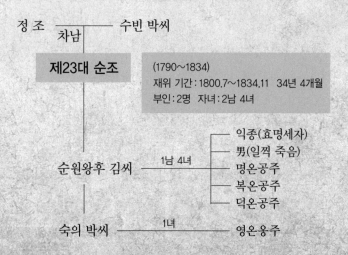

정조 ——— 차남 ——— 수빈 박씨

제23대 순조 (1790~1834)
재위 기간 : 1800.7~1834.11 34년 4개월
부인 : 2명 자녀 : 2남 4녀

순원왕후 김씨 ——— 1남 4녀 ———
 — 익종(효명세자)
 — 男(일찍 죽음)
 — 명온공주
 — 복온공주
 — 덕온공주

숙의 박씨 ——— 1녀 ——— 영온옹주

사건을 '신유사옥辛酉邪獄' 또는 '신유박해辛酉迫害'라 하는데, 이 사건으로
정순왕후는 수렴 청정 1년 만에 노론 벽파 중심의 조정을 세울 수 있었다.
그러나 정순왕후는 시파였던 안동 김씨 김조순의 딸을 순조의 후비로 맞
아들이는 일은 막을 수 없었다. 이때 대왕대비의 6촌 오라비 김관주와 권
유 등의 방해가 있었지만, 1802년순조 2 10월 순원왕후가 14세로 왕비에 책
봉되었다.

 이듬해 대왕대비는 평양부와 함흥부, 그리고 사직악기고, 창덕궁의 선정
전·인정전 외에도 장안에 대화재가 발생해 인심이 흉흉해지자 이 모든 일
이 자신의 탓이 아님을 보이기 위해 선수를 미리 쳐 1804년순조 4 1월 수렴
청정을 거둔다는 하교를 내렸던 것이다.

이렇게 되자 순조의 후비가 된 순원왕후 김씨의 아버지 김조순은 15세의 어린 왕 순조의 국구國舅:임금의 장인로서 자신의 세력을 확장해 나갈 수 있었다.

1805년순조 5 1월 정순왕후가 다시 수렴 청정을 원했으나 관철되지 않자 상심한 끝에 숨졌다. 이제 김조순의 세상이 도래하니 그 동안 세도를 부렸던 벽파는 모조리 제거되고 김조순의 문중인 안동 김씨의 세도 정치의 막이 오르게 되었다.

김조순은 본래 정조 편의 시파계 인물이었으나, 규장각 대교 당시 탕평을 건의하는 등 당색을 드러내지 않는 처신으로 벽파 세상이었던 정순왕후의 수렴 청정 기간에도 살아 남을 수 있었다.

대왕대비가 죽자 그 동안 실권을 잡고 있던 김관주金觀柱는 정조의 뜻을 배신한 죄와 왕비의 삼간택을 방해했던 죄목으로 귀양 가다가 병사했고, 이미 죽은 정순왕후의 오라비 김귀주도 정조를 해치려 한 죄목으로 역적의 율로 다스려졌다.

이로써 영조 때 사도세자까지 죽일 정도로 막강한 권력을 누리던 노론 벽파는 김조순에 의해 몰락되었으며, 2년 후 벽파의 이경신이 다시 시파에 도전했다가 옥사 끝에 죽고, 잔여 벽파 세력도 연루되어 제거됨으로써 이제 김조순에게 도전할 세력은 전무하였다.

벽파가 물러난 조정의 자리에는 김이익金履翼·김이도金履度·김희순金羲淳·김달순金達淳·김명순金明淳 등 안동 김씨 일문으로 채워졌다.

당시 김조순 일파는 최고 권련 기관인 비변사를 통해 실권을 행사하였는데, 비변사는 원래 중종 때 삼포왜란三浦倭亂을 계기로 창설되어 선조 때의 임진왜란과 인조 때의 병자호란을 겪으면서 점차 의정부와 육조의 기능은 물론이고 각 부서의 책임자가 참석하는 제조 회의를 통해 국왕의 가장 중요한 정치적 권한인 관료 임명권마저 장악하였다. 이렇듯 김조순 일가는 왕권까지 제한하는 최고 권력 기관인 비변사까지 장악하여 국정을 농단農斷:간교한 수단으로 이익을 독차지하면서 사실상 왕가 행세를 했다.

이제 안동 김씨 일문이 아니면 출사는 꿈도 꿀 수 없는 상황이 되었고, 조정의 요직은 척신戚臣 세력 일색으로 채워지니 그들을 견제할 세력이 없었다. 견제 세력이 없는 독재 정권은 부패하게 마련이었다.

안동 김씨 일문이 요직에 앉아 가문의 영달을 위해 갖가지 전횡과 뇌물 수수를 일삼으니 공평 인사人事의 기본인 과거 제도가 문란해지고, 벼슬을 팔고 사는 매관 매직이 성행하는가 하면, 정치 기강이 무너지고 왕조 사회의 위기가 도래하게 되었다.

따라서 탐관 오리 등이 횡행하고 백성에 대한 수탈이 심해지자, 곳곳에서 도둑이 날뛰고 백성은 부패한 세상에 불만이 고조되어 가니 농민층의 항거가 일어나지 않을 수 없었다. 백성들의 원성은 안동 김씨들의 세도勢道 정치 때문이라고 이구 동성으로 규탄했다.

세도世道는 원래 '세상을 바르게 다스리는 도리'라는 뜻으로 중종 때 조광조趙光祖와 그 일파들이 내세운 정치 방법이었는데, 정조 초기 홍국영이 정권을 잡으면서 엉뚱하게 변질되어 그야말로 권력을 휘두르는 세도勢道가 되어 버렸던 것이다.

세도 정권은 당쟁 시대와 달리 견제 세력이 없어지니 더욱 독재가 되고, 어느 시대이건 백성은 도탄에 빠질 수밖에 없었다. 또 순조의 생모되는 반남潘南 박씨들도 세도의 한 귀퉁이를 파고들어 영조의 계비였던 정순왕후의 경주 김씨·안동 김씨·반남 박씨 등 씨족 중심의 정치가 엉켜져 나감에 권문 세가의 줄 없이는 누구도 벼슬자리 하나 얻지 못하게 되니, 서로 줄을 얻고자 김씨나 박씨의 문전으로 모여들어 많은 뇌물을 바치고 감투를 쓴 자들은 본전 생각에 재임 기간 동안 최대한 백성들을 갈취하고 권력형 부정·부패·비리가 만연하게 마련이었다. 세도 정권의 성립 초기부터 시작된 농민들의 민란이 전국 각지에서 5차례에 걸쳐 크게 일어난 후 마침내 1811년순조 11 12월 '홍경래洪景來의 난'으로 발전했다.

1780년정조 4 평안도 용강龍岡에서 태어난 홍경래는 원래 양반 출신으로 19세 때 초시初試인 사마시司馬試에 응했으나 서북인이란 이유로 낙방의 고배를 마셨다. 이때부터 방랑 생활을 시작한 홍경래는 21세 때 정조가 승하하고 11세의 순조가 등극하였으나 세상은 더욱 흉흉해지고 탐관 오리의 가렴 주구苛斂誅求:세금을 가혹하게 거두어들이고 무리하게 재물을 빼앗음는 날로 더 심해지자 세상을 뒤집어 보겠다는 결의를 갖게 되었다.

이에 서자 출신이라서 과거에 응할 자격이 없는 선비 우군칙禹君則을 만나면서 거사에 필요한 자금을 모으고, 안동 김씨 일문의 족벌 정치에 불만을 품은 일부 양반들과 유랑 지식인, 서민 지주층과 상인들이 결합되어 '서북인 차별 대우 철폐, 안동 김씨 세도 정권의 가렴 주구 혁파, 임금으로 정도령 추대' 등을 기치로 내세우고 단순한 농민 반란이 아니라 대규모 체제 변혁까지 도모하는 정치적 반란을 꾀했다.

광산 노동자·유민·빈농 들을 봉기군의 중심 부대로 하여 홍경래 스스로 '평서대원수'라 칭하고 각지에 격문을 띄워 출병하니, 거병한 지 열흘만에 관군의 별다른 저항도 받지 않고 가산·정주 등 청천강 이북 10여 개 지역을 점령하는 등 혁혁한 전과를 거두었다. 이들이 성공을 거둘 수 있었던 것은 각 지역에서 지지하는 계층이 그만큼 많았기 때문이었다.

그러나 곧 관군에게 역추격을 당한 봉기군은 세력이 약화되어 정주성으로 후퇴해 들어갔다. 보급로가 끊긴 채 무려 4개월간 관군과 대치하다가 1812년순조 12 4월 마침내 관군이 땅굴을 파서 화약으로 성을 폭파시킴으로써 봉기군이 제압되었는데, 이때 2,000여 명이 참혹하게 학살되고 홍경래도 이미 관군의 총탄을 맞고 전사했다.

조선 왕조에 대한 전면적인 부정과 새로운 정치 체제를 기치로 내걸었던 홍경래의 난은 비록 실패했지만, 당시 조선 사회에 큰 영향을 끼쳤다. 이 난은 농민층의 자각을 가져왔고, 조선 후기 사회의 붕괴를 가속화시킨 사건이었다. 애당초부터 세습 군주 왕조 체제나 일인 치하 당파 운영은 생리상 독재 정국이 될 수밖에 없었고, 이는 국가나 백성의 이익보다 사리 사욕·집단 이기주의의 나라 말아먹는 개판 정국일 수밖에 없었던 당시 썩을 대로 썩은 조선의 병적病的 정치 체제에 대한 개혁 시도의 혁명 사건이었다.

그외에도 제주도의 토호土豪 양제해와 용인의 이응길이 일으킨 민란, 유칠재·홍찬모 등의 흉서凶書 사건, 청주의 괘서掛書 사건 등 크고 작은 민란과 역모 사건이 끊이지 않았으며, 1821년순조 21에는 서부 지방에 크게 번진 전염병으로 10만여 명이 목숨을 잃었고, 잦은 수재 등 천재지변이 끊이지 않았다.

천주교에 대한 박해도 계속되었으나 정순왕후가 섭정 시기였던 노론 벽파 집권기보다는 유화적이었고, 물론 1827년순조 27 두 차례에 걸쳐 천주교인 수백 명이 체포되어 처형 등의 고통을 겪기는 했으나, 1831년 천주교구가 설치될 수 있을 정도였으니 김대왕대비 시대처럼 극단적인 탄압은 없었다.

풍양 조씨 가문과 경쟁한 순원왕후

안동 김씨 일문의 세도 정권에 음양으로 도움을 준 순조의 후비 순원왕후는 21세 때인 1809년순조 9 8월 대통을 이을 왕자를 생산했다. 이 왕자가 효명세자孝明世子로서 정실 왕후의 몸에서 왕자가 태어난 것은 현종 2년 명성왕후가 숙종을 낳은 이래로 처음 있는 왕실의 경사였다. 이는 당연히 안동 김씨 일문의 경사이기도 했다.

이후 중전 김씨는 1남 3녀를 더 낳았으나 둘째 아들은 낳은 지 얼마 안 되어 죽고, 효명세자후일 추존 익종는 4세 때인 1812년순조 12 7월 왕세자로 책봉되었으며, 7년 후인 1819년순조 19 8월 11세 때 12세가 된 풍양 조씨 조만영趙萬永의 딸을 세자빈으로 맞이하였다.

순조는 집권 초기에는 정순왕후를 둘러싼 경주 김씨 일문 아래 있었고, 친정을 시작한 15세 이후로는 장인인 김조순을 위시한 안동 김씨 일문 아래 있었다.

30세가 된 순조 역시 세도 정권의 전횡을 모를 리 없었기에 풍양 조씨 조만영의 딸을 세자빈으로 맞아서 풍양 조씨 일문을 중용하고, 1827년순조 27 2월 19세가 된 효명세자가 국정을 주관하도록 대리 청정을 명하여 안동 김씨의 세도 정권을 견제하고자 했다. 이 해 7월 세자빈 조씨가 헌종憲宗을 낳았다.

효명세자는 우선 장인인 조만영을 훈련대장에 임명함과 동시에 선혜청 제조로 들게 함으로써 자신의 처가에 군사력과 재정 기관의 권한을 부여하고 외조부인 안동 김씨 김조순 일가를 배제시켰다. 아울러 풍양 조씨와 인척 관계의 인물들을 주위에 포진시켰다. 세자의 이런 조치로 풍양 조씨 일문이 조정의 핵심이 되었고, 안동 김씨 가문의 세력들은 점차 정계에서 축출되는 위기에 몰렸다.

그러나 풍양 조씨 집안의 영달은 1830년순조 30 5월 22세의 효명세자가 대리 청정 3년 만에 요절함으로써 막을 내렸다. 순조가 다시 정사를 운영하자 3년 동안 위기에 몰렸던 안동 김씨 일문이 반격을 시도, 다시 집권의 기회를 잡게 되었다. 이들은 효명세자의 대리 청정 때 국정 중심부에서 활약하던 이인부·김노·김노경·홍기섭 등을 4간신이라 칭하며 공격했다.

그런 와중에 1834년순조 34 11월 45세의 순조는 정치적 야심을 펼치지도 못하고 승하했다.

순조의 안동 김씨 세도 정권 견제책은 또 다른 외척 세력인 풍양 조씨 일문의 세도 정권을 만들어 냈을 뿐, 균형과 견제가 형성되는 정계 개편으로 이어지지는 않았다. 이처럼 당시의 세도 정권은 당쟁 대신 반대파가 없는 독재 정권으로서 민생과 사회·국방 문제 등 백성과 국가의 이익은 도외시되고 가문의 영달과 영예만을 추구하는 우를 범하게 되었던 것이다.

승하한 순조는 처음 경기도 파주 장릉 내에 묻혔다가 1856년철종 7 현재의 서울 강남구 내곡동 소재 헌인릉 능역의 인릉仁陵으로 천장되었다.

1834년순조 34 11월 순조가 승하하자 어린 손자 헌종이 8세로 즉위했다. 순조는 아들 효명세자가 22세로 요절했기에 손자로 하여금 왕통을 잇게 하였다. 순조는 승하하면서 안동 김씨 세력을 견제하기 위해 세자빈의 아버지인 조만영에게 손자인 헌종의 보필을 맡겼고, 유촉遺囑:죽은 뒤의 일을 부탁받은 조만영도 헌종의 국정에 적극적으로 참여했다.

그러나 헌종이 너무 어렸기 때문에 순조의 후비 순원왕후 김씨의 수렴 청정이 불가피했다.

순조가 승하하자 왕대비가 되어 수렴 청정을 시작한 김씨는 우선 오라

순조의 아들 효명세자의 수릉

버니 김유근을 훈련대장에 임명하고 조만영을 어영대장으로 옮기게 했다. 이후 1837년헌종 3 3월 김조근金祖根의 딸을 헌종비로 맞아들였는데, 이 효현왕후孝顯王后도 안동 김씨 문중이었다.

헌종의 후비 효현왕후는 헌종보다 한 살 아래인 1828년 3월생으로 10세에 왕비로 책봉되었다. 그러나 헌종비 김씨는 1843년헌종 9 8월 16세로 요절함으로써 순원왕후 김대비의 정권 유지 계획은 빗나가고 있었다.

요절한 효현왕후 김씨는 현재 경기도 구리시 인창동 소재 동구릉 능역의 경릉景陵에 헌종과 나란히 묻혔다.

순조의 후비 순원왕후는 순조의 유촉을 존중하는 풍양 조씨 집안과 협력 관계를 유지하였으나 이는 적어도 안동 김씨 일문의 우세를 우선한 것이었다. 순원왕후는 세도 정치를 유지하기 위해 1839년헌종 5 또다시 대대적인 천주교 박해에 나섰다.

원래 대부분의 천주교 신자들은 정치 체제의 모순을 자각하고 의식이 깨어 정치와 사회 현실에 불만을 가진 세력으로서 이 불만은 당시 지배 계급 세도가들에 대한 비난으로 표출되어졌다.

수차례의 박해 이후 한풀 꺾였던 교세는 재기를 거듭해 1831년순조 31 프랑스의 외방전교회外邦傳敎會가 중국 북경 교구에 속해 있던 조선 교구를 독립시키기에 이르렀고, 1835헌종 1에는 교인 수가 9천 명에 육박하는 등 교세가 급속도로 확장되었다.

이에 위협을 느낀 조정은 1839년 천주교 금압령을 내렸고, 이른바 '기해박해己亥迫害'로 외국인 주교와 신부 2명을 비롯하여 70여 명을 참형하고, 또 다른 신자 60여 명 이상을 처형했다. 이때 피해를 입은 사람들 중 과반수가 부녀자들이었다. 또한 7년 후 1846년헌종 12에는 최초의 조선인 신부 김대건金大建을 처형하기도 했다.

헌종은 기해박해 사건을 계기로 척사 윤음斥邪倫音:邪氣를 배척하는 임금의 말씀을 발표하고 오가작통법을 더욱 강화시켜 천주교를 탄압했다.

이에 앞서 순조의 후비 순원왕후는 수렴 청정을 하면서 세도 정치에 위협하는 세력을 제거함에 있어 풍양 조씨 집안과 협력하였지만 두 집안은 항상 팽팽한 경쟁 관계였다. 그러던 중 순원왕후는 그녀의 오빠 김유근이 죽자 1840년헌종 6 12월 섭정을 거두게 되니 국정은 풍양 조씨 집안에서 주도하게 되었다.

그러나 조씨 가문의 세도도 1841년헌종 7 15세의 헌종이 친정을 시작하여 1849년헌종 15 6월 헌종이 23세에 세상을 떠남으로써 막을 내렸다.

안동 김씨가의 세도에 앞장 선 순원왕후

헌종은 효현왕후 안동 김씨가 16세로 요절하자 이듬해 1844년헌종 10 10월 헌종보다 네 살 적은 열네 살의 남양 홍씨 홍재룡洪在龍의 딸을 계비로 맞아들였다. 1831년순조 31 1월생인 효정왕후孝定王后 홍씨는 혼인한 지 2년이 넘도록 태기가 없자, 순조의 후비 순원왕후는 왕후 홍씨가 병이 있어 잉태를 못하니 후궁을 들이라는 교지를 내렸다.

이때 홍씨는 16세에 불과했기에 조정의 신하들은 의문을 품었고, 이승헌이 "곤전坤殿이 젊으시어 영약을 쓰면 효과가 있을 듯하다"라고 상소하였으나 이를 묵살했다. 그런 뒤 순원왕후는 자신의 친정 일문에서 후궁을 들여 후사 보기를 원했기에 안동 김씨 일문인 주부主簿 김재청의 딸을 후궁으로 맞아들여 '경빈'을 하사했다.

헌종은 경빈 김씨를 지극히 사랑하여 창덕궁에 낙선재樂善齋를 지어주기까지 했다. 역대 왕들이 그랬듯이 혈세인 공금을 멋대로 유용하여 건립한 낙선재는 훗날 고종의 서출 외동딸 덕혜옹주德惠翁主, 영친왕英親王의 비 이방자李方子 여사도 이곳에서 살았다. 헌종은 경빈 김씨 이외에도 숙의 김씨·정빈 파평 윤씨 등의 후궁들을 두었으나 후사를 보지 못했다.

1849년헌종 15 6월 헌종은 잦은 소화 불량과 설사에다 부기浮氣까지 겹쳐 23세로 병사하고 말았다.

헌종은 순조의 손자이며 22세에 요절한 효명세자추존 익종·문조와 풍양 조씨 풍은부원군 조만영의 딸추존 신정왕후 사이에서 1827년순조 27 7월에 태어나 1830년순조 30 9월 왕세손으로 책봉되고 순조가 승하하자 1834년순조 34 11월 8세로 즉위했었다.

헌종이 죽자 조씨 가문의 세력은 약화되었다. 순원왕후는 헌종이 죽던 날 즉시 정권 인수의 차기 주자를 임명하는 민첩함을 보였다. 조정 대신들이 왕통 계승의 교지를 간청하자 순원왕후는 은언군의 손자이자 전계군의 셋째 아들인 원범元範을 임명한다는 하교를 내렸다.

사도세자와 나인 숙빈 임씨의 첫아들둘째는 은신군이자 정조의 이복 동생인 은언군은 상계常溪·풍계豊溪·전계군全溪君 등 3형제를 두었고, 이 중 셋째 전계군에게 원경元慶과 원범元範 두 이복 아들이 있었는데, 김대왕대비가 지목한 인물이 곧 원범이었다.

은언군은 1801년 신유박해 때 그의 처 송씨와 며느리 신씨가 천주교 세례를 받았다 하여 유배지 강화도에서 함께 처형되었다.

그 후 전계군은 강화도에서 나와 한성 경행방慶幸坊에서 살면서 내수사에서 주는 쌀로 생계를 유지했다. 큰아들 원경의 생모는 최씨였고 원범의 생모는 홍재원에서 떡장수를 한 염씨였는데, 아버지 전계군이 죽자 원경과 원범은 원경의 외숙집에 얹혀 살면서 아버지가 신임했던 이원덕과 친하게 지냈다.

1844년헌종 10 8월 이원덕李遠德은 민진용閔晋鏞·최영희 등과 함께 원경을 왕으로 추대하자는 불궤不軌를 도모했으나 모반謀叛 역모가 발각되어 관련 자들은 처형당하고 원경과 원범은 강화도로 다시 쫓겨났다. 얼마 후 원경은 다시 한성으로 압송당해 사사되었고, 고아가 된 원범만 강화도에서 혼자 살고 있었다. 김대비가 추대하려는 이 원범이 바로 강화도령인 철종哲宗이었다.

19세의 농사꾼 원범이 1849년 6월 별안간 김대비의 명을 받고 궁궐로 들어와서 봉영 의식을 행한 뒤 덕완군德完君으로 봉해졌다. 다음 날 창덕궁 희정당熙政堂에서 관례를 행한 후 인정문仁政門에서 왕으로 즉위했다.

　농사꾼에서 왕이 된 철종은 그야말로 안동 김씨가의 꼭두각시 얼굴 마담에 불과했다. 어린 원범이 농사만 짓다 왕이 되었으므로 대왕대비가 된 순원왕후가 자연히 수렴 청정을 하게 되니 헌종 때에 세력을 꽤 떨치던 풍양 조씨 일문을 공격하기 시작했다.

　당시 19세의 헌종의 계비 효정왕후 홍씨는 유명 무실한 대비로 있을 뿐이었고, 순원왕후는 임금의 덕에 누를 끼쳤고 백성의 피폐함을 초래했다는 죄목을 씌워 조병헌을 사사시키기도 했다.

　순원왕후는 1851년철종 2 9월 안동 김씨 일문인 김문근金汶根의 15세된 딸을 철종의 후비로 간택했다. 1837년 3월생인 철인왕후哲仁王后 김씨는 철종보다 여섯 살 아래로 스무 살 때 첫 회임을 했으나 유산했고, 이후에도 왕자를 낳았지만 6개월 만에 죽었다. 그러다가 철종이 1863년철종 14 12월 33세에 승하하니 슬하에 후사를 하나도 두지 못했다.

　철종이 죽은 후 바로 순원왕후는 수렴 청정을 거두고 정치 일선에서 물러났다. 이는 철종의 장인인 김문근이 국정을 대부분 장악하였고, 그의 조카들도 대제학·좌찬성·훈련대장 등 요직을 맡음으로써 안동 김씨 일문으로 채워진 조정이었기에 홀가분하게 물러날 수 있었다.

　순원왕후는 친정 안동 김씨 집안을 권력의 핵심에 올려놓은 후 1857년철종 8 69세로 세상을 떠났다.

　그녀는 현재 서울 강남구 내곡동 소재 헌인릉의 인릉仁陵에 순조와 함께 합장되었다.

　안동 김씨 가문은 순조 1년 신유박해 때부터 천주교를 탄압하며 자신들의 가문에 도전해 오는 세력을 가차없이 제거하면서 헌종과 철종대에

순조, 순원왕후의 인릉

이르기까지 60년간 세도 정권을 유지했다.

　1862년철종 13 7월에는 김순성이 역모 혐의로 처형됐을 때, 왕족 이하전 李夏銓의 이름도 거론됐다는 이유로 사사시켜 버릴 정도였다. 그러나 극에 달했던 안동 김씨 세도 정치 역시 철종이 죽고 대왕대비가 된 헌종의 생모 인 추존 신정왕후 풍양 조씨가 흥선대원군興宣大院君 이하응李昰應과 정치 적으로 결탁함으로써 종말을 고했다.

제23대 순조 때의 세계

　1801년 미국, 제3대 제퍼슨 대통령 취임~1809. 1802년 아미앙 평화조약영·불·스 페인. 1802년 프랑스, 나폴레옹 종신 통령統領이 됨. 1803년 미국 선박, 일본 장기長

崎에 와서 통상을 요구. 1803년 청국, 백련교도의 반란 평정. 1804년 러시아 사절 레자노프, 일본 장기에 입항. 1804년 인도의 무갈제국, 영국의 보호국이 됨. 1804년 프랑스 나폴레옹, 제위帝位에 오름~1814. 1805년 프랑스 나폴레옹, 이탈리아 왕을 겸함. 1805년 트라팔가르의 대해전프랑스 해군 대패. 1805년 유럽 제국諸國 제3회 대불동맹 결성. 1806년 프랑스 나폴레옹, 라인동맹 결성. 1806년 프랑스 나폴레옹, 대륙 봉쇄령을 선포. 1806년 독일, 신성로마제국 멸망. 1807년 미국 풀턴, 기선 발명. 1808년 영국군, 마카오의 포대砲臺 점령, 청국의 항의로 철수. 1808년 독일, 괴테의 《파우스트》 제1부 출판. 1809년 미국 메디슨 대통령 취임~1817. 1809년 이 해 이후, 라틴아메리카 제국諸國의 독립운동 일어남. 1811년 청국, 양인洋人의 내지內地 거류와 포교를 금지. 1811년 파라과이 독립. 1812년 영·미전쟁~1814 1812년 프랑스 나폴레옹, 러시아를 원정, 실패. 1812년 독일 헤겔 《논리학》 출판. 1813년 영국, 동인도회사의 인도 무역 독점권 폐지茶는 제외. 1813년 프랑스 나폴레옹, 라이프치히 전투에서 패배. 1814년 네팔전쟁~1816. 1814년 연합군 파리를 점령. 1814년 프랑스, 나폴레옹 퇴위退位하고 엘바섬에 유배됨. 1814년 프랑스, 루이 18세 즉위~1824. 1814년 빈 열강列國회의 시작됨~1815. 1814년 영국 스티븐슨, 증기기관차 운전 성공. 1815년 청국, 아편 수입 엄금. 1815년 프랑스 나폴레옹, 엘바섬을 탈출했으나 워털루의 패전으로 세인트 헬레나 섬에 유배됨. 1815년 유럽 제국諸國, 신성동맹 체결. 1816년 네덜란드, 자바를 완전 접수. 1816년 영국 사절 애머스트, 청국에 옴. 1816년 아르헨티나 제주諸州, 독립선언. 1817년 미국, 먼로 대통령 취임~1825. 1819년 영국, 싱가폴 영유領有 선언. 1819년 콜롬비아 공화국 세워짐. 1820년 프랑스 암페어, 전자기학의 기초 법칙암페어 법칙 발견. 1821년 그리스 독립전쟁 발발~1829. 1821년 프랑스, 나폴레옹 사망1769~. 1821년 페루와 멕시코 독립. 1822년 브라질, 포르투갈로부터 독립. 1822년 그리스, 터키로부터 독립. 1823년 미국, 몬로주의 선언. 1824년 네덜란드, 인도네시아를 지배. 1824년 제1차 미얀마전쟁~1826. 1824년 멕시코 공화국 성립. 1824년 독일 베토벤 〈제9교향악〉 발표. 1825년 러시아, 데카브리스트의 반란. 1826년 청국, 대만의 황문연黃文潤 반란. 1826년 터키, 그리스 독립군을 격파, 아테네를 점령. 1826년 러시아, 이란과 싸움. 1828년 러시아·터키 전쟁 발발~1829. 1829년 그리스 독립. 1829년 미국, 잭슨 대통령 취임~1837. 1830년 프랑스, 7월혁명. 1830년 프랑스, 알제리아 점령. 1830년 프랑스, 스탕달 《적赤과 흑黑》 출판. 1831년 청국, 영국 상인 단속하고 아편 수입 엄금. 1831년 벨기에 독립 ~1840. 1831년 독일 괴테 〈파우스트〉 완성. 1832년 영국 선거법 개정. 1834년 청국, 영국 선박의 아편 밀매를 엄금.

후비 효현왕후 김씨
孝顯王后 金氏
(1828~1843)

계비 효정왕후 홍씨
孝定王后 洪氏
(1831~1904)

  세도 정치에 희생된 김씨와 홍씨

헌종의 후비 효현왕후孝顯王后 김씨는 안동 김씨 영흥부원군永興府院君 김조근金祖根의 딸로 1828년순조 28 3월에 태어났다.

김씨는 헌종보다 한 살 아래로 10세 때인 1837년헌종 3 3월에 왕비에 책봉되었고, 4년 뒤에 가례를 올렸으며, 왕후가 된 지 2년 만인 1843년헌종 9 8월 소생 없이 16세에 요절했다.

김씨가 왕비로 책봉되었던 것은 안동 김씨인 순조의 후비 순원왕후의 뜻으로 세도 정권 유지의 제물이었던 것이다.

효현왕후가 16세에 병으로 승하하자 1년 후 헌종은 계비 홍씨를 맞아들였다.

계비 효정왕후孝定王后 홍씨는 익풍부원군益豐府院君 홍재룡洪在龍의 딸로 1831년순조 31 1월에 태어나 1844헌종 10 9월 14세로 왕비에 책봉되었다.

헌종은 순조의 손자로서 22세에 요절한 효명세자孝明世子 추존 익종·1899

제24대 헌종 가계도

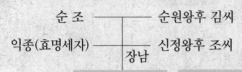

순조 ——————— 순원왕후 김씨

익종(효명세자) ——————— 신정왕후 조씨
　　　　　　　　장남

제24대 헌종　　(1827~1849)
　　　　　　　　　재위 기간 : 1834.11~1849.6　14년 7개월
　　　　　　　　　부인 : 4명　자녀 : 1녀

효현왕후 김씨(자식 없음)

효정왕후 홍씨(자식 없음)

숙의 박씨(1녀 일찍 죽음)

궁인 김씨 ———— 1녀 ———— 女(일찍 죽음)

년 광무 3년 문조로 추존와 풍양 조씨 풍은부원군豊恩府院君 조만영趙萬永의 딸 조씨추존 신정왕후 사이에서 1827년순조 27 7월에 태어나 1830년순조 30 9월에 왕세손으로 책봉되었고, 순조가 승하하자 1834년순조 34 11월 8세로 즉위했다.

헌종의 생모 조비는 1808년순조 8 12월에 태어나 12세 때인 1819년순조 19 8월 왕세자빈으로 책봉되어 1827년에 헌종을 낳았는데 효부라는 칭찬을 받았었다. 1834년 헌종이 즉위하고 죽은 남편 효명세자가 익종翼宗에 추존되자 신정왕후神貞王后에 봉해졌는데, 이때부터 풍양 조씨 일문이 조정의 요직을 차지하면서 세도를 이루게 되었다.

22세에 요절한 효명세자추존 익종·문조에 비해 신정왕후는 83세까지 천수를 누리며 조선 후기의 정국을 주물렀던 여장부였다.

영조의 계비 정순왕후 김씨, 순조의 후비 순원왕후 김씨, 신정왕후 조씨, 고종의 후비 명성황후明成皇后 민씨까지 조선 후기 역사는 이 네 명의 여인들이 정국을 주도했다 해도 과언이 아닐 듯하다.

먼저 정순왕후는 순조 초기에 수렴 청정을 하여 경주 김씨를 세도가의 일문으로 올려놓았고, 순원왕후는 헌종대에 수렴 청정을 실시하면서 헌종이 후사 없이 승하하자 철종으로 왕통을 잇게 한 뒤 수렴 청정을 계속하며 자신의 집안인 안동 김씨의 딸을 철종의 후비철인왕후로 책봉, 세도 권력을 공고히 했다. 순원왕후의 후광을 업은 안동 김씨의 권세야 재론할 필요도 없겠다.

신정왕후 조씨도 권력의 핵심에 섰던 여인으로 1857년철종 8 8월 순조의 후비 순원왕후가 죽자 대왕대비가 되었으며, 1863년철종 14 8월 철종이 후사 없이 죽자 왕실의 권한을 쥐게 되었다.

이때 조대비는 전부터 안동 김씨의 세도 정권에 불만을 품었던 흥선군 이하응興宣君 李昰應과 조카인 조성하趙成夏와 손을 잡고 흥선군의 둘째 아들로 왕위를 잇게 했다. 또한 고종을 아들로 삼아 철종이 아니라 익종문효세자의 뒤를 잇게 했다.

그리고 고종이 즉위하자 1866년고종 3 2월까지 조대비가 수렴 청정을 하였으나 실제 정권은 모두 흥선대원군이 잡도록 했고, 민비가 세력을 잡기 전까지 흥선대원군과 함께 정국을 주도했다.

그 후 조대비가 대거 기용했던 친정 세력들이 잇따른 정변에 희생되어 조씨 가문이 쇠락해지자 슬퍼했고, 이미 쇠약해진 조선이 여러 재난에 시달리게 되니 자신이 죽지 않는 것을 한탄했다고 한다. 신정왕후 조대비는 1890년고종 27 4월 83세로 세상을 떠났다.

조선 왕조 500년 동안 이처럼 연이어 여성이 권력의 선두에 섰던 적은 없었다. 물론 그 전에도 수렴 청정이 실시된 바 있었으나 순조 즉위 이후 1800년부터 영조의 후비 정순왕후(1800~1804), 순조의 후비 순원왕후(1834~1841), 익종의 후비 신정왕후 조씨(1864~1866)까지 거의 70년 간을 여성이 나이 어린 왕의 뒤에 발을 내리고 앉아 정치에 참여했다 함은 특기할 만한 일이었다.

22세의 효명세자추존 익종·문조가 승하하자 1830년순조 30 8월 경종의 의릉서울 성북구 석관동 쪽에 초장했는데, 1846년헌종 12 5월 풍수상 불길하다 하여 양주 용마산 아래로 옮겼다가 다시 1855년철종 6 8월 경기도 구리시 인창동 소재 동구릉 능역의 수릉綏陵으로 천장했다.

1890년고종 27 4월, 신정왕후 조대비가 승하하자 문조의 능에 합장했다.

1834년 11월, 8세의 어린 헌종이 즉위하자 순조의 후비 순원왕후 대왕대비가 수렴 청정을 실시했다. 순조 이후 계속되던 안동 김씨의 세도 정치는 제동 없이 질주하다가 헌종이 15세가 된 1841년헌종 7에야 비로소 친정을 하게 되었다.

그러나 순원왕후 대왕대비가 수렴 청정을 거두었어도 정정하게 건재한 이상 왕후의 집안인 안동 김씨의 세도 정치는 전혀 위축되지 않았다.

어린 왕 헌종에게는 외척들의 세도 정치를 물리치고 국정을 바로잡을 힘이 없었다.

이미 순조 대부터 시작되었던 천주교 탄압은 헌종대에서도 계속 이어져 1838년헌종 4 봄부터 다시 천주교 탄압을 강화하여 이듬해 혹독한 탄압 정책을 펼치니 이른바 '기해박해己亥迫害'로 말미암아 외국인 주교 앵베르, 신부 샤스탕과 모방 외에 유진길·정하상 등 다수가 학살당했는데, 이때 참형당한 신자는 70여 명이었으며, 그외에도 60명 이상의 신자가 더 살해당했다.

안동 김씨 일문의 세도 정권은 이해 11월 천주교를 금한다는 척사 윤음斥邪倫音:사기邪氣를 배척하는 임금의 말씀를 반포하고 오가작통법을 더욱 강화시켜 천주교를 엄금했다. 또한 1846년헌종 12에는 최초의 조선 신부 김대건이 체포되어 사교를 퍼뜨리고 국법을 어겼다는 죄목으로 7월에 새남터에서 효수형에 처해지기도 했다.

순조 이후 계속되는 탄압에도 불구하고 천주교는 점점 넓게 포교되고 있었다. 17세기 후반부터 중국을 거쳐 들어오기 시작했던 서양의 문물과 사상이 초기에는 지식인들의 학문적인 관심에서 출발했으나 18세기 후반 들어 차츰 사상과 종교적인 차원으로 받아들여지기 시작했다. '하늘 아래 모든 사람이 평등하다'는 서학의 사상은 억압받는 백성들의 가슴 속으로 소리 없이 퍼져갔다.

서학은 세도 정치 독재 정권 치하에서 정권 유지에 위협 요소였을 뿐 아니라 세습 족벌 군주 체제와 봉건 계급 사회에 대한 도전 세력이었고, 백성 통치 수단인 우민화愚民化 정책의 저해 요인이었다.

1840년헌종 6 12월 순조의 후비 순원왕후가 수렴 청정을 거두자 안동 김씨의 세력이 다소 위축되면서 풍양 조씨의 세력이 우세해졌다. 풍양 조씨는 헌종의 모후 조대비의 일문으로서, 조대비의 아버지 조만영은 어영대장·훈련대장 등을 역임하면서 그의 동생·조카·아들 등을 요직에 앉혀 근 6년간 풍양 조씨 일문이 현달顯達하더니 일문의 내부 알력과 1846헌종 12 조만영이 죽음으로써 정권은 다시 안동 김씨 일문으로 넘어갔다.

이렇게 양대兩大 일문은 정치 혁신보다는 정권 경쟁에만 급급하여 민생 문제와 사회 문제를 도외시度外視함에 사회적 병리 현상과 모순이 심화되면서 관료들의 부정 부패는 물론이요, 과거 제도와 삼정三政:전정田政·군정軍政·환곡還穀은 문란해질 대로 문란해졌고, 연이은 수재로 백성들은 굶주리고 생활은 극도로 피폐해졌다.

헌종 시대는 17, 18세기부터 시작된 급격한 사회 변화로 농민층의 분해 현상이 이루어지고 있었는데, 이들은 도시나 광산 등지로 흘러들어가 임금 노동자 또는 도시 빈민이 되는가 하면 부농층과 부상富商들이 생겨나면서 천민에서 양민으로, 양민에서 양반으로 신분 상승을 꾀하는 일에 혈안이 되었고, 벼슬아치들의 문전에는 매관 매직 무리들로 들끓었다.

이렇게 조선 사회의 신분 질서와 봉건 제도의 붕괴 조짐으로 이어지는 불안한 정국에서 썩은 정치에 으레 수반되는 빈부 격차는 갈수록 심화되고 민심이 이반되는 틈을 타서 두 차례 모반 사건이 발생했다. 헌종 2년 남응중南膺中의 모반과 헌종 10년 민진용閔晉鏞의 옥이 그것이었다.

1836년헌종 2 충청도에 내려가 있던 남응중은 남경중·남공언 등과 모의하여 정조의 이복 동생이자 사도세자의 서출인 은언군의 손자 원경을 왕으로 추대하고 자신은 도총집, 남경중을 좌총집으로 하여 청주성을 점령한다는 계획을 세웠으나 지방 이속吏屬의 고변으로 거사가 발각되어 능지처참당하고 계획은 무산되고 말았다.

1844년헌종 10에 있었던 민진용의 역모는 안동 김씨 세도가 풍양 조씨 일문으로 넘어가는 권력의 공백기에 발생한 사건으로 의원醫員 출신인 민진용은 그의 탁월한 의술로 이원덕·최영희·박순수·박시응 등을 포섭해 정조의 이복 동생 은언군의 손자 원경을 왕으로 추대하고 하급 무관들을 동지로 규합한 후 거사 계획을 관철하려 했으나 이 역시 사전에 발각되어 관련 주모자들은 능지 처참을 당하고 은언군의 손자 원경도 사사되었고, 동생인 원범강화도령은 고아가 된 채 홀로 강화도에 남게 되었다.

앞서 남응중의 모반이 실패된 후 1837년헌종 3 3월에 안동 김씨 김조근의 딸이 효원왕후에 책봉되었으나 6년 후인 1843년헌종 9 8월에 16세로 소생 없이 승하하고 이듬해 1844년헌종 10 8월에 민진용의 역모가 실패된 후 그 해 10월 홍재룡의 딸이 헌종의 계비로 효정왕후에 책봉되었다.

이 계비 홍씨 역시 16세 때에도 회임을 못하자 순조의 후비 순원왕후는 1847년헌종 13 10월 교지를 내려 김재청의 딸을 후궁으로 맞아들여 '경빈'

을 하사했다.

안동 김씨 일문인 경빈 김씨를 지극히 총애한 헌종은 역대 왕들의 행습行習:몸에 밴 버릇대로 백성의 혈세인 공금을 멋대로 유용하여 낙선재를 지어 주기까지 했다. 낙선재는 후일 고종의 서출 덕혜옹주와 영친왕비 이방자 여사의 거처였다.

헌종 시대는 내우외환으로 후기 조선 사회의 붕괴 조짐이 드러나던 시기였다. 헌종 11년에는 영국 군함이, 헌종 2년에는 천주교 탄압을 구실로 프랑스 군함들이 들어와 조정을 긴장 상태에 몰아넣기도 했다. 헌종 14년에는 이양선들이 남해·서해·동해 등지에 출몰하였으나 국제 정세나 주변 정세에 어두웠던 조정에서는 서구 열강들의 위협에 별다른 방책도 세우지 않은 채 권력의 장악에만 골몰하고 있었다.

헌종도 국고를 낭비하며 많은 후궁들을 두었으나 후사를 보지 못한 채 1849년헌종 15 6월 23세에 병사하고 말았다.

14년의 재위 기간 중 수렴 청정 6년을 제하면 8년의 친정 기간을 갖었던 헌종은 끝내 세도 정권의 그늘에서 헤어나지 못했다.

정권 장악에 혈안이었던 안동 김씨와 풍양 조씨 일문의 권력 투쟁에 휘말려 적절한 민생 안정책도 세우지 못한 헌종은 급변하는 국내외 정세를 제대로 읽지 못하는 정치력 부족으로 별다른 대응이나 대비도 못 한 채 짧은 생을 마감했다.

헌종은 현재 경기도 구리시 인창동 소재 동구릉 능역의 경릉景陵에 먼저 승하한 효현왕후와 나란히 묻혔고, 훗날 1904년광무 8 1월에 73세로 후사 없이 승하한 계비 효정왕후 홍씨도 같은 경릉의 효현왕후 옆에 묻히게 된다.

경릉景陵은 동구릉東九陵의 아홉 번째 능이며, 가장 나중에 조영된 능은 수릉이지만 동구릉을 재위 순으로 보면,

헌종, 효현왕후, 효정왕후의 경릉

① 제1대 태조의 건원릉健元陵,

② 제5대 문종과 현덕왕후의 현릉顯陵,

③ 제14대 선조와 의인왕후·계비 인목왕후의 목릉穆陵,

④ 제16대 인조 계비 장렬왕후의 휘릉徽陵,

⑤ 제18대 현종과 명성왕후의 숭릉崇陵,

⑥ 제20대 경종의 후비 단의왕후의 혜릉惠陵,

⑦ 제21대 영조와 계비 정순왕후의 원릉元陵,

⑧ 추존 문조효명세자와 신정왕후의 수릉綏陵,

⑨ 제24대 헌종과 효현왕후·계비 효정왕후의 경릉景陵 순서가 된다.

인간만사 새옹지마塞翁之馬, 부질없는 권력을 휘두르고 영욕榮辱의 세월을 살다 간 왕족들—인생무상·제행무상諸行無常하니 모든 것은 덧없이 유전流轉하고 마는 것을 그렇게도 극성스럽게 욕심들을 부렸더란 말인가?

잘났다는 딱한 위인爲人들이여, 답답하고 한스럽도다. 억척 떨어도 누구나 죽음과 함께 살고 있음을, 끝내는 한줌 흙으로 돌아가고 마는 것을……

제24대 헌종 때의 세계

1835년 미국 모스, 유선전신기 발명. 1837년 영국 선박 모리스호, 일본 포하浦賀에 입항. 1837년 청국, 영국인의 아편 34,000 상자 밀수. 1837년 영국, 빅토리아 여왕 즉위~1901. 1839년 청국, 영국인 소유 아편 2만 상자 압수. 1839년 청국, 영국 선박 출입을 금지. 1839년 동인도군, 아프간전쟁에서 가즈니·카불 점령. 1839년 터키, 이집트와 싸움~1840. 1840년 청·영, 아편전쟁 발발~1842. 1840년 영국, 뉴질랜드를 정식 영유領有. 1841년 미국, W.H 해리슨 대통령 취임. 1842년 아편전쟁의 처리로 청·영, 남경조약 체결. 치외법권 인정. 홍콩을 할양割讓. 1844년 미국, 모스에 의한 전신, 워싱턴과 볼티모어 간에 개통. 1844년 프랑스 뒤마, 〈몬테 크리스토 백작〉 씀. 1845년 미국, J·K. 포크 대통령 취임~1849. 1846년 미국·멕시코 전쟁 발발~1848. 1848년 프랑스, 2월 혁명. 1848년 독일 마르크스·엥겔스 '공산당 선언'. 1848년 독일 3월 혁명. 1849년 미국, 하와이 왕과 화친통상조약 체결. 1849년 미국, 테일러 대통령에 취임~1853.

후비 철인왕후 김씨
哲仁王后　金氏
(1837~1878)

 농사꾼 강화도령의 왕비가 된 김씨

철종의 후비 철인왕후哲仁王后는 안동 김씨 영돈녕부사領敦寧府事 영은부원군永恩府院君 김문근金汶根의 딸로 1837년헌종 3 3월에 태어났다.

철인왕후는 1851년철종 2 9월 15세에 왕비로 책봉되어 1858년철종 9 10월 원자를 낳았으나 6개월 만에 죽었다.

철인왕후가 왕비가 된 이후 안동 김씨의 세도는 하늘을 찌를 듯 절정에 달했고 1863년고종 1 고종이 즉위하자 왕대비가 되었다. 김씨가 왕비로 책봉된 배경에는 순조의 후비인 순원왕후와 실권을 쥔 안동 김씨 일문의 입김이 작용했던 것이다.

순조 때부터 시작된 안동 김씨의 세도 정치는 헌종대를 거쳐 철종 시대에는 절정기였으며, 이로 인한 탐관 오리들의 전횡으로 삼정三政의 문란이 극에 달해 백성들의 생활이 도탄에 빠져 있었다.

순조의 후비 순원왕후는 손자인 헌종이 후사 없이 죽자 며느리인 조대

제25대 철종 가계도

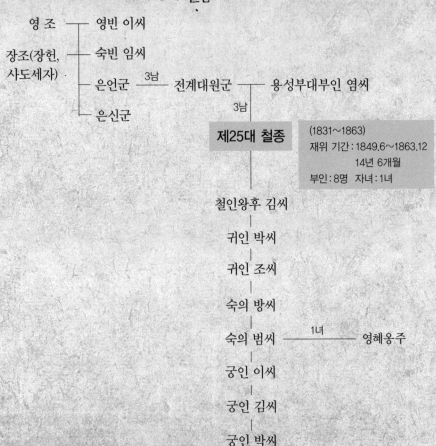

영조 ——— 영빈 이씨

장조(장헌, ——— 숙빈 임씨
사도세자)

┌─ 은언군 ——3남── 전계대원군 ——— 용성부대부인 염씨
└─ 은신군

3남

제25대 철종 (1831~1863)
재위 기간 : 1849.6~1863.12
14년 6개월
부인 : 8명 자녀 : 1녀

철인왕후 김씨

귀인 박씨

귀인 조씨

숙의 방씨

숙의 범씨 ——1녀── 영혜옹주

궁인 이씨

궁인 김씨

궁인 박씨

비의 가문인 풍양 조씨 일파가 왕을 세울 것을 염려하여 민첩하게 대처했다. 당시 헌종의 6촌 이내에 드는 왕족이 없었고 7촌 이상 왕족만 몇 명 있었는데, 후계 왕은 본래 항렬로 따져 선왕의 동생이나 조카뻘이 되는 자로 왕통을 잇게 함이 원칙이었다. 이는 종묘에서 선왕에게 제사를 올릴 때

항렬이 높은 이가 항렬이 낮은 이에게 제사를 올리게 해서는 안 된다는 법도 때문이었다.

그러나 안동 김씨 척족戚族들은 그들의 권력 유지와 지위를 공고히 하기 위해서는 헌종의 7촌 아저씨뻘이 되는 '강화도령' 원범元範이 최적하다고 판단했다. 권력 유지에 혈안이 된 안동 김씨 척족들은 왕가의 법도쯤이야 쉽게 무시해 버렸다.

철종은 정조의 이복 동생인 은언군恩彦君의 손자이며, 전계대원군全溪大院君 이광李㼅과 용성부대부인 염씨用城府大夫人廉氏의 둘째 아들로 1831년순조 31 6월에 태어났다.

사도세자와 나인 숙빈 임씨淑嬪林氏의 첫아들둘째는 은신군인 은언군은 상계常溪·풍계豊溪·전계군全溪君 등 3형제를 두었으며, 이 중 셋째 전계군에게 원경과 경응, 셋째 아들 원범이 있었는데, 순원왕후가 지목한 원범이 곧 철종이었다원범의 둘째 형 경응은 병사했는지 기록 미상.

영조의 아들인 사도세자가 죽고 정조가 세손이 되자 사도세자를 죽음으로 몰아넣었던 세력들이 정조가 왕위에 오르면 자기들이 보복당할 것을 우려해 새 왕자를 추대하려는 음모를 꾸몄으나 이 일이 발각되자 정조의 이복 동생이며 사도세자와 나인 빙애의 아들인 은전군은 자결하고, 사도세자와 숙빈 임씨의 아들인 은언군은 제주도에 유배되었다가 강화도로 옮겼다.

은언군의 큰아들 상계군은 모반죄로 몰려 강화도에 유배되었다가 1786년정조 10 처형되었고, 1801년순조 1의 신유박해로 주문모 신부가 처형될 때 은언군은 그의 아내 송씨와 며느리 신씨도 천주교 세례를 받았다 하여 유배지 강화도에서 함께 처형되었다.

1844년헌종 10 원범철종의 아버지 전계군과 친했던 이원덕은 민진용·이영희 등과 함께 원범의 형 원경을 왕으로 옹립하려는 모반을 꾸미다 발각되어 역모자들은 처형당하고 원경과 원범은 강화도로 유배되어 살게 되니 이때 원범은 열네 살이었으며, 원경은 바로 한성으로 다시 압송되어 사사되었다.

모반에 연루되어 몰락한 왕족으로서 고아가 되어 강화도에서 농사 짓고 살던 19세의 강화도령 원범이 1849년 6월 별안간 대왕대비의 명을 받아 왕이 되었으므로 순조의 후비 순원왕후가 수렴 청정을 하게 되니 철종^{원범}은 꼭두각시 얼굴 마담에 불과할 뿐 안동 김씨의 세도가 더욱 기승을 부리게 되었다. 게다가 1851년^{철종 2} 대왕대비의 근친인 김문근의 딸을 왕비로 맞았으니 김문근이 국구國舅로서 순조 때부터 시작되었던 안동 김씨의 세도 정치는 막강하게 되었고, 이듬해 1851년^{철종 2} 12월 대왕대비가 수렴 청정을 거두고 철종의 친정이 시작되었어도 정권은 역시 안동 김씨 일문이 장악했다.

철종은 세도 정권의 막강한 세력과 독단 앞에서 자신의 뜻을 펼 수 없었던 불우한 왕이었다. 짧은 학문과 얕은 경륜에 대한 자격지심으로 막강한 세력에 위축되었던 철종은 안동 김씨의 세도 정치 기승 속에서도 민생의 구제에 애정과 성의를 보였으며, 철종 말기에 일어난 민란의 수습과 삼정三政의 문란을 잡기 위해 노력을 아끼지 않았다.

1851년^{철종 2} 철종의 장인이 된 김문근은 철종을 보필한다는 평계로 대부분의 국사를 장악하고 그의 조카인 김병학金炳學을 대제학에, 김병국金炳國이 훈련대장을 맡게 하였으며, 김병기金炳冀는 좌찬성 요직을 차지함으로써 조정을 완전 장악했다.

이처럼 정치적 견제 세력이 없는 상황에서 삼정의 문란으로 나타나는 수탈 정책은 절정을 이루었다. 모든 입법은 안동 김씨 일파의 손에서 좌우되고 뇌물 수수는 물론 벼슬을 사고 파는 매관 매직이 공공연하게 성행했었다. 관직을 산 수령守令들은 백성들을 착취하여 벌충했으며, 수령의 부정에 편승한 아전들의 횡포는 결국 백성들의 고혈膏血을 짜는 것이었다.

천도교 교주 최제우(1824~64)
동학을 포도한 지 5년 만에
사도난정의 죄목으로 참형되었다.

　도학道學을 논해야 할 서원書院은 세도 정치의 외형적인 지주로서 노론 측 당론의 소굴이 되었으며, 불법적인 수세권收稅權을 발동하여 백성을 괴롭히고 착취를 일삼았다. 또한 무관의 자제들은 오로지 가문의 덕을 입어 벼슬길에 오르기도 했다.

　그 무렵 상갓집 개 주정뱅이로 파락호破落戶처럼 위장하며 살던 홍선군 이하응후일 고종의 아버지은 절치부심切?腐心 권력의 야심을 키워갔으나 더러운 세상에 혐오를 느낀 김삿갓김병연 같은 이는 문전 걸식을 하며 방랑 생활을 하기도 했다.

　반 세기 이상의 안동 김씨 시파계 일문의 독재는 세도 정치의 온갖 병폐를 드러냈고, 그들의 전횡으로 탐관 오리가 득실거리는 삼정三政:전정·군정·

환곡이 문란해짐에 따라 백성들의 생활은 도탄에 빠지게 되었다.

1862년철종 13 2월 마침내 탐관 오리의 학정에 반발하여 진주에서의 민란을 시발로 전국적으로 민란이 일어나기 시작했다. 이에 철종은 이 해 5월에 삼정이정청三政釐整廳이라는 특별 기구를 두고 삼정 구폐三政救弊를 위한 정책을 시행하게 하는 등 민란 수습에 전력했다. 그러나 뿌리 깊은 안동 김씨의 세도를 벗어나지 못해 뜻대로 정치를 펴나갈 수 없었다.

이 무렵, 최제우崔濟愚가 동학東學을 창조하여 사상 운동을 일으키자 1862년철종 13 9월 1차 체포되었다가 방면된 후 1863철종 14 11월에 다시 체포되어 이듬해 1864년고종 1 3월 대구 감영에서 사도난정邪道亂政의 죄목을 씌워 효수형에 처했다. 절대 권력과 공권력에 무조건 충성과 복종을 강요했던 당시는 동학도 서학과 같이 민심을 현혹시킨다 하여 나라가 금하는

주) * 시인 김삿갓의 독설毒舌 : 김삿갓〈金炳淵 1807년순조7~1863년철종14〉은 꼴불견 세상을 비웃으며 위선 덩어리 인간들을 풍자와 해학으로 질타했다. 하루는 그가 이른 아침 어느 서당에 추위를 피하려고 갔더니 서당 훈장이 거만하게 거들먹거리며 그를 박대하는 것이었다.
슬그머니 화가 치민 그는 지그시 눈을 감더니 지필묵을 꺼냈다.

　　　書堂乃早至 先生來不謁 서당내조지 선생내불알
　　　房中皆尊物 學生諸未十 방중개존물 학생제미십
　　　아침 일찍 서당에 와 보니
　　　선생은 내다보지도 않도다
　　　방 안에는 모두 귀한 물건만 있으나
　　　학생은 모두 합해 열 명이 되지 못하는구나

서당 훈장을 비웃는 야유의 한시漢詩였으나 한자음을 소리대로 읽을 때 노골적인 욕설이었다. 이처럼 김삿갓은 가혹하고 추악한 세정을 조롱했고, 소탐대실小貪大失 약다 못해 어리석게 탐욕스런 소인배小人輩들을 마음껏 비웃으며 각박하고 오만 방자하게 썩은 양반들과 역겨운 세상을 시와 막걸리로 풀고 다녔다. 그는 세도 정치 제1 가문인 안동 김씨의 후손으로 태어났으나, 평안도 선천 지방 부사였던 조부 김익순의 홍경래 반란군 진압 포기 및 항복에 대한 탄핵 비난 과오를 속죄코자 방랑 생활을 시작했다. 속되고 더러운 세상이 보기 싫어 항상 큰 삿갓을 눌러 쓰고 다녔던 그는 부정 부패·경제 파탄·빈부 격차를 초래한 권위적 관료주의 체제를 거부하며, 고통의 방랑 끝에 57세로 타계했다.

철종과 철인왕후의 예릉

종교였다.

이렇게 안동 김씨 세도 정권은 그들에 도전할 만한 다른 정치 세력을 원천적으로 봉쇄했다. 뿐만 아니라 왕족 중에서도 자신들의 권력에 위협이 될 만한 자가 있으면 가차없이 처단했는데, 1862년철종 13 왕족 이하전李夏銓의 죽음이 그것이었다. 당시 철종은 세도가의 첩자들이 온 궁중에 잠복했을 것으로 믿고 자칫하면 자신의 목숨이 위태롭다는 것을 감지하고 있었다.

이렇듯 계속되는 안동 김씨 일파의 세도 전횡에 철종은 마땅히 대항할 방법이 없자 자연히 국사를 등한히하고 술과 궁녀들을 가까이했다. 밤이면 밤마다 후궁들의 육욕肉慾에 시달려 이미 몸이 무척 상해 있었다.

주색에 빠지게 되자 본래 건강체였던 철종은 폐병으로 각혈까지 하며 급속도로 쇠약해져 1863년철종 14 12월 33세로 죽고 말았다. 혈육으로는 숙의 범씨淑儀 范氏 소생의 영혜옹주永惠翁主가 있어 박영효朴泳孝에게 출가

했을 뿐이었다.

철종은 현재 경기도 고양시 원당동 소재 서삼릉 능역의 예릉睿陵에 묻혔다.

철종의 후비 철인왕후도 처음에는 착하고 아름다운 아내였지만 1857년철종 8 순조의 후비 순원왕후가 승하한 이후부터 1863년철종 14에 죽은 탐욕스런 아버지 김문근과 안동 김씨 친정의 권세 유지를 위해 안달하면서 가뜩이나 남의 등에 엎혀 오른 용상이 불만인 철종에게 친정 문중을 위해서만 주청을 거듭하여 어심御心을 괴롭히고, 이윽고는 철종의 발길을 후궁으로 향하게 했던 것이다.

삶의 의욕마저 잃은 채 만사를 귀찮아했던 철종은 역부족에 대한 울화를 풀기 위해, 엄하던 순원왕후가 승하하자 엉뚱한 곳에서 그간 쌓였던 불만과 부자유를 해소하였다.

차라리 왕이 되지 않고 농사꾼으로 살았더라면 철종은 건강하게 장수했을 것을, 비운의 왕 철종은 부질없고 덧없는 영화를 누리다 짧은 인생을 그렇게 떠났던 것이다.

철인왕후는 철종이 죽은 지 15년 후인 1878년고종 15 5월 소생 없이 42세로 승하했다.

철인왕후도 철종이 묻힌 서삼릉 능역의 예릉에 나란히 묻혔다.

삼정三政의 문란과 민란

철종 연간年間은 지배층에 의한 농민 수탈의 절정기였다. 농민 수탈은 삼정三政:전정·군정·환곡의 문란으로 요약된다.

전정田政은 토지세에 대한 징수로서 본래 토지 1결당 전세 4두~6두로 정해진 것보다 훨씬 부가세가 많았다. 소유자인 지주층이 물게 되어 있었으나 경상·전라 지방은 땅을 빌려 농사 짓는 농민들이 모두 물고 있었다.

게다가 아전들의 농간으로 허복許ト·방결防結·도결都結 등이 겹쳐서 전정의 문란은 고질화되었다.

군정軍政은 균역법의 실시로 군포軍布 부담이 줄긴 했지만 양반층의 증가와 군역軍役 부담에서 벗어난 양민의 증가로 인해 계속 가난한 농민에게만 부담이 가중되었다. 정부에서는 고을의 형세形勢에 따라 차등을 두어 군포를 부과하기 때문에 지방관은 그 목표량을 채우기 위해 죽은 사람에게 군포를 부과하는 백골징포나 어린아이에게 부과하는 황구첨정黃口簽丁: 병역 적령에 이르지 못한 젖먹이마저 군적에 올려 군포를 징수한 횡포 등을 강행했다.

환곡還穀은 본래 양민이 관에서 이자 없이 차용하는 곡식인데, 여기에 비싼 이자를 붙이거나 환곡의 양을 속여서 추수기에 거두어들일 때 골탕을 먹이는 등의 수법을 자행해 농민의 생활을 파탄으로 몰아넣는 관리들이 비일비재했다.

이러한 일들은 세도 정권의 공공연한 매관 매직을 통한 관기官紀의 문란과 함께 세도 정권을 뒷받침했던 지방 토호 세력의 횡포하에 빚어진 일이었다. 이처럼 삼정의 문란으로 백성들이 부담하는 토지세가 가중됨에 따라 결국은 민란의 동기가 되었다.

당시 백성을 착취할 수 있는 특혜를 받은 토호 세력은 이들을 비호해준 세도 정권의 권력층에 뇌물을 바치는 이른바 '정경유착政經癒着'이 성행함에 힘이 없는 백성의 생활은 더욱 피폐해졌다.

1862년철종 13 마침내 단성을 시작으로 진주에서 폭발한 민란은 경상·충청·전라·황해·함경·경기 광주 등 전국에서 무려 37차례에 걸쳐 거세게 일어났다. 천 명에서 수만 명에 이르는 규모로 전국 각지의 농민들이 악정惡政에 대항하여 민란에 참가했다.

당시 국가 재정의 적자에 따른 세수 증가에 비례하여 관리들의 수탈도 크게 늘어 농촌 사회는 피폐해질 대로 피폐해져 있었기에 농민들은 집과 농지를 버리고 떠도는 유민이되거나 유민 직전에 관에 항의하는 식으로 봉기했다.

이 해 임술년의 '임술민란'의 도화선은 2월에 일어난 '진주민란'이었다.

진주민란의 봉기 계기는 경상우병사 백낙신白樂信의 탐학貪虐과 착취에 있었는데, 그는 최근 몇 년 동안 착취한 돈만도 5만 냥에 달할 정도로 엄청난 부정 축재를 했다. 당시 지방 관리들이 부정하게 축낸 공전이나 군포 등을 보충하기 위해 그것을 모두 결세結稅:토지세에 부가시켜 해결하려 했고 모자란 환곡도 엄청나니 그것도 농민들의 부담으로 가중될 처지였다.

이에 농민 봉기군들은 스스로 초군樵軍:나무꾼이라 칭하면서 머리에 흰 띠를 두르고 수만 명이 진주성으로 처들어갔다. 당황한 우병사 백낙신은 환곡과 도결의 폐단을 시정할 것을 약속했으나 농민군은 그를 붙잡고 죄를 추궁하는 한편, 악질적인 아전 몇 명을 죽이고 원한을 샀던 악질 토호의 집을 불태웠다. 6일 간의 진주민란으로 120여 호의 집이 파괴되고 재물 손실도 엄청났다.

춘궁기인 3월에서 5월 사이에 집중되어 봉기한 농민들은 한결같이 관리들의 횡포와 경제적 수탈을 막고 삼정의 폐해를 거두어줄 것을 요구했다.

핍박받던 농민군은 관아를 습격하여 수탈의 원흉인 관리와 아전들을 처단하고 창고를 탈취하였다. 또한 관리와 결탁해 농민을 못 살게 굴던 양반과 토호의 집을 때려부수고 착취해 둔 곡식과 재화를 탈취하는가 하면 죄수들을 풀어주기도 했다. 임술 민란으로 살해된 지방 이속이 15명 이상, 부상자는 수백 명에 이르렀고 불타거나 파괴된 가옥이 1천 호, 피해 액수는 100만 냥을 넘었다.

이에 조정에서는 긴급 대책으로 선무사와 안핵사를 파견하여 난을 수습하고 민심을 진정시키도록 하는 한편, 봉기 지역의 수령을 파직시켰다. 그 해 5월 조정에서는 '삼정이정청'을 설치하여 민란의 원인인 '삼정구폐三政救弊

'를 위한 정책을 펴 민심 수습에 나섰으나 10월에 다시 이 업무가 비변사로 넘어감에 농민군이 바라던 근본적인 제도의 개혁은 이루어지지 않은 채 이후에도 제주·함흥·창원·황주·천안·남해 등지에서 계속 항쟁이 이어졌다.

동학東學의 탄생

삼정의 문란으로 민생이 도탄에 빠지고 전국적으로 농민의 반란이 일어나던 시기에 외국 이양선의 출몰과 천주교의 전래로 왕조 질서가 흔들리던 상황에서 그에 대응할 만한 사상으로 일어난 것이 동학이었다.

민생은 뒷전이고 세도가들의 손에 좌우되던 왕조 정권에 실망한 백성들에게 인간 평등과 존중의 길을 제시한 동학이 출현하자 그것은 영호남 지방을 중심으로 급속히 확산되기 시작했다.

동학은 1860년철종 11 4월 최제우가 창도한 종교로서 그 교지가 시천주侍天主 신앙에 기초하면서도 보국안민輔國安民과 광제창생匡濟蒼生을 내세운 점에서 민족적이며 사회적인 종교라 할 수 있었다.

동학이라는 명칭은 교조教祖 최제우가 서학인 천주교에 대응하여 동방의 도를 일으킨다는 뜻으로 명명한 것이며, 1905년고종 42, 광무 9 3대 교주 손병희孫秉熙에 의해서 천도교天道教로 개칭되었다.

창도 당시의 동학은 시천주侍天主 신앙을 중심으로 모든 백성이 '내 몸에 한울님을 모시는' 입신에 의해 군자가 되고 나아가 보국안민의 주체가 될 수 있다는 나라 구제 신앙이었으나 2대 교주 최시형 때에는 '사람 섬기기를 한울같이 한다'는 사인여천事人如天의 교지로 발전하게 되는데, 이는 인간뿐만 아니라 모든 산천 초목에도 한울님이 내재한다고 보는 범천론적汎天論的 사상으로서, 백성들의 마음을 사로잡았다. 3대 교주 손병희에 이르러서는 '사람이 곧 한울'이라는 '인내천人乃天 사상'을 교지로 선포했다.

동학이 핍박받던 서민층의 반왕조적 민심을 기반으로 하여 사회적 운동이자 종교로 대두된 데에는 나라의 시운時運이 다하였다는 말세관과 변동기의 사회 불안이 크게 작용했다. 당시 양반 사회의 신분 차별과 적서嫡庶차별을 반대하던 서민층에서는 신분 평등을 주장하는 동학에 대해 공명하는 자가 많았던 것은 당연한 귀결이었다. 최제우 자신도 몰락 양반가의 서출로 태어났으니 그러한 교리가 세워진 것은 당연한 일이었다.

그는 1824년순조 24 몰락 양반 가문 경주 최씨의 서자로 태어나 젊은 시절 의술·복술 등 다방면에 관심을 갖다가 세상의 혼란은 바로 천명天命을 거역하기 때문에 생긴 것임을 깨닫고 1856년철종 7 천성산에서부터 구도求道를 시작하여 1859년철종 10 구미산에서도 수도修道가 계속되었다. 그가 파악한 당시의 사회상은 왕조의 기운이 쇠하여 개벽이 필요한 말세라는 것이었다.

바로 이와 같은 위기 의식에서 서학과 서교西敎에 대응하는 동학이라는 새로운 도道를 제창하게 되었고, 1860년철종 11 4月부터 득도得道 체험을 바탕으로 도를 닦는 순서와 방법을 만들어 1861년철종 12부터 본격적으로 새로운 신앙을 포교하기 시작했다. 그의 고향인 경주 일대를 중심으로 신도가 많이 형성되기 시작했다.

동학은 기성 종교로서 폐쇄적이고 봉건적인 유교와 불교의 쇠운설을 주장하는가 하면, 유교 성리학 사상을 비판적으로 흡수했다. 그는 서민들이 수학 기간을 거치지 않고도 입도한 그 날부터 군자가 될 수 있다고 하여 서민이 군자君子의 인격을 갖추는 길을 열어놓았다. 또한 '시천주' 사상을 통해 각 개인이 천주를 모시는 인격적 존재이자 주체임을 강조했다.

이러한 동학 사상은 후에 일어날 동학 농민 혁명에 사상적 영향을 끼치게 되거니와 인간 관계가 상하 주종의 지배·복종 관계가 아니라, 누구나 다 같이 천주를 모시고 있는 존엄한 존재이자 '평등한 관계'임을 가르침으로써 근대적 사상의 선구적 위치에 서게 되었다.

동학 2대 교주 최시형(1827~98)
교조 최제우의 신원을 상소,
전봉준 등의 동학혁명을 배후 조종,
1898년 체포되어 처형되었다.

　이렇게 동학교도들의 교세가 날로 성장하자 조정에서는 동학도 서학도 같이 민심을 현혹시킨다 하여 나라가 금하는 종교로 규정하고 1862년철종 13 9월 교조 최제우를 경주에서 체포하기에 이르렀으나 수백 명의 제자들이 석방을 청원하여 무죄 석방되었는데, 이 사건이 곧 동학의 정당성 입증으로 받아들여져 그 후 교세가 더욱 커졌다. 신도가 늘자 그 해 12월 각 지역의 접주가 지역 신도를 이끌게 하는 접주제를 두어 1863년철종 14에는 13개 접소에 교인 3천여 명을 확보했다. 당시 관헌의 지목을 받고 있던 최제우는 이해 8월 최시형에게 도통을 전수하고 제2대 교주로 미리 후계자를 세웠다.

　동학의 교세 확장에 두려움을 느낀 조정에서는 그 해 11월 하순 다시 최제우 체포령을 내리니 최제우는 선전관에 의해 경주에서 체포되어 한성으로 압송되는 도중 철종이 죽자 1864년고종 1 1월 대구 감영으로 이송되어 3월 사도난정邪道亂政의 죄목으로 나이 41세에 효수형에 처해졌다.

절대 권력과 공권력에 무조건적 충성과 복종을 강요했던 당시의 조정에서는 인간의 존엄이나 사상의 자유는 물론 권력에 도전하는 일체의 세력은 용납하지 않았다.

그러나 일단 불이 붙은 동학의 불길은 2대 교주 최시형崔時亨에 이르러 사상적 기반을 더욱 다지면서 조선 말기의 국내외 정세에 지대한 영향을 미치는 민족 종교로 발돋움하게 되었다.

제25대 철종 때의 세계

1850년 청국, 태평천국의 난~1864. 1852년 프랑스, 뒤마 《춘희》 출판. 1852년 미국, 스토 부인 〈엉클 톰스 캐빈〉 쓰고 노예 해방 주장. 1853년 미국, 사절 페리제독, 일본 포하浦賀에 입항. 1853년 러시아, 사절 푸치아틴, 일본 장기長崎에 입항. 1853년 청국 태평천국군, 남경 점령. 1853년 미국, 피어스 대통령 취임~1857. 1853년 이태리, 베르디의 〈춘희〉 초연. 1854년 미·일 화친조약 체결. 1854년 미국, 공화당 결성. 1856년 청국, 영국 선박 애로 호 사건 일어남~1860. 1857년 영·불 연합군, 광동 포격, 천진 점령. 1857년 인도, 세포이 반란~1859. 1857년 미국, 부캐넌 대통령 취임~1861. 1857년 프랑스, 플로베르의 《보바리 부인》 출판. 1858년 미·일 수호통상조약 체결. 1858년 청·영·불과 천진조약 체결상선의 內地 河川 항행권 인정. 1858년 인도, 무굴제국 멸망, 영국의 직할 통치 시작. 1859년 이태리, 통일운동 시작. 1859년 일본, 안정安政의 대옥大獄吉田松陰 등 처형. 1859년 수에즈 운하 기공~1869. 1859년 영국, 다윈 〈종의 기원〉을 지음 진화론. 1860년 영·불연합군, 북경을 공격. 1860년 청·영·불과 북경조약 체결. 1861년 청국, 서태후 정권 장악. 1861년 미국, 링컨 대통령 취임~1865. 1861년 미국, 남북전쟁~1865. 1861년 이태리 독립, 이탈리아왕국 성립. 1861년 프랑스 파스퇴르, 미생물작용 발견근대의학의 촉진. 1862년 청국, 동치중흥同治中興~1874, 양무洋務운동 일어남. 1862년 프랑스, 베트남과 사이공 조약 체결. 1862년 프랑스, 위고 〈레 미제라블〉 지음. 1862년 러시아, 투르게네프 〈아버지와 아들〉 지음. 1863년 캄보디아, 프랑스의 보호국이 됨. 1863년 미국 링컨, 노예 해방 선언.

후비 명성황후 민씨
明成皇后 閔氏
(1851~1895)

 ## 고아라는 이유로 왕비가 된 민씨

고종의 후비 명성황후明成皇后 민씨는 여흥驪興 민씨 민치록閔致祿과 그 부인 오씨의 딸로 1851년철종 2 9월 경기도 여주에서 태어났다.

민씨는 16세 때인 1866년고종 3 3월 흥선대원군의 부인인 부대부인府大夫人 민씨의 천거로 한 살 아래인 고종과 가례를 올려 왕비로 책봉되었다.

명성황후가 왕비로 간택된 것은 9세 때 이미 부모를 모두 여의고 혈혈단신 고아였기 때문이었다. 흥선대원군은 외척에 의해 정권이 농단된 순조·헌종·철종 3대 60년 간의 세도 정치의 폐단에 비추어 외척이 적은 아내인 민씨의 집안에서 왕비를 들여 외척의 세도 정치가 되풀이되지 않게 하려는 생각을 가지고 있었다.

흥선대원군은 인조의 셋째 아들인 인평대군의 6대손인 남연군南延君의 넷째 아들로서, 남연군은 어릴 때 영조의 서출인 사도세자와 나인 숙빈 임씨 사이의 둘째 아들 은신군의 양자로 입적되었기에 영조의 고손자가 되

제26대 고종 가계도

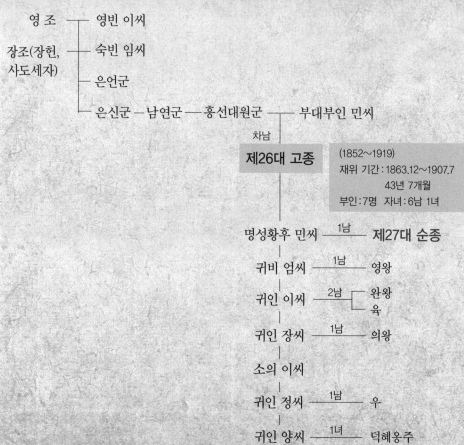

영조 ── 영빈 이씨

장조(장헌, ── 숙빈 임씨
사도세자)

── 은언군

── 은신군 ─ 남연군 ─ 홍선대원군 ── 부대부인 민씨

차남

제26대 고종 (1852~1919)
재위 기간 : 1863.12~1907.7
43년 7개월
부인 : 7명 자녀 : 6남 1녀

명성황후 민씨 ──1남── **제27대 순종**

귀비 엄씨 ──1남── 영왕

귀인 이씨 ──2남──┬ 완왕
                  └ 육

귀인 장씨 ──1남── 의왕

소의 이씨

귀인 정씨 ──1남── 우

귀인 양씨 ──1녀── 덕혜옹주

는 셈이다. 이름은 이하응李昰應이며 12세 때 어머니를, 17세 때 아버지를
여읜 뒤 사고 무친四顧無親의 상태에서 불우한 청년기를 보내다가 24세 때
인 1843년 홍선군에 봉해졌고, 그 후 도총관 등을 지내면서 안동 김씨 일
문이 그들의 권력에 걸림돌이 될 만한 왕손들을 과감하게 제거했기에 그

화를 피하기 위해 호신책으로 시정의 무뢰한들과 어울려 방탕한 파락호破
落戶처럼 생활했다.

이때 그는 안동 김씨 가문을 찾아다니며 술구걸을 하고 개 짖는 시늉도
서슴지 않기에 '상갓집 개 궁도령'이라는 비웃음과 조롱을 받고 지내는
호신 생활을 통해 서민 생활을 체험했다.

그러나 흥선군이 이처럼 위장 생활로 숨을 죽이며 지내는 동안 때는 서
서히 찾아오고 있었다. 철종에게는 후궁 숙의 범씨 소생 영혜옹주만 살아
있을 뿐 왕통을 이을 왕자가 없었다.

1863년철종 14 철종이 폐병으로 죽을 날만 기다리자 흥선군은 서서히 기
지개를 켰다. 그간 안동 김씨 세도에 짓눌려 지내던 풍양 조씨 일문의 조
성하趙成夏와 조영하趙寧夏에게 접근했다.

이들은 효명세자 비인 대비 조씨의 조카였다. 조대비도 안동 김씨 일문
에 눌려 친정 집안이 빛을 못 보고 있었기에 김씨 일문에게 악감정을 가
지고 있던 터였다.

흥선군은 조대비를 만나 안동 김씨 일문이 철종의 후사를 정하기 전에
선수를 쳐야 한다고 주장하니 호기好機를 맞은 조대비도 흔쾌히 흥선군의
차남 명복命福·고종에게 철종의 왕위를 넘기기로 결정하고 명복을 자신의
양자로 삼았다. 명복이 효명세자의 아들이 된 상황에서 1863년철종 14 12
월 철종이 죽자 즉시 조대비는 옥새를 자기 처소에다 감추었다. 그리고 그
날 바로 정원용鄭元容을 원상院相으로 임명하고 교지를 내렸다. 흥선군의
제2자 명복을 왕사王嗣로 하여 익종효명세자의 대통을 계승하게 했다.

왕조 국가의 기본법에 따라 조대비의 후사 결정권에는 아무도 반박할
수 없었다.

왕위에 오른 고종은 1852년철종 3 7월생으로서 12세에 불과했으므로 조
대비가 수렴 청정을 맡게 되었으나 조대비는 흥선군을 흥선대원군으로 봉

고종(1852~1919)   흥선대원군(1820~1898)

하여 모든 국정을 총람케 하고 뒷전으로 물러나 있었다. 이로써 고종을 대신한 흥선대원군은 향후 10년 동안 권력을 쥐고 자신의 의지대로 국정을 주도해 나갔다.

그는 먼저 안동 김씨의 세도 정치를 분쇄하고 남인 계열의 인물들인 서북인, 개성의 개성 왕조 자손들에게 기회를 열어주어 쇠락한 왕권을 되찾고, 조선을 압박해 오는 외세에 대적할 과감한 개혁 정책을 추진했다.

그는 우선 당색과 문벌을 초월하여 인재를 고루 등용하는 한편, 당쟁의 온상이었던 서원書院을 철폐하고 토색討索:금품을 강제로 긁어내는 것을 일삼아 주구走狗:사냥개로 전락한 탐관 오리들을 처벌하면서 양반과 토호의 면세 전결田結:전답에 물리는 세금을 철저히 조사해 국가 재정을 충당했다.

또 민간의 부담을 줄이기 위해 무명 잡세를 없애고, 궁중에 특산물을 바치는 진상 제도를 폐지했으며, 경제에 도움이 되도록 은광산 개발을 허용했다. 그리고 사회 악습을 개선하고 복식服飾을 간소화했으며, 군포세를 호포세戶布稅:봄·가을에 내는 세로 변경하여 양반도 세금을 부담토록 했다.

한편, 군국軍國의 업무를 맡아보던 비변사를 폐지하고 의정부를 부활시켜 삼군부로 하여금 군국기무를 맡게 함으로써 정무와 군무를 분리시켰으며《대전회통》·《양전편고》·《육전조례》 등의 법전을 편찬하여 법질서를 확립시켰다.

홍선대원군은 경제와 행정의 개혁 등으로 세도 정치의 폐해를 완전히 일소하는 성과를 거두어냈지만, 한편으로는 무리한 정책과 세계 정세의 안목 부족으로 지나친 쇄국 정책을 폄으로써 난관에 처하기도 했다.

1865년고종 2 4월에는 왕실의 권위를 높이고자 임진왜란 때 불탄 경복궁을 중건하는 과정에서 화재로 인해 대량의 재목이 불타 버리자 공사비를 다시 마련하기 위해 원납전顯納錢 징수로 재정이 부족하게 되니 이듬해 당백전當百錢을 발행하여 화폐 가치가 폭락함에 1867년고종 4 이를 폐지하고, 이에 앞서 2월부터 도성의 4대 문의 통행세를 징수하였으며, 그것도 모자라 소유자의 허락 없이 전국에서 거석과 거목을 징발하여 백성들의 원성을 사기도 했다.

홍선대원군이 고종보다 한 살 많은 16세의 며느리 민씨를 고아라는 이유로 왕비에 간택한 것이 바로 1866년 3월 한참 정국을 자신의 의지대로 밀어붙일 때였다. 대왕대비 조씨가 수렴 청정을 거둔 지 한 달 뒤였다.

시아버지와 정권 다툼을 벌인 명성황후

명성황후가 왕실에 들어왔을 때 15세의 남편 고종은 이미 후궁 이씨를 총애하고 있었기에 자연히 독수 공방 신세가 된 민비는 부녀자의 덕을 강조하는 책보다는《춘추》·《춘추좌씨전》 같은 입신立身 서적을 읽으며 훗날을 기약했다.

홍선대원군은 민비를 간택하기 2개월 전인 1866년고종 3 1월부터 천주교에 대한 심한 박해로 인해 자신의 정치 생명에 타격을 입기도 했는데, 한

때 그는 천주교도들이 건의한 이이제이以夷制夷:오랑캐로써 오랑캐를 제압한다의 논리에 흥미를 가진 적도 있었으니 이 때문에 도리어 정적들에게 탄핵의 빌미를 주게 되자 정치적 생명에 위협을 느낀 나머지 천주교 박해령을 내려 1866년부터 1872년고종 9까지 6년간 8천여 명의 신자들을 학살했다.

1866년 1월의 '병인박해丙寅迫害'로 남종삼南鍾三 등 수천 명의 신도와 프랑스 선교사 9명을 죽이자, 프랑스는 이 해 10월 군함 7척에 병력 1천 명을 거느리고 강화도를 점령하니 제주목사牧使 양헌수梁憲洙의 전략으로 정족산성鼎足山城에서 프랑스군을 격퇴시켰다. 이 사건이 바로 '병인양요丙寅洋擾'였다.

이에 앞서 2개월 전 대동강을 거슬러 올라온 미국 상선 제너럴 셔먼 호가 통상을 요구하다가 평양 군민의 화공火攻으로 불에 타 침몰된 사건이 발생하였고, 5년 후인 1871년고종 8 4월에 1차 탐문에서 셔먼호에 대한 배상요구와 동시 통상 관계 수립을 요구하는 2차 원정을 결행했다. 그들은 군함 5척에 병력 1천2백여 명, 함포 85문 등으로 무장하고 강화도로 침입해 오자 조선군은 그들에게 기습 공격을 감행, 이른바 '손돌목 포격 사건'을 벌였다.

이 사건으로 미국은 보복 상륙 작전을 벌이겠다고 위협하면서 평화 협상을 제의했지만 조선의 거부로 그들은 대대적인 상륙 작전을 감행, 강화도 초지진草芝鎭에 무혈 입성했다. 조선 수비병은 광성보廣城堡에서 전투를 벌였으나 패하였고, 강화도는 완전히 미국이 장악하고 말았다. 그러나 그들은 홍선대원군이 척화비斥和碑를 세우는 등 강력한 쇄국 정책에 밀려 점거 한 달 만에 강화도에서 물러갔다.

1866년의 병인양요와 1871년의 신미양요는 프랑스와 미국이 조선과의 통상 무역을 하기 위한 침략 전쟁이었고, 이는 조선민들의 감정을 자극, 오히려 홍선대원군의 쇄국 정책이 강화되는 결과를 낳았다. 그러나 쇄국 정책은 오래 지속되지는 못했다.

한편, 민비가 입궁하여 2년 동안 독수 공방하던 1868년고종 5 4월 이상 궁이 완화군完和君을 낳았다. 기다렸던 기쁨에 들떠 있었지만 민비는 기뻐할 처지가 아니었다. 민비는 그간 입신 서적을 통해 탁월한 정치 실력을 쌓았고 정치욕도 강했던 터라 정치 실세가 되려면 자신이 낳은 왕자가 필요하다는 것을 잘 알고 있었다. 더구나 고아로 자란 민비에게는 비호해 줄 세력조차 없었기에 민비는 일가들을 끌어들이기 시작하니 그 첫 인물이 양자로 들어온 오라버니 민승호閔升鎬였다.

후궁 이씨의 소생 완화군을 원자로 책봉하려는 조짐이 보이자 민비는 대책을 강구하지 않을 수 없었다. 민비가 후일 왕자를 낳더라도 시아버지 홍선대원군이 외척의 발호跋扈를 경계하여 후궁 소생을 세자로 책봉할 우려도 있었기에 민비는 시아버지와 정치적 대결을 피할 수 없다는 결론을 내렸다.

민비는 자신의 세력 확장을 위한 교두보橋頭堡 확보 작업에 착수했다. 시아버지에 의해 실각했던 풍양 조씨 조영하, 안동 김씨 일문의 김병기, 고종의 형인 이재면李載冕 등을 포섭해 끌어들이고 유림의 거두 최익현崔益鉉과도 제휴했다. 당시 유림들은 홍선대원군이 서원을 철폐한 데에 불만을 품고 있던 터였기에 언제 터질지 모르는 화약 뇌관이었다.

시아버지를 퇴진시키기 위해 세력 확장을 진행 중이던 민비는 차츰 고종의 총애를 받아 1871년고종 8 왕자를 낳았으나 항문 막힘 병으로 배설을 못해 5일 만에 죽고 말았다. 왕자의 죽음을 두고 민비는 임신했을 때 시아버지 홍선대원군이 산삼을 많이 주었기 때문이라고 여겨 그들의 갈등은 더욱 악화되었다. 그 무렵 열세 살 된 완화군이 갑자기 죽자 민비는 완화군의 생모 후궁 이씨를 궁궐에서 쫓아내 버렸다.

1873년고종 10 23세의 민비는 최익현에게 홍선대원군의 퇴진 상소를 올리도록 유도했다. 당시 홍선대원군이 벌인 경복궁 중건 사업이 민생을 도탄에 빠지게 해 원성이 높았던 점을 이용하여 그 실정을 탄핵케 하고, 고종도 22세로 친정親政할 때가 되었으니 대원군은 섭정을 거두고 퇴진하라는 내용의 상소였다.

성인이 된 국왕을 두고 섭정의 명분이 없었던 대원군은 결국 정계에서 물러나고 말았다. 고종이 원하던 친정을 시작하자 흥선대원군의 사저 운현궁雲峴宮에서 창덕궁으로 통하던 전용 출입문을 폐쇄시켜 버렸는데, 이것은 민비가 시아버지와의 정치적 대결에서 1차 승리를 거둔 셈이었다.

흥선대원군이 정계에서 물러나자 조정은 민씨 일가가 장악하게 되면서 민비는 1874년고종 11 2월 둘째 아들 척후일 순종을 낳았다. 이듬해 2월 척은 왕세자로 책봉되었다.

한편, 대원군의 실각 소식을 접한 일본은 조선의 개항을 서둘러 1875년고종 12 8월 군함 운요雲揚호를 강화도에 보내 조선 수비병의 포격을 받고 퇴각하여 한동안 영종도永宗島를 점거하고 있다가, 10월부터는 부산에서

강화도조약의 체결 광경

무력 시위를 벌이더니 운요호 사건 회담을 요구하며 이듬해 1월 전권 대신 구로다 기요다카黑田淸隆를 특명 대사로 임명하여 군함 7척과 병력 400명을 다시 경기 남양만에 보내 무력 시위로 회담을 요구함에 결국 한 달 후 1876년고종 13 2월 강화도에서 불평등 조약인 병자수호조약丙子修護條約: 강화도조약을 맺게 되었다. 마침내 제물포항이 개항되고, 이후 부산과 원산항도 개항되었다.

고종은 일본과 수호조약을 맺은 후 계속하여 미국·프랑스·러시아 등의 구미 열강과도 조약을 맺고 통상 관계를 가지는 개항 정책을 실시했는데, 이는 민비가 대원군이 행했던 기존의 쇄국 정책으로는 조선이 강대국으로 성장할 수 없다는 것을 깨닫고 선진 문물을 받아들이려 했던 것이다.

이에 따라 1881년고종 18 신사유람단紳士遊覽團과 수신사修信使를 일본과 청국에 계속 파견했는데, 이러한 틈을 타서 밀려들어온 것은 흑심을 품은 서구 열강들, 특히 치밀한 일본의 정치적·경제적 침투였다.

신사유람단으로 일본을 다녀온 김홍집金弘集은 청의 외교관 황준헌黃遵憲이 지은 《조선책략朝鮮策略》을 고종에게 전했는데, 이는 조선·청국·일본 3국이 단결하여 제정 러시아를 막아야 한다는 내용으로서 유생儒生들로서는 받아들일 수 없었다. 성리학의 입장에서는 일본과 러시아는 모두 같은 오랑캐였으므로 러시아를 막기 위해 일본과 손을 잡아야 한다는 논리를 인정할 수 없었던 것이다.

이 사건을 계기로 1881년고종 18 2월 수구파守舊派 유생들이 척사斥邪 상소 운동을 일으켜 민씨 정권을 규탄하기 위해 역모를 계획했다. 그 해 8월 마침내 대원군의 주변 세력 안기영安驥泳·권정호權鼎鎬 등은 대원군의 서자인 이재선李載先을 왕으로 옹립하기 위해 민비와 고종 폐립 운동을 전개했다. 그러나 역모는 고변에 의해 사전에 적발되어 이재선과 안기영은 사형당했다. 이를 빌미로 민비는 척사를 주장한 수구파 유림을 탄압하고 대원군을 더욱 감시하며 엄중 경계하게 되었다.

그러나 수구파와 개화파開花派의 사이는 더욱 악화되기 시작하여 마침내 1882년고종 19 구식 군대 폐지와 관련하여 5군영에 소속됐던 군인들에 의해 임오군란壬午軍亂이 일어났으며, 1884년에는 개화파의 갑신정변甲申政變이 일어났다.

한편 1882년 2월 민비는 친정 민씨 일가의 정권 유지를 위해 민태호閔台鎬의 딸 민씨후일 순명효황후를 며느리로 간택했는데, 이때 세자후일 순종는 9세, 세자빈은 11세였다. 민비는 자신들의 영화가 계속 유지되게 해달라고 쌀과 돈·베 등을 가져다 금강산 일만이천 봉우리마다 제사를 지냈고 계룡산에서도 제사를 지냈다. 이는 분명 국가 재정을 파탄케 한 공금 유용이었고 국고 횡령이었다. 안동 김씨의 시대는 가고 여흥 민씨의 세도 정치시대로 접어들었으나 민비에게도 위기가 닥쳐오고 있었다.

이미 1881년고종 18 말 민비는 일본 군사 고문을 초빙해서 양반 자제 100여 명을 선발, 별기군別技軍을 창설하고 신식 훈련을 시켰던 바, 이 별기군에 비해 구식 군대에 대한 대우가 형편없었다. 1882년고종 19 6월 불만을 품고 있던 구식 군대에게 무려 13개월이나 밀린 급료를 1개월분밖에 주지 않으면서 돌이 반이나 섞인 쌀을 지급했다.

분노한 군인들은 쌀을 지급하던 관리를 폭행하고 부정 축재자인 선혜청宣惠廳 당상 민겸호閔謙鎬의 집으로 몰려가 아수라장으로 만들어 버렸다. 이른바 '임오군란'이 터졌다.

군인들은 자신들을 보호해 줄 세력은 운현궁에 있던 대원군이라고 판단, 그에게 몰려갔다. 대원군은 이를 민씨 일파 축출의 기회로 삼고 은밀히 주동자들을 선동하여 군인들의 행동 방향을 막후 지휘했다. 군인들은 민비 지지 세력들을 습격하는 한편, 일본 공사관을 습격했다. 이어 민비를 죽이기 위해 창덕궁으로 몰려갔지만 민비는 이미 창덕궁을 떠난 직후였다.

김윤식(1835~1922)
온건 개혁파에 속하며 김가진 등과 흥사단을
조직하여 대동학회·기호학회에도 참여하였다.
3·1운동이 일어나자 조선총독에게
조선독립 청원서를 제출하여 체포됨.
구한말의 손꼽히는 문장가이다.

난리통에 홍인군 이최응興仁君 李最應과 민겸호는 군인들에게 난자당해
살해되었고, 민비는 대전별감 홍계훈洪啓薰의 등에 업혀 간신히 창덕궁을
빠져 나와 장호원長湖院 소재 민응식閔應植의 집으로 숨었다.

대원군은 사태 수습 명목으로 고종에게서 정권을 위임받자마자 장안을
샅샅이 뒤졌지만 민비를 찾지 못함에 의도적으로 민비가 죽었음을 전국
에 발표하고 국상 절차를 밟게 했다. 이는 민비의 죽음을 기정 사실화하
면 누구든지 그녀를 죽여도 면죄부를 받을 수 있다는 뜻이고, 만일 그녀
가 살아 있다 해도 재입궐을 원천 봉쇄하자는 저의였다.

10여 년 만에 재집권한 흥선대원군은 재정과 병권을 맡아들 이재면에게
맡기는 등 즉각 청나라 천진에 가 있던 김윤식金允植에게 사실을 전해 청
군의 파병을 요청했다. 그간 일본을 감시할 필요를 느껴오던 청나라는 이
를 빌미삼아 즉시 4,500명의 군대를 파병했고, 일본도 이미 공사관 습격을
구실로 공사 하나부사 요시모토花房義質가 1,500명의 병력을 이끌고 인천
에 들어왔다.

민영익(1860~1914)　　　　　　　김옥균(1851~1894)

협상을 청한 대원군을 무시한 채 일본군은 한성으로 입성했다. 그러나 대원군이 일본군의 만행에 적극 대응하겠다는 의지를 표명하자 그들은 일단 인천으로 물러났다. 청군은 이 틈을 이용해 일본군과 대원군의 협상을 중재하다 대원군을 제거하기로 결정하고, 이 해 7월 청의 제독 오장경吳長慶이 대원군을 청나라로 납치하여 그날 밤 궁궐과 4대문을 지키던 조선군을 몰아내고 한성을 장악했다.

이로써 민비는 청군의 보호하에 다시 입궁했다. 따라서 왕비의 꿈을 꾸던 의왕義王의 생모인 요녀 장상궁은 제거되었다. 일본군도 공사관 습격에 따른 일본 측 피해에 대한 배상 문제를 제기함에 1882년고종 19 '제물포조약濟物浦條約'을 체결하여 그들의 조선 주둔을 합법화해 주었다. 청나라도 난을 진압해 주었다는 명목으로 조선의 내정 간섭을 강화했으며, 민비도 권력 유지를 위해서 친청親淸 정책을 펴 급진 개화파開花派들을 정권에서 점차 배제시켰다.

당시 민영익閔泳翊을 영수로 한 수구파들은 공공연히 김옥균金玉均을 죽

박영효(1861~1939)

원세개

이라며 개화파를 탄압하자 신변에 위협을 느낀 김옥균과 박영효 등 급진 개혁파들은 민비의 친청 수구 세력들을 몰아낼 정변 계획을 세워 1884년 고종 21 10월 17일 우정국郵政局 개국 축하연을 이용하여 거사를 일으켜 민태호·민영목 등을 죽이고 고종과 민비를 경우궁으로 옮기고는 1개 중대의 일본 병사들에게 경계를 서도록 했다.

마침내 정권을 잡은 개화파들은 즉시 자신들의 정강政綱과 개혁안을 공포하고 각국의 공사관에 새로운 정부가 수립되었음을 알렸다.

이때 민비는 수구파들에게 몰래 사람을 보내 청군의 원조를 청하도록 하여 민영익과 경기감사 심상훈沈相薰 등은 청군에 구원을 요청했다. 한편, 민비는 거처를 창덕궁으로 옮기자고 고종에게 주장하였는데, 이는 청덕궁이 넓기 때문에 일본 군대가 숫적으로 우세한 청군을 막아 내기에는 부적합한 곳이라는 의도가 숨어 있었다. 김옥균이 재정 문제 해결을 위해 분주히 다니느라 부재중이었던 사이, 일본 공사 다케조에가 민비의 요구를 받아들여 창덕궁으로 돌아가게 했다.

홍영식(1855~1884)   서광범(1859~1897)

　이 날 해질녘 왕궁의 정문을 닫으려 했을 때 청나라 군대가 달려와 방해하자 김옥균은 긴장감 속에 청군에게 밖의 경비를 맡기고 불안한 밤을 보냈다. 다음날 청나라 공사 원세개袁世凱는 6백 명의 군사를 이끌고 와 고종을 면회하겠다고 요구했다. 김옥균이 이를 저지하며 말씨름이 벌어졌고, 오후 3시경 청군은 1천5백 명으로 늘어나자 시민들까지 궁궐 앞에 모여 소리쳤다.

　"친일파 개화당을 죽여라!"

　군중들의 공격이 시작되자 일본군 2백 명은 싸우지도 않고 도망쳐 버렸고 무기가 변변치 못한 신정부군 8백 명은 숫적인 열세로 패배해 버렸다. 이 틈을 타 고종과 민비는 홍영식洪英植·박영교朴泳敎와 몇 명의 사관생도의 호위를 받으며 궁궐을 탈출, 청군의 진영으로 들어갔다. 김옥균은 박영효·서재필徐載弼·서광범徐光範·변수·유혁로와 함께 일본 공사 다케조 일행의 뒤를 따라 일본군들의 호위를 받으며 북쪽 문으로 빠져나와 산길로 도망쳤다. 이들 일행은 오후 7시 반에 일본 공사관에 도착했는데, 도중에 조선 군사들의 공격을 받아 일본군 10여 명이 사상했고, 대혼란 속에 흥분한 군중들은 일본 공사관을 공격했으며, 일본인들이 살고 있던 진고개명동 일대를 몰려다니며 상점 등을 무차별 습격했다. 이때 살해된 일본인은 30여 명이 되었다.

다음날 오후 2시, 김옥균·박영효 등은 다케조에竹添一郞 일행과 인천으로 향했다. 이들은 공사관을 떠나기 전에 기밀 문서를 불태웠는데, 불이 번지는 바람에 공사관이 불타 버렸다.

김옥균은 변장하고 경비대 140명을 포함하여 총 260명이 경비대 호위를 받으며 결사적으로 종로를 지나 서대문을 거쳐 양화진에 도착하였는데, 도중에 그들을 알아본 군중들이 쏟아져 나와 돌멩이를 던지고 욕설을 퍼부었다. 그들이 겨우 일본으로 망명함으로써 3일 만에 '갑신정변甲申政變'은 끝났다.

갑신정변 이후 민비는 더욱 청나라에 의존하게 된 반면에, 일본은 갑신정변 때 공사관의 화재와 일본인 희생자에 대한 배상을 조선에 요구했다. 이에 따라 약자인 조선은 일본의 요구를 들어주는 '한성조약漢城條約'을 1884년고종 21 체결할 수밖에 없었다.

이로써 일본은 조선 침략의 기틀을 닦은 셈이었다. 청나라와도 차후 청나라와 일본 양군의 철수와 파병이 있을 경우 서로 통고한다는 '천진조약'을 맺었다.

갑신정변 이후 조정의 요직은 모두 민씨 가문이 장악함에 그들의 세도 정치는 극에 달했다. 민비는 자신의 권력 유지를 위해 민씨 일문과 청나라에 더욱 의존했으나 백성들의 민의民意의 소재는 미처 모르고 있었다.

망국의 권력 투쟁에만 집착한 명성황후

임오군란과 갑신정변 이후 청나라는 계속 조선의 내정 간섭을 하였고, 일본도 세력이 약화되긴 했으나 여전히 조선의 지배 야욕을 버리지 않고 있었다. 러시아도 이미 1860년 청나라와 베이징조약을 맺고 연해주를 차지하면서부터 조선과 접경된 두만강 지역 블라디보스토크에 군항을 개설, 그곳을 남하 정책의 추진 기지로 삼아 조선 침투를 획책하고 있었다.

이렇듯 조선을 에워싸고 열강들 간에 쟁탈전이 치열해지자 민비는 이이제이以夷制夷:오랑캐로 오랑캐를 제어 정책을 쓰기로 하였다. 즉, 러시아를 이용하여 청나라의 세력을 견제하려 했다. 당시 청나라가 주선하여 조선 정부의 고문으로 와 있던 묄렌도르프를 매개로 일본에 있던 러시아 공사와 접촉하여 밀약을 맺으려 했다. 조선에서 청나라와 일본을 몰아내고 러시아가 조선의 보호국이 되어주길 바라는 밀약은 사전에 알려져 청나라에게 오히려 빌미를 제공하는 결과가 되었다. 결국 러시아와의 밀약은 무산되고 청나라는 묄렌도르프를 소환했으며, 임오군란 후 납치했던 대원군을 1885년 2월 원세개와 함께 귀국시켰다.

1885년고종 22 3월 영국 함대가 거문도巨文島를 점령했다. 이는 러시아가 조선에 접근하려는 움직임을 지켜보던 영국의 전초전이었다. 점령한 지 2년 만에 영국은 청나라의 중재로 조선의 영토를 다시는 점령하지 않는다는 러시아의 약속을 받아내고는 철수했다.

열강들의 침략 야욕이 강화되던 중에 조선에 부임한 러시아 공사 베베르는 사교계의 여왕인 아내와 함께 세련된 매너로 민비와 고종의 마음을 사로잡았다. 민비는 다시 러시아와 밀약을 추진하려 했으나 청나라의 원세개가 정보를 사전 입수한 바람에 무산되었다.

조선을 둘러싸고 청·러시아·일본의 각축전 속에 민비는 권력 유지에 전 역량을 쏟았다. 가장 강력한 정적인 시아버지 대원군은 유폐되다시피 몰락했지만, 정부 요직을 장악한 일가들의 뒷받침으로 민비는 막강한 권력을 누리고 있었다.

그러나 국가 경제는 파탄지경이었고 민생은 도탄에 빠져 있었다. 민씨 일족은 정국의 지방 관직을 매매하는 매관 매직을 일삼았고, 특혜를 입은 관료들의 탐학貪虐의 폐혜는 농민들에게 전가되었다. 결국 착취당해 피폐한 농민 생활은 갑오농민전쟁으로 분출되었다.

철종 때 서학에 대응하는 동학을 창도했던 최제우가 비록 혹세무민의 죄목으로 처형되었지만, 이후 2대 교주 최시형을 중심으로 발전해 온 동학은 정부에 대항할 만한 조직으로 성장되어 있었다.

학정에 시달렸던 농민들은 동학 사상이 내건 기치 '양반 중심의 봉건 사회 혁파·신분 차별의 계급 사회 철폐' 등 만민 평등의 근대화를 목표로 삼았던 한국 역사상 최초의 시민 혁명을 일으켰던 것이다.

1893년고종 30 3월 충청도 보은 집회에서 2만여 명의 동학 농민들이 집결하여 탐관 오리의 척결과 민생고 타개, 그리고 척왜척양斥倭斥洋 등을 요구했고, 이듬해 1894년고종 31 1월에는 고부 군수 조병갑趙秉甲의 탐학과 전횡을 계기로 전봉준全琫準의 영도하에 농민 전쟁으로 확대되었다. 이른바 프

압송되는 전봉준

롤레타리아 혁명 양상이었다.

고부 군수 조병갑은 후대의 어떤 썩은 나라의 관료들처럼 탁월한 부정축재자였는데, 그는 백성에게 과중한 세금 부과는 물론 부당한 재물 갈취를 일삼았고, 이에 대항하는 자에게는 가차 없는 형벌을 가해, 예사롭게 죽이기도 하여 농민의 원성을 크게 사고 있었다.

이미 망국의 징조 부정·부패·비리는 돌이킬 수 없게 만연해 있었다. 급기야 이 해 3월에는 동학혁명東學革命으로 폭발되었고, 4월에는 농민군이 전주성을 점령했다. 보국안민과 폐정개혁을 기치로 내건 농민들의 기세가 전국적으로 확산되자 고종과 민비 세력은 청나라에 원병을 청했고, 청나라가 이에 응하자 일본도 천진조약을 빌미로 파병했다. 이렇게 외세가 개입하자 농민군과 관군은 '전주화약'을 맺고 전라도 53개 지역에 민정 기관인 집강소를 설치하여 치안과 행정을 처리키로 하고 싸움을 중단했다. 그러나 조선에 진주한 청·일 양국군은 철수를 거부하고 오히려 군대를 증파했다. 일본은 청나라에 함께 조선의 내정 개혁을 실시하자고 제의했지만, 청나라는 이 제의를 거절했다.

그러자 일본은 단독으로 공사 오토리大鳥圭介 휘하의 군대를 이끌고 입궐하여 민씨 정권을 몰아내고 흥선대원군을 앉혀 꼭두각시 정권을 탄생시켰다. 그리고 김홍집을 총리대신에 앉히고 개혁 추진 기구로서 군국기무처를 설치하여 내정 개혁을 단행했다. 개화당이 집권한 이 사건이 '갑오경장甲午更張'이었다.

이처럼 조선의 내정 개혁을 단행한 일본은 조선에 주둔하고 있던 청군을 공격하여 승리한 뒤 정식으로 선전 포고를 하고, 7월에 청국 군함에 포격을 개시로 시작된 '청·일 전쟁淸日戰爭'은 구미 열강의 지지를 등에 업고 2개월 만에 일본의 승리로 끝났다.

청·일 전쟁에서 승리한 일본은 그때부터 조선 정복을 위해 본격적으로

이완용(맨왼쪽)

내정 간섭을 시작했다. 이로 인해 '외세 배격'을 기치로 내걸고 동학군이 다시 소집되어 대일 농민 전쟁을 감행했다. 그러나 관군과 일본군의 세력에 밀려 그 해 12월 동학 농민군의 봉기는 실패로 끝났고, 체구가 작은 녹두꽃 전봉준은 부하의 밀고로 순창에서 체포되어 이듬해 1895년 3월 41세로 처형되고 말았다.

비록 동학군의 봉기는 실패로 끝났지만 당시 조선의 피지배층의 대중을 고난에서 구제하고자 한 현실적 사상 체계는 이후에도 계속된 농민군과 의병의 항일 투쟁의 정신적 지주로 이어지게 된다.

이후 일본의 내정 간섭은 더욱 강화되었다.

1895년 고종 32 4월에 일본과 청이 맺은 시모노세키조약下關條約은 청나라의 영토인 요동 반도를 일본에 할양하고 조선의 완전 독립을 선언하는 등의 내용이었으나, 사실상 조선에서의 일본의 우세를 확인하는 것이었다. 일본은 민비의 등장을 봉쇄하고 대원군도 퇴진시키는 한편, 7월에는 사임했던 김홍집을 다시 총리대신으로 연립 내각을 만들도록 했으며, 의정부도 내각으로 고쳐 일본인 고문관을 두어 내정 간섭을 더욱 강화했다.

당시 일본은 청·일 전쟁의 승전 대가로 받았던 요동 반도를 러시아·독일·프랑스의 삼국 동맹군의 힘에 굴복하여 다시 청나라에 돌려준 상태였다. 이 같은 정세를 감지한 조선 조정은 배일친러 정책을 실시하여 일본군을 조선에서 몰아내고자 했다. 이에 권력이 약화된 민비와 고종은 러시아에 의존키로 했다.

이때 변신의 천재였던 이완용李完用도 일본이 러시아에게 굴복하는 모습을 자세히 관찰하고 다시 변신을 시도하여 친러파가 되었다. 친러 정책으로 전환한 민비는 김홍집 친일내각을 축출시키고 박정양朴定陽 내각을 출범시키면서 이완용을 학부대신으로 임명하였다.

일본은 청·일 전쟁에서 승리하였으나 친러 정책을 쓰는 민비의 정치 실력(?) 때문에 러시아에게 밀리게 되자 마침내 민비 암살이라는 극단적인 방법을 동원하기로 했다. 일본 공사 미우라三浦梧樓의 지휘로 1895년고종 32 8월 민비 시해 결행에 들어갔다. 이른바 '을미사변乙未事變'이 일어났다.

당시 대원군이 은거하고 있던 공덕리孔德里의 아소정我笑亭에 일본군이 훈련시킨 조선 군대가 일본 낭인무사 백여 명과 함께 야간 훈련 명목으로 나타났다. 대원군이 며느리 민비와 상극 관계임을 잘 아는 미우라는 대원군과 결탁하고 서정 쇄신을 명분으로 대원군을 사인교에 태우고 경복궁으로 나아갔다. 궁궐 수비대장 홍계훈이 이들을 가로막자 이들은 홍계훈을 사살하고 궁궐로 쳐들어가 민비를 찾아다녔다.

민비는 궁녀복으로 갈아입고 건청궁乾淸宮 곤녕각으로 피신해 있었는데,

**경복궁에 있는
명성황후의 조난지**

낭인무사들이 찾아내자 내부대신 이경직李耕稙이 두 팔을 벌려 민비를 가로막았다. 무사들은 이경직의 양 팔목을 잘라 버리고 민비의 온몸을 난도질했다. 일설에는 죽은 후 능욕屍姦을 당했다고도 한다이시즈카 에조의 비밀보고서.《황태자비 납치 사건》해냄. 김진명 저. 민비는 세자를 부르며 죽어 갔다.

무사들은 증거를 없애기 위해 피로 범벅이 된 민비의 시신을 홑이불에 말아 근처의 녹산으로 옮긴 뒤 석유를 붓고 불태워 버렸다. 그리고 남은 뼈조각은 근처 향원정 연못에 던져 버렸다. 일설에는 근처에 묻었다고도 한다.

이처럼 민비는 1895년 8월 20일양력 10월 8일 처참하게 세상을 떠났다. 45세로 죽은 민비는 슬하에 순종이 유일하게 있었다. 민비가 죽은 지 이틀후 일본의 압력으로 민비를 폐서인시켰으나, 이 해 10월 일본의 만행이 국제 사회에 알려져 지탄을 받게 되자 일본은 사죄의 뜻으로 형식적인 진상조사를 하고 폐위되었던 민비는 복원되었다.

그리고 동구릉 능역의 숭릉 우편에 시신 없는 국장을 지내고 숙릉肅陵이란 능호를 내렸다.

이 해 11월에는 단발령을 내렸고, 음력 11월 17일을 개국 505년 1월 1일로 하면서 양력陽曆을 쓰게 했다.

한편, 민비 시해 사건이 알려지자 전국 각지에서 의병이 일어나 일본군과 관군을 대항하여 치열한 싸움이 벌어졌다. 이에 당황한 일본은 전국 각처로 주력 부대를 출동시켜 진압했으나 의병은 쉽게 소멸되지 않았다.

을미사변 후 신변에 위협을 느껴오던 고종은 러시아 공사 베베르와 이완용李完用의 은밀한 공작으로 1896년고종 33, 건양 1 2월 러시아 영사관으로 몸을 옮겼다. 이른바 '아관파천俄館播遷'에 성공하자 고종은 여기에서 박정양朴定陽의 친러 내각을 세우고 이완용은 외부대신 자리에 오르면서 김홍집 등 친일 내각 요인들에 대한 체포령을 내렸는데, 김홍집과 어윤중魚允中은 흥분한 군중들에게 맞아 죽었으며, 이미 실시된 단발령을 철폐하는 한편 의병 해산을 권고하는 조서詔書를 내렸다.

그러나 러시아의 보호국과 같은 지위로 떨어진 친러 내각이 집정하면서 열강에 많은 이권이 넘어가는 등 국위가 추락하고 국권의 침해가 극심해짐에 이 해 7월 서재필 등 30여 명의 개화파들이 조직한 '독립협회'를 비롯한 국민들이 국왕의 환궁과 자주 선양宣揚을 요구했다.

이 같은 여론에 밀려 고종은 1897년 2월 아관으로 떠난 지 1년 만에 환궁하여 8월에 연호를 '광무光武'로 고치고 10월에 황제皇帝에 오르면서 국호를 대한제국으로 고쳤다. 이때 죽은 민비는 명성태황후明成太皇后로 추존되었다.

이 해 11월, 시신 없는 민비의 능을 오늘날의 청량리 천장산 아래 언덕으로 옮기고 능호를 홍릉洪陵이라 했다. 고종은 홍릉에 잠든 민비를 보러 가기 위해 종로에서 청량리까지 전차를 놓기도 했지만 홍릉이 길지가 아니라는 풍수지리설이 있어 천장론이 일기도 했다.

민비의 홍릉은 후일 1919년 고종이 죽었을 때 현재 경기도 미금시 금곡동으로 이장하여 시신 없이 고종과 함께 합장되었다.

　민비의 정적이자 시아버지 흥선대원군은 부대부인 민씨가 죽은 지 두달 만인 1898년고종 35, 광무 2 2월 79세로 죽었다. 대원군의 추악한 권력욕 광기는 사라졌으나 대한제국 성립 이후 경운궁덕수궁에 거처한 고종은 신변 위협이 더욱 심화되었다. 1898년 7월 안경수安?壽가 현역·퇴역 군인들을 매수하여 황제 양위를 음모하다가 발각되어 일본으로 망명했고, 9월에는 유배되어 있던 김홍륙金鴻陸이 차에 독을 타서 고종을 죽이려다가 발각되어 처형되었다. 10월에는 독립협회 회원들의 주최로 만민공동회가 만들어져 자유민권운동을 전개했으나 고종은 보부상 수천 명과 군대의 힘을 빌려 이들을 진압했다.

　1904년고종 41, 광무 8 러·일 전쟁이 일어나 일본군의 군사적 압력이 격해

고종과 명성황후의 홍릉

지는 중에 장호익張浩翼 등이 황제 폐립을 음모하다가 사형되었고, 러·일 전쟁에서 승리한 일본은 고종에게 군사적 압력을 가하여 8월에 일본이 대한제국의 보호국임을 인정하라는 제1차 한·일협약한·일 의정서을 강요한 데에 이어 1905년 11월에는 제2차 한·일 협약인 '을사보호조약乙巳保護條約'을 체결하고 말았다.

고종은 이 조약을 반대했지만, 이용구李容九·송병준宋秉畯 등이 조직한 친일 단체 '일진회一進會'를 비롯해 변신의 귀재 이완용도 친러파에서 친일파로 이미 변신하여 학부대신이 된 상황에서 친일 대신들에 의해 보호가 아닌 침략 조약이 체결되었던 것이다.

일본이 한국 외교권을 빼앗기 위해 강제로 맺은 이 조약 체결에 참가한 '철새' 정치인 매국노 오적五賊은 외부대신 박제순朴齊純·내부대신 이지용李址鎔·군부대신 이근택李根澤·학부대신 이완용李完用·농상공부대신 권중현權重顯이었다.

고종은 이 조약의 무효를 호소하기 위해 미국 공사로 있던 헐버트에게 밀서를 보냈다. 그러나 당시 제국주의 미국은 이미 필리핀에서 미국의 우월권을 인정받는 대신 대한제국에 대한 일본의 지배를 인정하는 '가스라·태프트 밀약'을 체결한 상태였기에 죄다 허사였다.

이념 공방과 내분에 정신 나간 조선을 깔본 두 제국주의의 작란이었다.

일본이 조선에 설치한 통감부統監府에 의해 외교권이 박탈당하자 고종은 이를 국제 사회에 알리기 위해 1907년 6월 네덜란드 헤이그에서 개최되는 제2차 만국평화회의에 특사를 파견할 계획을 세워 전 의정부 참찬 이상설李相卨과 전 평리원 감사 이준李儁을 파견하는 한편, 러시아 황제 니콜라이 2세에게 친서를 보내 이들 특사 활동을 지원해 줄 것을 요청했다. 그러나 일본과 영국의 방해로 밀사 계획은 수포로 돌아가고, 이 사건으로 이준 열사는 분사憤死했으며, 이완용·송병준 등 친일 매국 대신들과 군사력을 동반한 일제의 강요로 한일협약 위배라는 책임을 지고 고종은 초대 통감 이토伊藤博文에 의해 그 해 7월 20일 퇴위하게 되었다.

고종의 뒤를 이어 순종이 즉위하고 고종은 태황제로 격상되었으나 실권은 없었고, 1909년 초 고종은 일제의 현상을 못 견디어 해외에 나가 죽어도 좋다고 러시아 총영사에게 토로하면서 국외 망명을 시도하기도 했다.

이후 1910년순종 3, 융희 4 일제가 대한제국을 무력으로 합방韓日合邦한 후 고종은 이태왕李太王으로 불리다가 1919년 정월 덕수궁에서 68세로 승하했다. 이때 고종이 일본인에게 독살당했다는 설이 나돌아 국장일인 3월 1일을 기해 거족적인 민족 독립 운동인 3·1운동이 일어났다.

고종은 현재 경기도 미금시 금곡동 소재 홍릉洪陵에 묻혔는데, 이미 천장론이 있었던 시신 없는 민비도 이때 함께 합장되었다.

조선의 어느 왕비보다 영특했던 명성황후 민비는 청·일·러시아 등 열강들의 각축 속에서 이들을 이용해 서로의 세력을 견제토록 한 탁월한 정치 실력자였다. 그러나 시아버지 대원군 못지않게 권력욕에 집착한 나머지 나라와 백성의 이익과 안녕보다 자신과 일가의 권력 강화에만 전력했던 국모였기에 망국의 왕비로 전락하고 말았다.

고종의 후궁들

민비가 시해된 후 고종과 함께 지낸 여인은 순헌황귀비 엄씨영친왕, 이은(李垠)의 생모였다. 그녀는 엄진삼嚴鎭三의 장녀로 1854년철종 5에 태어나 8세 때 입궐하여 시위 상궁으로 있었다. 이런 인연으로 고종의 총애를 받았던 엄씨는 민비에 의해 쫓겨났다가 1895년 민비가 죽은 지 5일 만에 고종의 명으로 다시 입궐하게 되었다.

당시 김홍집金弘集의 친일 내각은 그 해 11월 개혁 명분으로 '단발령'을 내렸는데 이때 민비의 시해 소문과 함께 백성들의 분노가 터지게 되었다.

민비 시해와 단발령에 분노한 양반 유생들과 농민들의 봉기는 1896년고종 33, 건양 1 1월부터 강원도를 비롯해 지방 각처로 확산되자 일본은 궁궐 수비 정찰대까지 동원해 의병 운동 진압에 나섰다.

신변에 위협을 느껴 온 고종은 이 틈에 러시아 공사 베베르와 이완용·이범진李範晉 등 친러파의 공작으로 세자순종와 함께 러시아 공사관으로 3월에 피신했다. 소위 '아관파천'을 했던 것이다. 이 무렵, 친일 내각의 김홍집과 정병하·어윤중 등은 분노한 민중에게 맞아 죽었다.

이때 러시아 공관에 거처하던 고종의 수라를 맡았던 여인이 엄씨였다. 당시 민비의 빈 자리에 정화당 김씨가 계비로 초간택된 상황이었으나 고종이 공관으로 피신함에 흐지부지되고 이 틈에 엄씨가 자리를 메웠던 것이다.

왕비로 내정되었던 정화당 김씨는 그 후 처녀로 지내다가 47세 때인 1917년 조선총독부의 정략에 의해 입궐하게 되었다. 당시 조선총독부가 고종으로 하여금 일왕日王에게 신하의 예를 올리도록 권했으나 고종이 불응함에 김씨를 이용했던 것이다. 조선총독부는 윤덕영尹德榮을 시켜 김씨에게 비빈妃嬪의 예를 갖추게 한 후 입궁시켜 고종의 환심을 사려 했으나 고종은 이런 연극을 거부했다.

일본에 의해 입궁한 김씨는 이후 고종이 한 번도 부르지 않아 고종의 얼굴을 볼 수도 없었다. 일본으로부터 비빈으로 인정받은 김씨는 1919년 고종이 죽고 나서 그 시신과 대면했다. 이후 김씨는 왕실로부터 당시 금액으로 생계비 33원을 받고 한많은 일생을 살다 죽었다. 이때 귀비 엄씨의 소생 이은李垠·영친왕은 이미 23세였다.

아관파천했다가 1년 만에 환궁한 고종과 엄씨는 이 해 1897년 10월 황제 즉위식을 갖고 국호를 대한제국으로 선포하면서 왕후는 황후로, 왕세자는 황태자로 개칭했다. 고종의 호칭도 전하에서 폐하로 바뀌었다.

이 무렵 엄씨는 은垠·영친왕을 낳아 귀인으로 책봉되었다. 3년 뒤 1900년

404

영친왕비 이방자   영친왕

8월 아들 은이 영왕으로 봉해지자 순빈으로 책봉되었다가 이듬해 1901년 10월 빈에서 비로 승격됨에 따라 사실상 고종의 계비가 되었던 것이다.

그 후 1907년 고종이 퇴위하고 순종이 즉위한 후 엄씨의 아들 영왕이 황태자로 책봉되었는데, 이가 영친왕으로 알려진 대한제국의 마지막 황태 자이다. 이때 엄귀비는 황귀비皇貴妃로 책봉되었다.

엄씨는 여성 교육에 뜻이 많았던 선각자로서 1906년에 진명여학교進明女學校를 세울 때 거액을 내놓은 사실상의 설립자이기도 했으며, 양정학교養正學校 설립 때에도 중심 역할을 했다.

귀비 엄씨 소생 10세의 황태자고종의 넷째 아들, 순종의 이복 동생는 1907년 12월 이토 히로부미에 의해 유학이라는 이름으로 일본에 인질로 잡혀갔다. 당초에는 매년 한 번씩 귀국할 수 있다는 조건이었으나 돌아오지 못했다.

1910년 국권이 상실되어 순종이 폐위되자 황태자는 왕세제로 격하되었고 1920년 일본 황실 정책에 따라 일본 황족의 딸 마사코方子와 정략 결혼했다.

1911년 엄씨는 4년 전 떠난 아들을 기다리다 장티푸스로 세상을 떠났다. 이때 그녀는 58세로 서울 청량리 옛 홍릉 소재 영휘원永徽園에 묻혔다.

1926년 순종이 죽자 형식상 왕위 계승자가 되어 이왕이라 했으나 일본에서 귀국하지 못했다. 그는 일본에 강제 체류시 철저한 일본식 교육을 받아 일본 육군사관학교·육군대학을 거쳐 육군 중장을 지내기도 했다.

1945년 해방이 되었으나 국교 단절 및 국내 정치의 벽에 부딪쳐 환국이 좌절됐다. 이후 1963년 11월 당시 박정희 국가재건최고회의 의장의 주선으로 국적을 회복하고 이방자와 함께 귀국했다.

당시 뇌혈전 증상의 실어증으로 고생하면서 1966년 심신 장애자 재활원인 자행회와 1967년 신체 장애자 훈련원 명휘원을 설립·운영하였지만 지병으로 1970년 74세로 세상을 떠났다. 그가 죽은 뒤 부인 이방자는 영왕 기념사업회, 정신 박약아 시설인 자혜학교, 1982년 신체 장애아 교육 시설 명혜학교 등을 설립, 그의 유업을 계승했다.

그의 부인 이방자에게서 진과 구 두 아들을 두었으나 진은 어려서 죽고 구만 살았다.

그는 현재 경기도 미금시 금곡동 소재 홍유릉 내에 있으며, 1989년 4월 30일 이방자 여사도 함께 묻혔다.

고종은 애당초 민비를 맞기 전에 총애하던 궁인 이씨가 있었는데 그녀가 1868년고종 5 고종의 첫째 아들인 완화군을 낳았으나 1871년고종 8 민비는 이상궁을 쫓아내고 그 후고종 17 고종에게 첫아들이었던 완화군이 죽었다.

민비는 1871년 첫 왕자를 낳았으나 5일 만에 죽자 이상궁을 내쫓았던 것이다. 3년 후 1874년에 민비는 순종을 낳았었다. 순종은 고종의 둘째 아들인 셈이다. 이후 역대 왕들처럼 고종의 승은을 입은 요사스런 장상궁이 1877년에 고종의 다섯째 아들인 의왕 이강의친왕, 李堈을 낳았다. 그는 1891년 15세 때 의화군義和君에 봉해지고 1893년 9월 김시준의 딸을 맞아 가례를 올렸다.

장상궁은 임오군란 이후 잠시 대원군이 집권할 때 대원군에 의해 귀인으로 봉해졌었다. 이후 그녀는 민비가 환궁하자 제거되었다.

의왕 이강은 1894년 청·일 전쟁에서 승리한 일본의 승전을 축하하는 보빙報聘 대사로 일본에 갔다가 귀국했고, 이듬해 8월에는 특파 대사 자격으로 영·독·일·러시아·이탈리아·프랑스·오스트리아 등을 방문했다.

그는 1900년 미국에 유학했고, 그 해 8월 의왕에 봉해졌다. 1905년 6월 미국 유학을 마친 뒤 귀국하여 적십자 총재가 되었다. 1910년 한일합방경술국치 이후 1919년 대동단의 전협·최익환 등과 상해 임시정부에서 일본 경찰에 체포되어 본국에 강제 송환되었다. 이후 수차례 일본으로부터 도일渡日을 강요받았으나 거부했고, 6·25를 겪은 뒤 서울 사가에서 곤궁하게 살다가 1955년 79세에 세상을 떠났다. 슬하에 우와 건 두 아들을 두었다.

세습 군주와 왕조 혈통 계승에 연연했던 조선 왕조, 그들은 오직 자신들의 권력 유지와 영달에만 혈안이었다. 오백 년 조선 왕조의 사실상의 마지막 왕과 비였던 고종과 명성황후도 예외 없이 자신들의 광영을 위해 처신했다. 그들은 둘 다 고집스럽고 세련된 사치와 잡기를 즐겼는데, 고종은 자동차에, 명성황후는 보석에 관심이 컸던 나머지 명성황후는 보석과 사치를 위해 국가 재정의 1/6에 달하는 정부 재정을 유용했고, 고종은 신식 자동차 구입을 위해 한심스런 매국 행각을 저질렀다.

1907년 당시 우리 백성들이 국채보상운동을 전개할 때 일본에 진 빚은 총 1,300만 원이었는데 4,000만 원 정도의 채산성이 있는 운산금광의 채굴권을 단돈 2,700원에 미국에 팔아 넘겨 그 돈으로 신식 자동차를 구입했다. 당시 운산금광만 잘 다스렸어도 조선은 일본의 식민지로 전락하는 비운을 늦출 수도 있었다. 그 자동차는 현재 창덕궁에 관광용으로 조선 왕조의 보물처럼 전시되어 있다.

권력욕에 눈이 뒤집혔던 대원군은 며느리 민비를 밀어내기 위해 일본과의 검은 거래에 응했고, 시아버지 대원군에 대한 원한으로 외세를 끌어들이며 반역사적 형태를 서슴지 않았던 명성황후 민씨는 끝내 일본 자객에 의해 살해당했던 것이다.

부정 부패 관료들뿐만 아니라 치부에 눈이 먼 귀족 측근 세력과 유착하여 나라를 망치고 민족을 도탄에 빠뜨렸던 고종, 현실 인식에 둔감했고 무능한 왕이었던 고종은 신식 자동차를 갖고 싶어 국가의 중요 자원을 단돈 2,700원에 팔아넘긴 무능과 몽매함은 민심의 이반을 자초했다. 1919년 그가 죽었을 당시 조선 백성들은 조선 왕조에 거의 미련이 없었고, 오히려 조선 왕조에 식상하고 있었다.

이 틈바구니에서 물을 만난 고기처럼 일제에 빌붙어 날뛰고 치부했던 것이 애국자의 가면을 쓴 친일파들이었다. 살기 위해 변절變節은 불가피했다는 것들이 바로 어용·식자양반御用識者兩班들이었던 것이다. 썩어 문드러질 교활한 식자들의 변명은 항상 그럴싸했다.

제26대 고종 때의 세계

1864년 영·불·미·네덜란드 연합 함대, 일본 하관下關 폭격. 1864년 청국, 태평천국의 난 평정. 1864년 런던에서 제1회 인터내셔널 결성~1876. 1864년 스위스, 제네바에서 국제적십자사 결성. 1865년 영국 부스, 구세군 설립. 1865년 미국, 남북전쟁 끝남. 링컨 대통령 암살됨. 1866년 러시아, 도스토예프스키《죄와 벌》을 펴냄. 1867년 일본, 왕정 복고, 강호막부 망함. 1867년 미국, 러시아로부터 알래스카를 매수. 1867년 독일 지멘스, 다이나모 발전기를 발명. 1867년 스웨덴 노벨, 다이나마이트를 발명. 1868년 일본, 명치유신 시작됨. 1869년 수에즈운하 개통. 1869년 미국, 그란트 대통령 취임~1877. 1869년 미국, 대륙 횡단 철도 완성. 1869년 독일, 마르크스《자본론》제1권을 펴냄. 1870년 일본, 정한론征韓論 일어남. 1870년 프랑스,

제3공화국 선언~1940. 1870년 이태리, 통일 완성. 1871년 청·일 수호조약. 1871년 독일, 통일제국 성립. 1872년 일본, 징병령 공포. 1873년 프랑스, 베트남을 점령. 1873년 미국, 그란트 대통령 재취임. 1874년 일본, 대만에 출병. 1874년 프랑스, 베트남을 보호국으로 함. 1875년 영국, 수에즈운하권을 매수. 1876년 미국, 그라함 벨, 전화기 발명. 1876년 미국 에디슨, 축음기 발명. 1877년 영국 여왕, 인도 황제를 겸함英領 인도제국 성립. 1877년 러시아·터키 전쟁~1878. 1877년 미국, 헤이즈 대통령 취임~1881. 1878년 독일, 베를린에서 열국列國회의. 1878년 프랑스 파브르, 〈곤충기〉를 지음. 1879년 미국 에디슨, 백열전등을 완성. 1881년 영국 레셉스, 파나마운하 공사 시작. 1882년 일본, 자유민권운동 격화. 1882년 독일·오스트리아·이탈리아 3국동맹 결성~1915. 1883년 베트남, 프랑스의 보호국이 됨. 1884년 청·불전쟁~1885. 1884년 그리니치 자오선을 만국 공통으로 결정. 1885년 일본, 최초의 내각 성립. 총리대신에 이등박문. 1885년 인도, 국민회의파 결성. 1885년 미국, 클리블랜드 대통령 취임~1889. 1885년 청·일 텐진조약. 1886년 영국, 버마를 병합. 1887년 프랑스령 인도차이나 연방 성립. 1889년 일본, 대일본제국 헌법 발포. 1889년 프랑스, 에펠탑 건립. 1891년 러·불동맹 체결. 1893년 하와이, 왕정에서 공화국이 됨. 1893년 미국 에디슨, 활동사진을 발명. 1894년 청·일전쟁~1895. 1894년 터키, 아르메니아인 대학살~1896. 1895년 독일·러시아·프랑스, 일본의 새 영토가 된 요동을 청에게 환부케 함. 1895년 이태리 마르코니, 무선전신을 발명. 1895년 독일 뢴트겐, ×선을 발견. 1896년 제1회 국제올림픽대회 개최아테네. 1897년 미국, 매킨리 대통령 취임~1901. 1897년 미국, 하와이 병합조약 체결. 1898년 청국, 무술정변. 1898년 미·스페인 전쟁, 미국이 하와이·괌·필리핀을 점령. 1898년 프랑스, 퀴리부인, 라듐 발견. 1899년 미국, 중국의 문호 개방 기회 균등을 제창. 1899년 청국, 의화단사건北淸사변일어남~1901. 1899년 네덜란드, 헤이그 만국평화회의 개최. 1901년 미국, 매킨리 암살, 루스벨트 대통령 취임. 1901년 스웨덴 한림원, 노벨상 제정. 1902년 영·일동맹 체결~1921. 1902년 러시아, 시베리아 철도 완성. 1902년 미국 라이트형제, 비행기 발명. 1902년 프랑스 퀴리부인, 노벨상 받음. 1903년 파나마공화국 독립. 1904년 러·일전쟁~1905. 1904년 이태리, 푸치니 〈나비 부인〉 완성. 1905년 미태프트·일가스라 밀약과 영·일 제2동맹으로 일본의 한국 지배 보장됨. 1905년 손문孫文 등, 중국혁명동맹회 결성. 1905년 청국, 과거제 폐지, 근대적 교육제도 채택. 1906년 일본, 남만주 철도를 관할. 1906년 전 인도 이슬람교도연맹 결성. 1907년 페르시아 헌법 공포. 1907년 네덜란드, 제2차 헤이그 만국평화회의. 1907년 영·불·러 3국 협상. 1907년 뉴질랜드, 자치령 공포.

후비 순명효황후 민씨
純明孝皇后 閔氏
(1872~1904)

계비 순정효황후 윤씨
純貞孝皇后 尹氏
(1894~1996)

 망국의 마지막 왕비 민씨와 윤씨

순종의 후비 순명효황후 민씨는 여은부원군驪恩府院君 민태호閔台鎬의 딸
로 1872년고종 9 10월에 태어났으며, 1882년고종 19 2월 11세 때 왕세자빈으
로 책봉되었고, 1894년고종 31부터 황태자비로 불리었으며, 1897년고종 34,
광무 1 10월 국호를 대한제국으로 고치면서 황태자비에 책봉되었다.

명성황후 민비의 정권 유지 필요에 의해 정략적으로 세자빈에 간택된 민
씨는 같은 가문인 민비와는 성격과 행보가 달랐다. 민씨의 아버지 민태호
는 민씨 일문 외척 수구 세력의 대표로 활약하다가 1884년고종 21 10월 갑
신정변 때 개화파들에 의해 살해되었다.

이후 민씨는 20세가 넘어도 수태를 못 한 채 시어머니 민비가 일본 낭
인들에게 시해당하는 것을 겪어야 했고, 이로 인해 몸져 누웠어도 민비처
럼 무속에 의지하지 않았으며, 모든 비운을 숙명으로 여기고 인내하며 지
내다가 남편 순종이 즉위하기 3년 전인 1904년고종 41, 광무 8 9월 소생 없

제27대 순종 가계도

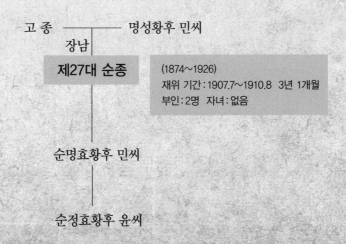

고종 ——————— 명성황후 민씨

장남

제27대 순종

(1874~1926)
재위 기간 : 1907.7~1910.8 3년 1개월
부인 : 2명 자녀 : 없음

순명효황후 민씨

순정효황후 윤씨

이 33세로 세상을 떠났다.

민씨는 오늘날의 성동구 용마산 기슭의 유릉裕陵에 초장되었다가 22년 후 순종의 승하와 더불어 현재의 경기도 미금시 금곡동 소재 홍유릉의 유릉에 순종과 합장되었다. 민씨는 죽은 지 3년 후 1907년 남편 순종이 황제로 즉위하자 황후로 추봉되었다.

순종은 고종과 민비 사이에서 1874년고종 11 2월에 고종의 둘째 아들로 태어났다첫째 아들은 1880년에 13세로 죽은 이상궁의 소생 완화군.

순종拓:척은 출생한 이듬해 1875년 2월 왕세자로 책봉되었고, 1897년광무 1 대한제국 수립에 따라 황태자가 되었으며, 일제의 강요로 고종이 퇴위하면서 1907년 7월 19일음력 6월 10일부터 형식적인 대리 청정을 하다가 8

월 27일음력 7월 19일 황제로 즉위, 연호를 융희隆熙로 고치고 황제皇弟인 은 영친왕을 황태자로 책립했다.

순종이 계비로 맞은 순정효황후純貞孝皇后 윤씨는 해평海平 윤씨 해풍부원군海豊府院君 윤택영尹澤榮의 딸로 1894년고종 31에 태어나 순종보다 20년 연하였다.

윤씨는 9세 때인 1906년광무 10, 고종 43에 동궁東宮 계비가 되었다가 그해 12월 11일광무 11, 1월 24일에 황태자비로 책봉되었고, 1907년 7월 순종이 즉위하자 황후가 되었다.

3년 후 1910년융희 4 국권을 강탈당할 때 병풍 뒤에서 어전회의御前會議를 엿듣고 있던 윤씨는 오적五賊 이완용 등 친일파들이 순종에게 한·일합병조약에 날인할 것을 강요하자 옥새를 치마 속에 감추고 내놓지 않았으나 결국 친일파 집안의 대표적 인물인 숙부 윤덕영에게 강제로 빼앗기고, 친일파인 친정과 반일 감정 사이에서 갈등과 방황을 했었다.

만년에 불교에 귀의하여 대지월大地月이라는 법명을 받았다.

윤씨는 1926년 4월 순종이 승하하는 것을 겪었고, 이후 8·15 광복과 6·25를 거쳐 4·19와 5·16을 겪은 후 1966년 1월 창덕궁 낙선재에서 후사 없이 72세로 세상을 떠났다.

그녀는 현재 경기도 미금시 금곡동 소재 홍유릉의 유릉裕陵에 순종과 순명효황후가 묻힌 곳에 합장되어 있다.

불교의 배척과 성리학 이념으로 건국된 조선의 마지막 국모는 불교에 귀의해 생을 마쳤던 것이다.

이로써 덧없는 조선 왕조의 왕비들은 모두 한 줌의 흙으로 사라졌다.

1907년 7월 헤이그 밀사 사건을 계기로 일본은 이 사건의 책임을 물어 고종을 퇴위시키고 순종이 즉위하면서 한일신협약韓日新協約:丁未七條約을 강제로 성립시켜 국정 전반을 일본인 통감이 간섭할 수 있게 했고, 정부

순종의 유릉

각부의 장관을 일본인으로 임명하는 '차관정치'를 시작했다.

내정 간섭권을 탈취한 일제日帝는 재정 부족이라는 구실로 이 해 8월 조선 군대를 강제 해산시켜 자위 조직마저 해체해 버렸다. 이에 분노한 참령 參領 박성환朴星煥이 권총으로 자결하고, 해산된 군인과 의병들이 일본군에 대항하여 싸웠으나 무기와 병력이 우세한 일본군에게 참패했다. 그러나 이후에도 항전은 계속되었다.

그 해 12월에는 엄귀비 소생 황태자이은, 영친왕가 유학이라는 명목으로 일본에 인질로 잡혀 갔다.

1908년용희 2 3월 스티븐스라는 미국인이 샌프란시스코에서 기자 회견을 갖고, 조선 농민과 백성들은 모두 일본을 환영하고 있다고 하며 이토와 이완용을 찬양하고 일본이 한국을 보호하지 않으면 러시아가 쳐들어온다고 망발을 하자, 재미 교포 단체인 공립협회와 대동보국회가 강경하게 항의했다. 이틀 후 장인환張仁煥과 전명운田明雲에 의해 스티븐스는 오클랜드 역에서 사살되었다.

또한 1909년융희 3 7월에는 기유각서己酉覺書에 의해 사법권마저 강탈당하고 이미 이토는 사임하여 일본으로 가면서 소네曾禰荒助 총독이 통감으로 부임하였으며, 순종을 허수아비 황제로 만든 일본은 대한제국의 식민화 계획을 더욱 강화했다.

일제는 각의에서 '한일합병 신행에 관한 방침'을 통과시킨 뒤 10월에는 러시아와 사전에 만주 문제를 협상하기 위해 이토를 만주에 파견하였다.

10월 26일 오전 9시, 하얼빈 역에 도착한 이토 히로부미伊藤博文는 안중근安重根 의사의 총에 맞고 죽었다. 이를 기화로 일제는 조선에 대한 무력 강점 계획을 실행에 옮기게 되고, 안중근은 이듬해 3월 여순旅順 감옥에서 사형에 처해졌다.

안중근 의사의 저격으로 이토 히로부미가 죽었다는 소식을 들은 친일파 이완용은 서울 장충단에서 거행된 추도제에서,

"아아! 애통하도다. 동쪽 바다의 원기와 후지산의 정기가 한 위인으르 내서 영웅으로 우뚝 살았도다. (중략)···아시아의 모든 지역에 평화를 유지하게 하니···."

이런 제문을 읽고 통곡하였다. 이 무렵 내무대신 송병준宋秉畯은 이용구李容九와 함께 노골적으로 합방론을 주장하면서 한입합방 건의서를 일본 정부에 제출하자 이완용의 눈에서는 시기猜忌의 불꽃이 튀었다. 누가 먼저 나라를 팔아 먹느냐라는 추잡한 경쟁이 치열하게 벌어졌던 것이다.

매국의 선수先手를 뺏기지 않으려는 이완용은 그의 비서 이인직李仁稙과 민씨 조정의 잔당 민영규를 시켜 원각사에서 국민 대회를 개최하게 하고 송병준과 이용구를 규탄하면서 이들의 일진회一進會와는 절대로 같은 국민이 될 수 없다고 외치니 연설회에 모인 4천여 군중들은 열렬하게 박수 치

며 환호했다.

그러나 이는 송병준에게 매국의 공로를 뺏길 수 없었던 이완용의 시간 벌기 작전이었고, 송병준 등의 합방안이 시기 상조라고 표리부동한 허위 주장을 하며 나름대로 독자적인 합방안을 꾸미고 있었다.

이완용은 이 해 12월 명동성당에서 열린 벨기에 국왕의 추도식에 참석한 후 인력거를 타고 출발하려는 순간 이재명李在明이 나타나 이완용의 어깨와 심장 부위를 찔렀다. 그러나 칼 끝에 왼쪽 폐를 심하게 다쳤으나 죽지 않은 이완용은 15년 후 그 후유증으로 고생하다 죽었다. 이 사건으로 애국지사 이재명은 체포되어 사형에 처해졌다.

1910년융희 4 7월 육군대신 데라우치寺內正毅 통감이 일본 정부의 지시대로 이용구·송병준의 일진회 합방안을 총리대신 이완용에게 제시하자 이완용은,

"……전적으로 동감합니다. 다만 농사 짓는 자나 장사하는 자나 공업하는 자나 자기 일을 하면 예전과 똑같이 살 수 있으나 양반들은 선악을 따질 것 없이 국가의 존망과 같이하므로 이들을 돌보지 않는다면 결코 사람으로서의 도리와 하늘의 이치에 맞지 않은 줄 압니다."

이렇게 하여 '조선 귀족령'이 생겼고, 일진회와 이완용이 앞장 선 한일합방은 쉽게 이뤄졌다. 8월 11일 조선인이 원함에 따라 조선과 일본이 합방한다는 논리로 작성된 합방 조약서는 이완용의 사주를 받은 순정효황후의 숙부 윤덕영이 옥새를 훔쳐 날인하고 이완용에게 건네주었다.

형식적인 어전 회의가 끝나고 일본은 이 합방 사실을 외국에는 즉시 통고하였으나 조선 내에서는 1주일 동안 발표를 미루다가 8월 29일 공표했다. 이로써 조선 왕조는 27대 519년 만에 멸망하고, 일본의 식민지가 되는 국치일國恥日을 맞았던 것이다.

한편, 일본의 조선 식민화 계획이 노골화되던 순종 즉위년부터 전국 각

순종 황제(1874~1926)

지에서 의병이 봉기하여 일본군과 교전이 계속되었고, 주권을 회복하자는 취지의 애국군과 교전이 계속되었으며, 애국 계몽 운동이 활발히 전개되었으나 강경파와 온건파로 분리되어 민족 저항의 역량이 하나로 결집되지 못한 채 친일 매국노들의 음모 등으로 망국을 막지 못했다.

게다가 순종 주변엔 대부분 친일 인사들만 포진해 있어 순종이 국가 최고 의사 결정의 왕권을 제대로 수행하지 못한 것도 망국의 원인이었다. 또한 일제의 앞잡이가 된 친일 매국노들의 농간도 민족 저항의 역량을 감퇴시킨 요인이었다.

대한제국이 일본에 의해 무너진 뒤 순종은 황제에서 왕으로 강등되어 창덕궁에 머물렀고, 일본은 그를 이왕李王이라 불렀으며, 16년 동안 망국의 한을 달래다가 1926년 4월 25일 53세로 세상을 떠났다.

이 해 6월 10일, 그의 국장이 치러지는 인산일因山日을 기해 6·10독립만

세운동이 전국적으로 전개되었다. 고종의 인산날 3·1운동처럼. 당시 일제는 식민지 지배 정책을 추진해 갈 '친일적 고급 인력 양성'을 위해 '경성제국대학서울대 前身'을 설립1924했는데, 6·10만세운동에 참여했거나 독립 투쟁에 가담한 학생은 입학 자격을 박탈했고, 교육열이 높다는 친일 분자들로만 학생을 채웠다. 이들이 후일 사회 지배 계급으로 군림하게 된다.

잘 먹고 잘산 매국노와 후예들

한일합방 이후 이른바 '조선 귀족' 76명이 작위와 은사금을 받았다. 침략자의 충견忠犬으로 일제에 충성하고 기민하게 부정 축재를 한 모리배 공로자들에게 두둑한 상이 내려졌던 것이다.

이완용은 일본의 제3위 귀족 직위인 백작의 작위와 함께 잔무 처리 수당 60여 원 및 퇴직금 1천4백58원 33전을 받은 후 중추원의 부의장으로 임명되었다. 후일 밝혀진 바로는 엄청난 토지를 소유하고 있음도 드러났다. 그는 원래부터 재산 증식에 탁월한 재능이 있었는데, 재산 욕심이 남달리 많았던 그가 매국노로 전락하면서 부당 취득한 재산은 그 규모가 아직도 밝혀지지 않은 것들이 부지기수다.

일제로부터 가장 많은 재산을 하사받고 재산을 모은 조선 관료로는 송병준·민영휘閔泳徽와 함께 이완용이 으뜸일 것이다. 이런 이완용도 글씨로는 당대 최고의 명필이라는 평을 받았다. 이른바 누구에게도 뒤지지 않는 머리 좋은 팔방 지식인이었다.

침략 전범자의 하수인 노릇을 충실히 하며 나라를 망친 것들이 바로 지식인이듯이 그는 여느 지식인 매국노들처럼 지식을 교활하게 팔아먹은 지식 매춘 매국노였다. 생계 수단으로 몸을 파는 매춘부는 용서될지라도 지식을 부정하게 팔아 영달을 꾀하는 지식 매춘부는 사회와 국가에 기생충 같은 범죄자로서 도태되어야 마땅하리라.

특히 그는 명석한 지략으로 부동산 투기에도 능한 쓰레기였다. 나라를 팔아먹은 매국노는 역시 베풂의 철학 없이 부동산으로 불로 소득不勞所得하여 치부하는 것에도 일가견이 있었다.

그는 조선총독부 중추원 고문을 비롯해, 중추원 부의장·조선 귀족원 부회장·농사장려회 회장·일본제국 군인후원회 조선지부 평의원 등 노골적인 매국 행각을 선명히 입증하는 직함을 즐비하게 갖고 있었고, 또한 조선미술전람회 심사위원·조선사편찬위원회 고문도 맡았다.

화려한 이력을 가지고 뽐내던 어용御用 지식인 이완용은 1909년 12월에 애국지사 이재명李在明의 칼에 찔린 후유증과 해수병으로 고생하다가 1926년 1월 옥인동 집에서 69세로 죽었다.

그의 초상 명정에는 '조선총독부 중추원부의장 정이품대훈위후작 이공지구朝鮮總督府 中樞院副議長 正二品大勳位侯爵 李公之柩'라고 썼다. 이완용은 죽어서도 조선 조정에서 맡았던 내각 총리대신 작위는 쓰지 않고 일본의 조선총독부에서 내린 작위만 써놓고 있었으니 참으로 열렬한 지식 매춘 매국노였다.

그는 전라도 관찰사로 재직 시, 익산군 낭산 선인봉 아래 미리 사두었던 명당 터에 묻혔으나, 광복 후 그의 호화 분묘는 널리 알려져 세인들에게 '매국노'라는 욕을 먹고 곤욕을 치러야 했다. 결국 미국에서 숨어 살던 그의 손자들이 무덤을 파서 화장하고 분묘를 없애 버렸다.

후일 그의 손자들은 카멜레온chameleon 조부 이완용이 민족 반역의 공로상으로 일제로부터 부당 취득한 엄청난 적산敵産 토지를 그들의 것이라고 주장하며 토지 반환 청구 소송을 제기했다.

아직 진정한 광복도 독립도 못 이루고 제국주의 일본의 마수에서 벗어나지 못한 때문인가, 사법부는 실정법實定法=慣習法에 의해 매국노의 후손 편을 들어 승소케 해 주었다. 일제에 빌붙었던 매국노의 반사회·반인륜적

418

역사 범죄도 공소 시효의 적용으로 무죄가 되고, 부당 취득했던 재산은 사유 재산권 보호라는 명분으로 후손에게 넘겨져 부富를 세습토록 은전恩 典을 베풀었던 것이다. 여전히 백성 위에 상전上典으로 군림하며 권력의 시 녀侍女 노릇을 했던 망국 원흉 지배 엘리트 계급의 권세는 불변하였다.

권력과 간통하고 유착한 명문名門 귀족들의 광영光榮은 과연 영원한가?

제27대 순종 때의 세계

1908년 터키, 청년 터키당의 혁명운동 시작. 1908년 프랑스 피카소, 큐비즘을 제창. 1908년 미·일 신사협정 체결. 1908년 오스트리아, 보스니아와 헤르츠고비 나 병합. 1909년 미국, 태프트 대통령 취임~1913. 1909년 미국 피어리, 북극 정복. 1909년 투르크, 불가리아 독립을 선언. 1909년 청·일 간도협약 체결. 1910년 남아 프리카 연방 성립. 1910년 오스트리아 프로이트 〈정신분석〉 지음. 1910년 미국 포 드, 자동차 대량 생산 시작. 1910년 멕시코 내란 발발. 1910년 프랑스, 콩고를 식민 지화.

참고 문헌

《왕비열전》	김영곤	고려출판
《왕릉》	한국문원 편집실	한국문원
《조선왕조실록》	박영규	들녘
《청산하지 못한 역사》	반민족문제연구소	청년사
《한국사대계》		삼진사
《조선》	김인호·박훤	자작나무
《한국사 101장면》	정성희	가람기획

조선 역대 왕 계보 (518년, 1392~1910)

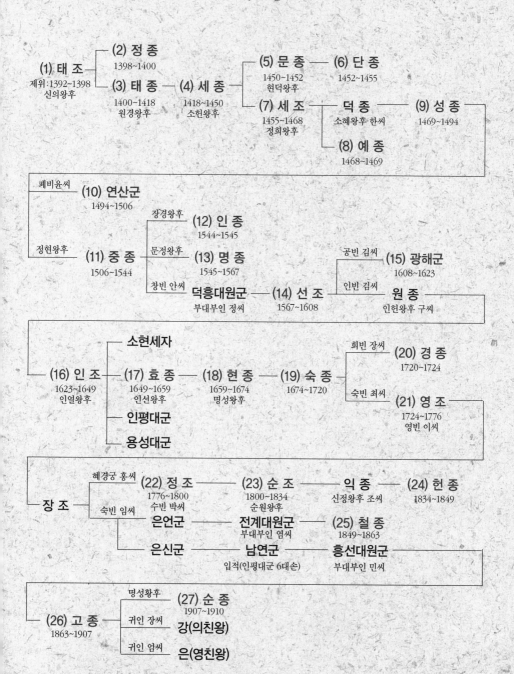

(1) 태 조
제위: 1392~1398
신의왕후

(2) 정 종
1398~1400

(3) 태 종
1400~1418
원경왕후

(4) 세 종
1418~1450
소헌왕후

(5) 문 종
1450~1452
현덕왕후

(6) 단 종
1452~1455

(7) 세 조
1455~1468
정희왕후

덕 종
소혜왕후 한씨

(8) 예 종
1468~1469

(9) 성 종
1469~1494

폐비윤씨
(10) 연산군
1494~1506

정현왕후
(11) 중 종
1506~1544

장경왕후
(12) 인 종
1544~1545

문정왕후
(13) 명 종
1545~1567

창빈 안씨
덕흥대원군
부대부인 정씨

(14) 선 조
1567~1608

공빈 김씨
(15) 광해군
1608~1623

인빈 김씨
원 종
인헌왕후 구씨

(16) 인 조
1623~1649
인열왕후

소현세자

(17) 효 종
1649~1659
인선왕후

인평대군

용성대군

(18) 현 종
1659~1674
명성왕후

(19) 숙 종
1674~1720

희빈 장씨
(20) 경 종
1720~1724

숙빈 최씨
(21) 영 조
1724~1776
영빈 이씨

장 조

혜경궁 홍씨
(22) 정 조
1776~1800
수빈 박씨

숙빈 임씨
은언군
전계대원군
부대부인 염씨

은신군
남연군
입적(인평대군 6대손)

(23) 순 조
1800~1834
순원왕후

익 종
신정왕후 조씨

(24) 헌 종
1834~1849

(25) 철 종
1849~1863

흥선대원군
부대부인 민씨

(26) 고 종
1863~1907

명성황후
(27) 순 종
1907~1910

귀인 장씨
강(의친왕)

귀인 엄씨
은(영친왕)

조선 왕조 왕비 일람표

代	卽位	在位	王	生歿	婦人	子女	王妃 後宮 世子
1	1392. 7	6	太祖	1335~1408	6	8남 5녀	신의왕후 한씨:제2대 정종(영안대군, 방과)·제3대 태종(정안대군, 방원), 화의옹주 김씨, 성비 원씨, 신덕왕후 강씨, 모씨, 정경궁주 유씨, 모씨
2	1398. 9	2	定宗	1357~1419	10	17 8	정안왕후 김씨, 성빈 지씨, 숙의지·기·문·윤·이씨, 가의궁주 유씨, 시비 기매, 모씨
3	1400. 11	18	太宗	1367~1422	10	12 17	원경왕후 민씨:제4대 세종(충녕대군), 효빈 김씨, 신빈 신씨, 선빈 안씨, 의빈 권씨, 소빈 노씨, 숙의 최씨, 안·최·김·이씨, 모씨
4	1418. 8	32	世宗	1397~1450	6	18 4	소헌왕후 심씨:제5대 문종·제7대 세조(수양대군), 영빈 강씨, 신빈 김씨, 혜빈 양씨, 숙원 이씨, 상침 송씨
5	1450. 3	2	文宗	1414~1452	3	1 2	현덕왕후 권씨:제6대 단종, 귀인 홍씨, 사칙 양씨
6	1452. 5	3	端宗	1441~1457	1		정순왕후 송씨
7	1455. 6	13	世祖	1417~1468	2	4 1	정희왕후 윤씨:차남 제8대 예종(해양대군). 장남 추존 덕종+소혜왕후 한씨:제9대 성종, 근빈 박씨
8	1468. 9	1	睿宗	1450~1469	2	2 1	장순왕후 한씨 안순왕후 한씨
9	1469. 11	25	成宗	1457~1494	12	16 12	공혜왕후 한씨, 정현왕후 윤씨:제11대 중종(진성대군), 명빈김씨, 귀인 정·권·엄씨, 숙의 하·홍·김씨, 숙용 심·권씨 폐비 윤씨(제헌왕후):제10대 연산군
10	1494. 12	12	燕山	1476~1506	2	4 2	폐비 신씨, 모씨

代	卽位	在位	王	生歿	婦人	子女	王妃 後宮 世子
11	1506. 9	38	中宗	1488~1544	12	9 11	단경왕후 신씨, 장경왕후 윤씨:제12대 인종, 경빈 박씨, 희빈 홍씨, 귀인 한씨, 숙의 홍·이·나씨, 숙원 이·김씨 문정왕후 윤씨:제13대 명종(경원대군), 창빈 안씨:덕흥대원군+하동부대부인 정씨:제14대 선조(하성군)
12	1544. 11	1	仁宗	1515~1545	2		인성왕후 박씨, 귀인 정씨
13	1545. 6	22	明宗	1534~1567	2	1	인순왕후 심씨:순회세자, 순빈 이씨
14	1567. 6	41	宣祖	1552~1608	8	14 11	의인왕후 박씨, 공빈 김씨:제15대 광해군, 인빈 김씨:추존 원종(정원군)+인헌왕후 구씨:제16대 인조(능양군), 순빈 김씨, 정빈 민·홍씨, 온빈 한씨 인목왕후 김씨
15	1608. 2	15	光海	1575~1641	10	1 1	문성군부인 유씨, 숙의 윤·허·홍·권·원씨, 소용 임·정씨, 숙원 신·조씨
16	1623. 3	26	仁祖	1595~1649	3	6 1	인열왕후 한씨:차남 제17대 효종(봉림대군)·장남 소현세자·삼남 인평대군, 귀인 조씨(폐출) 장렬왕후 조씨
17	1649. 5	10	孝宗	1619~1659	2	1 7	인선왕후 장씨:제18대 현종, 안빈 이씨
18	1659. 5	15	顯宗	1641~1674	1	1 3	명성왕후 김씨:제19대 숙종
19	1674. 8	46	肅宗	1661~1720	8	6 2	인경왕후 김씨, 인현왕후 민씨, 희빈 장씨:제20대 경종, 숙빈 최씨:제21대 영조(연잉군), 명빈 박씨 인원왕후 김씨, 영빈 김씨, 소의 유씨
20	1720. 6	4	景宗	1688~1724	2		단의왕후 심씨 선의왕후 어씨

代	卽位	在位	王	生歿	婦人	子女	王妃 後宮 世子
21	1724. 8	52	英祖	1694~1776	6	2 7	정성왕후 서씨, 정빈 이씨:추존 진종(효장세자), 귀인 조씨, 숙의 문씨(폐) 정순왕후 김씨, 영빈 이씨:추존 장조(사도세자, 장헌)+혜경궁 홍씨(추존 경의왕후):제22대 정조
22	1776. 3	24	正祖	1752~1800	5	2 2	효의왕후 김씨, 화빈 윤씨, 선빈 성씨:문효세자(부졸), 수빈 박씨:제23대 순조, 원빈 홍씨
23	1800. 7	34	純祖	1790~1834	2	2 4	순원왕후 김씨:추존 문조(익종, 효명세자)+신정왕후 조씨:제24대 헌종, 숙의 박씨
24	1834. 11	15	憲宗	1827~1849	4	1	효현왕후 김씨, 궁인 김씨, 경빈 김씨, 효정왕후 홍씨
25	1849. 6	14	哲宗	1831~1863	8	1	철인왕후 김씨, 귀인 박·조씨, 숙의 방·범씨, 궁인 이·김·박씨 (장조+숙빈 임씨:은언군―전계대원군+용성부대부인:철종)
26	1863. 12	44	高宗	1852~1919	7	6 1	명성황후 민씨:제27대 순종, 귀비 엄씨, 귀인 이·장씨, 소의 이씨, 귀인 정·양씨 (장조+숙빈 임씨:은신군―남연군(인평대군의 6대손, 은신군에 입적)―흥선대원군+부대부인 민씨:고종)
27	1907. 7 1910. 8	3	純宗	1874~1926	2		순명효황후 민씨 순정효황후 윤씨

조선 왕조 왕릉 일람표

	능호	묘호	관계	소재지
1대	건원릉 재릉 정릉	태조 신의왕후 한씨 신덕왕후 강씨	이자춘의 제2자 태조비 태조계비	경기도 구리시 인창동(동구릉) 개성시 판문군 상도리(북한) 서울 성북구 정릉2동 산
2대	후릉	정종 정안왕후 김씨	태조의 자	개성시 판문군 령정리(북한)
3대	헌릉	태종 원경왕후 민씨	태조의 자	서울 강남구 내곡동 산(헌인릉)
4대	영릉	세종 소헌왕후 심씨	태종의 자	경기도 여주군 능서면 왕대리 산
5대	현릉	문종 현덕왕후 권씨	세종의 자	경기도 구리시 인창동(동구릉)
6대	장릉 사릉	단종 정순왕후 송씨	문종의 자	강원도 영월군 영월읍 영흥리 산 경기도 남양주시 진건면 사릉리 산
7대	광릉	세조 정희왕후 윤씨	세종의 자	경기도 남양주시 진전읍 부평리
8대	창릉 공릉	예종 안순왕후 한씨 장순왕후 한씨	세조의 자 계비	경기도 고양시 용두동 산(서오릉) 경기도 파주시 조리면 봉일천리 산
9대	선릉 순릉 회묘	성종 정현왕후 윤씨 공혜왕후 한씨 제헌 폐비 윤씨	덕종의자 계비 연산사친	서울 강남구 삼성동(선정릉) 경기도 파주시 조리면 봉일천리 산 경기도 고양시 원당동(서삼릉)
10대	연산묘	연산군 부인 신씨	성종·폐윤씨의 자	서울 도봉구 방학동 산
11대	정릉 온릉 희릉 태릉	중종 단경왕후 신씨 장경왕후 윤씨 문정왕후 윤씨	성종의 자 계비 계비	서울 강남구 삼성동(선정릉) 경기도 양주군 장흥면 일영리 산 경기도 고양시 원당동 산(서삼릉) 서울 도봉구 공릉동 산

	능호	묘호	관계	소재지
12대	효릉	인종 인성왕후 박씨	중종·문정왕후의 자	경기도 고양시 원당동 산(서삼릉)
13대	강릉	명종 인순왕후 심씨	중종·문정왕후의 자	서울 노원구 공릉동 산
14대	목릉	선조 의인왕후 박씨 인목왕후 김씨	덕흥대원군의 자 계비	경기도 구리시 인창동 (동구릉)
	성묘 순강원	공빈 김씨 인빈 김씨	선조 후궁 광해사친 선조 후궁 원종사친	경기도 남양주시 진건면 송릉리 산 경기도 미금시 금곡동
15대	광해묘	광해군 부인 유씨	선조·공빈 김씨의 자	경기도 남양주시 진건면 송릉리 산
추존	장릉	정원군 원종 인헌왕후 구씨	선조·인빈 김씨의 자 인조의 모	경기도 김포군 김포읍 풍무리 산
16대	장릉	인조 인열왕후 한시	원종의 자	경기도 파주시 탄현면 갈현리 산
	휘릉 소경원	장렬왕후 조씨 소현세자	계비 인조 제1자	경기도 구리시 인창동 (동구릉) 경기도 고양시 원당동 (서삼릉)
17대	영릉	효종 인선왕후 장씨	인조의 제2자	경기도 여주군 능서면 왕대리 산
18대	숭릉	현종 명성왕후 김씨	효종의 자	경기도 구리시 인창동(동구릉)
19대	명릉	숙종 인현왕후 민씨 인원왕후 김씨	현종의 자 계비 계비	경기도 고양시 용두동 산(서오릉)
	익릉 소녕원 대빈묘	인경왕후 김씨 숙빈 최씨 희빈 장씨	숙종 후궁 영조사친 숙종 후궁 경종의 모	경기도 고양시 용두동 산(서오릉) 경기도 양주군 백석면 영장리 경기도 고양시 용두동산(서오릉)
20대	의릉	경종 선의왕후 어씨	숙종·희빈 장씨의 자 계비	서울 성북구 석관동
	혜릉	단의왕후 심씨		경기도 구리시 인창동 (동구릉)

426

	능호	묘호	관계	소재지
21대	원릉 홍릉 수길원 수경원	영조 정순왕후 김씨 정성왕후 서씨 정빈 이씨 영빈 이씨	숙종·숙빈 최씨의 자 계비 영조 후궁 진종사친 영조 후궁 장조사친	경기도 구리시 인창동 (동구릉) 경기도 고양시 용두동 산 (서오릉) 경기도 양주군 백석면 영장리 경기도 고양시 용두동 산 (서오릉)
추존	영릉	효장세자 진종 효순왕후 조씨	영조의 제1자	경기도 파주시 조리면 봉일천리 산
추존	융릉	사도세자 장조 경의왕후 홍씨	영조의 제2자 정조의 모	경기도 화성군 태안면 안녕리
22대	건릉 휘경원 효창원	정조 효의왕후 김씨 수빈 박씨 문효세자	장조의 자 정조 후궁 순조사친 선빈성씨·정조 제1자	경기도 화성군 태안면 안녕리 경기도 남양주시 진전읍 부평리 경기도 고양시 용두동산(서오릉)
23대	인릉	순조 순원왕후 김씨	정조·수빈박씨의 자	서울 강남구 내곡동 산(헌인릉)
추존	수릉	효명세자 문조 신정왕후 조씨	순조의 자 헌종의 모	경기도 구리시 인창동 (동구릉)
24대	경릉	헌종 효현왕후 김씨 효정왕후 홍씨	문조의 자 계비	경기도 구리시 인창동 (동구릉)
25대	예릉	철종 철인왕후 김씨	(장조·희빈 임씨→은언군→전계대원군→철종)	경기도 고양시 원당동 산(서삼릉)
26대	홍릉 영휘원	고종 명성황후 민씨 귀비 엄씨	(장조·희빈 임씨→은신군→남연군→흥선대원군→고종)	경기도 미금시 금곡동(홍유릉) 서울 동대문 청량리동(홍릉)
27대	유릉	순종 순명효황후 민씨 순정효황후 윤씨	고종의 자 계후	경기도 미금시 금곡동 (홍유릉)

조선사 연표

1610	허준 《동의보감》 25권 완성
1616	담배 전래
1618	허균 처형
1619	강홍립을 도원수로 명나라에 구원군 파견
1623	인조반정, 인조 즉위
1624	이괄의 난
1627	정묘호란, 정묘화약
1636	병자호란(12월 인조 남한산성 으로 피난)
1637	인조, 청에 삼전도 수항단에서 항복예(1월). 서포 김만중 출생 (《구운몽》, 《사씨남정기》 저자)
1645	소현세자 청에서 과학·카톨릭 등 서양 서적 수입
1649	효종 즉위
1651	김자점 역모 사건, 대동법 실시, 윤선도 〈어부사시사〉 지음
1653	하멜 등 36인 제주도 표착, 시헌력 채택
1659	현종 즉위
1660	1차 예송 논쟁
1674	숙종 즉위·2차 예송 논쟁, 송

	시열 유배
1678	상평통보 주조
1680	경신환국(남인 축출)
1689	기사환국(송시열 사사, 남인 집권), 김만중 《구운몽》 완성
1694	갑술환국(노론 집권)
1701	무고의 옥(장희빈 사사)
1708	대동법 전국 실시
1712	백두산 정계비 건립
1720	경종 즉위
1721~ 1722	신축년 임인년 } 신임사화(소론 정권 장악)
1724	영조 즉위, 탕평책 실시
1725	을사환국
1727	정미환국
1728	이인좌의 난(무신난, 청주성 점령)
1750	균역법 실시
1758	해서·관동지방에 천주교 성행
1762	사도세자 죽음
1763	조엄, 대마도에서 고구마 전래
1776	정조 즉위, 규장각 설치
1783	박지원 《열하일기》 저술, 천주교도 처형

1784	이승훈 천주교 전도
1785	대전통편 완성
1791	신해박해
1794	청의 신부 주문모 밀입국
1800	순조 즉위
1801	천주교 박해(신유박해), 이가환·이승훈·정약종 순교(오가작통법 시행)
1805	혜경궁 홍씨(사도세자 부인) 《한중록》 출간, 박지원 타계, 안동 김씨 세도 정치(~1863)
1811	홍경래의 난
1815	천주교 박해
1818	정약용《목민심서》완성
1827	천주교 박해
1831	천주교 조선교구 설치
1834	헌종 즉위
1836	정약용 타계(75세), 프랑스 신부 모방 밀입국
1839	기해박해(천주교도 박해, 척사윤음 반포)
1845	김대건 최초의 신부가 됨
1849	철종 즉위
1860	최제우 동학 창시
1861	김정호 〈대동여지도〉 펴냄
1863	고종 즉위, 흥선대원군 집권.
1864	최제우 처형(41세)
1865	경복궁 중건
1866	병인박해(천주교)
1866	병인양요(제너럴 셔먼 호 사건)
1871	신미양요(미군함 5척 강화도 침입)
1873	고종 친정 선포, 민씨 일파 집권
1875	운요호 사건
1876	병자수호조약 체결(불평등 조약)
1881	신사유람단·영선사 파견, 별기군 창설
1882	임오군란, 대원군 집권, 대원군 청으로 유폐. 민씨 정권 부활, 제물포조약 체결(일본군 주둔 합법화)
1883	인천항 개항, 태극기 국기로 사용, 〈한성순보〉 발간
1884	우정국 설치, 갑신정변(김옥균·박영효 주동), 한성조약 체결(김홍집), 프로테스탄트 (신교) 전파 시작
1885	영국함대 거문도 불법 점령, 배제학당 설립, 대원군 귀국
1886	육영공원, 이화학당 설립, 조·불수호통상조약 체결, 노비 세습제 폐지
1887	영국함대 거문도에서 철수
1890	방곡령 철회
1893	동학농민운동(척왜·척양 운동)
1894	동학혁명(1~5월, 9~10월, 외

세 개입 진압), 갑오경장(일본에 의해 개화당 집권, 흥선대원군 재집권)

청일전쟁(~1895)

1895 전봉준 사형, 청·일 시모노세키 조약 체결(일본 대원군 퇴진시킴)

제3차 김홍집 내각 성립→민비 김홍집 축출하고 박정양 내각 출범시키고 친러정책, 을미사변(민비 시해, 친일내각 성립). 태양력 사용, 단발령, 연호를 건양 원년으로 제정

1896 전국 각지 의병봉기(민비 시해·단발령 항거). 고종 아관파천, 독립협회 설립(서재필 등 30명), 〈독립신문〉 발간, 독립문 건립(~1897)

1897 고종 러시아공관에서 덕수궁으로 환궁, 대한제국 성립(국호 변경),

명동성당 완공(1892~)

1898 흥선대원군 사망(79세), 만민공동회 개최, 〈황성신문〉 발간

1899 대한제국 국제 의정반포, 지석영 종두법 실시,

서대문─청량리 전차 개통

1900 한강 철교, 경인선 개통

1904 러·일전쟁(~1905), 한일의정서 맺음(한일협약). 일진회 조직(이용구·송병준 등)

1905 경부선 준공·을사보호조약(한국 외교권 박탈)

1906 경의선 개통. 손병희 동학을 천도교로 개칭. 최익현 을사조약의 오적 규탄. 의병봉기

1907 헤이그 특사 파견(이준 열사 분사). 고종 퇴위. 순종 즉위. 한일 신협약 강제 성립. 조선군대 강제 해산

1908 전명운·장인환, 샌프란시스코에서 스티븐스 사살

1909 안중근 이토 히로부미 사살

1910 안중근 사형. 8. 29 경술국치(국권피탈. 총리대신 이완용이 통감 데라우치와 조선 통치권을 일황에게 양도하는 한일 합병조약에 조인·공표. 조선귀족령 공포

조선왕비열전

1판 1쇄 인쇄 2008년 12월 10일
1판 1쇄 발행 2008년 12월 20일
1판 4쇄 발행 2022년 8월 10일

지 은 이 임중웅
편집주간 장상태
편집기획 김범석
디 자 인 정은영

발 행 인 김영길
펴 낸 곳 도서출판 선영사
주   소 서울시 마포구 서교동 485-14 영진빌딩 1층
Tel 02-338-8231~2   Fax 02-338-8233
E-mail sunyoungsa@hanmail.net

등   록 1983년 6월 29일 (제02-01-51호)

ISBN 978-89-7558-903-4   03900